Herausgegeben vom
Landesdenkmalamt Baden-Württemberg,
dem Archäologischen Landesmuseum,
der Gesellschaft für Vor- und Frühgeschichte
in Württemberg und Hohenzollern
und dem Förderkreis Archäologie in Baden.
Zusammengestellt von
Jörg Biel

Archäologische Ausgrabungen in Baden-Württemberg 2000

THEISS

Ein Titeldatensatz für diese Publikation ist
bei Der Deutschen Bibliothek erhältlich.

Umschlagbild: Herbertingen-Hundersingen, Heuneburg-Außensiedlung: Herdstelle innerhalb eines späthallstattzeitlichen Hausgrundrisses während der Ausgrabungen
(Foto: Landesdenkmalamt Baden-Württemberg)

Redaktion: Karen Schmitt, Stuttgart
Satz: Typomedia, Ostfildern
Herstellung: Cornelia Fritsch, Filderstadt
Druck und Bindung: Druckerei Uhl, Radolfzell
Printed in Germany
ISBN 3-8062-1518-9
ISSN 0724-8954

Vorwort

Der Jahresbericht „Archäologische Ausgrabungen in Baden-Württemberg" erscheint mit diesem Band zum 20. Mal. Er hat sich in dieser Zeit sowohl für Fachleute als auch für die interessierte Öffentlichkeit zu einem wichtigen und angesehenen Publikationsorgan entwickelt, das die neuesten Grabungsergebnisse darstellt. Oft bleiben diese Vorberichte für lange Zeit der einzige Hinweis auf bedeutende Grabungen und deren erste Ergebnisse. Der diesjährige Band ist zum ersten Mal durchgehend farbig gedruckt, um seine Anschaulichkeit zu verbessern, andererseits sind wir aber bestrebt, am wissenschaftlichen Charakter des Jahrbuches festzuhalten. Voraussetzung dafür, dass der Band aktuell und pünktlich wie immer in der ersten Jahreshälfte erscheinen kann, ist die verlässliche Mitarbeit nicht nur der wissenschaftlichen Grabungsleiter und Autoren, die oft schon kurz nach Grabungsende ein druckfertiges Manuskript abliefern müssen, sondern auch der Restauratoren, Zeichner und Fotografen. Hierfür danke ich allen Beteiligten, ebenso natürlich den zahlreichen Grabungshelfern, Grabungsarbeitern und Grabungsleitern.

Unsere Ausgrabungen, von denen fast alle im Rahmen von denkmalschutzrechtlichen Verfahren durchgeführt werden, sind meist nur möglich durch die gute Zusammenarbeit mit unseren Partnern, den Kommunen, die uns oft technische und logistische Unterstützung gewähren, den Planungsträgern, die sich häufig an den Grabungskosten beteiligen sowie zahlreichen ehrenamtlichen und freiwilligen Helfern, deren Zahl immer mehr zunimmt. Ein verlässlicher Partner ist auch die Arbeitsverwaltung, die bei archäologischen Ausgrabungen und deren Auswertung die Möglichkeit nutzt, schwer vermittelbare Arbeitnehmer beschäftigen zu können und durch ihre finanziellen Zuschüsse die in diesem und den früheren Bänden beschriebene Vielfalt an Grabungen erst möglich macht. Die bewährte Partnerschaft wird durch eine zur Zeit bei verschiedenen Arbeitsämtern gezeigte gemeinsame Ausstellung mit dem Titel „Lieber Römer ausgraben als arbeitslos" dokumentiert.

Die Archäologische Denkmalpflege des Landes hat sich immer bemüht, ohne eigene Positionen zu schwächen, Konflikte durch rechtzeitige Information und Absprachen zu vermeiden – Absprachen, die häufig schon im Vorfeld denkmalschutzrechtlicher Verfahren liefen. Den meisten unserer Partner ist heute klar, dass wichtige archäologische Fundstellen nicht einfach zerstört werden dürfen. Wenn Grabungen frühzeitig organisiert und durchgeführt werden können, ist es in der Regel möglich, den gefürchteten Zeitverzug für Baumaßnahmen zu vermeiden oder in einem annehmbaren Rahmen zu halten. Eine finanzielle Beteiligung der Planungsträger oder Bauherren an den Grabungskosten, die meist in keinem Verhältnis zur Bausumme stehen, ist durchaus üblich geworden, um einen zeitnahen Abschluss der Grabung sicherzustellen.

Aus der Sicht der Archäologischen Denkmalpflege ist deshalb die im Frühjahr dieses Jahres erfolgte Novellierung des Denkmalschutzgesetzes, die eine Schwächung der Einvernehmensregelung zwischen Unterer Denkmalschutzbehörde und Fachbehörde beabsichtigt, nicht recht nachzuvollziehen. Mit Fug und Recht darf bezweifelt werden, dass bei den 199 Unteren Denkmalschutzbehörden des Landes ausreichend Fachverstand vorausgesetzt werden kann, um eine archäologische Fundstelle in ihrer wissenschaftlichen Wertigkeit beurteilen zu können. So werden solche Entscheidungen noch mehr als bisher von wirtschaftlichen oder politischen

Faktoren beeinflusst werden. Immerhin werden nun auch die Kommunen nicht nur mehr Verantwortung, sondern entsprechend § 1 des Denkmalschutzgesetzes auch Aufgaben übernehmen müssen. Es wird sich zeigen, wie weit dies auch auf die Übernahme von Kosten zutrifft. Den wenigsten unserer Partner ist dabei klar, dass mit dem Abschluss einer Grabung die denkmalpflegerische Maßnahme keineswegs abgeschlossen ist, sondern dass bis zur wissenschaftlichen Publikation in der Regel Kosten entstehen, die denen der Ausgrabung meist nicht nachstehen.

Die Restaurierung der Funde, ihre zeichnerische und fotografische Dokumentation, immer wichtiger werdende naturwissenschaftliche Untersuchungen wie etwa anthropologische, osteologische oder botanische Forschungen und schließlich die archäologische Auswertung kosten Zeit und Geld und können meist erst nach Jahren abgeschlossen werden. Hier sind wir oft auf die Hilfe der Deutschen Forschungsmeinschaft angewiesen, können aber auch für Universitätsforschungen, für Magisterarbeiten und Dissertationen wichtiges Material liefern. So sind nicht nur die Landesuniversitäten, sondern auch die meisten Universitäten Deutschlands und die weiterer Länder bis hin zu den USA Partner unserer Arbeit. Dies dokumentiert sich auch in der Autorenschaft des vorgelegten Bandes. Angesichts der Schwächung durch die angesprochene Gesetzesänderung ist die Archäologische Denkmalpflege um so mehr auf eine vernünftige personelle Ausstattung und ausreichende Haushaltsmittel angewiesen, um ihrer gesetzlichen Verpflichtung nachzukommen.

Wir freuen uns jedenfalls, diesen gewichtigen und anschaulichen zwanzigsten Band pünktlich vorlegen zu können. Für die Zusammenstellung der Beiträge sowie die Redaktion danke ich Frau Karen Schmitt, dem Konrad Theiss Verlag für die Herstellung des Bandes.

Stuttgart, im Mai 2001

Jörg Biel

Reliefkarte Baden-Württemberg 1: 600 000

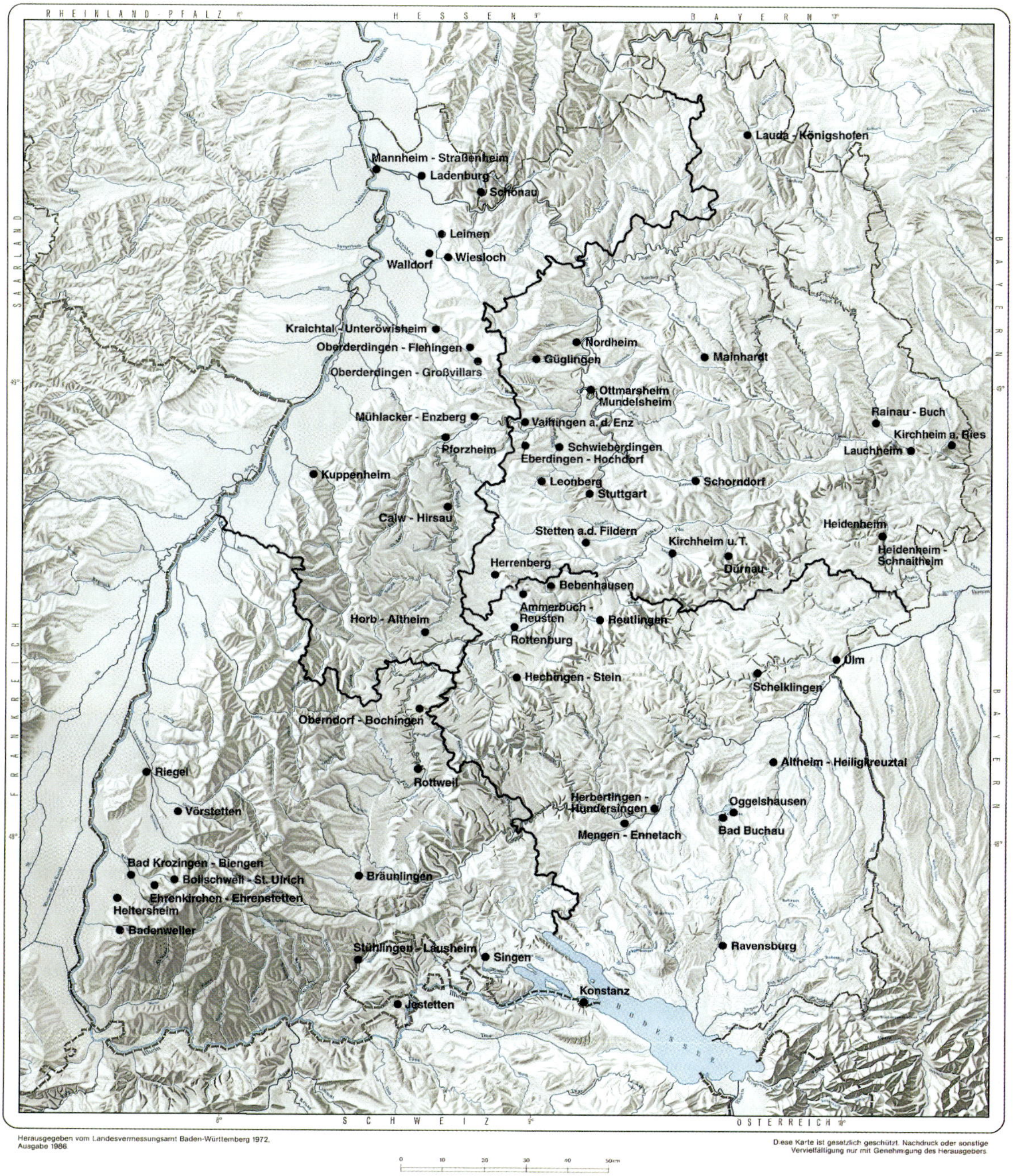

Karte der Städte und Gemeinden, aus denen in diesem Band berichtet wird.

Inhalt

Verzeichnis der Autoren

Dr. Dorothee Ade-Rademacher, Tübingen

Dr. Bettina Arnold, Department of Anthropology, University of Wisconsin, Milwaukee, USA

Dr. Susanne Arnold, Landesdenkmalamt Baden-Württemberg, Abt. Archäologische Denkmalpflege, Stuttgart

Gereon Balle M. A., Heidenheim

Hildegard Bibby M. A., Konstanz

Dr. Jörg Biel, Landesdenkmalamt Baden-Württemberg, Abt. Archäologische Denkmalpflege, Stuttgart

Dr. André Billamboz, Landesdenkmalamt Baden-Württemberg, Abt. Archäologische Denkmalpflege, Arbeitsstelle Hemmenhofen

Dr. Jörg Bofinger, Landesdenkmalamt Baden-Württemberg, Abt. Archäologische Denkmalpflege, Außenstelle Tübingen

Dr. Christel Bücker, Landesdenkmalamt Baden-Württemberg, Abt. Archäologische Denkmalpflege, Außenstelle Freiburg

Prof. Nicholas J. Conard, Ph. D., Institut für Ur- und Frühgeschichte und Archäologie des Mittelalters der Universität Tübingen

Dr. Folke Damminger, Landesdenkmalamt Baden-Württemberg, Abt. Archäologische Denkmalpflege, Außenstelle Karlsruhe

Dr. Rolf Dehn, Landesdenkmalamt Baden-Württemberg, Abt. Archäologische Denkmalpflege, Außenstelle Freiburg

Dr. Bodo Dieckmann, Landesdenkmalamt Baden-Württemberg, Abt. Archäologische Denkmalpflege, Arbeitsstelle Hemmenhofen

Klaus-Dieter Dollhopf M. A., Osteologische Sammlung der Universität Tübingen

Dr. Meinrad N. Filgis, Landesdenkmalamt Baden-Württemberg, Abt. Archäologische Denkmalpflege, Stuttgart

Prof. Dr. Gerhard Fingerlin, Landesdenkmalamt Baden-Württemberg, Abt. Archäologische Denkmalpflege, Außenstelle Freiburg

Matthias Fröhlich M. A., Institut für Ur- und Frühgeschichte und Archäologie des Mittelalters der Universität Freiburg

Luisa Galioto M. A., Freiburg

Dr. Guntram Gassmann, Tübingen

Dr. Uwe Gross, Landesdenkmalamt Baden-Württemberg, Abt. Archäologische Denkmalpflege, Stuttgart

Iris Grunert M. A., Tübingen

Jürgen Hald M.A., Landratsamt Konstanz, Kreisarchäologie, Hegau-Museum Singen

Ralf Hartmeyer, Landesdenkmalamt Baden-Württemberg, Abt. Archäologische Denkmalpflege, Stuttgart

Dr. Ludwig H. Hildebrandt, Wiesloch

Dr. Jutta Hoffstadt, Landesdenkmalamt Baden-Württemberg, Abt. Archäologische Denkmalpflege, Arbeitsstelle Hemmenhofen

Wolfgang Hohl, Landesdenkmalamt Baden-Württemberg, Abt. Archäologische Denkmalpflege, Arbeitsstelle Hemmenhofen

Barbara Hölschen M. A., Abt. für Provinzialrömische Archäologie der Universität Freiburg

Christina Ihle, Institut für Ur- und Frühgeschichte und Archäologie des Mittelalters der Universität Tübingen

Walter Joachim, Stuttgart

Michael J. Kaiser M. A., Institut für Ur- und Frühgeschichte und Archäologie des Mittelalters der Universität Freiburg

Steffen Killinger, Institut für Ur- und Frühgeschichte und Archäologie des Mittelalters der Universität Tübingen

Dipl. Ing. Stefan King, Freiburg

Dr. Ulrich Klein, Württembergisches Landesmuseum Stuttgart

Dr. Jutta Klug-Treppe, Landesdenkmalamt Baden-Württemberg, Abt. Archäologische Denkmalpflege, Außenstelle Freiburg

Dr. Ursula Koch, Reiss-Museum Mannheim

Dr. Joachim Köninger, Freiburg

Priv.-Doz. Dr. Rüdiger Krause, Landesdenkmalamt Baden-Württemberg, Abt. Archäologische Denkmalpflege, Stuttgart

Kurt Langguth, Institut für Ur- und Frühgeschichte und Archäologie des Mittelalters der Universität Tübingen

Rainer Laskowski M. A, Stadtmuseum Kirchheim unter Teck

Ursula Laux M. A., Rosenheim

Renate Leibfried, Eberdingen-Hochdorf

Dorothee Lengert, Institut für Ur- und Frühgeschichte und Archäologie des Mittelalters der Universität Tübingen

Frank Löbbecke M. A., Freiburg

Brigitte Lohrke M. A., Landesdenkmalamt Baden-Württemberg, Abt. Archäologische Denkmalpflege, Arbeitsstelle Hemmenhofen

Dr. Ursula Maier, Landesdenkmalamt Baden-Württemberg, Abt. Archäologische Denkmalpflege, Arbeitsstelle Hemmenhofen

Coinneach McCabe, Institut für Ur- und Frühgeschichte und Archäologie des Mittelalters der Universität Freiburg

Martin Menninger, Landesdenkmalamt Baden-Württemberg, Abt. Archäologische Denkmalpflege, Außenstelle Tübingen

Martina Meyr M. A., Abt. für Provinzialrömische Archäologie der Universität Freiburg

Dr. Matthew L. Murray, Department of Anthropology, Minnesota State University, Mankato, USA

Dr. Andrea Neth, Landesdenkmalamt Baden-Württemberg, Abt. Archäologische Denkmalpflege, Stuttgart

Prof. Dr. Hans Ulrich Nuber, Abt. für Provinzialrömische Archäologie der Universität Freiburg

Dr. Claus Oeftiger, Landesdenkmalamt Baden-Württemberg, Abt. Archäologische Denkmalpflege, Stuttgart

Dipl. Geophys. Harald von der Osten-Woldenburg, Landesdenkmalamt Baden-Württemberg, Abt. Archäologische Denkmalpflege, Stuttgart

Dr. Britta Rabold, Landesdenkmalamt Baden-Württemberg, Abt. Archäologische Denkmalpflege, Außenstelle Karlsruhe

Prof. Dr. Hartmann Reim, Landesdenkmalamt Baden-Württemberg, Abt. Archäologische Denkmalpflege, Außenstelle Tübingen

Dr. Ralph Röber, Archäologisches Landesmuseum Baden-Württemberg, Außenstelle Konstanz

Dr. Hartmut Schäfer, Landesdenkmalamt Baden-Württemberg, Abt. Archäologische Denkmalpflege, Stuttgart

Klaus Schenck, Stadtmessungsamt Heidenheim

Dr. Helmut Schlichtherle, Landesdenkmalamt Baden-Württemberg, Abt. Archäologische Denkmalpflege, Arbeitsstelle Hemmenhofen
Erhard Schmidt, Landesdenkmalamt Baden-Württemberg, Abt. Archäologische Denkmalpflege, Außenstelle Tübingen

Dr. Stefan Schmidt-Lawrenz, Römisches Freilichtmuseum Hechingen-Stein

Seth A. Schneider, Department of Anthropology, University of Wisconsin, Milwaukee, USA

Prof. Dr. Barbara Scholkmann, Institut für Ur- und Frühgeschichte und Archäologie des Mittelalters der Universität Tübingen

Dr. Gabriele Seitz, Abt. für Provinzialrömische Archäologie der Universität Freiburg

Dr. C. Sebastian Sommer, Landesdenkmalamt Baden-Württemberg, Abt. Archäologische Denkmalpflege, Stuttgart

Dr. Sophie Stelzle-Hüglin, Eimeldingen

Prof. Dr. Heiko Steuer, Institut für Ur- und Frühgeschichte und Archäologie des Mittelalters der Universität Freiburg

Dr. Ingo Stork, Landesdenkmalamt Baden-Württemberg, Abt. Archäologische Denkmalpflege, Stuttgart

Otto Teschauer, Landesdenkmalamt Baden-Württemberg, Abt. Archäologische Denkmalpflege, Außenstelle Karlsruhe

Dr. Jürgen Trumm, Kirchzarten-Zarten

Prof. Dr. Dr. Hans-Peter Uerpmann, Institut für Ur- und Frühgeschichte und Archäologie des Mittelalters der Universität Tübingen

Priv.-Doz. Dr. Ulrich Veit, Institut für Ur- und Frühgeschichte und Archäologie des Mittelalters der Universität Tübingen

Dipl. Geogr. Richard Vogt, Landesdenkmalamt Baden-Württemberg, Abt. Archäologische Denkmalpflege, Arbeitsstelle Hemmenhofen
Dr. Heiko Wagner, Kirchzarten

Dr. Joachim Wahl, Landesdenkmalamt Baden-Württemberg, Abt. Archäologische Denkmalpflege, Arbeitsstelle Konstanz, Osteologie

Michael Weihs M. A., Altenriet

Dr. Günther Wieland, Landesdenkmalamt Baden-Württemberg, Abt. Archäologische Denkmalpflege, Außenstelle Karlsruhe

Andreas Willmy M. A., Institut für Ur- und Frühgeschichte und Archäologie des Mittelalters der Universität Tübingen

Zwei bedeutende mittelpaläolithische Funde aus Ehrenstetten, Gde. Ehrenkirchen, Kreis Breisgau-Hochschwarzwald

Am langgestreckt-hügelig auslaufenden Schwarzwaldrand südöstlich von Ehrenstetten entdeckte der ehrenamtliche Mitarbeiter des Landesdenkmalamtes Johannes Kaiser im Februar 2000 einen Faustkeil (Abb. 1a; 2), einen für Südbaden einzigartigen Fund, den er sofort an die Außenstelle Freiburg meldete. Herr Kaiser begeht die Umgebung der Fundstelle seit über 20 Jahren, wobei vor allem neolithische Silex- und Felsgesteinartefakte zum Vorschein kamen. Unter diesen verbarg sich als weiteres paläolithisches Werkzeug ein so genanntes Faustkeilblatt, das bereits im Dezember 1983 rund 200 m von der Faustkeil-Fundstelle entfernt entdeckt worden war. Eindeutig mittelpaläolithische Artefakte waren bislang weder von dieser Fundstelle noch aus den umliegenden Gebieten bekannt.

Der völlig unbeschädigte Faustkeil (Länge 8,9 cm, Breite 5,8 cm, Dicke 2,4 cm, Gewicht 114,4 g) besitzt einen annähernd spitzovalen Umriss mit schräg verlaufender Basis. Die beidflächig umlaufend ausgeführte Flächenretusche ist insbesondere im Bereich der grazil anmutenden Objektspitze sehr sorgfältig gearbeitet. Die beiden in der Längsachse leicht gebogenen Schneidkanten sind nur mäßig gewellt. Bei dem Rohmaterial handelt es sich um einen durchscheinenden, kristallinen Gangquarz des Gneis-Schwarzwaldes, wie er in der unmittelbaren Umgebung der Fundstelle sowohl als scharfkantiger Bruchstein als auch in Form von Bachgeröllen vorkommt. Wie die natürlich belassene Basisfläche des Faustkeiles zeigt, wurde er aus einem leicht gerundeten Ausgangsstück, möglicherweise einem Grobabschlag eines Geröllblockes hergestellt.

Das zweite Fundobjekt (Abb. 1b) besteht dagegen aus weiß-grauem, z. T. bräunlichem, grobkörnigem Jurahornstein, der im Markgräfler Hügelland seine natürliche Verbreitung hat. Das annähernd breitdreieckige Faustkeilblatt besitzt eine gerundete Spitze, beidflächige Flächenretuschierung und einen stumpfen Rücken. Die Oberseite ist konvex und die Unterseite konkav gewölbt, der gerade Rücken zeigt eine geschlagene, z. T. aber auch natürliche Bruchfläche.

Die Tatsache, dass beide Fundstücke völlig unbeschädigt an das Tageslicht gekommen sind, erlaubt die Vermutung, dass sie frisch aus dem Untergrund des Ackerbodens herausgepflügt wurden. Zudem sind die Spitzen und Schneidenkanten noch derart scharf, dass ein längerer Transport durch Fließprozesse auszuschließen ist. Dies trifft insbesondere für den Faustkeil aus Gangquarz zu, dessen Rohmaterial und Erhaltungszustand Indizien für eine Herstellung und Einbettung vor Ort sind.

Die Funde von Ehrenstetten sind im so genannten Micoque-Stil gearbeitet, der nach einer bedeutenden Fundstelle in Südwest-Frankreich benannt ist. Vergleichsfunde zu beiden Stücken stammen aus den Micoque-Schichten der Heidenschmiede bei Heidenheim und der Bocksteinschmiede im Lonetal. Für die Ehrenstettener Artefakte ist aber auch eine Datierung in ältere oder jüngere Epochen nicht auszuschließen. Sollte die Datierung ins Micoquien zu-

Abb. 1 Ehrenstetten. Faustkeil und Faustkeilblatt. M. 1 : 3.

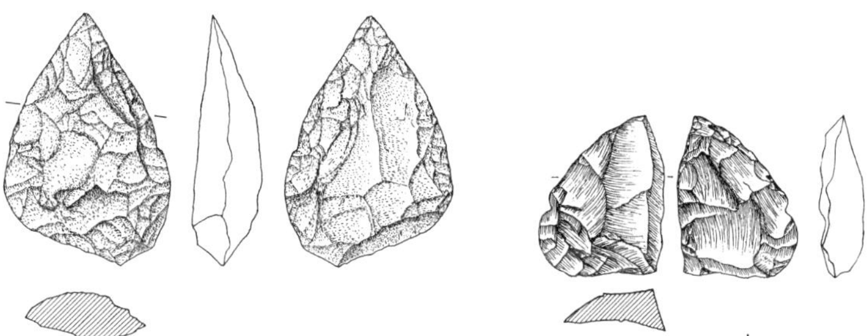

Abb. 2 Ehrenstetten. Faustkeil aus kristallinem Gangquarz.

treffen, so können diese Stücke ein Alter von 120 000 bis 80 000 Jahren besitzen. Dies entspricht einem Zeitraum von der warmgemäßigten Eemzeit bis zur frühen Würm-Eiszeit, der Frühzeit des Neandertalers.

Die besondere Bedeutung der Ehrenstettener Fundstelle besteht darin, dass aus dem Gebiet des Dreiländerecks zwischen Frankreich, Deutschland und der Schweiz bisher nur ganz vereinzelt Faustkeile entdeckt worden sind. Sie lassen sich über Typenvergleiche nur unzureichend chronologisch einordnen, da aussagekräftige Befunde vollständig fehlen. Die Seltenheit von mittel- und altpaläolithischen Funden im Dreiländereck ist aber nicht mit einer damals fehlenden Besiedlung zu erklären, sondern in den Auswirkungen der Eiszeiten zu suchen. Es handelt sich dabei um Abtragungs- und Ablagerungsprozesse (Erosion und Sedimentation), die eine Zerstörung oder Überdeckung der meisten paläolithischen Fundstellen bewirkt haben.

Dass die Freilandfundstelle von Ehrenstetten gleich mit zwei paläolithischen Artefakten aufwarten kann, ist daher als besonderer Glücksfall zu werten, der weitere Funde erhoffen lässt. Vielleicht ließe sich mit diesen eine genauere chronologische Einschätzung der Faustkeilfundstelle erarbeiten.

Michael J. Kaiser

Literaturhinweise

G. Bosinski, Die mittelpaläolithischen Funde in Mitteleuropa (Köln 1976); G. Bosinski/R. Wetzel, Die Bocksteinschmiede im Lonetal (Stuttgart 1969); N. J. Conard/E. Blattmann, Ein Faustkeil aus Bollschweil, Lkr. Breisgau-Hochschwarzwald. Arch. Nachr. Baden 63, 2000, 3–7; H. Müller-Beck (Hrsg.), Urgeschichte in Baden-Württemberg (Stuttgart 1983).

Die Ausgrabungen im Gravettien des Hohle Fels bei Schelklingen, Alb-Donau-Kreis

Die zehnwöchigen Ausgrabungen des Jahres 2000 im Hohle Fels hatten die weitere Erschließung des Gravettien-Leithorizontes der Höhle, der Aschen- und Knochenkohlenlage GH 3cf, im Bereich der bisherigen Grabungsfläche zum Ziel. An den Arbeiten waren insgesamt 16 Ausgräber, u. a. aus Kambodscha, Ungarn und den USA beteiligt. Während dieser Kampagne wurden insgesamt 4640 Objekte dreidimensional eingemessen, darunter als wichtigste Fundgattungen 2646 Steinartefakte, 1030 unverbrannte Tierreste und 437 Knochenkohle-Stücke. Die Funde stammen fast alle aus dem Gravettien-Leithorizont

GH 3cf bzw. aus den geologischen Schichten, die knapp darüber (GH 3c) oder darunter (GH 3d bzw. 3db) lagen. Die ausgedehnte Brandschicht GH 3cf wird momentan nicht mehr als große Feuerstelle in situ interpretiert, sondern, ausgehend von den Analysen Prof. P. Goldbergs, Boston, und unseren eigenen experimentellen Ergebnissen, eher als eine sekundäre Anhäufung gebrannten Materials gesehen, die z. B. durch wiederholtes Ausräumen von Feuerstellen entstanden sein könnte. Es ist jedoch klar, dass dieses Material inklusive vieler Knochen- und Steinartefakte nach dem Ausräumen kaum gestört und mit Sedimenten durchmischt wurde. Demnach befand sich dieses Areal hinten und östlich vom Eingangsbereich mit hoher Wahrscheinlichkeit außerhalb der Hauptbegehungszonen des Fundplatzes in der Zeit vor rund 29 000 Jahren.

Im Inventar der Ausgrabung 2000 sind Jurahornstein und danach Radiolarit mit Abstand die am häufigsten benutzten Rohmaterialien. Insgesamt macht das Inventar einen ziemlich einheitlichen Eindruck. Auffallend ist bei beiden Hauptrohmaterialien die Präsenz von Rindenabschlägen und Kernen mit manchmal hohen Kortexanteilen. Unter den Kernen aus beiden Rohmaterialien sind Klingen- und Lamellenkerne sehr gut vertreten, obwohl grob geschlagene und unregelmäßig bearbeitete Kerne durchaus vorkommen. Unter den Funden aus Jurahornstein befinden sich häufig unipolare Klingenkerne mit einer glatt präparierten Schlagfläche und einer annähernd halbkreisförmigen Abbaufläche. Gut belegt sind auch sorgfältig präparierte, von entgegengesetzten Schlagflächen abgebaute Klingen- und Lamellenkerne (Abb. 4,5). Unter den Kernen aus Radiolarit ist ein kleiner unipolarer Lamellenkern zu nennen.

Von den Werkzeugen stammen zwei Kratzer aus GH 3c (Abb. 3,1–2). Eines dieser Stücke ist beidseitig lateral steil retuschiert, während das andere Stück durch eine schwache nasenartige Retusche gekennzeichnet ist. In der Brandschicht GH 3cf sind kleine sowie größere rückengestumpfte Gravettespitzen sehr gut vertreten (Abb. 4,1–4). Zwei vollständige Exemplare zeigen eine feine ventrale Retusche am basalen Ende, und ein drittes Stück trägt eine ventrale laterale Retusche in Richtung auf die Spitze. Darüber hinaus liegen zwei feine Distalenden von Gravettespitzen aus Radiolarit vor, davon eine mit einer leichten Aussplitterung unmittelbar in der Spitzenpartie. Erneut haben wir damit im Zusammenhang mit dem Gravettien des Hohle Fels einen klaren Beleg für die Jagd. Ebenfalls aus GH 3cf stammt ein massiver Doppelschaber aus Radiolarit (Abb. 4,6). Im Komplex GH 3 fand sich auch ein kleiner Schlagstein oder Retuscheur aus Tonschiefer, der mit einem Fragment aus der Grabung von 1996 zusammengesetzt werden konnte.

Die Auswertung der faunistischen Reste durch Dr. S. Münzel im Rahmen des laufenden DFG-Projektes zur Fauna des Hohle Fels ergab Hinweise auf die jah-

Abb. 3 Hohle Fels. Steinartefakte aus der gravettienzeitlichen Schicht GH 3c: 1 Kratzer aus Radiolarit, 2 Kratzer aus Jurahornstein mit beidseitiger steiler Lateralretusche.

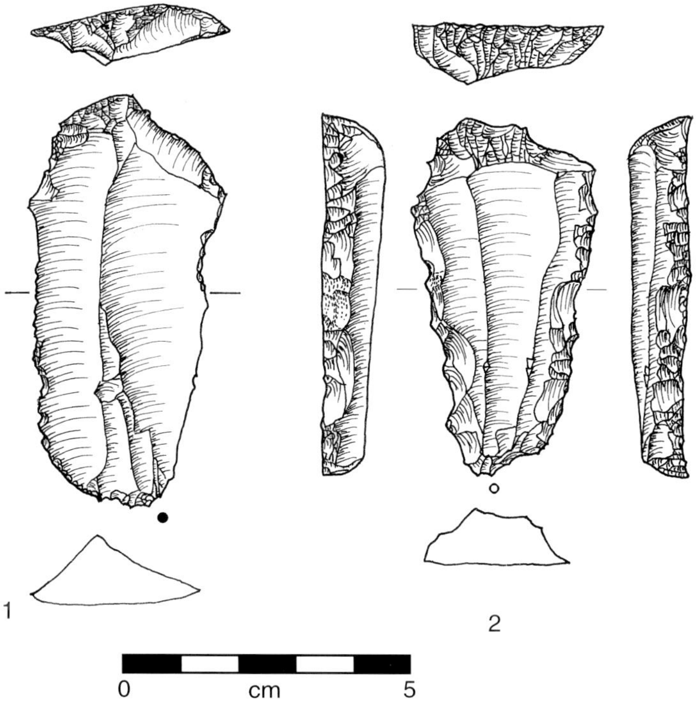

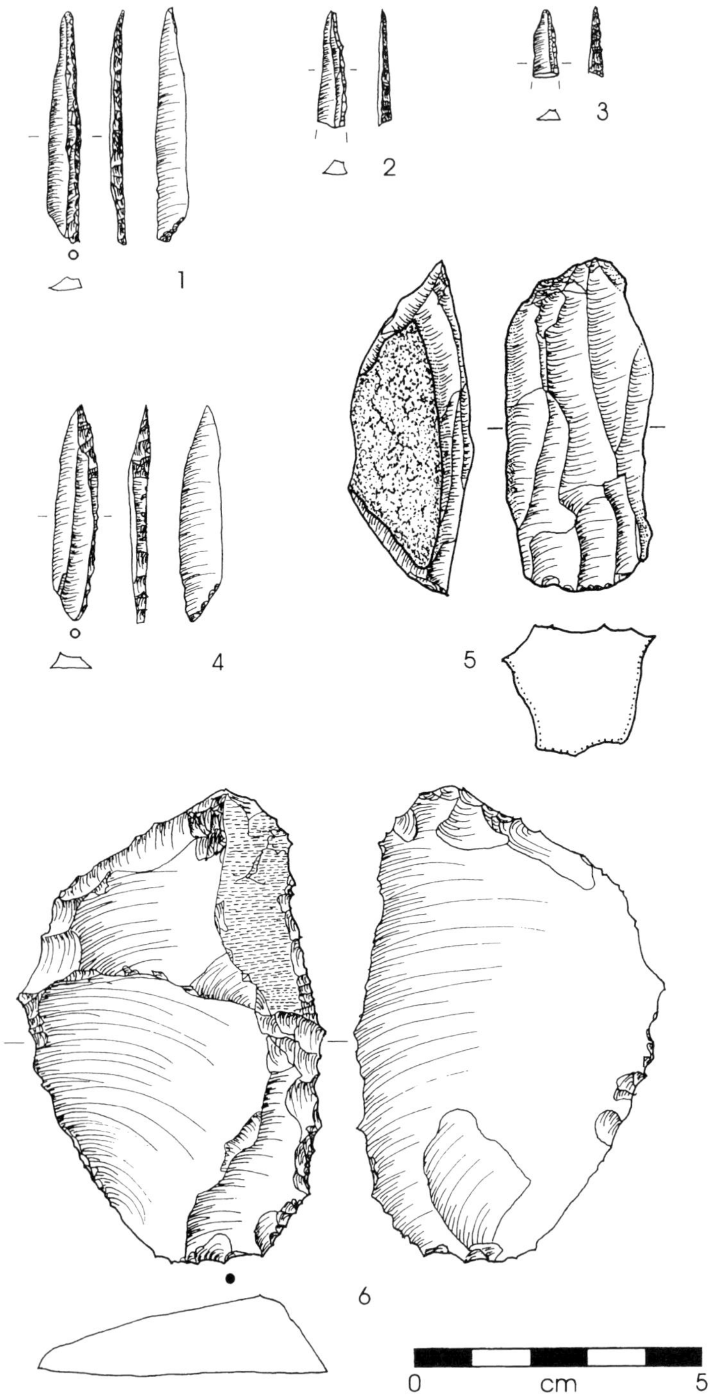

Abb. 4 Hohle Fels. Steinartefakte aus der gravettienzeitlichen Schicht GH 3cf: 1, 4 Gravettespitzen mit feiner ventraler Basisretusche, 2–3 Distalfragmente von Gravettespitzen, 5 von entgegengesetzten Schlagflächen abgebauter Lamellenkern, 6 Doppelschaber. – Rohmaterial: 1–3, 6 Radiolarit, 4–5 Jurahornstein.

reszeitliche Nutzung der Höhle. Aus dem Magdalénienhorizont Ia stammt ein Beckenfragment eines Pferdefötus, das eine Winterbegehung belegt. Auch die Altersgruppen, die sich aus den Zähnen der Pferde aus der Gravettienschicht AH IIc ergeben, sprechen für eine Winterjagd. Außerdem gibt es Fußwurzelknochen neugeborener Mammuts, die eine Jagd auf Mammuts im Spätwinter oder Frühjahr nahe legen. Dazu passt die große Konzentration von Knochenkohlen und Asche im GH 3cf, für deren Entstehung ein längerer oder mehrere kürzere Aufenthalte vorausgesetzt werden müssen.

Vergleichbare Fundsituationen liegen in den benachbarten Höhlen Geißenklösterle und Brillenhöhle vor. Durch Zusammensetzungen von Steinartefakten wissen wir, dass während des Gravettien enge Kontakte zwischen diesen drei Fundstellen bestanden haben. Die Täler der Schwäbischen Alb müssen also im Winter und Frühjahr gute Jagdbedingungen geboten haben, und zwar nicht wegen der überwinternden Höhlenbären, die eher als willkommenes Nebenprodukt anzusehen sind, sondern weil Pferde hier ihren Wintereinstand hatten und Mammutkühe eventuell ihre Setzplätze.

Die Auswertung der organischen Funde der Grabung 2000 lieferte wieder zahlreiche Stücke, die mehr oder minder eindeutig als Schmuckobjekte anzusprechen sind. Neben Elfenbein- und Geweihanhängern verschiedener Formen und Größen (Abb. 5,1–3) fand sich ein kleiner durchbohrter Fischwirbel von 6 mm × 4,5 mm Größe aus dem Profilversturz (Abb. 5,4). Letzteres Stück stammt jedoch möglicherweise aus dem Magdalénien. Ferner wurden ein durchbohrter Ammonit aus dem Braunjura der nördlichen Schwäbischen Alb (Abb. 5,5), ein achtförmiges Elfenbeinartefakt (Abb. 5,6) und mehrere Zahnanhänger aus Bären- und Wolfszähnen geborgen (Abb. 6,2–5). Der Anhänger aus einem Wolfseckzahn war beim Tragen oder gar schon beim Durchbohren

längs gerissen. Die Bruchkanten sind allerdings völlig verrundet und poliert. Der Zahn wurde daher vermutlich, auch nachdem er als Anhänger unbrauchbar geworden war, noch lange Zeit weiter genutzt.
Ein weiteres Schmuckstück, das sehr intensiv genutzt wurde, ist eine durchbohrte Muschel (*Glycymeris sp.*) aus der Gravettienschicht GH 3c unmittelbar über dem mit 29 000 Jahren vor heute gut datierten Leithorizont GH 3 cf. Zwei Bruchstücke dieser Art wurden bereits bei früheren Grabungen gefunden, allerdings in magdalénienzeitlichen Schichten. Ohne bio-chemische Untersuchung lässt sich nach dem bearbeitenden Zoologen, Dr. W. Rähle, nicht entscheiden, ob das Schmuckstück aus einer rezenten oder einer fossilen Muschel gefertigt wurde. Handelt es sich um eine fossile Muschel, so würde dies Kontakte nach Norden oder Westen (z. B. zu den Vorkommen im Mainzer Becken oder Pariser Becken) belegen. Würde es sich hingegen um ein rezentes Exemplar handeln, so käme das Schmuckstück voraussichtlich aus dem Mittelmeerraum.
In der relativ kleinen Grabungsfläche konnten Fragmente von vier Geschoss-Spitzen aus Geweih und Knochen geborgen werden. Die Häufigkeit dieser zerbrochenen Projektile deutet auf eine intensive Jagdtätigkeit während des Aufenthaltes hin.
Ein in GH 3 cf fragmentiert aufgefundenes Geweihartefakt konnte aus zwölf Einzelteilen wieder zusammengesetzt werden. Die stark modifizierten Kanten des Stückes bilden ein langgezogenes Dreieck mit einer Länge von 17 cm. Die längste Seite enthält beidseitig zahlreiche Kerben bzw. Schnitte. Diese könnten zur Verzierung oder aber als funktionale Elemente zur Aufrauung der Oberfläche an dieser Stelle angebracht worden sein. Die Art und die Verwendungsweise des Artefaktes sind bisher nicht bekannt. Am ehesten ähnelt es Geräten, die schon im Jungpaläolithikum im Zusammenhang mit der Bearbeitung von Fasern, Körben und Textilien eingesetzt wurden.

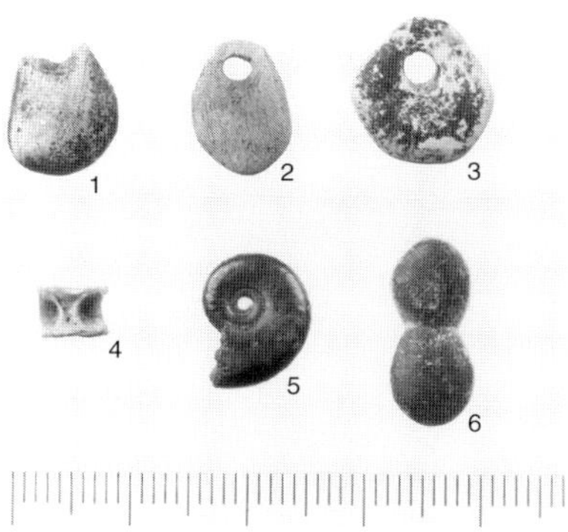

Abb. 5 Hohle Fels. Schmuckgegenstände: 1, 3 Anhänger aus Elfenbein, 2 Anhänger aus Geweih, 4 durchbohrter Fischwirbel, 5 durchbohrter Ammonit, 6 Achtförmiges Artefakt aus Elfenbein.

Ein 15 cm × 3 cm × 3 cm großes Artefakt aus einem mächtigen Rentiergeweih von der Oberfläche der Knochenkohlekonzentration GH 3 cf diente neben anderen Funktionen als Retuscheur. Es lag im direkten Umfeld einer massiven Konzentration kleiner Jurahornstein-Absplisse, die während der Grabung aufgenommen werden konnte.
Als weiterer besonderer Fund ist ein Brustwirbel eines kleinen, jedoch ausgewachsenen Bären aus GH 3 cf anzusehen. Beim Reinigen wurde erkannt, dass ein Silexsplitter in der Gelenkfläche des *Processus transversus* (Abb. 7) steckt. Er besteht aus grauem Jurahornstein und ist nach einer von der Universitätsklinik Tübingen im Zentralröntgenlabor durchgeführten Computer-Tomografie 5 mm × 2 mm × 2 mm groß. Es handelt sich vermutlich um ein Bruchstück des Silexeinsatzes einer Holz-, Knochen- oder Geweihspitze, das beim Passieren des Bärenwirbels herausgebrochen und steckengeblieben ist. Dieser Fund ist von größter Bedeutung, da bislang trotz gelegentlicher Hinweise durch Brandspuren, Schnittspuren und

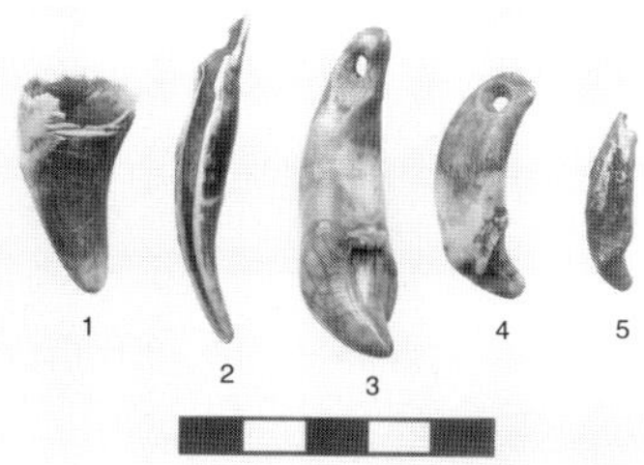

Abb. 6 Hohle Fels. Bearbeitete Zähne aus dem Gravettien: 1 Milcheckzahn vom Höhlenbären mit tiefen Schnittspuren, 2 Fragment eines Anhängers aus einem Wolfseckzahn, 3 Anhänger aus einem Bärenschneidezahn, 4 Anhänger aus dem Schneidezahn eines Wolfes, 5 Anhänger aus dem Milchschneidezahn eines Bären. 1 GH 3c, 2–5 GH 3 cf.

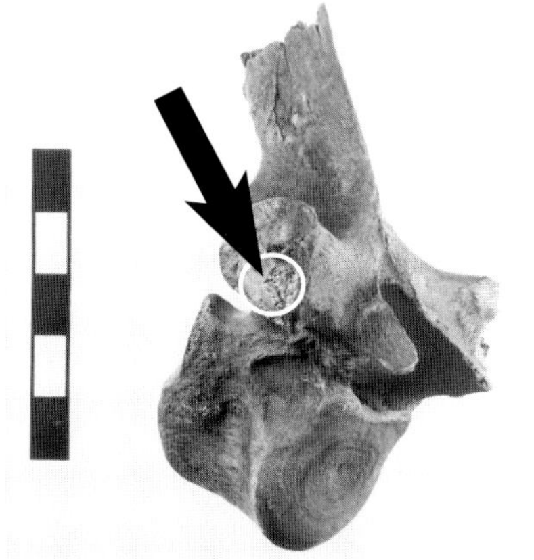

Abb. 7 Hohle Fels. Bärenbrustwirbel mit einem - Fragment eines eingeschossenen Artefaktes aus Jurahornstein; aus GH 3 cf.

anthropogene Modifikationen auf Höhlenbärenknochen aus dem Hohle Fels und dem benachbarten Geißenklösterle ein unumstrittener Hinweis auf die Bärenjagd fehlte. Obwohl anzunehmen ist, dass die große Mehrheit der vielen tausend Bärenknochen im Hohle Fels eher von natürlich verendeten Tieren stammt, belegt der Fund, dass die gravettienzeitlichen Bewohner des Hohle Fels gelegentlich Höhlenbären jagten. Die besondere Bedeutung des Höhlenbären im Jungpaläolithikum der Schwäbischen Alb ist längst durch Schmuckstücke aus Bärenzähnen und Darstellungen aus der Kunst des Aurignacien der Region bekannt. Der Bärenwirbel vom Hohle Fels ist daher für die Interpretation der jungpaläolithischen Wirtschaftsweise sowie der Eiszeitkunst von hoher Relevanz.

Mit den Geländearbeiten des Jahres 2000 am Hohle Fels wurden wichtige Fortschritte erzielt, die gravettienzeitlichen Schichten innerhalb der gesamten Grabungsfläche auszugraben. In der nächsten Grabungskampagne sollte es möglich sein, den außergewöhnlich fundreichen Horizont 3cf vollständig über die Grabungsfläche zu dokumentieren. Damit wird eine bedeutende Voraussetzung für die Auswertung des Fundmaterials aus dem Gravettien gegeben sein. Gleichzeitig werden so auch die Ablagerungen des frühen Jungpaläolithikums, dessen Präsenz durch eine kleine Sondage in die tiefer liegenden Schichten klar belegt ist, die nächste Priorität bei der Ausgrabung haben. Obwohl das Fundinventar für eine definitive Charakterisierung noch zu klein ist, liegt es nahe, dass es im Hohle Fels aurignacienzeitliche Funde gibt, die neben den Funden von Sirgenstein, Brillenhöhle und Geißenklösterle einen Einblick in die Lebensweise im Achtal zu einer Zeit geben, als die ersten modernen Menschen unsere Region erreichten und in bislang nicht klar nachzuzeichnender Weise die späten Neandertaler der Schwäbischen Alb ersetzten.

Die Autoren danken der Deutschen Forschungsgemeinschaft, der Firma Heidelberger Zement, der Museumsgesellschaft Schelklingen und der Gesellschaft für Urgeschichte für ihre großzügige Unterstützung der Ausgrabungen am Hohle Fels. Für ihre hilfreiche wissenschaftliche Beratung danken wir H. Bock, Dr. M. Bolus, Dr. H. Floss, Prof. P. Goldberg, Dr. S. Münzel, Dr. W. Rähle, Dr. K. Schell und Dr. S. Schiegel. Der Grabungsmannschaft und insbesondere M. Händel, A. Kandel, M. Malina und E. Riemann gebührt ganz herzlicher Dank für ihr zuverlässiges Engagement während der Ausgrabung. Schließlich danken wir S. Rathje für die Zeichnungen der Steinartefakte und H. Jensen für die Fotos.

Nicholas J. Conard, Kurt Langguth, Hans-Peter Uerpmann

Literaturhinweise

S. C. Münzel, Seasonal Activities of Human and Non-human Inhabitants of the Geißenklösterle-Cave near Blaubeuren, Alb-Danube District. Anthropozoologica 25/26, 1997, 355–361;

L. R. Owen, Geschlechterrollen und die Interpretation von Grabbeigaben: Nadeln, Pfrieme, Spitzen. Ethnogr.-Arch. Zeitschr. 38, 1997, 495 bis 504; W. Rähle, Neue Funde jungpaläolithischen Schalenschmuckes vom Hohle Fels bei Schelklingen, Alb-Donau-Kreis und vom Petersfels bei Engen, Kreis Konstanz. Fundber. Baden-Württemberg 19, 1994, 95–98; A. Scheer, Ein Nachweis absoluter Gleichzeitigkeit von paläolithischen Stationen? Arch. Korrbl. 16, 1986, 383–391.

Stierkopf, Spondylus und verziertes Knochengerät: Neue Funde aus der bandkeramischen Siedlung von Vaihingen an der Enz, Kreis Ludwigsburg

Die großen Flächengrabungen in der bandkeramischen Siedlung bei Vaihingen an der Enz standen im Jahr 2000 in ihrem achten Grabungsjahr. Es war von Beginn an das Ziel, den etwa 7–8 ha großen Siedlungsplatz innerhalb des zukünftigen Gewerbegebiets „Ensingen-Süd“ vollständig auszugraben. Ein zügiger Grabungsablauf wurde stets durch die hohe Befunddichte verzögert, da sich auch auf dem sanft abfallenden Geländerücken im südlichen Teil der Siedlungsfläche alle Zeitstufen von den ältesten bis zu den jüngsten Phasen der Bandkeramik überlagern.

Der Fortgang der Ausgrabung war im Wesentlichen durch die Schließung von Lücken zur Ergänzung des Siedlungsplanes bestimmt. Bereits 1999 musste festgehalten werden, dass der große Areale der Siedlungsflächen umgebende Graben im Süden ganz offensichtlich nicht ausgeführt und das Grabenwerk nicht vollendet wurde. Auch reichten die Ausgrabungen von 2000 nicht über die Westgrenze von 1999 hinaus, so dass die Frage der Anbindung und Bedeutung des nach Süden auslaufenden Grabenfragmentes (Abb. 8) noch nicht weiter verfolgt werden konnte.

Im Mittelpunkt der Grabungskampagne stand die Suche nach Strukturen ältestbandkeramischer Häuser. Die Verteilung von verzierter Keramik der ältesten Bandkeramik wies schon 1999 darauf hin, dass im Süden der Siedlungsfläche auf dem nach Süden abfallenden Geländerücken mit dem ältesten Teil der Siedlung und damit der Keimzelle der Siedlungsentwicklung zu rechnen ist. So konnte auch der Bestand an Funden der ältesten Bandkeramik erheblich erweitert werden. Trotz der hohen Befunddichte und der Überlagerung von Befunden konnten verschiedene Hausstrukturen dokumentiert werden (Abb. 8). Zum einen sind es wohl drei U-förmige Wandgräbchen als Nordwestabschlüsse von Großbauten; zum anderen sind es aber auch enge Pfostenreihungen von Hauswänden und Joche aus drei Pfosten als tragende Elemente des Dachstuhls. Daneben fallen verschiedene parallele Gräbchen auf, die zwischen 6 m und 8 m lang sind und in Abständen von 4,9 m bis 7,2 m voneinander entfernt liegen. Bei diesen Gräbchen handelt es sich um Wandgräbchen ältestbandkeramischer Häuser, so dass in dem Planausschnitt (Abb. 8) die Reste von mindestens 4–5 Hausgrundrissen der ältesten Bandkeramik erkennbar sind. Damit kristallisiert sich zusammen mit den Keramikfunden der ältesten bandkeramischen Stilphase das Bild einer ältesten Siedlungsphase als Ausgangspunkt für die weitere Entwicklung des Siedlungsplatzes bis zum Ende der bandkeramischen Kulturentwicklung immer deutlicher heraus.

Eine für die Vaihinger Ausgrabungen wichtige Fundgruppe stellten bislang die Hockerbestattungen dar. Sie konzentrierten sich im nördlichen Teil im Bereich des verfüllten Grabens, so dass dort von einem regelrechten Friedhof gesprochen werden kann. Im Unterschied dazu sind die Bestattungen in drei großen Gruben zu werten, die an das Ende der Bandkeramik datieren. In weiter und lockerer, unregelmäßiger Streuung finden sich als dritte Kategorie Hockerskelette, die als Siedlungsbestattungen bezeichnet werden. In dem Planausschnitt (Abb. 8) finden sich mit den Grabnummern 122 bis 128 weitere Skelettfunde, von denen sich eine mögliche Tierbestattung Nr. 126 abhebt. In

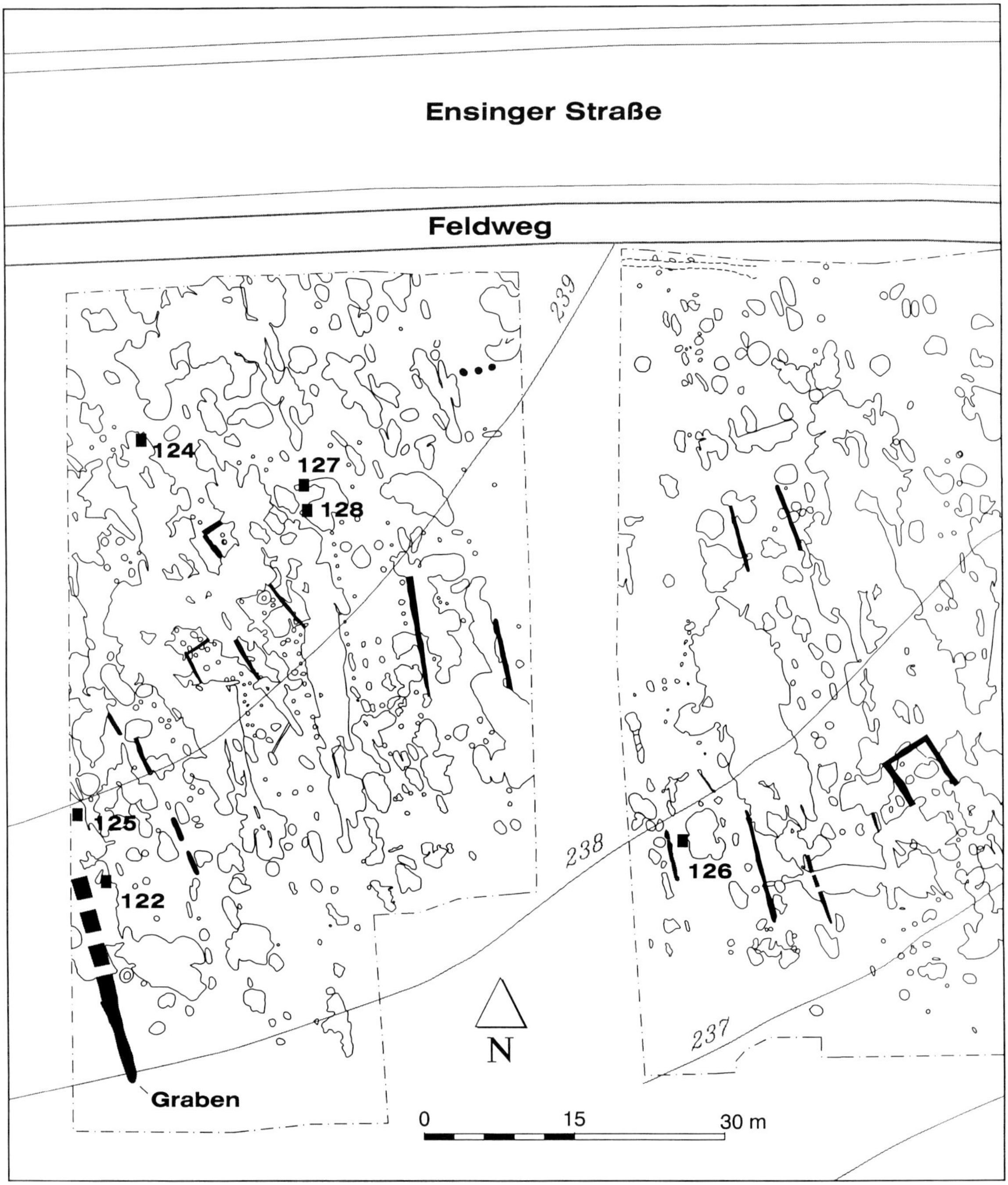

Abb. 8 Vaihingen. Ausschnitt aus dem Gesamtplan des bandkeramischen Siedlungsplatzes im Südwesten der Grabungsflächen. Hervorgehoben sind verschiedene Gräbchen von Hausgrundrissen, die Grabfunde 122–128 sowie das Fragment eines Grabens.

einer ovalen Grube lag das Skelett eines jungen Schweines (freundliche Bestimmung R.-M. Arbogast) auf der linken Körperseite (Abb. 9). Auffallend war, dass die vorderen und vor allem die hinteren Extremitäten deutlich angehockt waren, ganz in der Manier der so bestatteten Menschen. Über das Alter des Schweineskeletts soll eine ^{14}C-Datierung Gewissheit geben; derzeit halten wir es für nahe liegend, dass es sich um eine bandkeramische Tierbestattung handelt.

Bislang wurden in den Gräbern im Graben oder in den Siedlungsgruben kaum Beigaben gefunden, so dass in den meisten Fällen ihre Zuordnung zu entsprechenden Siedlungsphasen kaum oder nicht möglich ist. Offenbar war die Beigabe von Trachtausstattungen oder Gefäßbeigaben bei der hier ansässigen altneolithischen Bevölkerung nicht üblich. Zumindest in den Gräbern der älteren bis mittleren Bandkeramik wäre dies durchaus zu erwarten gewesen. Deshalb soll auf eine Besonderheit bei Grab 128 hingewiesen werden. Bei dem in Hockerstellung in einer Siedlungsgrube bestatteten Kleinkind lagen eine als Anhänger zweifach durchbohrte, ovale Spondylus-Muschel und eine Kette aus kleinen durchbohrten, zylindrischen Steinperlen (Maße durchschnittlich 0,8 cm × 0,4 cm). Da die Bestattung beim Graben eines Profilschnittes zunächst nicht erkannt und teilweise zerstört wurde, ist die ursprüngliche Anzahl der Steinperlen (13 vollständige und sieben fragmentierte sind erhalten) nicht mehr bekannt. Es ist das erste Grab im Bereich des Siedlungsplatzes, das eine derartige Trachtausstattung aufwies.

In der vergangenen Grabungskampagne konnten zwei bemerkenswerte Funde gemacht werden. Es ist offenbar öfter das Schicksal herausragender Einzelfunde, dass sie aus dem Aushub aufgelesen und nicht aus dem Kontext eines Befundes geborgen werden können. Wir verdanken einen bedeutenden Fund der Aufmerksamkeit von Herrn Peter Essig, der in Absprache mit der Grabungsleitung regelmäßige Begehungen im Umfeld der Ausgrabung und auf dem Erdaushub durchführt. Dabei fand er einen Stierkopf aus dunkelgrauem bis schwarzem Ton, dessen Hörner abgebrochen sind (Abb. 10,1). Die frischen Bruchstellen und die gerundete Innenseite am Hals zeigen, dass es sich um den Kopf einer Stierplastik und nicht um eine Stierprotome als Applikation eines Gefäßes handelt. Der etwa 5,7 cm hohe und bis 6,3 cm breite Stierkopf besitzt eine sorgfältig ausgearbeitete Schnauze mit Delle und große Dellen als Augen. Im Nacken, am Hals und bis vor zur Schnauze verlaufen breite Ritzlinien. Auf dem Nacken ist gerade noch ein Winkel zu erkennen. Die Art der Verzierung und der Fundort innerhalb der Siedlungsfläche lassen es zu, eine Datierung zumindest in die ältere Bandkeramik (Stufe Flomborn) oder gar noch in die älteste Bandkeramik anzunehmen. Die Stierplastik ist das erste Objekt aus Vaihingen, das einen kultisch-rituellen Charakter besitzt.

Ein zweites Objekt ist nicht weniger spektakulär und stellt innerhalb der zahlreich erhaltenen Knochenartefakte und insbesondere innerhalb der Gruppe der Hirschgeweihgeräte bzw. durchlochten Hacken ein Unikat dar. Es ist ein 12,7 cm langes Vorderteil eines an

Abb. 9 Vaihingen. Skelett eines Schweines in linker Seitenlage und mit angehockten Extremitäten, das in einer ovalen Grube niedergelegt wurde. Wahrscheinlich handelt es sich um eine bandkeramische Tierbestattung innerhalb der Siedlungsfläche.

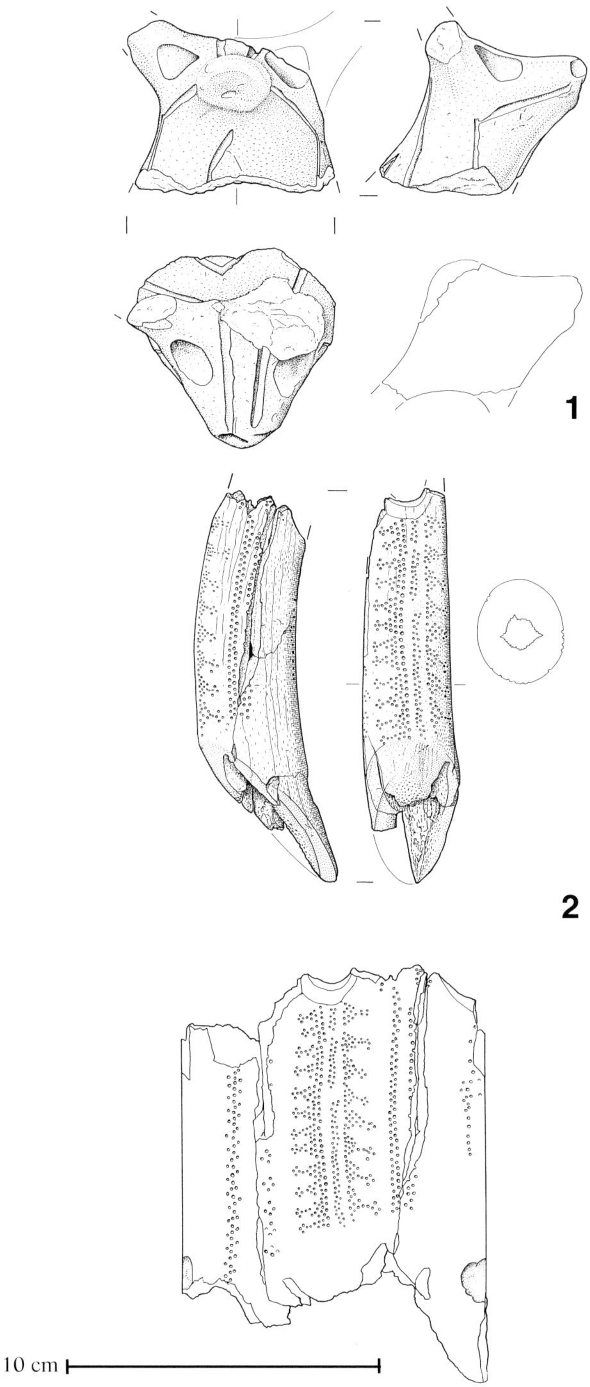

Abb. 10 Vaihingen. 1 Stierkopf einer Stierplastik aus schwarzgrauem Ton, 2 mit geometrischen Ornamenten aus kleinen, eingebohrten Löchern verziertes Knochenartefakt aus Hirschgeweih, an der Bruchstelle Reste einer Durchlochung.

der Durchlochung gebrochenen Geweihgerätes (Durchmesser 3,3 cm × 2,7 cm) mit schräg abgeschliffener ‚Schneide', dessen Oberfläche zu etwa drei Vierteln von einer geometrischen Verzierung bedeckt ist, die durch kleine, eingebohrte Löcher erstellt wurde (Abb. 10,2). Die Verzierung ist aus Reihen einfacher und doppelter Punkte zusammengesetzt, an die im zentralen Feld kleine, gegenständig angeordnete Punktdreiecke aufgesetzt sind, die auf ihren Spitzen noch kreuzförmig angeordnete Punksetzungen aufweisen (Abb. 11). Diese Art der Verzierung hat keine Parallelen auf der Keramik und das Stück stellt fast ein Unikat dar. Allerdings konnte H.-Ch. Strien im Sommer 2000 etwa zeitgleich zur Auffindung des Vaihinger Stückes im Inventar eines Siedlungsplatzes von Ditzingen bei Stuttgart ein dazu unmittelbar vergleichbares Artefakt ausfindig machen. Sehr viel einfachere Verzierungen in Form von einfachen Punktreihen treten auf bandkeramischen Artefakten aus Knochen immer wieder auf. Der geometrische Zierstil und seine Verwendung auf einem Knochenartefakt erinnert wohl am ehesten an eine mesolithische Tradition. So gibt es z. B. Entsprechungen im baltischen Mesolithikum (frdl. Auskunft Dr. Strien). Das Vaihinger Exemplar stammt aus einer hausbegleitenden Grube, die durch ihr Keramikinventar in eine ältere Phase der Stufe Flomborn (Stufe 2A) datiert werden kann. Wie die neuen Stücke aus dem Neckarland innerhalb der Bandkeramik einzuordnen sind, bleibt zu untersuchen.

Die Ausgrabungen haben in den vergangenen acht Jahren ein umfangreiches Fundmaterial ergeben, wobei die Knochengeräte aufgrund der guten Erhaltungsbedingungen den größten und sehr qualitätvollen Komplex stellen. Umso erstaunlicher ist es, dass solche herausragenden Einzelstücke bislang in so geringer Zahl an das Tageslicht gelangten. Die Ausgrabungen werden 2001 fortgesetzt werden, wobei der Verlauf des im Westen angetroffenen Grabenabschnittes (Abb. 8) zu klären sein wird. Möglicherweise besteht darin vielleicht doch ein Zusammenhang mit dem ovalen Grabenwerk.

Im vergangenen Jahr konnte im Rahmen eines Vorberichtes eine erste umfangreiche Publikation der Grabungsergebnisse von 1994 bis 1997 in den Berichten der Römisch-Germanischen Kommission des Deutschen Archäologischen Instituts in Frankfurt veröffentlicht werden. Am 6. und 7. Oktober 2000 veranstaltete das Landesdenkmalamt zusammen mit der Stadt Vaihingen im Museum Peterskirche in Vaihingen ein internationales Kolloquium, bei dem alle an der Auswertung der Vaihinger Ausgrabungen beteiligten Kollegen den Stand ihrer Arbeiten vorstellten.

Die Ausgrabungen konnten auch im Jahr 2000 wiederum mit freundlicher Genehmigung und Unterstützung der Grundeigentümer, der Familie Georg Vollmer sowie der Familie Konrad Krayl aus Kleinglattbach, fortgeführt werden. Wie in den vorangegangenen Jahren wurden die Ausgrabungen wieder durch eine großzügige Arbeitsbeschaffungsmaßnahme des Arbeitsamtes Ludwigsburg mit der Außenstelle in Vaihingen ermöglicht. Dafür haben wir sehr zu danken! In diesen Dank schließen wir Herrn Oberbürgermeister Kälberer mit seinen Mitarbeitern der Stadt Vaihingen ein, die in jedem Jahr mit zahlreichen Hilfestellungen und durch ihr Interesse wesentlich zum Gelingen der Ausgrabungen beitragen.

Rüdiger Krause

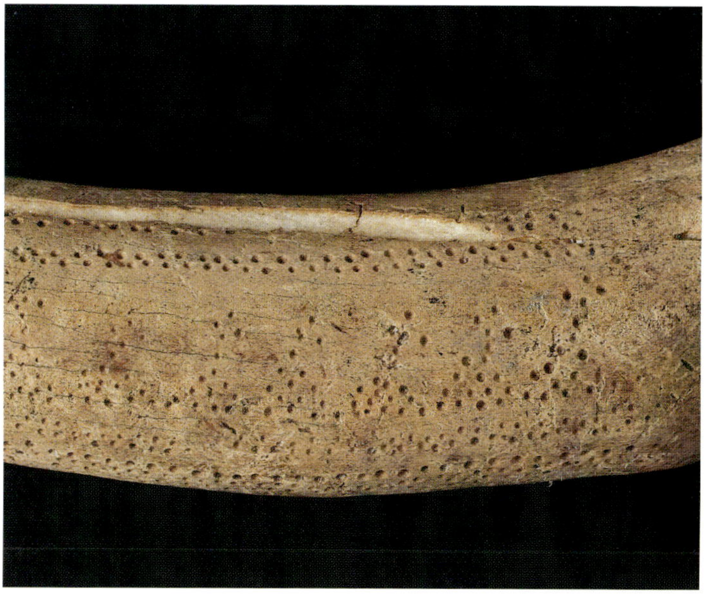

Abb. 11 Vaihingen. Detail des verzierten Knochenartefakts aus Hirschgeweih mit geometrischer Punktverzierung.

Literaturhinweise

R. Krause, Arch. Ausgr. Baden-Württemberg 1999, 29–33 mit älterer Literatur.

Archäologie und Landesgartenschau 2000: Neue Ausgrabungen auf den „Offwiesen“ in Singen, Kreis Konstanz

Mit einer während der Landesgartenschau in Singen an 173 Tagen öffentlich zu besichtigenden Ausgrabung im „Blickpunkt Denkmalpflege“ gingen die Sondagen in verlandeten Flussschlingen der Radolfzeller Aach ins fünfte Jahr. Auf Grund früherer Grabungsergebnisse war ein Bereich ausgesucht worden, in welchem ein mittelneolithischer Flusslauf angenommen wurde.

100 m vom heutigen Fluss entfernt wurde eine 8,5 m × 3,5 m große Grabungsfläche geöffnet (Abb. 12, Schnitt 8). Der schon 1997 vermutete mittelneolithische Verlauf der Radolfzeller Aach konnte durch diesen Grabungsschnitt bestätigt

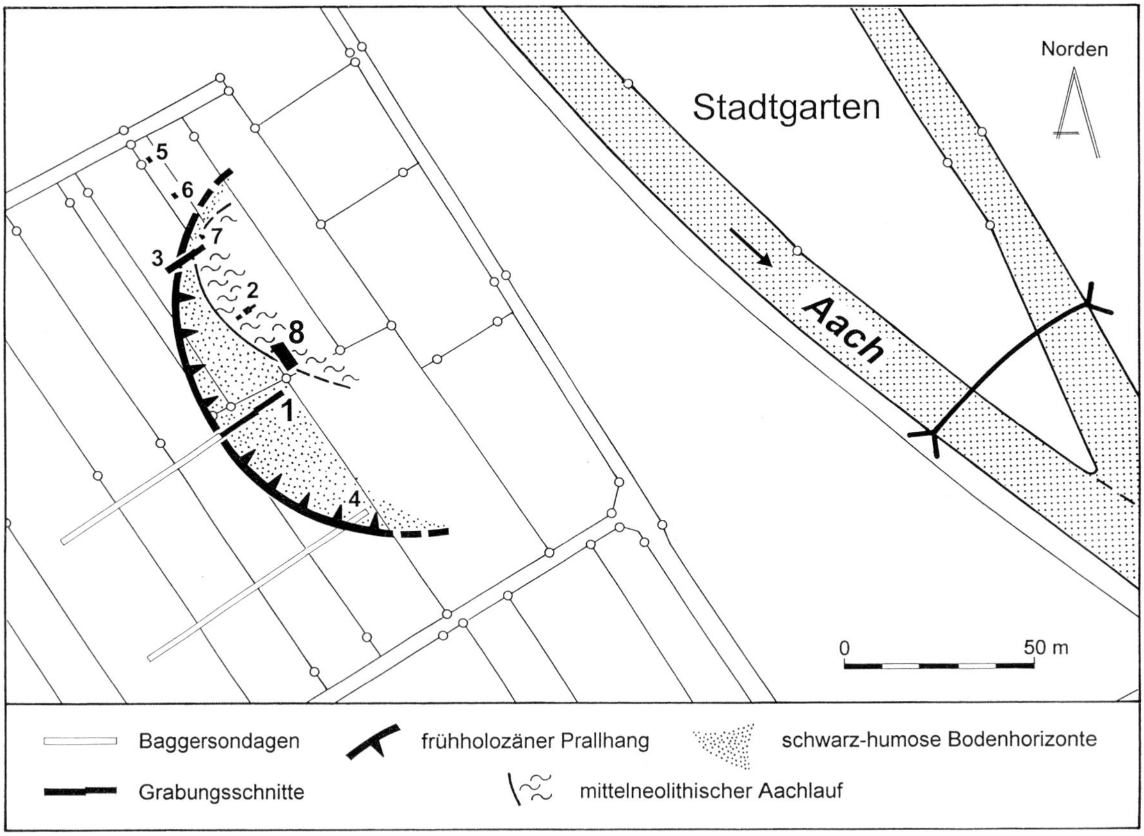

Abb. 12 Singen, „Offwiesen". Lage der Grabungs- und Sondageschnitte der Jahre 1996–2000 westlich des heutigen Aachlaufes.

werden. Weiterhin ermöglichten eine Stratigrafie mit umfangreichem Fundmaterial sowie botanische und bodenkundliche Untersuchungen neue Erkenntnisse über Siedlungsgeschichte und Landschaftsentwicklung vom Spätglazial bis in die heutige Zeit (Abb. 13). Eine erste Auswertung zeigt, dass eine Flussufersituation angetroffen wurde. Im östlichen Teil der Grabungsfläche überwogen Flusssedimente, während im westlichen Teil der ehemalige Uferbereich erfasst wurde. Die Basis des Schichtpaketes bestand aus dunkelgrauem Auelehm, in dem helle Flecken zu erkennen waren (Abb. 14). Diese lassen sich als Trittspuren von Mensch und Tier interpretieren, die bei einer Überflutung mit hellem Sand verfüllt wurden. Darüber gelagerte Sandbänder (bis zu 15 cm dick) sowie eine dichte Lage aus Geröllen und Siedlungsabfällen bildeten die ehemalige Flusssohle. Ein dunkelgraues bis schwarzes Kolluvium kennzeichnet den sich anschließenden Uferbereich. Die unregelmäßige Sohle dieses Horizontes ist möglicherweise die Folge hier ehemals vorhandener flacher Lehmentnahmegruben, die vom Hang her mit dunklem Oberbodenmaterial und Abfällen verfüllt wurden. Eine bis zu 15 cm mächtige Schicht aus Kalkkonkretionen (Kalkonkoide) und Sanden, die mit Kalk überzogene Steine, Keramikscherben und Silices enthielt, belegt eine erneute Phase der Flussaktivität. Der ehemalige Ufer- bzw. Flussbereich des Mittelneolithikums ist durch die Verzahnung verschiedener Schichten charakterisiert. Sie sprechen für eine wechselhafte Wasserstandsgeschichte der Aach mit mehreren Überschwemmungsphasen und sich verändernder Flussdynamik.

Bemerkenswert ist, dass wiederum Feuchtbodenverhältnisse angetroffen wurden, so dass nun neben Hinkelsteiner und Großgartacher Schichtabschnitten auch Rössener Horizonte unverkohlte Sämereien und Holzchips enthielten. Während über botanische Untersuchungen an der Schichtbasis ein Auwald nachweisbar ist (Schwarz-Erle, Sumpf-Segge), deuten die weiter oben entnommenen Proben auf offene, betretene und genutzte Bereiche. Hier

Abb. 13 Singen, „Offwiesen". Die Entwicklung der Talaue im Bereich des Singener Festplatzes. Vereinfachte, fünffach überhöhte Darstellung der Profile von Schnitt 1 und Schnitt 8.

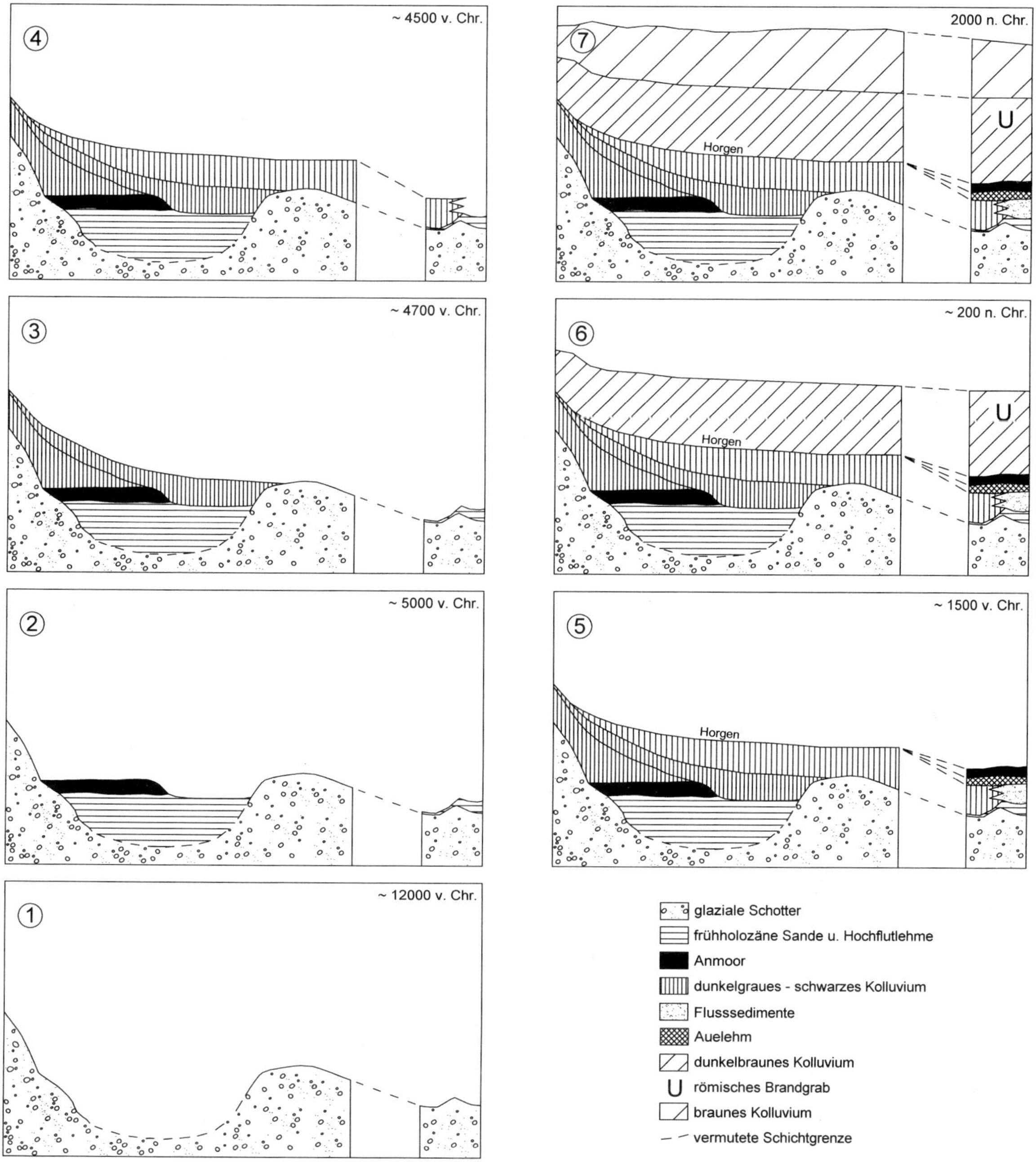

Abb. 14 Singen, „Offwiesen“. Helle Trittsiegel im dunklen Auelehm. Darüber belegen Sand-, Geröll-, Auelehm- und Anmoorschichten jeweils veränderte Sedimentationsbedingungen.

liegen zahlreiche Hinweise auf Nasswiesen (Pfeifengras, Flatter- und Knäuelbinse), Uferröhrichte (Rohrkolben, Froschlöffel), Pionier- und Zwergpflanzengesellschaften (Braunes Zypergras, Glanzfrüchtige Binse) sowie nitrophile Uferfluren (Gifthahnenfuß, Wassermiere) vor. Außerdem fanden sich Druschabfälle von Einkorn, Nacktweizen, Gerste und Emmer sowie Ackerunkräuter. Weiterhin ließen sich Erbse und Lein nachweisen.

Die weitere Fluss- und Landschaftsgeschichte ließ sich gut an den bis zu 2,5 m hohen Profilen nachvollziehen (Abb. 13 und 14). Die mittelneolithischen Schichten, sowohl im Ufer- als auch im Flussbereich, sind einheitlich von einem grauen Auelehm (Hinweis auf Überflutung) überlagert. Der Rückzug der Aach aus diesem Gebiet schlägt sich in einer bis zu 10 cm dicken, darüber liegenden Anmoorschicht nieder (Abb. 13,5). Dass damit stabilere Landschaftsverhältnisse eingetreten sind, belegen wenige Horgener Scherben, die in Schnitt 1 direkt auf den Rössener Fundhorizont folgen. In etwa 1500 Jahren kam es folglich zu keinem nennenswerten Bodeneintrag, das engere Umfeld der Fundstelle dürfte dicht bewaldet gewesen sein. Erst weitere 1500 Jahre später ab der mittleren Bronzezeit und besonders während der Urnenfelderkultur erfolgte erneut ein starkes Sedimentwachstum. Die Ablagerung von dunkelbraunem Lehmmaterial und wenigen Keramikscherben ist wohl im Zusammenhang mit flächenhaften Waldrodungen zu sehen, die wieder, wie schon im Mittelneolithikum, zu Bodenerosion an den Hängen führten, wobei umgelagertes Bodenmaterial in der Talaue akkumuliert wurde. Für den weiteren zeitlichen Ablauf der Kolluvienbildung gibt ein römisches Brandgrab eine Zeitmarke. Die römische Oberfläche dürfte sich nur wenige Dezimeter oberhalb des Grabes befunden haben. Der Auftrag bis zur heutigen Oberfläche lässt sich zeitlich nicht näher differenzieren, fällt aber im Hinblick auf die anzunehmende starke mittelalterliche Rodungstätigkeit mit 80 cm im Vergleich zu den vorrömischen Beträgen von bis zu 150 cm relativ bescheiden aus.

Feuchtbodenverhältnisse und die Fülle von Funden der Rössener Kultur machen die Fundstelle zu einer Besonderheit. Der Fundreichtum lässt sich nur über eine nahe gelegene Siedlung und eine Abfallentsorgung an oder in Nähe des Ufers durch die Bewohner erklären. Der Großteil der Funde von Keramik, Tierknochen, Stein- und Knochenindustrie lag konzentriert an der Oberkante der Flusssedimente. Trotz der starken Fragmentierung gerade der verzierten Keramikstücke ist sie typologisch überwiegend dem mittleren und vereinzelt dem späten Rössen zuzuordnen. Sehr gut ist die Erhaltung der Tierknochen. Bei den übrigen Kleinfunden ist eine Hirschgeweihhacke mit rechteckigem Schaftloch bemerkenswert. Zwei seitliche Kerben unterhalb der Durchlochung können als Schäftungshilfen interpretiert werden (Abb. 15).

Sicherlich ein Erfolg der Grabungstechnik ist die Fülle weiterer Funde: Mit Erreichen der neolithischen Schichten wurde das gesamte Sediment durch Siebe mit 4 mm und 2 mm Maschenweite gespült. Fischschuppen und -wirbel sowie verschiedene Schmuckobjekte wurden ausgelesen. Besonders fein gearbeitete Kalksteinscheibenperlen mit einer Größe von wenig mehr als 5 mm × 3 mm, Rohlinge und Kalksteinabschläge sprechen für eine Produktion dieser Perlen am Ort. Das Schmuckrepertoire ergänzen durchbohrte Tierzähne (Wildkatze) und ein ovaler, aus einer Eberzahnlamelle gefertigter Anhänger (Abb. 16).

Eine kursorische Durchsicht der Silices, die sich auch auf die seit 1996 ergrabenen Materialien erstreckte, zielte u. a. auf die Identifikation von Importen (Abb. 17). Auffallend war dabei ein sehr homogener, dunkelbrauner bis grauer transparenter Kreidefeuerstein, der bisher mit sechs Stücken vertreten ist. Während zwei Stücke nicht näher zu datieren waren, stammen vier aus der letztjährigen Grabung, die überwiegend Rössener Keramik erbrachte. Weiterhin fanden sich in Schichtpaketen der Hinkelstein- bzw. frühen Großgartacher Gruppe auch Artefakte aus hellgrünem, sehr homogenem Radiolarit. Ein Bohrer aus diesem Rohmaterial trägt noch Kortexreste, was darauf hinweist, dass es sich tatsächlich um einen Import und nicht um Material aus Moränenschottern handelt. Plattenhornstein aus der Gegend um Kelheim tritt im Rössener Zusammenhang in Singen nicht auf, kommt aber im Kontext mit Hinkelstein/Großgartach bzw. Großgartach/Planig-Friedberg mit fünf Stücken vor. Zwei Bergkristallartefakte, ein retuschiertes Bruchstück und ein größerer Abschlag, sowie mehrere Absplisse und Trümmer zeigen, dass dieses Material kontinuierlich von der Hinkelstein- über die Großgartacher Gruppe bis zur Rössener Kultur belegt ist.

In Singen „Offwiesen“ zeigen die Importe im Laufe der Besiedlung eine Umorientierung bezüglich der Fernkontakte. Bereits zur Zeit der Hinkelstein- bzw. frühen Großgartacher Gruppe belegen der grüne Radiolarit und der Bergkristall Kontakte in den Alpenraum. Eine Klinge aus Abensberg-Arnhofener Plattenhornstein lässt erste Verbindungen nach Bayern erkennen. Darauf weist auch ein 1995 aus einer älterstichbandkeramischen Grube im 2 km entfernten Hilzingen geborgenes Stück hin. Im Großgartacher Horizont werden die Importe aus Bayern zahlreicher, parallel dazu tritt Keramik der jüngeren Stichbandkeramik auf. Importe von Abensberg-Arnhofener Plattenhornstein sowie stichbandkeramische Gefäße sind zu dieser Zeit im südwestdeutschen Raum in größerem Umfang zu beobachten.

Während der Rössener Kultur bleiben die Kontakte in die Alpen bestehen, wie Bergkristallimporte belegen. Ob immer noch grüner Radiolarit importiert wurde, ist beim derzeitigen Auswertungsstand noch unklar. Die Kontakte nach Bayern verlieren allgemein während der Rössener Kultur an Bedeutung und konnten in Singen bisher gar nicht nachgewiesen werden. An ihre Stelle treten offenbar Beziehungen in den Norden, die durch den Kreidefeuerstein belegt werden.

Solche homogenen transparenten Kreidefeuersteine, die als „Baltischer Flint“ bezeichnet werden, treten in Skandinavien und weiter südlich bis zur maximalen Vereisungsgrenze auf und reichen an ihrem südlichsten Punkt bei Krefeld bis ins Ruhrgebiet bzw. in Ostdeutschland bis Erfurt. Daneben gibt es aber auch Kreidefeuersteine im Raum Luxemburg und Trier, die als „Tétange-Feuerstein“ bezeichnet werden und von

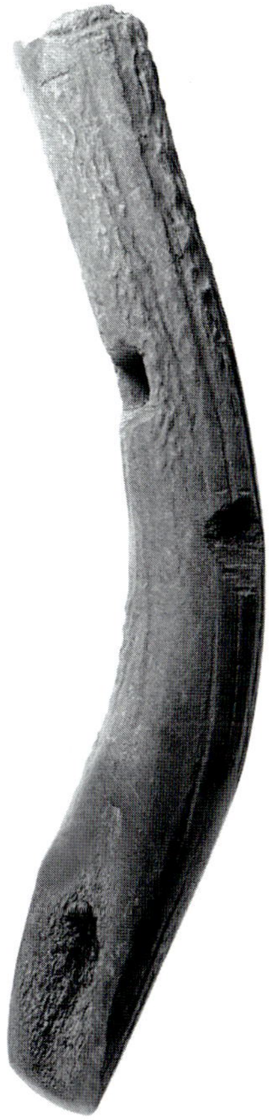

Abb. 15 Singen, „Offwiesen“. 34,5 cm lange Hirschgeweihhacke mit quadratischer Durchlochung und seitlichen Einkerbungen.

Abb. 16 Singen, „Offwiesen“. Kalksteinperlen und Zahnanhänger. Maßstab: 1 cm.

Abb. 17 Singen, „Offwiesen". Importsilices: Tétange-Feuerstein (links), Abensberg-Arnhofen Hornstein (Mitte oben), Bergkristall (Mitte unten) und grüner Radiolarit (rechts). Maßstab: 1 cm.

den Feuersteinen in den Moränenschottern in Norddeutschland nicht zu unterscheiden sind.

Ein Import von Baltischem Flint ist in Singen nicht gänzlich auszuschließen, kommt dieses Material doch häufiger als Import an Rössener Fundplätzen vor, allerdings wäre dann jedoch eine ungewöhnlich große Distanz von mehr als 400 km Luftlinie überwunden worden. Angesichts der doch relativ großen Stückzahl von bisher sechs Kreidefeuerstein-Artefakten in Singen ist zu überlegen, ob es sich nicht doch eher um den etwas näher gelegenen, in einer Entfernung von ca. 280 km Luftlinie vorkommenden Tétange-Feuerstein handelt. Die Ausgrabung wurde durch eine Arbeitsbeschaffungsmaßnahme des Arbeitsamtes Konstanz ermöglicht, wofür wir stellvertretend Herrn Weiß von der Geschäftsstelle Singen danken. Frau von Eberstein und Frau Stieglitz von der Landesgartenschau Singen 2000 Management GmbH unterstützten Ausstellung und Grabung im Rahmen ihrer Möglichkeiten. Weiterhin danken wir Herrn Priv.-Doz. Dr. H. Spatz für eine erste kursorische Durchsicht und Ansprache der verzierten Keramik.

Bodo Dieckmann,
Jutta Hoffstadt, Brigitte Lohrke,
Ursula Maier, Richard Vogt

Literaturhinweise

B. Dieckmann/J. Hoffstadt/U. Maier/H. Spatz, Zum Stand der Ausgrabungen auf den „Offwiesen" in Singen, Kreis Konstanz. Arch. Ausgr. Baden-Württemberg 1997, 43–47; A. Zimmermann, Austauschsysteme von Silexartefakten in der Bandkeramik Mitteleuropas. Universitätsforsch. Prähist. Arch. 26 (Bonn 1995).

Siedlungsreste und ein außergewöhnliches Grab des frühen Jungneolithikums aus Schwieberdingen, Kreis Ludwigsburg

Archäologischer Befund

Die Gemeinde Schwieberdingen hat im Süden ihres Gemeindegebietes die Wohnbebauung um das große Baugebiet Ost, Hülbe IV, erweitert. Die Erschließungsarbeiten begannen im Herbst 1999 und wurden sporadisch beobachtet. An zwei verschiedenen Stellen kamen dabei einzelne neolithische und späthallstattzeitliche Grubenbefunde zutage.

Bei einer Befliegung Ende Oktober 1999 entdeckte O. Braasch auf einer Straßentrasse im Südwesten des Baugebiets im Gewann „Ob den Bergen" einige dunkle Areale. Bei einer anschließenden Überprüfung der Fläche wurden auf der inzwischen stark zerfahrenen Trasse neben einigen Verfärbungen geologischen Ursprungs zwei kleine Siedlungsgruben festgestellt, deren Untersuchung Keramik der späten Michelsberger Kultur (MK) erbrachte.

Dies und die exponierte Lage der Fundstelle auf dem höchsten Punkt eines Geländesporns über einem scharfen Taleinschnitt des Räuschelbachs, eines kleinen rechten Zuflusses der Glems, legten es nahe, der Sache auf den Grund zu gehen.
Im Februar 2000 wurden parallel zur Ost-West verlaufenden Straßentrasse zwei 80 m lange Suchschnitte gezogen. Dabei zeigte sich deutlich, dass aufgrund des zunächst leichten Geländegefälles von Nord nach Süd bis zur Hangkante und des sich anschließenden terrassenartigen Abfalls bis zum Talgrund des Räuschelbachs eine starke Bodenerosion stattgefunden hat. Die schädigende Wirkung dieses Prozesses – in Verbindung mit der landwirtschaftlichen Bearbeitung des Bodens – auf die neolithische Siedlung war schon daran erkennbar, dass unter dem Oberboden verbreitet ausgeschwemmte Scherben und Tierknochen anzutreffen waren. Die verstreut liegenden neolithischen Befundreste in den Suchschnitten erbrachten vereinzelt Ware der Schwieberdinger Gruppe, vor allem aber weitere Michelsberger Funde, u. a. ein dichtes Keramikpaket aus mehreren großen Vorratsgefäßen.
Im Oktober 2000 wurden weitere Suchschnitte angelegt, diesmal in Nord-Süd-Richtung. Es sollten nach Möglichkeit die Grenzen der Siedlung erfasst und vor allem der Frage nachgegangen werden, ob ein für Michelsberger Siedlungen typisches Grabensystem vorhanden war. Wiederum wurden einige ergiebige Gruben der MK und eingestreut wenige Schwieberdinger Befunde angetroffen. Hinweise auf einen Graben gab es nicht, dafür konnten am Südende der Siedlung in einem größeren Abstand zur Hangkante einige Pfostengruben, meist mit Brandresten verfüllt, festgestellt werden. Sie markieren hier das Siedlungsende und gehören nicht zu Gebäuden.
In einer runden Grube mit einem Durchmesser von 1,30 m lag etwa 2–3 cm über der Sohle eine Hockerbestattung, Südwest-Nordost orientiert, mit dem Schädel im Nordwesten, das Gesicht nach Südosten gerichtet (Abb. 18). Die Beine waren stark angehockt und die Arme angewinkelt nach vorne gestreckt. Der Körper war leicht nach rechts verdreht. Auf dem rechten Beckenknochen lag ein Kiemenbogen mit Schlundzähnen eines größeren Süßwasserfisches. Zur Bestattung der Toten war die südöstliche Hälfte der bereits verfüllten Grube als Grabgrube ausgehoben worden, wobei die ansonsten runde Grundfläche im Bereich der Knie eine leichte Ausbauchung erfuhr. Die Grabgrubengrenze innerhalb der Grube war schwach, aber doch deutlich zu erkennen. Das Grab enthielt keine Beigaben. Nur ein paar kleine Scherben sind aus der Verfüllung außerhalb der Grabgrube geborgen worden. Zwei stichverzierte Wandscherben gehören zu einer kleinen Becherform der Schwieberdinger Gruppe. Das Grab dürfte daher in diese Zeit zu stellen oder nur unwesentlich jünger sein, eine genaue Datierung ist erst durch weitere Untersuchungen möglich.
Herrn Bürgermeister Spiegel und Herrn Wemmer von der Gemeindeverwaltung Schwieberdingen sei an dieser Stelle für ihre Unterstützung, nicht zuletzt durch Übernahme der Baggerkosten, herzlich gedankt.

Abb. 18 Schwieberdingen. Das Skelett wurde in linksseitiger Hocklage mit nach vorne verkipptem Oberkörper, nach hinten überstreckter Halswirbelsäule und über Kreuz liegenden Beinen angetroffen. Es scheint sich an der Grubenwand abzustützen.

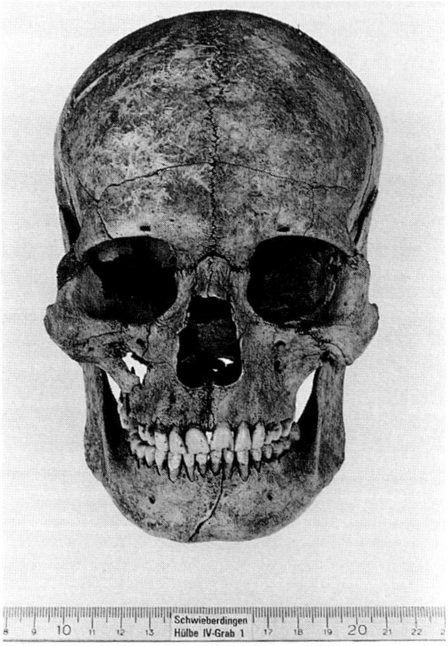

Abb. 19 Schwieberdingen. Der Schädel der 20(–25)-jährigen Frau weist ein geteiltes Stirnbein auf, eine sogenannte epigenetische Variante.

Abb. 20 Schwieberdingen. Rekonstruierte Teilwirbelsäule (10. Brustwirbel bis 2. Lendenwirbel von ventral) mit multiplen zystischen Defekten.

Anthropologischer Befund

Die Skelettreste aus der Siedlungsgrube von „Hülbe IV" sind vergleichsweise gut erhalten. Der Schädel ist auf seiner linken Seite postmortal verdrückt, konnte aber fast vollständig rekonstruiert werden (Abb. 19). Auch das postkraniale Skelett ist nahezu komplett überliefert. Aus den an beiden erkennbaren Merkmalen ergibt sich ein ‚frühadultes' Sterbealter von ca. 20 (–25) Jahren. Passend dazu können keine nennenswerten degenerativen Veränderungen festgestellt werden. Die Knochenreste sind allgemein als ‚(sehr) grazil' einzustufen, das Muskelmarkenrelief der Armknochen ist deutlich schwächer ausgeprägt als das der Beinknochen. Die zur Geschlechtsdiagnose tauglichen Merkmalskomplexe an Schädel und Becken weisen gleichlautend und zweifelsfrei auf weibliches Geschlecht. Die Langknochen lassen auf eine ursprüngliche Körperhöhe zwischen 1,60 m und 1,65 m schließen. Geringe Seitenasymmetrien belegen Rechtshändigkeit, geburtstraumatische Veränderungen zeigen, dass die junge Frau zumindest eine Geburt hinter sich hatte.

Die Besonderheit dieses Falles liegt in den verschiedenartigen und zum Teil dramatischen Krankheitsbefunden, die sich an den Skelettresten zu erkennen geben. Neben geringfügigen Zahnfehlstellungen, Anzeichen von Zahnstein und Parodontose sowie moderaten Hinweisen auf Wachstumsstörungen und Mangelerscheinungen imponieren unterschiedliche Symptome, die einen komplexen und schwer wiegenden Krankheitsverlauf dokumentieren: Besonders auffällig sind eine Vielzahl rundlich abgegrenzter Perforationen und unregelmäßiger größerer Erosionen an zahlreichen Wirbelkörpern bis hin zur gänzlicher Zerstörung. (Abb. 20). Insgesamt sind vom 5. Brustwirbel abwärts mindestens zehn Wirbel von osteolytischen (knochenauflösenden) Prozessen betroffen. Im Bereich des 6. bis 8. Brustwirbels hatten diese einen Zusammenbruch des Stammskelettes, d. h. eine Abknickung der Wirbelsäule auf einen Winkel von etwa 110° zur Folge (Abb. 21). Die junge Frau litt demnach unter einem starken Buckel und dürfte in ihren Bewegungsmöglichkeiten erheblich eingeschränkt gewesen sein. Dazu kommen blasige Auftreibungen an mehreren Rippen, Porosierungen der proximalen Metaphysenregionen beider Oberarm- und Oberschenkelknochen, grubige Vertiefungen in den Randzonen der Auricularflächen sowie feinporöse, leicht gerieft erscheinende, flächige Knochenauflagerungen auf der Innenseite mehrerer Rippen und am distalen Diaphysenende beider Schien- und Wadenbeine. Während Letztere eher auf weniger schwer wiegende entzündliche Reaktionen zurückzuführen sind, gestaltet sich die Differenzialdiagnose hinsichtlich der vorgenannten Porosierungen und zystischen Läsionen schwierig. Einzelne Veränderungen könnten auf eine tumoröse Entzündung der Plasmazellen des Knochenmarks (multiples Myelom), eine bakterielle Knochenentzündung (Osteomyelitis), Knochentuberkulose, Metastasen eines Weichteiltumors, also Krebs, oder andere Erkrankungen hindeuten, die bevorzugt spongiosa- bzw. markreiche Skelettelemente betreffen, doch lassen sich jeweils nicht alle Symptome problemlos nur einem dieser Krankheitsbilder zuordnen. Nach einer vorläufigen Begutachtung durch Herrn Prof. Dr. Dymitr Komitowski vom Deutschen Krebsforschungszentrum in Heidelberg handelt es sich bei diesem Befund wahrscheinlich um eine systemische Erkrankung, am ehesten um eine chronische Niereninsuffizienz (sog. Sekundärer Hyperparathyreoidismus) mit verschiedenartigen Folge- und Begleiterscheinungen, die aufgrund der Schwere des Befundes über zehn Jahre oder mehr bestanden hat. Damit ergibt sich das Bild einer durch erhebliche physische Beeinträchtigungen schwer gezeichneten jungen Frau. Der Fall bedarf nicht zuletzt auch aufgrund seiner medizinhistorischen Bedeutung noch weiter gehender detaillierter Nachforschungen.

Abb. 21 Schwieberdingen. Rekonstruierte Teilwirbelsäule (6. bis 10. Brustwirbel von der linken Seite) mit markanter Abknickung nach vorne.

Walter Joachim, Joachim Wahl

Literaturhinweise

C.-P. Adler, Knochenkrankheiten. Diagnostik makroskopischer, histologischer und radiologischer Strukturveränderungen des Skeletts. (Berlin/Heidelberg 1998); A. C. Aufderheide/ C. Rodríguez-Martín, The Cambridge Encyclopedia of Human Paleopathology (Cambridge 1998).

Siedlungsreste der Michelsberger Kultur und älterbronzezeitliche Gräber? Archäologische Untersuchungen am „Stützbrunnen" bei Ammerbuch-Reusten, Kreis Tübingen

Im Hinterland des Kirchberges von Reusten liegt das ausgedehnte Siedlungsareal am „Stützbrunnen", von dem reichhaltiges Fundmaterial aus der Zeit der Ältesten Bandkeramik bis in die römische Epoche bekannt ist. Die

Lage am Rande einer ausgedehnten Lössfläche und die Nähe des Stützbrunnens boten zu allen Zeiten ausgezeichnete Voraussetzungen für die Besiedlung und Landwirtschaft. Lesefunde der vergangenen Jahre ließen auf dem untersuchten Areal auch Siedlungsstellen des Alt- und Mittelneolithikums vermuten.

Im Herbst 1999 wurden von A. Lehmkuhl, Bempflingen, im südöstlichen Bereich der neolithischen Fundstreuung auch ausgepflügte menschliche Skelettreste geborgen und der Archäologischen Denkmalpflege in Tübingen übergeben.

Eine erste Sondage im Frühjahr 2000 erbrachte den Nachweis von elf Hockerbestattungen, die direkt unter dem Pflughorizont zum Vorschein kamen. Es zeigte sich schon bald, dass durch die landwirtschaftliche Nutzung des Geländes ein Großteil der Bestattungen bereits stark in Mitleidenschaft gezogen worden war. Aus diesem Grunde wurden im Zuge einer flächigen Ausgrabung der Nekropole im Sommer und Herbst des Jahres die übrigen Gräber dokumentiert. Bei der Freilegung der Nekropole konnten dann auch zahlreiche Siedlungsgruben des Neolithikums nachgewiesen werden. Eine erste Durchsicht des Fundmaterials aus den untersuchten Gruben lässt erkennen, dass nahezu alle Abschnitte des südwestdeutschen Alt- und Mittelneolithikums an diesem Platz vertreten sind.

Funde der Michelsberger Kultur waren auf der Gemarkung von Reusten bislang vor allem vom Kirchberg sowie von zwei weiteren Fundstellen südlich des Kochhartgrabens in den Fluren „Ahlenbronnen" und „Binsenbrunnen" bekannt. Die Grabungen am „Stützbrunnen" erbrachten nun den Nachweis einer Michelsberger Siedlung, die im unmittelbaren Hinterland des Kirchberges in nur etwa 600 m Entfernung lag. Mehrere Gruben, die mit Tiefen bis zu 1,20 m noch relativ gut erhalten waren, belegen eine Siedlungsstelle, die wohl zur gleichen Zeit wie die Michelsberger Besiedlung auf dem Sporn des Kirchberges bestand. Es sind allerdings nur Gruben überliefert, Pfosten oder Gräbchen scheinen bereits der Erosion zum Opfer gefallen zu sein. Die Vorratsgruben, die bis auf den anstehenden Muschelkalk eingetieft wurden, bargen reiches keramisches Fundmaterial, darunter auch einige nahezu vollständige Gefäße (Abb. 22). Dabei handelte es sich meist um große eimerartige und bauchige Vorratsgefäße. Schalen und ein fast kompletter Tulpenbecher gehören zu den feineren Warengruppen, die das Keramikspektrum ergänzen.

Ebenso wie die übrigen Fundstellen der Michelsberger Kultur in der Gäulandschaft zwischen Rottenburg a. N. und Herrenberg kann auch die Fundstelle am „Stützbrunnen" in einen jüngeren Abschnitt der Michelsberger Kultur datiert werden und fügt sich damit gut in das bislang bekannte Bild ein. Interessant erscheint vor allem, dass während der jüngeren Michelsberger Kultur – wie auch bereits während der Rössener Zeit und im frühen Jungneolithikum – eine offene, allem Anschein nach kleinere Siedlungsstelle zeitgleich mit einer Ansiedlung auf dem Sporn des nur wenig entfernten Reustener Kirchberges existierte.

Neben den neolithischen Siedlungsresten wurde im untersuchten Areal eine

Abb. 22 Ammerbuch-Reusten, „Stützbrunnen". Befund 28. Keramikgefäße in Fundlage.

vorgeschichtliche Nekropole erfasst, von der noch insgesamt 29 Gräber dokumentiert werden konnten. Die ursprüngliche Zahl der Gräber ist mit großer Sicherheit wesentlich höher anzusetzen. Der intensiven Landwirtschaft ist wahrscheinlich bereits der Großteil der Nekropole zum Opfer gefallen. Alle noch nachweisbaren Bestattungen kamen unmittelbar unter dem Pflughorizont zutage. Die Mehrzahl der Bestattungen wurde im Bereich der Trasse eines ehemaligen Feldweges angetroffen. In diesem weniger stark abgetragenen Geländestreifen lagen auch vor allem die besser erhaltenen Skelette, während sich die Gräber zu beiden Seiten des alten Weges oft nur noch durch wenige Knochenfragmente zu erkennen gaben.

Bei allen 29 Gräbern handelt es sich – soweit sich die Lage der Skelette noch ermitteln ließ – ausschließlich um Hockerbestattungen, die sowohl auf der linken als auch auf der rechten Seite liegend beerdigt worden waren. Die Mehrzahl der Bestattungen war West-Ost bzw. Südwest-Nordost orientiert, mit dem Kopf in westlicher bzw. südwestlicher Richtung (Abb. 23). Es scheint, dass unter den Bestatteten alle Altersgruppen vertreten sind, darunter auch eine Reihe von Kindern.

Ein Kindergrab enthielt auch die einzige Beigabe des gesamten Gräberfeldes: einen im Durchmesser knapp 5 cm messenden Armring, der in situ am Handgelenk gefunden wurde. Der massive Ring aus Bronze oder Kupfer ist offen und besitzt eine glatte, unverzierte Oberfläche. Bei einem zweiten Grab, das allerdings schon fast vollständig zerstört war, wurden Knochensplitter mit grünlicher Patina gefunden, die auf weitere Metallbeigaben hindeuten, ebenso wie ein grün verfärbter Armknochen eines Kindes, der nur noch an der Oberfläche als Lesefund geborgen werden konnte.

Angesichts der Beigabenarmut gestaltet

Abb. 23 Ammerbuch-Reusten, „Stützbrunnen“. Hockerbestattungen im Bereich des ehemaligen Feldweges, der noch als dunkler Streifen zu erkennen ist.

sich freilich eine endgültige Datierung der Gräber vorerst noch schwierig. Jedoch deuten bereits verschiedene Anhaltspunkte wie die stratigrafische Position der Gräber über den Michelsberger Gruben, die Hockerlage der Bestatteten und Spuren einiger weniger Metallbeigaben aus Kupfer oder Bronze auf eine Datierung der Nekropole an das Ende der Jungsteinzeit oder in die älteren Abschnitte der Bronzezeit. Dies wird aber erst mit Hilfe einer Reihe von ^{14}C-Daten letztendlich abgesichert werden können.

Sollte sich die älterbronzezeitliche Datierung der Gräber jedoch bestätigen, darf die zugehörige Siedlung wohl mit einiger Sicherheit auf dem Kirchberg gesucht werden, wo umfangreiche keramische Funde eine bedeutende Siedlung am Übergang von der frühen zur mittleren Bronzezeit belegen. In diesem Falle wäre der bislang noch seltene Nachweis von Höhensiedlung und zugehörigem Gräberfeld aus der älteren Bronzezeit in Südwestdeutschland erbracht.

Den Grundstückseigentümern Familie E. Sautter aus Ammerbuch-Reusten sei für die Grabungserlaubnis und ihr Verständnis herzlich gedankt, ebenso wie der Gemeindeverwaltung Ammerbuch und dem Sportverein TGV Reusten für die technische Unterstützung. Herr A. Lehmkuhl überließ bereitwillig das bereits von ihm geborgene Fundmaterial. Dafür und für seine Mitarbeit sei ihm ebenfalls herzlich gedankt.

Jörg Bofinger, Jürgen Hald

Literaturhinweise

S. Albert, Das Neolithikum im Oberen Gäu und im angrenzenden Gebiet östlich des Rammerts. In: Tübingen und das Obere Gäu. Führer Arch. Denkmäler Deutschland 3 (Stuttgart 1983) 39–55; S. Albert/P. Schröter, Mittel- und jungneolithische Gruben von Ammerbuch-Reusten, Kr. Tübingen. Fundber. Baden-Württemberg 3, 1977, 80–106; W. Kimmig, Der Kirchberg bei Reusten. Eine Höhensiedlung aus vorgeschichtlicher Zeit. Urk. Vor.- u. Frühgesch. Südwürttemberg-Hohenzollern 3 (Stuttgart 1966).

Grabungen im Bereich vorgeschichtlicher und römischer Siedelareale bei Oberderdingen, Kreis Karlsruhe

Im Vorfeld der Erweiterung von Baugebieten und Industriearealen wurden seit 1999 durch die Außenstelle Karlsruhe des Landesdenkmalamtes auf der Gemarkung Oberderdingen an mehreren Stellen kleinere Grabungen und Sondagen durchgeführt.

Das Lösshügelland des Kraichgaus ist aufgrund seiner fruchtbaren Böden und klimatischer Gegebenheiten durch alle Epochen als ausgesprochen günstiger Siedelraum anzusehen. Hinzu kommt die verkehrsgeografische Gunstlage zwischen Schwarzwald und Odenwald. Zahlreiche archäologische Fundstellen belegen, dass dem Menschen diese Faktoren seit dem Frühneolithikum bewusst waren.

Im Bereich der Gemeinde Oberderdingen sind vor allem durch systematische Begehungen des ehrenamtlichen Beauftragten Martin Kößler zahlreiche Fundstellen bekannt geworden, durch deren Kenntnis gezielt kleinere Grabungen angesetzt werden konnten, um den Erhaltungszustand der archäologischen Substanz rechtzeitig vor dem drohenden endgültigen Verlust zu dokumentieren.

Oberderdingen-Flehingen, „Fröschle" (Industriegebiet)

Bereits 1999 waren im Zuge der Erweiterung des Industriegebiets „Fröschle" südlich von Flehingen römische Gebäudereste angeschnitten worden. Die Untersuchungen 1999 und 2000 ergaben die Fundamentreste eines rechteckigen Gebäudes mit einer Grundfläche von 7 m × 11 m (Abb. 24). Jeweils in der Mitte der beiden Längsseiten befand sich eine Fundamentlücke von 2 m bzw. 2,5 m Breite, was auf zwei ehemalige Eingänge hinweisen dürfte. Etwa 7 m südwestlich und parallel zur Schmalseite des Gebäudes konnte auf einer Länge von 22 m ein Mauerzug festgestellt werden. Sein nordwestlicher Abschluss liegt exakt auf einer Linie mit der Flucht der nordwestlichen Längsseite des Gebäudes, während das andere Ende durch Steinraub und Erosion völlig verschwunden ist, so dass über die ursprüngliche Ausdehnung nichts bekannt ist. Etwa 7 m südlich des Gebäudes wurde ein runder, steinverschalter Brunnen freigelegt. Er besaß einen Innendurchmesser von 1,1–1,2 m und war sorgfältig mit Bruchsteinen aufgesetzt. Er wurde bis in eine Tiefe von 7,5 m ausgegraben, die Sohle wurde wegen starker Wassereinbrüche nicht erreicht. Vonseiten der Gemeinde Oberderdingen ist geplant, diesen Brunnen im Rahmen einer kleinen Grünanlage zu erhalten. Das spärliche Fundmaterial aus dem Brunnen und aus Gruben und Schuttschichten im Bereich des Gebäudegrundrisses datiert in das 2. und 3. Jahrhundert. Vermutlich handelt es sich um die letzten Reste eines römischen Gutshofes.

Oberderdingen-Großvillars, „Flehinger Weg“

Im März 2000 wurde südöstlich von Großvillars eine kleine Sondagegrabung durchgeführt, nachdem Martin Kößler zahlreiche angepflügte Gruben gemeldet hatte. Die Fundstelle liegt auf einem West-Ost verlaufenden Geländesporn oberhalb des Seebergerbachs und eines ehemaligen verlandeten Sees. Bei der Grabung konnte eine runde Grube von 1,2 m Durchmesser erfasst werden, die noch 0,7 m in den anstehenden Löss eingetieft war. Aus der Grube wurden Keramikscherben der Michelsberger Kultur, Hüttenlehm,

Abb. 24 Oberderdingen-Flehingen, „Fröschle“. Blick von Südwesten auf die Fundamentierung des römischen Gebäudes.

Tierknochen und eine Geweihhacke geborgen. An der Nordostseite der Grube lag in etwa 0,5 m Tiefe eine Hockerbestattung (Abb. 25). Der Kopf- und der Beckenbereich des mit stark angezogenen Beinen auf der rechten Seite liegenden Skeletts waren mit großen Fragmenten einer Ösenkranzflasche abgedeckt. Mit dem Beckenbereich war die Bestattung auf einem auf der Grubensohle deponierten Mahlstein aufgelegt. Es handelt sich zweifelsfrei um eine sorgfältige Bestattung in einer Siedlungsgrube und nicht um eine bloße Beseitigung eines Leichnams.
Aufgrund der zahlreichen weiteren Gruben, die sich deutlich im gepflügten Acker abzeichneten, ist hier für das Jahr 2001 eine größere Grabung geplant, da sich auf dem Höhensporn offensichtlich umfangreiche Siedlungsreste der Michelsberger Kultur befinden.

Oberderdingen, „Schelmenäcker“

Die Erweiterung der Wohnbebauung am Westrand von Oberderdingen betrifft ein Areal in der Flur „Schelmenäcker“, aus welchem Martin Kößler seit längerer Zeit Lesefunde der Urnenfelderzeit gemeldet hatte. Darüber hinaus konnte er aus einem angepflügten urnenfelderzeitlichen Brandgrab Reste des Inventars bergen (Rasiermesser, Messer, zwei Keramikschälchen). Im Sommer 2000 wurde im Bereich dieser Fundstellen eine kleine Grabung durchgeführt, in deren Verlauf lediglich spärliche Siedlungsreste der Urnenfelderzeit festgestellt werden konnten – eine Trichtergrube und ein NNW-SSO ziehender Graben, die mit Siedlungsmaterial verfüllt waren. Ob es sich bei dem Graben um den Rest eines künstlich angelegten Umfassungs- oder Befestigungsgrabens oder lediglich um eine natürliche Erosionsrinne handelt, konnte nicht sicher entschieden werden. Eine natürliche Entstehung ist innerhalb des heutigen Geländereliefs kaum vorstellbar, allerdings dürfte sich dieses in den letzten 3000 Jahren stark verändert haben. Neben zahlreichen Keramikscherben der Urnenfelderzeit fanden sich Hüttenlehm, Tierknochen sowie Schleif- und Mahlsteine. Hervorzuheben sind Bruchstücke verschiedener „Mondidole“ sowie Fragmente dreier Bronzenadeln.

Abb. 25 Oberderdingen-Großvillars, „Flehinger Weg“. Hockerbestattung der Michelsberger Kultur in einer Siedlungsgrube.

Abb. 26 Oberderdingen-Flehingen, „Unter dem Attenberg“. Frühlatènezeitliche Grube mit menschlichem Skelett.

Oberderdingen-Flehingen, „Unter dem Attenberg“

Im September 2000 wurde in der Flur „Unter dem Attenberg“ nordöstlich des großen Industriegebiets am Ortsrand von Flehingen eine Nachuntersuchung im Bereich eines bereits 1991 von Martin Kößler teilweise untersuchten Befundes vorgenommen. Es wurde eine rundliche Grube mit einem Durchmesser von 1,2 m freigelegt, die sich bis zur Sohle in 0,8 m Tiefe auf 1,8 m Durchmesser erweiterte. Es dürfte sich ursprünglich um eine Silogrube zur Lagerung von Getreide gehandelt haben. Direkt auf der Grubensohle lag in Bauchlage ein menschliches Skelett, etwa Süd-Nord orientiert (Abb. 26). Die Arme waren vom Körper abgewinkelt, die Oberschenkel gestreckt, die Unterschenkel angewinkelt. Über dem Skelett lag eine aschehaltige Schicht, die weitere Verfüllung der Grube war weitgehend homogen. In der Füllung fanden sich wenige Keramikscherben, ein Mahlsteinfragment und Hüttenlehmreste. Als Hinweis auf die Datierung darf ein Randstück einer frühlatènezeitlichen Schale gelten. Im Gegensatz zu der Siedlungsbestattung der Michelsberger Kultur in der Flur „Flehinger Weg“ bei Großvillars weist die Lage dieses Skelettes eher auf eine achtlose Beseitigung des Leichnams hin.

Oberderdingen-Flehingen, „Brettener Straße“

Nur etwa 0,4 km nordöstlich der Fundstelle „Unter dem Attenberg“ wurde im Bereich einer angepflügten Siedlungsgrube in der Flur „Brettener Straße“ eine kleine Sondagegrabung vorgenommen. Hier wurde eine rundliche Grube mit einem Durchmesser von 1,5–1,7 m freigelegt, die aber lediglich noch 0,3–0,4 m tief war. In der Grube fanden sich Teile eines zerdrückten urnenfelderzeitlichen Großgefäßes, Bruchstücke von zwei „Mondidolen“ und eine vollständig erhaltene Bronzenadel.

Für die Unterstützung der Arbeiten möchten wir allen Beteiligten ganz herzlich danken, vor allem den Grundstückseigentümern und der Gemeinde Oberderdingen, hier besonders Herrn Bürgermeister Breitinger und Herrn Nowitzki. Ganz besonderer Dank gilt unserem ehrenamtlichen Beauftragten, Herrn Martin Kößler. Seiner Tätigkeit ist die Kenntnis zahlreicher Fundstellen um Oberderdingen zu verdanken, deren weitere Erforschung in den nächsten Jahren einen wichtigen Beitrag zur Besiedlungsgeschichte des Kraichgaus leisten wird.

Günther Wieland

Literaturhinweise

Fundber. Baden-Württemberg 19/2, 1994, 212f.; R.-H. Behrends (Hrsg.), Faustkeil – Urne – Schwert. Archäologie in der Region Karlsruhe (Karlsruhe 1996).

Erste Datierungen für die endneolithische Siedlung Bad Buchau-Torwiesen II am Federsee, Kreis Biberach

Im Sommer 2000 setzten wir die vor drei Jahren begonnenen, seitdem jährlich vorangetriebenen Untersuchungen in der Moorsiedlung „Torwiesen II" in einer groß angelegten Ausgrabungskampagne fort. Insgesamt sind nun 429 m^2 des jungsteinzeitlichen Dorfes aufgedeckt, dessen Siedlungsplan sich bereits gut zu erkennen gibt: wie in der ebenfalls endneolithischen Siedlung Seekirch-Stockwiesen im nördlichen Federseemoor sind zu beiden Seiten einer Dorfstraße Langhäuser aufgereiht. Zudem sind zwei Grundrisse kleinerer Rechteckhäuser nachgewiesen.

Schon während der ersten Kampagnen hatte sich durch das Fundmaterial eine Zuweisung der Siedlung Torwiesen II in die frühe Horgener Kultur ergeben. Genaue Zeitangaben waren indessen noch nicht möglich. Insbesondere mangelte es unter den im großen Umfang holzanatomisch untersuchten Holzprobenserien an geeigneten Eichenhölzern für eine dendrochronologische Datierung. Das weitgehende Ausbleiben dieser Holzart kann geradezu als typische Erscheinung der endneolithischen Siedlungen am Federsee bezeichnet werden. Vermutlich war die Eiche, deren Bauholz in früheren Siedelphasen bevorzugt zum Einsatz gekommen war, in folge anhaltender Rodungs- und Siedlungstätigkeit im Endneolithikum selten geworden. Möglicherweise litt sie auch unter einer zwischen etwa 3600 und 3300 v. Chr. auszumachenden Klimaverschlechterung, die in den Alpen unter der Gletschervorstoßphase Piora II bekannt ist und sich in der oberschwäbischen Landschaft durch eine starke Ausbreitung der Buche abzeichnete. Die Konkurrenzkraft dieser Schattholzart auf den Kuppen und die steigende Vernässung am Hangfuß haben offenbar die Bestockungsmöglichkeiten und die natürliche Verjüngung der Eiche in der dortigen Hügellandschaft verringert. Die Pfosten der Langhäuser sind vor allem aus Eschenholz. Ihre dendrochronologische Untersuchung hat vorläufig noch kein Ergebnis zur absoluten Datierung gebracht. Aus diesem Grund sind aus den äußeren Jahrringen von zwei Eschen- und einem Kiefernpfosten Materialproben zur Untersuchung mit der ^{14}C-Methode herausgeschnitten worden. Das Labor für Umweltphysik der Universität Heidelberg hat uns folgende Ergebnisse mitgeteilt: HD 21261: 4420 ± 28 BP, HD 21146: 4449 ± 28 BP, HD 21149: 4453 ± 34 BP. Bedingt durch ein Plateau der Kalibrationskurve liegen diese Daten sehr einheitlich in einem breiten Datierungsspielraum zwischen 3315 und 2940 cal BC. Eine größere Genauigkeit war ohne jahrringbezogene Serienmessung mit dieser Methode nicht zu erreichen. Wir waren deshalb sehr froh, als dieses Jahr nun ein erster Eichenpfahl im Randbereich der jetzigen Grabungsfläche aufgedeckt wurde, dessen 179-jährige Jahrringfolge eine sichere Datierung durch das Dendrochronologische Labor des Landesdenkmalamtes Baden-Württemberg in Hemmenhofen erlaubte (Abb. 27). Aus der einwandfreien Synchronisierung mit der süddeutschen Eichenchronologie ist zu entnehmen, dass die im Kernholz des Pfahles erfasste Zuwachsfolge im Zeitraum zwischen 3494 und 3316 v. Chr. gebildet wurde. Mit einem Zuschlag von 40 Jahren für die fehlenden Wuchsringe im Splintholz und weitere zerdrückte bzw. unmessbare Ringe im äußeren Kernholzbereich lässt sich ein geschätztes Datum für den Zeitpunkt des Holzeinschlages um 3276 ± 10 v. Chr. eingrenzen. Als Parallele sei hier die Datierung der frühhorgener Siedlung am Schreckensee erwähnt, die ebenfalls mit stark gespaltenen Alteichen zwischen 3265 und 3263 v. Chr. errichtet wurde. Ob das erste, aus einem vereinzelten Pfosten gewonnene Dendrodatum der Torwiesen einem Langhaus oder einem der ebenfalls nachgewiesenen kleinen Rechteckhäuser zuzurechnen ist, bleibt beim augenblicklichen Stand der Grabung unklar. So lässt sich vorläufig auch noch nichts über das zeitliche Verhältnis dieser beiden Haustypen aussagen. Möglicherweise gehören sie zu zwei verschiedenen Bauphasen.

Das Fundspektrum hat sich durch die Grabung erfreulich erweitert. Neben zahlreichen grobtonigen Kochtöpfen mit steilen Profilen und Verzierungen durch Randlochung, Kannelur oder aufgesetzte Knubben, die zweifellos in das Formenrepertoire der Horgener Kultur gehören, kamen auch Gefäßfragmente zum Vorschein, die noch Merkmale der vorausgehenden Pfyn-Altheimer Gruppe Oberschwabens tragen. Vor allem schlickgeraute und mit Spatelstrich versehene Keramikoberflächen sind auf lokale jungneolithische Traditionen zurückzuführen und verdeutlichen die frühe zeitliche Stellung des endneolithischen Fundspektrums.
In die gleiche Richtung weisen auch S-förmig profilierte Töpfe und kleine Gefäße mit Hängeösen. Hier wird deutlich, dass die bislang um 3700 v. Chr. nachweisbare oberschwäbische Lokalgruppe bis in den Beginn des Endneolithikums weiter bestanden haben muss und in die Horgener Kultur einmündete. Ein kleiner Napf mit randständiger Öse (Abb. 28,1) und die Randscherbe vermutlich einer Tasse mit überrandständigem Henkel, der wohl beidseitig von kleinen Knubben begleitet wurde (Abb. 28,2), sind Fremdformen. Solche kleinen Tassen mit Knubben an den Henkelansätzen sind sowohl aus der donauländischen Badener Kultur als auch aus endneolithischen Kulturen Mitteldeutschlands bekannt. An Holzgeräten kamen ein großer Stößel (Abb. 28,3),

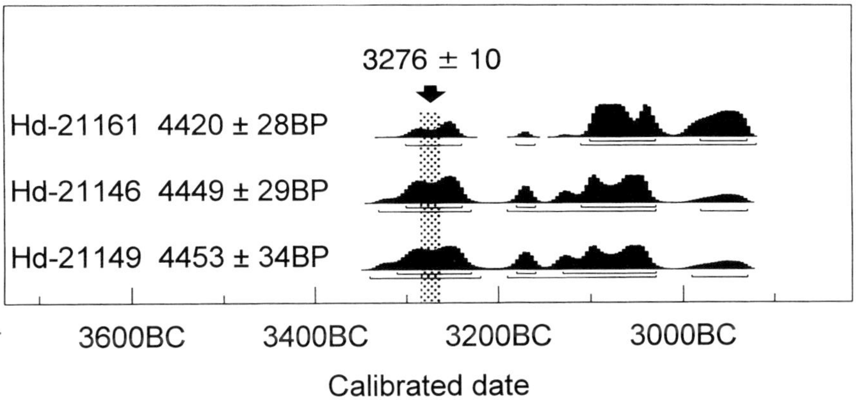

Abb. 27 Bad Buchau-Torwiesen II. Datierungsansatz der endneolithischen Siedlung. In die kalibrierten ^{14}C-Daten von drei Eschen- und Kiefernpfosten ist eine erste dendrochronologische Zeitangabe für einen Eichenpfahl eingetragen. Bei Letzterer handelt es sich um ein geschätztes Datum, das aus den wenigen im Splintholz noch erhaltenen Wuchsringen hervorgeht (Splintgrenzendatierung).

Abb. 28 Bad Buchau-Torwiesen II. Endneolithische Funde. 1, 2 Keramik; 3 Stößel aus Birkenholz; 4 Griffende eines Holmes und vollständiger Flügelholm zur Schäftung eines Steinbeils, beide aus Buchenholz.

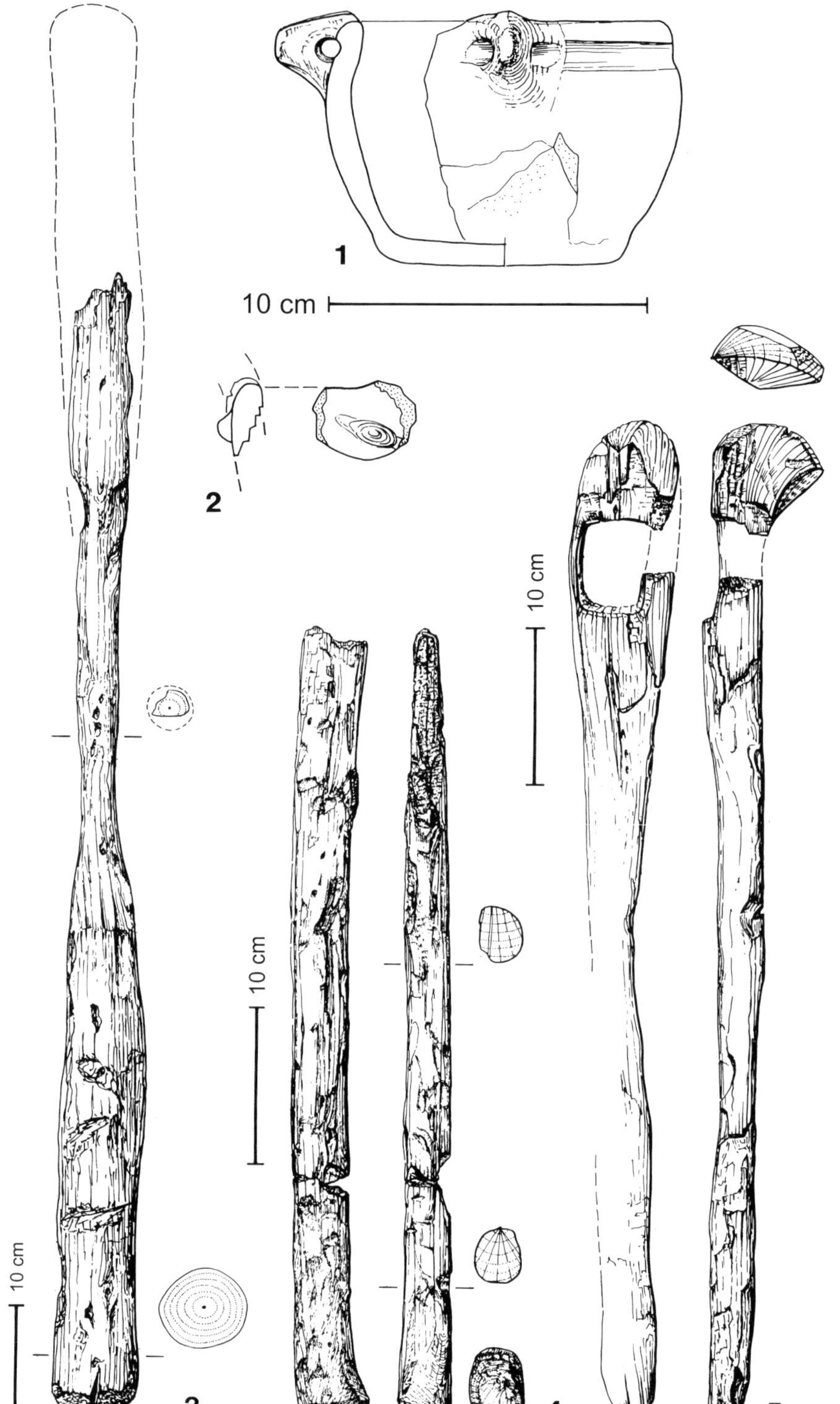

das Griffende eines Beilholmes (Abb. 28,4) sowie ein vollständiger Beilholm zum Vorschein. Letzterer ist aus dem Wurzelansatz eines Stammes gefertigt und kann als typologisches Zwischenglied von Flügelholm und Stangenholm verstanden werden (Abb. 28,5). Er verdeutlicht die bereits im Keramikmaterial erfasste jungneolithische Tradition im Fundspektrum. Zudem fand sich das sorgfältig gearbeitete Ende eines Eibenbogens, das zusammen mit in den Vorjahren gefundenen Fragmenten vermutlich zu ein und derselben Jagdwaffe gehörte.

Der Kreissparkasse Biberach und der Adelindistherme Bad Buchau danken wir für die Unterstützung der Grabungskampagne. Herr Dr. Hans Eberhard, Biberach, der Bauhof der Stadt Bad Buchau und die Gemeinde Oggelshausen trugen wiederum in bewährter Weise zum Gelingen bei.

André Billamboz, Wolfgang Hohl, Helmut Schlichtherle

Literaturhinweise

W. Hohl/H. Schlichtherle, Arch. Ausgr. Baden-Württemberg 1999, 39 ff.; H. Schlichtherle, Nachrichtenbl. Arbeitskr. Unterwasserarch. 6, 1999, 44 f.

Abschließende Untersuchungen auf dem schnurkeramischen Bestattungsplatz bei Lauda-Königshofen, Main-Tauber-Kreis

Die diesjährigen Tätigkeiten im Gewerbegebiet „Wöllerspfad“ galten der Untersuchung der Restflächen des endneolithischen Begräbnisplatzes und der Klärung von metallzeitlichen Siedlungsbefunden, die in der gesamten Grabungsfläche in großer Dichte zum Vorschein gekommen waren (siehe Beitrag in diesem Band).

Der nunmehr vorliegende Gesamtbestand beläuft sich auf 69 Gräber mit ca. 75 Individuen, nicht berücksichtigt sind Föten.

Damit hat sich die in den vorhergehenden Kampagnen beobachtete Tendenz, vorzugsweise in Einzelgräbern zu bestatten, klar bestätigt. Der Begräbnisplatz weicht also, was Bestattungssitten und Grabarchitektur angeht, wesentlich ab von den anderen modern untersuchten Nekropolen des mittleren Taubertals wie Tauberbischofsheim-Dittigheim und -Impfingen, wo ein sehr hoher Prozentsatz der Bestattungen aus Kollektivgräbern stammt. Mutmaßlich verbergen sich hinter diesen unterschiedlichen Bestattungssitten andersartige kulturelle Wurzeln und Jenseitsvorstellungen und sicherlich auch eine andere Vorstellung über das Individuum. Die Kollektivgräber erinnern eher an die Megalith-Kulturen als an die Einzelgrabkultur mitteldeutscher und südskandinavischer Prägung.

Da sich beim jetzigen Bearbeitungsstand die Inventare der drei Friedhöfe nicht signifikant voneinander unterscheiden und somit dieselbe Zeitspanne umfassen, muss dieser augenfällige Unterschied anders interpretiert werden. Hierbei kann eine andersartige Gruppenzugehörigkeit eine Rolle spielen, eine andere regionale Herkunft und/oder vielleicht bereits Einflüsse der Glockenbecherkultur. Möglicherweise führt eine Bündelung verschiedener Faktoren auch erst zu einer plausiblen Erklärung dieser komplexen Erschei-

Abb. 29 Lauda-Königshofen, „Wöllerspfad“. Grab 57, Frauenbestattung mit Becher und „Fransenkette“ aus 85 Canidenzähnen.

nung am Ende des 3. Jahrtausends v. Chr. Die chronologischen und kulturgeschichtlichen Fragen sind jedenfalls trotz intensiver Forschung und Diskussion in den vergangenen Jahrzehnten nach wie vor ein Gebiet mit enorm vielen Unbekannten.

Vorbehaltlich der anthropologischen Auswertung ist das Verhältnis von Kindern/Jugendlichen zu Erwachsenen etwa 1 : 1.

Etwa 20 Gräber sind beigabenlos. Es sind zumeist Kindergräber, die dicht unter der Oberfläche lagen, was einen gewissen Substanzverlust an Beigaben und auch an Bestattungen durch landwirtschaftliche Tätigkeiten etc. zur Folge hatte. Dies ändert freilich kaum etwas an der Tatsache, dass Kinder und Jugendliche im Bestattungsbrauch, in der Ausstattung und Geschlechtsdifferenzierung wie Erwachsene behandelt wurden.

Bei zwei Gräbern (Nr. 58/59 und 65) konnten wieder Kreisgräben festgestellt werden, so dass sich deren Anzahl auf insgesamt 21 beläuft. Grab 58/59 war so konzipiert, dass die beiden Bestattungen zwar separat eingebracht wurden, aber deutlich zentriert auf den sie umgebenden Kreisgraben, so dass ein gleichzeitig erfolgter Bestattungsvorgang nahe liegt. Gerade auch in diesem Fall wird der Charakter des Einzelgrabs evident.

Insgesamt stehen nun 29 Gräber mit Keramik 17 Bestattungen mit Beilen gegenüber. Auch der Bestand an Silexklingen und -kleingerät hat sich er-

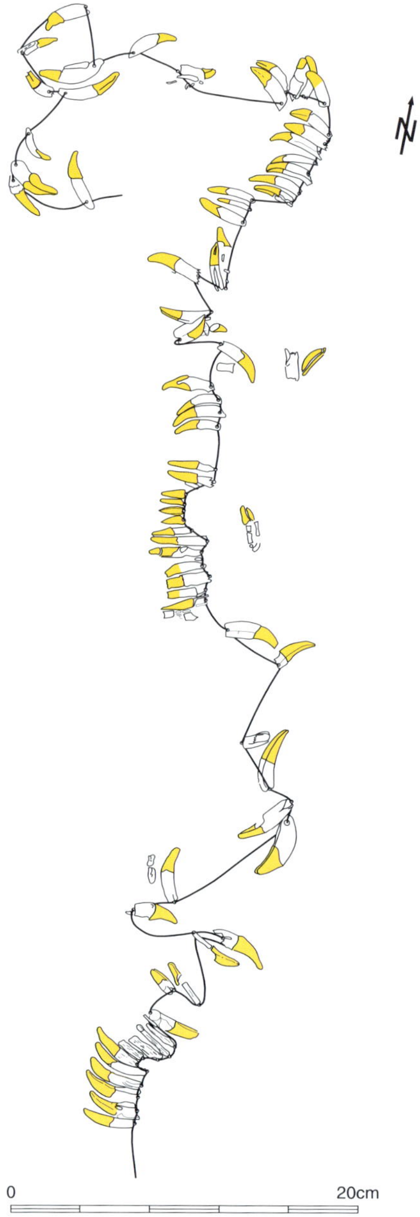

Abb. 30 Lauda-Königshofen, „Wöllerspfad“. Grab 57, Verlauf der „Fransenkette“ im Detail.

weitert, darunter Kreisgraben-Grab 55, wo neben einer Silexklinge eine Quarzklinge an der Rückseite des Oberkörpers eines auf der rechten Seite liegenden Mannes deponiert war. Grab 52, ebenfalls ein rechtsseitiger Hocker, wies eine harte, estrichartige Grabsohle im Bereich des Körpers auf. Spuren eines Feuers konnten jedoch nicht festgestellt werden. Um welche ortsfremde Substanz (Ocker, Rötel?) es sich handelt, wird eine Analyse der Bodenprobe ergeben. Neben einem kleinen Steinbeil südlich des Oberkörpers war eine Konzentration von acht Silexklingen und -abschlägen im Brustbereich, wohl ehemals in einem Beutel, zu beobachten.

Den interessantesten Fund und Befund lieferte in diesem Jahr Grab 57 (Abb. 29). Es handelt sich um die linksseitige Hockerbestattung einer erwachsenen Frau mit Kopf im Osten und Blick nach Süden. Da die Bestattung nur wenige Zentimeter unter dem Humus lag, war von einem Becher nur noch der Boden erhalten. Beide Arme der Frau liegen – untypisch – links und rechts des Körpers in gestreckter Haltung. Auch liegt die Bestattung, bezogen auf die Längsachse des Grabes, leicht schräg in der Grabgrube, was möglicherweise mit einem Objekt zusammenhängt, das oberhalb des Schädels und der Schulter niedergelegt war. Es handelt sich um eine Aufreihung von ca. 85 durchbohrten, unterschiedlich großen Canidenzähnen (Abb. 30). Eine vorläufige osteologische Begutachtung an einigen wenigen Zähnen ergab Fangzähne von Haushunden und möglicherweise auch von Füchsen. Gegen eine Halskette sprechen einmal die ungewöhnliche, nicht körpergebundene Lage an separater Stelle im Grabraum und mehr noch die Tatsache, dass die Zahnaufreihung nicht geschlossen ist, sondern einen Anfang und ein Ende besitzt. Vergleichbare Befunde in der schnurkeramischen Kultur des Mittelelbe- und Saalegebietes sprechen vielmehr dafür, dass es sich bei linear aufgereihten Zähnen um den Besatz eines Tuches oder Umhangs handelt, vielleicht auch um eine Kopfbedeckung. Bei den Beispielen aus Mitteldeutschland wurden die Zahnreihen links neben dem Oberkörper der Bestattung angetroffen und als Gewandapplikation interpretiert („Fransenketten"). Sie treten ausschließlich in Frauengräbern auf. Verbindet man die Ösen der einzelnen Zähne aus Grab 57 untereinander, lässt sich unschwer eine lineare Abfolge erkennen, die für einen zusammengelegten oder gefalteten, wahrscheinlich textilen Gegenstand spricht.

Claus Oeftiger

Literaturhinweise

C. Oeftiger, Arch. Ausgr. Baden-Württemberg 1999, 42 ff.; W. Matthias, Zwei schnurkeramische Gräber mit Tierzahnschmuck von Döbris, Kreis Hohenmölsen. Jahresschr. Mitteldt. Vorgesch. 37, 1953, 154 ff.; H.-D. Kahlke, Schnurkeramische „Kettenhocker" aus Thüringen. Alt-Thüringen 1, 1953/54 (1955) 153 ff.; U. Fischer, Die Gräber der Steinzeit im Saalegebiet (Berlin 1956) 132 ff. 233 ff.

Frühbronzezeitliche Funde von Lausheim, Stadt Stühlingen, Kreis Waldshut

Es ist dem Interesse an der frühen Geschichte seiner Heimat zu verdanken, dass Hans Fischer bei einer seiner Geländebegehungen zwei ihm verdächtig erscheinende Metallstücke mitnahm und sie dem Landesdenkmalamt zur Begutachtung vorlegte. Es handelt sich um ein noch 22,8 cm langes und 1,1 cm

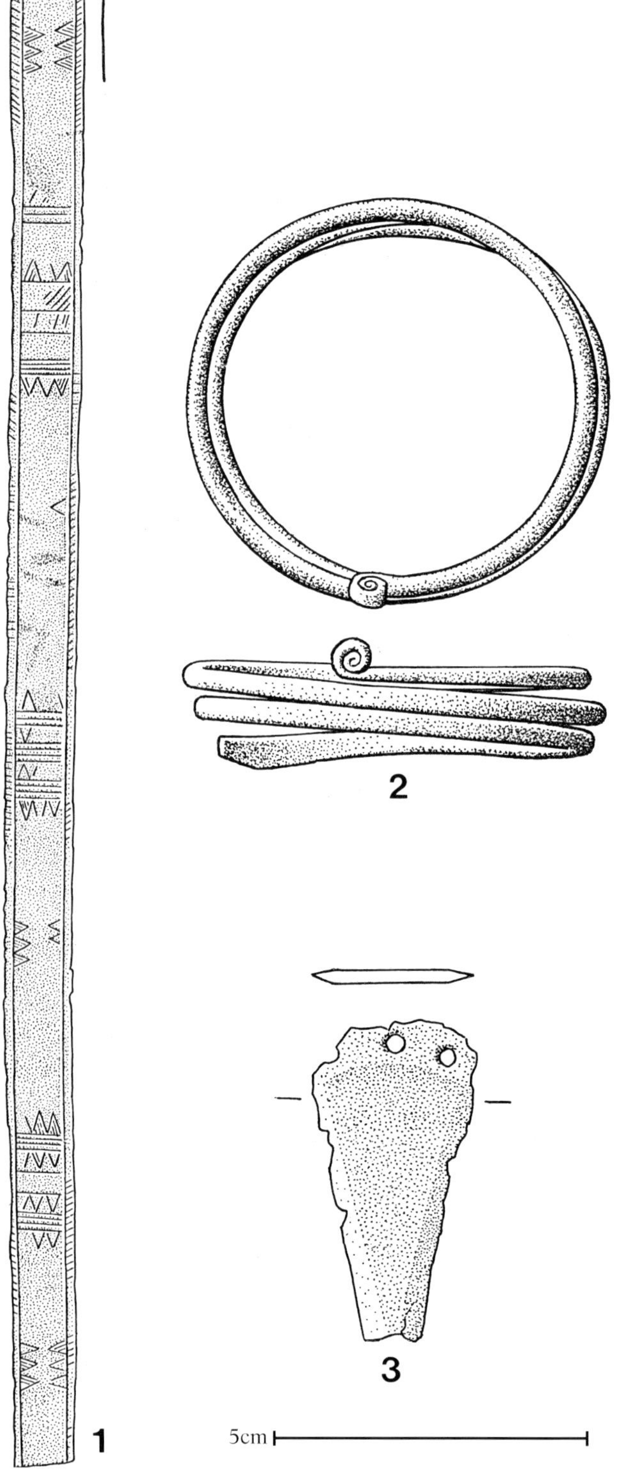

Abb. 31 Lausheim. Frühbronzezeitliche Fundstücke aus zerstörten Gräbern.

breites dünnes Kupferband. Alte Brüche an beiden Enden zeigen, dass das Band nicht in seiner ursprünglichen Länge erhalten ist. An einem Ende ist noch im Ansatz eine Einrollung nach hinten zu erkennen (Abb. 31,1). Das Band trägt eine offensichtlich in regelmäßiger Reihenfolge angebrachte Verzierung mit Strichgruppen und strichgefüllten Dreiecken. Beide Längsseiten werden von kurzen Schrägstrichen gesäumt. Nach Auskunft des Finders war das Band bei der Auffindung „verbogen". Er hat es deshalb wieder gerade gebogen, wobei es in zwei Teile zerbrach. Leider gingen hierbei auch Teile der festen Patina verloren und mit dieser Teile der Verzierung, jedoch scheint das System noch erkennbar. Bei dem zweiten Stück handelt es sich um eine Armspirale, das eine Ende ist eingerollt, das andere flach ausgehämmert (Abb. 31,2).

Eine sofortige Begehung der Fundstelle durch Vertreter des Landesdenkmalamtes erbrachte ein weiteres Fundstück, einen kleinen dreinietigen Dolch, dessen Spitze abgebrochen ist. Die Länge beträgt noch 5,0 cm. Die Schneiden sind leicht abgesetzt, die Klinge ist unverziert (Abb. 31,3).

Alle drei Fundstücke gehören der älteren Frühbronzezeit an. Während Dolch und Armspirale zu den gängigen Formen der älteren Frühbronzezeit gehören und z. B. in dem knapp 30 km östlich von Lausheim gelegenen großen Gräberfeld von Singen gute Parallelen finden, gibt es für das Blechband in Südwestdeutschland, vor allem was die Verzierung betrifft, keine Vergleichsstücke. Das Stück dürfte den so genannten „Diademen" zuzurechnen sein, die als Besatz einer Lederkappe oder eines Lederstirnbandes getragen worden sind. Derartige „Diademe" finden sich von Ungarn bis zum bayrischen Donaubogen und noch vereinzelt im Wallis. Diese Bänder verbindet eine typische Punktbuckelverzierung. Das Lausheimer Stück hingegen trägt eine Verzierung, die, was die Einzelelemente be-

trifft, gute Vergleiche bei den verzierten Rudernadeln des bereits genannten Gräberfeldes von Singen besitzt. Auch von dort liegt ein Blechband mit eingerollten Enden vor, bei dessen schlechter Erhaltung sich allerdings keine Verzierung mehr erkennen lässt.
Ohne Zweifel handelt es sich bei diesem neuen frühbronzezeitlichen Fundplatz um ein Gräberfeld. Untersuchungen sollen noch in diesem Jahr klären, inwieweit die intensive landwirtschaftliche Nutzung bereits in die Substanz des Gräberfeldes eingegriffen hat. Bemerkenswert ist auch die Lage dieser neuen frühbronzezeitlichen Fundstelle: Sie liegt genau auf halber Strecke einer wichtigen alten Verkehrsverbindung vom Hochrhein zur jungen Donau, deren Endpunkte mit Kadelburg (Hochrhein) und Immendingen (Donau) durch zwei weitere frühbronzezeitliche Fundstellen markiert werden.

Rolf Dehn

Literaturhinweise
W. Ruckdeschel, Die frühbronzezeitlichen Gräber Südbayerns. Ein Beitrag zur Kenntnis der Straubinger Kultur. Antiquitas 2,11 (Bonn 1978); R. Krause, Die endneolithischen und frühbronzezeitlichen Grabfunde auf der Nordstadtterrasse von Singen am Hohentwiel. Forsch. u. Ber. Vor- u. Frühgesch. Baden-Württemberg 32 (Stuttgart 1988).

Steingrabhügel auf Gemarkung Bräunlingen, Schwarzwald-Baar-Kreis

Auf dem bewaldeten Höhenrücken (780–800 m ü. N.N.) südwestlich von Bräunlingen, der sich südlich von Waldhausen in Richtung Schwarzwald erstreckt, verteilen sich hunderte von so genannten Steinhügeln. Die aus Steinen errichteten Hügel unterscheiden sich in Höhe und Durchmesser und liegen in unterschiedlichen Gruppen beieinander.
Steinhügel wurden in der archäologischen Forschung oft als Lesesteinhaufen angesehen und aus Unkenntnis u. a. als Materialdepot für den Wegebau verwendet und somit zerstört. Neuere Untersuchungen erbrachten jedoch den Nachweis, dass es sich bei diesen Steinhügeln auch um Grabhügel handelt, in denen zu unterschiedlichen Zeiten Tote mit ihren Beigaben bestattet wurden. Oft enthält ein Hügel mehrere Gräber und bildet somit einen kleinen separaten Bestattungsplatz.
Im Gegensatz zu den westlichen Grabhügelgruppen auf Gemarkung Waldhausen wie z. B. „Kapf", aus denen hallstattzeitliche Grabfunde stammten, war diese östliche Gruppe „Auf Guldenen" auf dem vorderen Plateau des Eichbucks weitgehend unbekannt; jedenfalls lagen keine Berichte über Ausgrabungen im 19. Jahrhundert vor. Vermutlich hatte man auch sie als Lesesteinhaufen angesehen. Doch bei Begehungen in den letzten Jahren zogen diese Hügel verstärkt die Aufmerksamkeit auf sich. Da die einzelnen Hügel besonders gut erhalten sind, bietet sich diese Grabhügellandschaft besonders für Exkursionen und Wanderungen an.
Das äußere Erscheinungsbild der einzelnen Hügel und die räumlichen Gruppierungen waren ausschlaggebend für die Interpretation als Grabhügel, doch gab es keine konkreten Anhaltspunkte für deren chronologische Einordnung. Die letzte Gewissheit und den endgültigen Beweis konnten nur Ausgrabungen erbringen.
Am 2. Weihnachtsfeiertag 1999 erfasste der Orkan „Lothar" auch den östlichen Walddistrikt „Auf Guldenen"

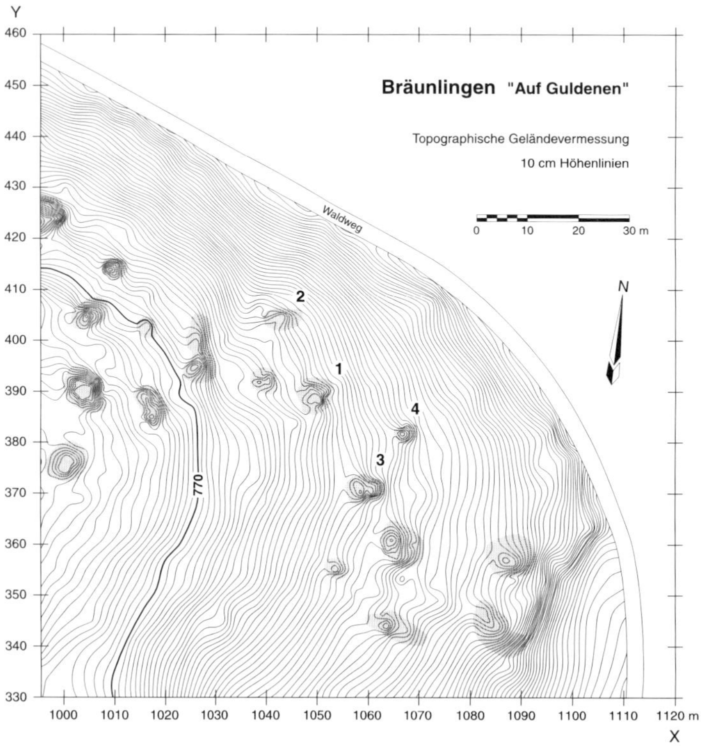

Abb. 32 Bräunlingen. „Auf Guldenen“. Höhenlinienplan, 10 cm Höhenlinien.

Abb. 33 Bräunlingen. Hügel 4. Steinpackung.

und richtete erhebliche Schäden an. Entwurzelte Bäume auf und im Umfeld der Hügel boten ein eindrucksvolles Bild der Verwüstung. Nach den ersten Aufräumarbeiten konnte zunächst das Ausmaß der Zerstörung dokumentiert werden.

Vor diesem Hintergrund wurden im Sommer 2000 vom Landesdenkmalamt Baden-Württemberg, Außenstelle Freiburg, zunächst vier Steinhügel ausgegraben. Die hochstehenden Wurzelteller erschwerten die Einmessung der weitgehend vom Windbruch befreiten Hügel in einen Höhenlinienplan (Abb. 32). Das Entfernen der Baumwurzeln sowie die Dokumentation und das grabungstechnische Vorgehen waren aufwendig und zeitintensiv. Die mit Moos und Pflanzen bewachsenen Steinpackungen wurden freigelegt und steingerecht dokumentiert (Abb. 33). In einem weiteren Schritt wurde in einer Hügelhälfte die Steinpackung bis auf den anstehenden, stark zerklüfteten Kalkfels abgetragen, so dass im Profil deutlich der Hügelaufbau aus unterschiedlich großen Kalksteinen zu erkennen war. Zwischen den Steinen der Hügelschüttungen fand sich nur wenig lockere humose Erde. In den Steinpackungen waren außer den Wurzellöchern auch Spuren älterer Zerstörungen zu erkennen. In Hügel 1 z. B. weisen Reste von menschlichen Skeletten und bronzezeitliche (2. Jahrtausend v. Chr.) Keramikreste zwischen den lockeren Steinen der Hügelschüttung auf eine gestörte Bestattung hin. Trotz räumlicher Begrenzung der Keramikstreuung ließ sich nicht eindeutig erkennen, ob es sich dabei um das ursprüngliche Zentralgrab handelt. Unmittelbar daneben fanden sich Scherben eines Keramikgefäßes aus dem 13. Jahrhundert. Vielleicht liegt mit diesem Befund der Rest einer Nachbestattung in einem älteren prähistorischen Grabhügel vor.

Die Untersuchungen konzentrierten sich nicht nur auf das Hügelzentrum sondern auch auf die Randbereiche, wo Nachbestattungen zu erwarten waren. In Hügel 3 z. B. sind deutlich Anbauten am Hügelfuß zu beobachten (Abb. 34). Es handelt sich vermutlich um die leider fundleer angetroffenen, in den Fels eingetieften Grabgruben von Nachbestattungen.

Die Befunde, Strukturen und Eintiefun-

gen in der Steinpackung und am Hügelfuß, sowie die wenigen Funde wie Skelettreste und Keramikscherben weisen diese Steinhügel eindeutig als Grabhügel aus.
Die bronzezeitlichen Keramikscherben aus Hügel 1 liefern einen zeitlichen Anhaltspunkt, der jedoch nicht für alle Steinhügel dieser Gruppe zutreffen muss.
An dieser Stelle danken wir den zuständigen Forstbehörden für ihr Entgegenkommen sowie der Gemeinde Bräunlingen, die die Ausgrabungen durch vielfältige Hilfestellungen vor Ort jederzeit begleitete und unterstützte, weiterhin Dr. M. Hoeper, Institut für Ur- und Frühgeschichte und Archäologie des Mittelalters der Universität Freiburg, für den Höhenlinienplan und schließlich dem Grabungsteam für die engagierte Mitarbeit.

Jutta Klug-Treppe

Abb. 34 Bräunlingen. Hügel 3. Steinanbauten am Hügelfuß.

Literaturhinweise

B. Schmid, Die urgeschichtlichen Funde und Fundstellen der Baar 2 (Rheinfelden/Berlin 1992) 128 ff.; E. Wagner, Funde und Fundstätten im Großherzogtum Baden I (Tübingen 1908) 102 f. Abb. 67; G. Wesselkamp, Die bronze- und hallstattzeitlichen Grabhügel von Oberlauchringen, Kr. Waldshut. Materialh. Vor- und Frühgesch. Baden-Württemberg 17 (Stuttgart 1993), 119 ff.

Metallzeitliche Siedlungsbefunde in Flur „Wöllerspfad" bei Königshofen, Stadt Lauda-Königshofen, Main-Tauber-Kreis

Bei der Untersuchung des schnurkeramischen Begräbnisplatzes im „Wöllerspfad" (siehe den Beitrag in diesem Band) kam wie überall auf den Niederterrassen des mittleren Taubertals eine Fülle prähistorischer Siedlungshinterlassenschaften zum Vorschein (Abb. 35). Da aus verschiedenen zwingenden Gründen das endneolithische Gräberfeld im Vordergrund der Ausgrabungstätigkeiten stand, konnten die nachneolithischen Befunde jedoch nur stichprobenweise untersucht und den Erhaltungsbedingungen gemäß geborgen werden. Etliche der angeschnittenen Siedlungsgruben ergaben kein oder wenig aussagekräftiges Material. Dennoch ließen sich an diesem Platz einige interessante Ergebnisse erzielen. Im Vergleich zu anderen Siedlungsplätzen der Region, die regelhaft Funde und Befunde von der Urnenfelder- über die Hallstatt-, Latène- und römische Kaiserzeit bis ins Frühmittelalter erbracht haben, liegen im „Wöllerspfad" die Besiedlungsschwerpunkte in der Urnenfelderzeit und im Frühlatène. Spätkeltische Funde und die damit häufig verbundenen germanischen Einsprengsel der Oder-Warthe-Gruppe und der Großromstedter Kultur treten in diesem Siedlungsareal nicht auf.

Lauda-Königshofen Main-Tauber-Kreis
„Schnurkeramischer Begräbnisplatz und metallzeitliche Siedlung“
Gewann Wöllerspfad
Grabung 1998-2000
Gesamtplan
N
Siedlungsstrukturen
Hausgrundrisse / Speicher
urnenfelderzeitliche Befunde (Palisadengraben, Gruben)
frühlatènezeitliche Befunde (Grubenhaus, Gruben)
0
10
20
30m

Abb. 35 Lauda-Königshofen, „Wöllerspfad“. Gesamtplan mit Gebäuden und datierten Siedlungsbefunden.

Bereits beim ersten Suchschnitt 1998 kam ein Ost-West orientiertes frühlatènezeitliches Grubenhaus (5 m × 3 m) mit zwei Firstpfosten zum Vorschein, das neben einer Schichtaugenperle, umfangreicher Gebrauchskeramik und Briquetagen auch qualitätvolle stempelverzierte Keramik, so genannte Braubacher Ware, enthielt. Diese Zusammensetzung erinnert im Übrigen an einen ähnlichen Grubenhausinhalt aus Tauberbischofsheim „Fronbrunnenäcker“. Allem Anschein nach sind in dieser Region stempelverzierte Qualitätskeramik und Briquetagen in irgendeiner Weise wirtschaftsgeschichtlich miteinander verbunden und bezeugen Wohlstand und gefestigte Handelsbeziehungen.
In beiden Fällen sprechen das stark zerscherbte Material und vor allem Ascheschichten und Brandspuren für durch ein Schadensfeuer verursachten Siedlungsschutt, der in den noch offenen Grubenhäusern entsorgt wurde, um möglicherweise neue, plane Siedlungsflächen für eine Weiterbesiedlung zu gewinnen. Es handelt sich also weniger um die ursprünglichen Inventare dieser Räume, sondern vielmehr um eine Ansammlung von Gegenständen unterschiedlicher Herkunft, die gleichzeitig in die Hausgruben gelangt sind.
Wie der Plan nun zeigt, liegen die untersuchten frühlatènezeitlichen Befunde hauptsächlich in der nördlichen Hälfte der Grabungsfläche, die der Urnenfelderzeit dagegen im südlichen Bereich (Abb. 35). Sie konzentrieren sich besonders außer- und innerhalb eines etwa 90 m langen Grabens, der nach Norden einen 2 m breiten Durchlass aufweist. Dieser besteht aus zwei Grabenköpfen und einem dazwischen geschalteten Schwellbalkengräbchen, das für ein verschließbares Tor spricht. Die Umhegung dürfte ehemals aus Rund- oder Spalthölzern bestanden haben. Aufgrund des 50–70 cm breiten und noch 20 cm tiefen Grabens kann diese Gehöftumfriedung als besonders wehrhaft und stattlich angesehen werden.
Ihre Spuren verlieren sich im Westen und Osten noch innerhalb der Grabungsfläche, so dass über ihren weiteren Verlauf nichts ausgesagt werden kann. Durch die starke Erosion waren hier im südlichen Grabungsareal kaum mehr Befunde erhalten.
In der Gräbchenverfüllung lagen einige urnenfelderzeitliche Scherben. Innerhalb der Umhegung wurden in zwei Silogruben insgesamt drei Individuen angetroffen, die aber keine regulären Bestattungen darstellen. Bei Befund Nr. 569 handelt es sich um eine in unnatürlicher Lage hingestreckte erwachsene Person und um einen dicht dabei liegenden Schädel mit den oberen Halswirbeln eines Jugendlichen (Abb. 36). In der Verfüllung fanden sich ebenfalls einige urnenfelderzeitliche Scherben. Auf eine vergleichbare Situation der Verlochung Hingerichteter stieß man bei Befund Nr. 1191, wo zuerst höher liegende Teile des Oberkörpers angetroffen wurden, tiefer liegend dann Becken, Ober- und Unterschenkel. Die Beine lagen im Knöchelbereich so eng beieinander, dass man von einer Fesselung ausgehen muss. Der Befund legt nahe, dass der Körper einige Zeit in der offenen Grube lag und der Oberkörper samt Schädel durch Tierfraß verschleppt wurde. Neben unbestimmbaren Keramikscherben lag etwas oberhalb in der Verfüllung der Rest eines stark korrodierten Eisenreifs, der einen Datierungshinweis bietet. Trotz der urnenfelderzeitlichen Scherben in Befund Nr. 569 halten wir beide „Verlochungen“ vorläufig für frühlatènezeitlich. Beide Befunde zeigen deutliche Spuren von Gewaltanwendung an Personen, weshalb Mystifizierungen wie Bauopfer oder gar Siedlungsbestattungen die Sache wohl kaum treffen.
Aufgrund der speziellen Erhaltungsbedingungen im mittleren Taubertal sind Reste von Gebäuden in Form von Pfostengrundrissen und/oder Schwellbal-

Abb. 36 Lauda-Königshofen, „Wöllerspfad“. Reste zweier verscharrter Individuen.

kenkonstruktionen bislang nicht überliefert oder nicht bekannt geworden. Um so erfreulicher ist nun die Tatsache, dass neben einem frühlatènezeitlichen Grubenhaus auch einige eindeutig ansprechbare Gebäudegrundrisse ergraben werden konnten. Es liegen fünf Speicherbauten vor, jeweils aus vier Pfosten bestehend und in der Mehrzahl mit quadratischem Grundriss. Ihre Maße liegen bei 2,5–4 m × 3–4 m. Des Weiteren stieß man auf drei Sechspfostenbauten und einen Achtpfostenbau. Alle Bauten streuen locker in der mittleren und nördlichen Grabungsfläche. Sie sind bis auf den nördlichsten Speicherbau annähernd in nord-südlicher Richtung orientiert und liegen außerhalb der Umhegung. Die Grundrisse der vier größeren Gebäude bewegen sich zwischen 3 m × 5,5 m (16,5 m^2) und 5,5 m × 8,5 m (46,75 m^2). Auffällig ist, dass die Bauten mit 30 und mehr Quadratmetern Grundfläche beieinander liegen, separat davon die kleineren Gebäude unter 20 m^2. Von beiden „Standorten“ losgelöst sind die Speicherbauten, die einen eigenen Bereich bilden. Ob sich hinter dieser Beobachtung eine funktionale Bedeutung verbirgt und wozu die einzelnen Gebäude gedient haben, müssen weitere Auswertungen zeigen.

Innerhalb der Palisade wurde das größte Gebäude angetroffen. Es ist ein 7 m × 10 m (70 m^2) großer Bau mit jeweils fünf Längspfosten und zwei erhaltenen Firstpfosten. Ein mittlerer Firstpfosten ist möglicherweise durch eine moderne Störung beseitigt. Auch dieser Bau ist Nord-Süd orientiert, so dass das Erscheinungsbild aller Gebäude einen durchaus geschlossenen Eindruck macht und als Ensemble wohl auch als gleichzeitig anzusehen ist.

Jedoch ist die Datierung der Bauten derzeit noch offen. Auch ist es unergiebig, durch typologischen Vergleich urnenfelderzeitlicher mit frühlatènezeitlichen Hausgrundrissen zu entscheiden, in welchen der durch die Grubeninhalte in Frage kommenden Zeitabschnitte die Gebäude zu datieren sind. Außerdem ist ein Mangel an Hausgrundrissen der Frühlatènezeit deutlich spürbar.

Einige Meter westlich des Palisadendurchlasses wird der Graben durch eine Grube mit jüngerer urnenfelderzeitlicher Keramik geschnitten, und in einem größeren Grubenkomplex war neben jüngerer auch ältere urnenfelderzeitliche Keramik enthalten. Wie sich das Material tatsächlich zeitlich zueinander verhält, muss einer gründlichen Bearbeitung überlassen werden. Es scheint sich jedoch abzuzeichnen, dass sich die Besiedlung dieses Platzes während der Urnenfelderzeit über einen längeren Zeitraum erstreckt haben muss und die Palisade in einen älteren Abschnitt gehört.

Die Späte Urnenfelderzeit (Abb. 37) (Stufe Wallstadt/Kelheim III) ist belegt durch grafitbemalte Keramik, eine Nadel mit horizontaler Kopfscheibe, ein Exemplar mit im Oberteil verdicktem Schaft und feiner Rillengravur und eine Nadel mit kleinem Vasenkopf, des Weiteren durch Fragmente von zwei Feuerböcken und einen aus Hirschhorn angefertigten Geweihstangenknebel des Typs Mörigen (nach Hüttel), der in einem solchen Siedlungsmilieu fremd wirkt (Abb. 38). Die etwa 20 bekannt gewordenen Trensenknebel stammen hauptsächlich aus befestigten Höhensiedlungen wie dem Runden Berg bei Bad Urach, Kreis Reutlingen, oder aus befestigten Feuchtbodensiedlungen, beispielsweise aus der Wasserburg Buchau, Kreis Biberach, nicht jedoch aus Freilandsiedlungen mit ihrer topografisch bedingten Zugänglichkeit. Ihr Vorkommen entspricht dem Verbreitungsgebiet späturnenfelderzeitlicher Höhensiedlungen Mittel- und Osteuropas und dem der nordalpinen Uferrandsiedlungen. Der Knebel aus Königshofen besitzt ein so genanntes symmetrisch-biplanes Einrichtungsmuster, d. h. die äußeren, oblongen Durchzüge sind endständig angebracht, der mittlere Durchzug ist ebenfalls oblong, aber seitlich gebohrt. Das obere und das untere Stangenende sind flach abgeschnitten. Unser Exemplar ist mit vier Rillenbündeln, bestehend aus jeweils vier bzw. drei Rillen, verziert. Die Länge beträgt ca. 10 cm und der größte Durchmesser 2 cm. Im Vergleich zu anderen bronzezeitlichen Geweihknebeln besitzen die Durchzüge des Typs Mörigen Gleichrangigkeit. Die Gleichgewichtigkeit der drei Durchlässe ist vor allem ein Charakteristikum der „thrako-kimmerischen“ Knebeltechnik, die dann fortgeführt wird und zur Trensentechnik der eisenzeitlichen älteren Hallstattkultur (Ha C) überleitet. Der Geweihstangenknebel datiert ans Ende des 8. Jahrhunderts v. Chr. und steht mit dem späturnenfelderzeitlichen Siedlungsmaterial in Einklang.

Claus Oeftiger

Abb. 37 Lauda-Königshofen, „Wöllerspfad“. 11 Glätt- und Schleifsteine aus unterschiedlichen, zum Teil ortsfremden Gesteinen (Mainschotter), zusammen mit zwei Spinnwirteln unter einer umgestülpten urnenfelderzeitlichen Schüssel.

Abb. 38 Lauda-Königshofen, „Wöllerspfad“. Späturnenfelderzeitlicher Trensenknebel aus Hirschhorn.

Literaturhinweise
C. Oeftiger, Arch. Ausgr. Baden-Württemberg 1998, 62 ff.; ders., ebd. 1999, 42 ff.; F.-R. Herrmann, Hausgrundrisse aus einer urnenfelderzeitlichen Siedlung von Künzing (Niederbayern). Ausgrabungen in Deutschland 1 (Mainz 1975) 155 ff.; H.-G. Hüttel, Bronzezeitliche Trensen in Mittel- und Osteuropa. Grundzüge ihrer Entwicklung. Prähist. Bronzefunde 16, 2 (München 1981) 117 ff.

Weitere Ausgrabungen in der neolithischen und frühkeltischen Siedlung „Siebenlinden" in Rottenburg am Neckar, Kreis Tübingen

Das prähistorische Fundareal im Industriegebiet „Siebenlinden" liegt am Ostrand von Rottenburg in der Talaue auf einer flachen Niederterrasse des Neckars. Seit 1987 wurden vom Landesdenkmalamt Baden-Württemberg in mehreren archäologischen Voruntersuchungen der Straßentrassen und Bauparzellen größere Flächen eines von Menschen verschiedener ur- und frühgeschichtlicher Kulturepochen aufgesuchten Platzes aufgedeckt. Den größten Anteil an den entdeckten Befunden nimmt eine frühkeltische Siedlung der späten Hallstattzeit und der frühen Latènezeit des 6.–4. vorchristlichen Jahrhunderts ein. Daneben konnten aber auch Lager mittelsteinzeitlicher Jägergruppen sowie Gräber und Siedlungsbefunde der Jungsteinzeit untersucht werden, die bis dahin im Neckartal und dem anschließenden Oberen Gäu nur wenig oder noch nicht bekannt waren.

Nach den 1999 in „Siebenlinden" wieder aufgenommenen Grabungen waren auch im Jahr 2000 durch neue Bautätigkeiten erneut archäologische Untersuchungen notwendig geworden. Die Ausgrabungen wurden in der nordöstlich an das Grabungsareal von 1999 anschließenden Parzelle durchgeführt, wo der Bau einer Tennishalle geplant war. Dank der frühzeitigen Kontaktaufnahme des Bauherren Th. Wiedmaier mit dem Landesdenkmalamt konnte auch diese Untersuchung vor dem angesetzten Baubeginn zügig durchgeführt und fristgerecht abgeschlossen werden. Auch die im Jahr 2000 festgestellten Befunde sind in ihrer Mehrzahl wieder der frühkeltischen Siedlung zuzuordnen. Auf einem nahezu rechtwinklig begrenzten Areal ließen sich wieder relativ dicht beieinander liegende Vorratsgrubenkomplexe und drei Grubenhäuser feststellen. Die umgekehrt trichterförmigen Vorratsgruben waren nur noch zwischen 0,27 m und 0,73 m tief und damit deutlich schlechter erhalten als die Befunde in den westlich anschließenden Grabungsflächen der letzten Jahre. Die Grubeninhalte setzen sich wie üblich aus Tierknochen, Keramikfragmenten und Hüttenlehmbrocken zusammen. Einfüllschichten aus Brandresten, wie sie im letzten Jahr in nahezu allen Befunden beobachtet wurden, konnten in dieser Grabung nur vereinzelt in den Grubenverfüllungen festgestellt werden. Dies ist möglicherweise auch auf die stärkere Zerstörung der Befunde zurückzuführen. Die Grubenhäuser waren unterschiedlich gut erhalten. Sie waren WSW-ONO orientiert und von wenigen Zentimetern bis zu 0,67 m tief. Zwei der Grubenhäuser wiesen Firstpfosten an den Schmalseiten auf, während an einem Grubenhaus keine baulichen Hinweise auf eine das Dach tragende Konstruktion vorhanden waren. Besonders das im Norden der Grabungsfläche liegende Grubenhaus 365 fällt durch seinen leicht trapezförmigen Umriss und seine Größe von etwa 3,5 m × 3,0 m unter den in der Siedlung bisher ergrabenen Grubenhäusern auf (Abb. 39). Auf der Grubenhaussohle konnten neben zwei tiefen Firstpfostengruben auch weitere, weniger tiefe Eingrabungen dokumentiert werden, die möglicherweise mit funktionalen Einbauten, wie beispielsweise einem Webstuhl, zusammenhängen könnten. Auf der Sohle lag zudem ein zerscherbter, aber sonst vollständig erhaltener Topf mit ausbiegendem Rand. Hinzu kommen weitere, zu großen Teilen erhaltene Schalen mit einbiegendem Rand, die einerseits als Speise- und Trinkgefäße, andererseits auch als Deckel für das große Gefäß gedient haben können. In der Grubenhausverfüllung konnten zudem eine große Silex-Geschossspitze, ein massi-

Abb. 39 Rottenburg a. N., „Siebenlinden“. Grubenhaus 365. Die Planzeichnung zeigt die Grubenhaussohle mit den Firstpfostengruben und weiteren Eintiefungen. Schwarz eingezeichnet sind die Scherben eines Topfes.

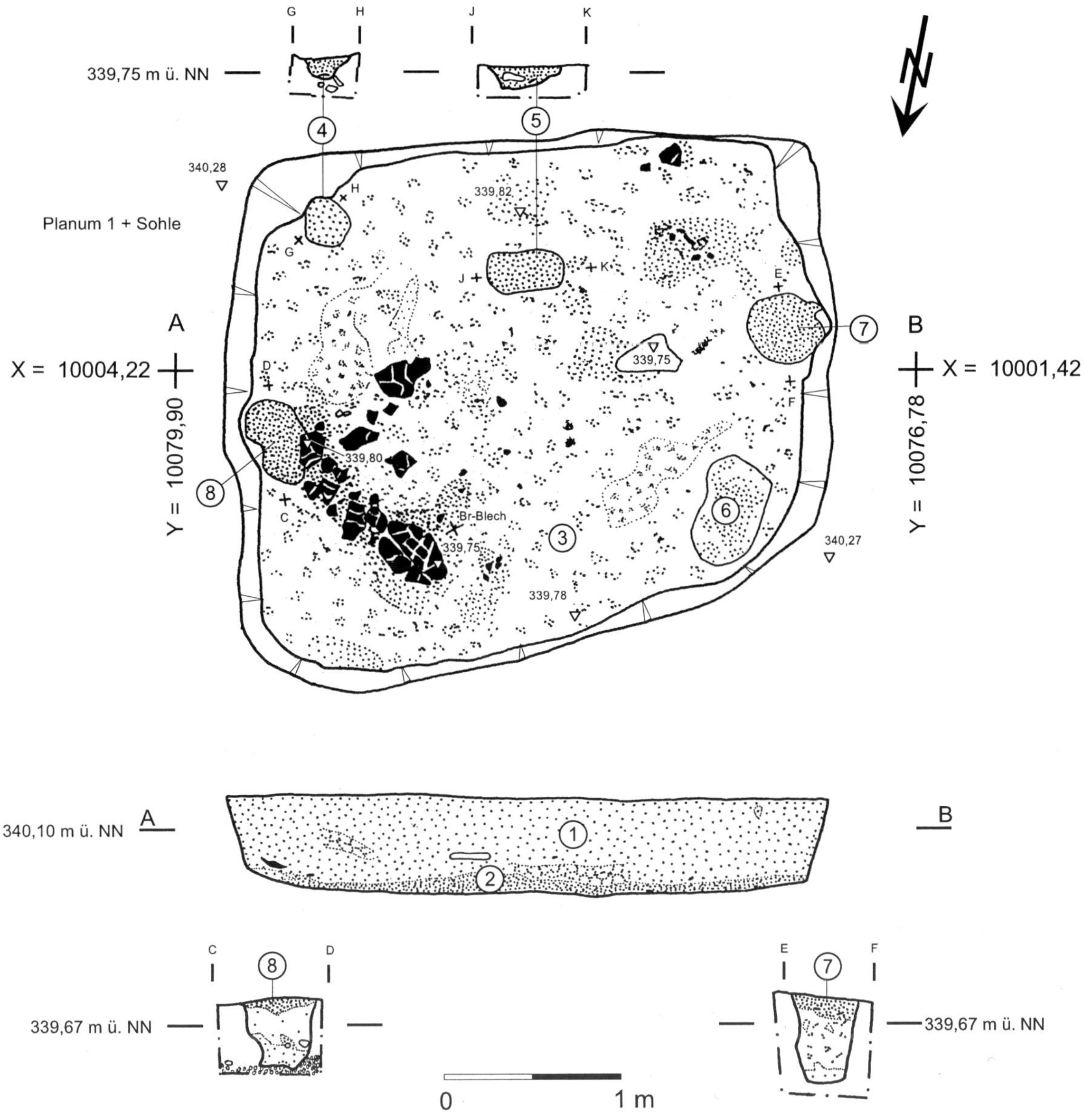

ves hakenförmiges Eisenfragment sowie eine kleine Bronzefibel mit profiliertem Fuß geborgen werden, die zeitlich an den Übergang von der späten Hallstatt- zur frühen Latènezeit einzuordnen ist.

Auch in diesem Teil des frühkeltischen Siedlungsareals waren ältere Siedlungsbefunde der Jungsteinzeit vorhanden. Außer den letzten Resten einer vermutlich ältestbandkeramischen Grube aus dem sechsten Jahrtausend konnten wiederum mehrere Schlitzgräbchen des Jungneolithikums nachgewiesen werden. Diese und auch eine Siedlungsgrube der so genannten Schwieberdinger Kultur gehören in das 4. Jahrtausend und zeigen, dass auch in den einzelnen jungsteinzeitlichen Epochen das Gelände immer wieder aufgesiedelt wurde. Gräber oder Siedlungsspuren des Endneolithikums wurden im Gegensatz zu den bisherigen Grabungsabschnitten in diesem Bereich nicht gefunden.

Wie bereits im Vorjahr wurde die 45 m × 85 m große Bauparzelle im unterkellerten Bereich im Nordwesten flächig ausgegraben. In der lediglich mit einer Bodenplatte abgedeckten Fläche im Südosten sind vorab geophysikalische Messungen durchgeführt worden, da hier in den hellbraunen Auelehm, in dem sich die Befunde erst zu erkennen geben, nicht eingegriffen wurde. Der Großteil der oben beschriebenen Befunde war auch in dem flächig ausgegrabenen Nordwest-Bereich festzustellen, während nach Südosten hin die archäologischen Befunde stark ausdünnten. Die von der Fa. Giese, Grubert und Hübner GbR durchgeführten geomagnetischen Messungen konnten südöstlich der vorgeschichtlichen Befunde eine streifenförmige Anomalie sichtbar machen, die sich auch in der noch nicht untersuchten, südwestlich anschließenden Bauparzelle fortsetzte. Ein Sondageschnitt und ein Bohrstockprofil zeigten, dass es sich bei diesen Strukturen um eine ca. 30 m breite, Nordost-Südwest verlaufende geologische Rinne handelt, die mit dunkelbraunem Auelehm verfüllt war. Auf der Sohle und in der Verfüllung der noch etwa 1 m tiefen Rinne fanden sich noch kleinste Hüttenlehm- und Keramikfragmente, die aufgrund ihrer spärlichen Erhaltung nicht näher innerhalb der bisher festgestellten vorgeschichtlichen Siedlungsperioden eingeordnet werden können. Die Rinne, möglicherweise ein Altarm des Neckars, scheint allerdings das prähistorische Siedlungsareal nach Südosten hin zu begrenzen, da angenommen werden darf, dass sie während der jungsteinzeitlichen und frühkeltischen Besiedlung Wasser führte oder zumindest als ausgeprägter Geländeeinschnitt sichtbar war. Die vorgeschichtlichen Befunde greifen in keinem Fall auf die Verfüllung der Rinne über. Durch den Nachweis dieser natürlichen Begrenzung des Siedlungsplatzes ist erstmals auch für die frühkeltische Siedlung, deren Größe bei nahezu 2 ha liegt, zumindest ein Siedlungsrand greifbar geworden. Die Ausgrabungsergebnisse der letzten zwei Jahre haben darüber hinaus gezeigt, dass sich durch die streifenförmige Anordnung von Bereichen mit Befund-Erhaltung (tiefere Gruben und Grubenhäuser) und inzwischen befundfreien Bereichen, in denen die vermutlich weniger tief gegründeten Hausbauten gestanden haben dürften, zumindest noch indirekt eine „Parzellierung“ des Siedlungsareals in einzelne Hofbereiche andeutet.

Jürgen Hald, Ursula Laux

Literaturhinweise

J. Hald, Arch. Ausgr. Baden-Württemberg 1999, 46 ff. mit weiterer Lit.; P. Kieselbach et al., Siebenlinden 2. Materialh. Arch. Baden-Württemberg 51 (Stuttgart 2000).

Zum vorläufigen Abschluss der Sondagen in der eisenzeitlichen Fischfanganlage bei Oggelshausen-Bruckgraben, Kreis Biberach

Die Sondierungen in den Fundstellen am Bruckgraben haben mit der Kampagne 2000 zumindest ihren vorläufigen Abschluss gefunden, nachdem hier seit 1994 jeweils im Sommer in zumeist kleinen Grabungsschnitten den Befunden nachgegangen worden ist. Die abschließende, wieder mit kleiner Mannschaft durchgeführte Kampagne galt der Klärung verbliebener Fragen. Vor allem die Ausdehnung der Anlage nach Süden sowie die Funktion der kleinflächig angeschnittenen Lehm- und Holzbefunde sollten abgeklärt werden. Dies erschien wichtig hinsichtlich des Gesamtcharakters des Fundplatzes, war doch offen geblieben, ob die in den letzten Jahren nachgewiesene Funktion der Hütten 1 und 4 im Rahmen einer Fischfalle auch für die übrigen Hüttenstandorte zutreffend ist. Es fehlten dort die konkreten Nachweise der so genannten Leitwerke, wie sie an den Hütten 1 und 4 bislang beobachtet werden konnten.

Ferner diente die Sondage der Gewinnung weiteren Probenmaterials für holzanatomische, dendrochronologische, osteologische und botanische Untersuchungen, die am vorhandenen Probenmaterial bereits sehr erfolgreich durchgeführt werden konnten.

In 0,5 m breiten Suchschnitten ließen sich die vermuteten Leitwerke tatsächlich auch nachweisen (Abb. 40). Im Bereich der im nördlichen Fundareal gelegenen Hütte 2, die bereits 1996 angeschnitten worden war, ließen sich Leitwerke massiver Bauart feststellen. Das östliche Leitwerk ist, ähnlich Hütte 4, aus eng aneinander stehenden Buchenbrettern konstruiert, sein westliches Pendant besteht offenbar überwiegend aus 8–10 cm starken Rundhölzern aus Kiefer. Die Leitwerke ließen sich auf 15–20 m durch Bohrungen und Aufschlüsse verfolgen, ihre tatsächliche Gesamtlänge blieb jedoch unklar. Abweichend zu der in den letzten Jahren flächig untersuchten Konstruktion um Hütte 4 scheint in dieses Leitwerksystem keine zweite Behausung integriert gewesen zu sein. Die Enden der Leitwerke selbst ließen sich im Hüttenbereich nicht fassen. Aufgrund ihrer Ausrichtung scheint es jedoch unwahrscheinlich, dass die 1996 angetroffenen, schräg-senkrecht in der Mudde steckenden Eichenbohlen Bestandteil der Leitwerke sind. Die 5–8 cm starken Bretter dürften eher, wie ursprünglich vermutet, zum Aufgehenden der Hütte – sei es nun zu Wand- oder Bodenbereichen – gehören. Ein vergleichbares Eichenbrett wurde an der Peripherie der Baubefunde von Hütte 4 geborgen und kommt dort ebenfalls als Wand- oder Bodenbrett in Frage. In den angeschnittenen Leitwerkbereichen von Hütte 2 wie auch in den übrigen untersuchten Leitwerkabschnitten fanden sich im Gegensatz dazu keine vergleichbaren Eichenbretter.

In Hütte 2 scheinen also tatsächlich Wand- bzw. Bodenteile der Behausung in nennenswertem Umfang im Befund erhalten geblieben zu sein.

Die Nachforschungen um Hütte 3 blieben weitgehend ergebnislos. Die dortigen Lehmreste lieferten keine Hinweise auf Fischfallen oder vergleichbare Konstruktionen.

Das Augenmerk der diesjährigen Sondage richtete sich insbesondere auf Hütte 5 im zentralen Befundabschnitt (Abb. 41; Abb. 43), knapp 80 m südlich des untersuchten Leitwerksystems (4) der Hütten 2 und 4, wo der Nachweis eines Lehmbefundes und Pfähle eine weitere Fischfalle vermuten ließen. Der Lehmbefund, dessen Oberfläche ausschnittsweise aufgedeckt wurde, zeigt

Abb. 40 Oggelshausen-Bruckgraben. Übersicht der Leitwerksysteme und Hüttenstandorte im untersuchten Areal.

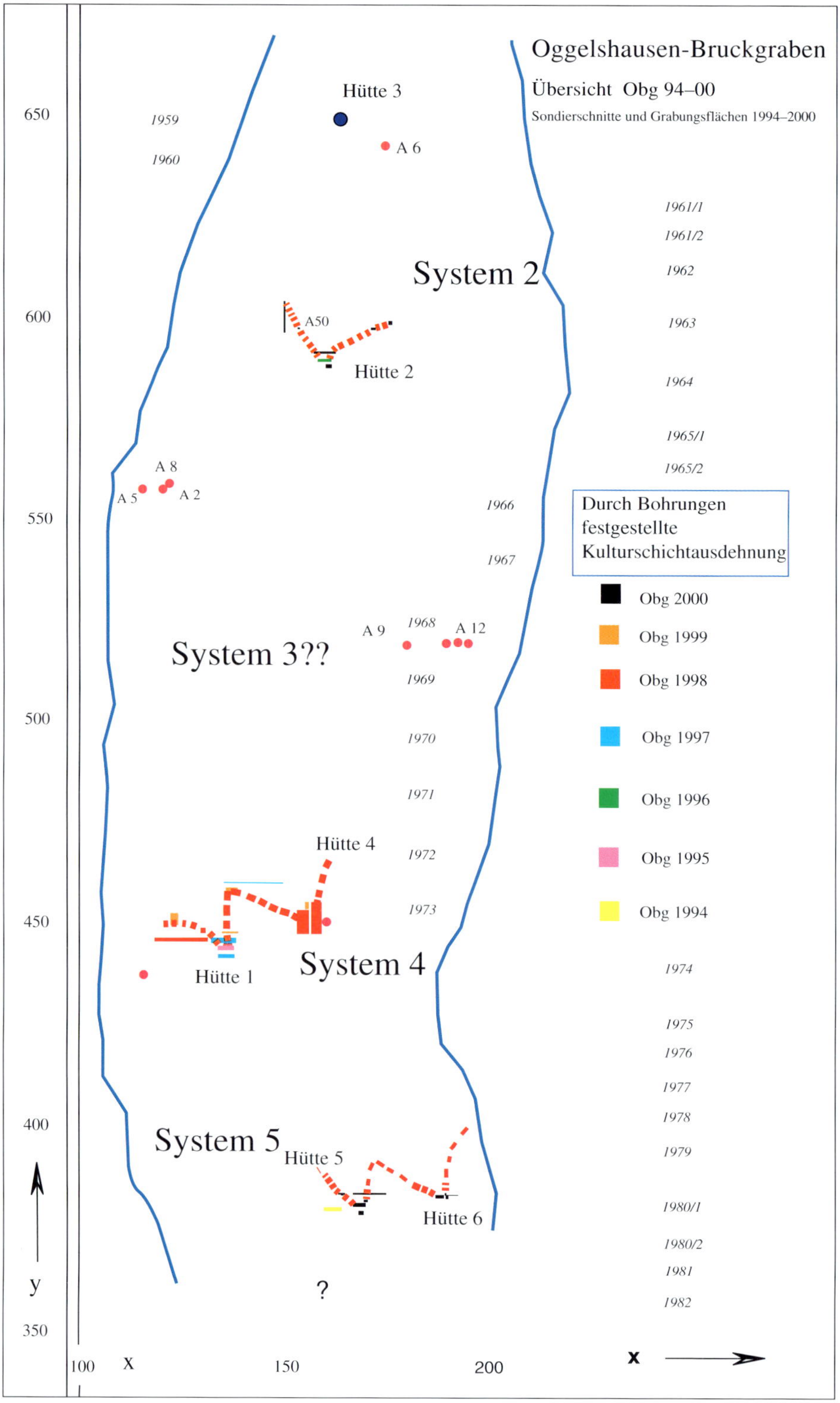

Abb. 41 Oggelshausen-Bruckgraben. Leitwerk West an Hütte 5 im Sondierschnitt.

markante Unterschiede zum bisher bekannten Befundbild im Bereich dieser Lehme. Wie sich aus Bohrungen ergab, ist das Lehmpaket vor allem weitaus weniger mächtig und stärker mit Mudden durchsetzt. Der Befund macht dadurch einen deutlich verspülteren Eindruck als die Lehmbefunde aus den Hütten 1, 3 und 4. Der abweichende Befund dürfte auf seine vergleichsweise wenig erosionsgeschützte Lage zurückzuführen sein. Abweichend etwa zum Befund von Hütte 4 scheinen hier die Längsseiten der Hütte nicht in Leitwerkkonstruktionen integriert gewesen zu sein, so dass der maßgebliche Erosionsschutz längsseits zwischen den Pfostengruppen fehlt.

In wenigen Sondierschnitten ließen sich teils massiv mit Faschinen und Brettern konstruierte Leitwerke nachweisen. Bei ihrer Verfolgung nach Osten stießen wir auf einen weiteren Hüttenstandort (6). Die Leitwerke bestehen dort aus dicht stehenden Kiefernstangen und führen hier offenbar zwischen die Pfostengruppen (Abb. 42). Der Hüttenstandort konnte hier lediglich durch Pfostengruppen und Steinplatten, die Brandspuren aufweisen, nachgewiesen werden. Das Leitwerksystem (5) besteht hier also analog System 4 (Abb. 40) aus zwei durch Leitwerke verbundenen Behausungen. Die Länge der äußeren Leitwerke ist unklar.

Durch die Befundsituation von Hütte 6 ist also deutlich geworden, dass es auch Hüttenstandorte ohne Lehmerhaltung gibt, deren Nachweis im Bohrnetz und anhand kleiner Sondierschnitte fast unmöglich erscheint. Nur per Zufall wird

Abb. 42 Oggelshausen-Bruckgraben. Hütte 6. Pfostengruppe mit dazwischen liegender Keramik und Geröllen.

Abb. 43 Oggelshausen-Bruckgraben. Sondierschnitt im Bereich von Hütte 5. Säubern der freigelegten Befunde.

es gelingen, im extrem weitläufigen Fundareal am Bruckgraben solche Hüttenstandorte aufzuspüren. Massive Kulturschichtbefunde im Areal zwischen den Leitwerksystemen 2 und 4 legen demnach die Vermutung nahe, dass hier ein weiteres Leitwerksystem im Bohrraster unentdeckt blieb.

Die dendroarchäologischen Untersuchungen durch André Billamboz lassen bereits den Schluss zu, dass die untersuchten Leitwerksysteme 2, 4 und 5 zumindest zeitweise gleichzeitig in Nutzung waren. Hinter diesen Leitwerksystemen dürften sich also Bestandteile einer durchorganisierten Fischfanganlage verbergen.

Die Gesamtausdehnung der Anlage nach Süden ist en detail unklar geblieben. Aufgrund der erneut abgeteuften Serie von Bohrungen reicht sie wohl 50–60 m über System 5 hinaus. Bohrbefunde, die für eine durchgehende Anlage bis zur 1994 angeschnittenen Fundstelle 31 ca. 300 m weiter südlich sprechen würden, konnten nicht festgestellt werden.

Die Riedwiesen im Bereich der Fundstellen am Bruckgraben wurden im Laufe der vergangenen Jahre im Zuge der Bildung archäologischer Reservate und in Verbindung mit der Ausweisung von Naturschutzflächen im südlichen Federseeried durch das Land Baden-Württemberg aufgekauft. Sie sind damit aus der landwirtschaftlichen Nutzung genommen und der direkten Bedrohung durch das alljährliche Auffräsen der Entwässerungsgräben entzogen. Die mittelfristig anvisierte Anhebung des Grundwasserspiegels unter anderem in diesem Bereich des Federseerieds wird wesentlich zur Erhaltung der zum Teil oberflächennah liegenden eisenzeitlichen Baubefunde beitragen. Die Anlage am Bruckgraben wird damit – so hoffen wir jedenfalls mit einiger Berechtigung – als Bodendenkmal auch langfristig substanziell überdauern können.

Auch in diesem Jahr hat die Gemeinde Oggelshausen die Ausgrabungen am Bruckgraben in zuvorkommender Weise unterstützt. Wir danken Bürgermeister Dangel und der freiwilligen Feuerwehr insbesondere für die Bereitstellung von Räumlichkeiten für das Grabungsbüro und die Unterbringung der Grabungsmannschaft.

Joachim Köninger

Literaturhinweis

J. Köninger, Arch. Ausgr. Baden-Württemberg 1999, 59–64.

Grabungen im befestigten Vorwerk der frühkeltischen Heuneburg bei Herbertingen-Hundersingen, Kreis Sigmaringen

Auf dem schmalen Höhenrücken im westlichen Vorland der Heuneburg sind ausgedehnte frühkeltische Siedlungsspuren nachgewiesen worden, die offenbar zu zwei eigenständigen Siedlungsarealen gehören (Abb. 44 B und C), welche als Außensiedlungen der Heuneburg angesprochen werden können. Die beiden Siedlungen entstanden zusammen mit der Heuneburg (Periode IVc) im ausgehenden 7. Jahrhundert v. Chr. Die nordwestlich des Burghügels gelegene Außensiedlung (Nordsiedlung) wurde zusammen mit der lehmziegelmauerbewehrten Heuneburg in der 2. Hälfte des 6. Jahrhunderts v. Chr. gewaltsam zerstört und über dem einplanierten Ruinenfeld wurden in der Folgezeit vier monumentale Grabhügel aufgeschüttet (Abb. 44,1). Die Südsiedlung (Abb. 44 C) bestand bis zum Ende der frühkeltischen Heuneburg im ausgehenden 5. Jahrhundert v. Chr.

Im Zusammenhang mit der Vergrößerung des Parkplatzes für das auf der Heuneburg entstehende, mit Mitteln der Europäischen Union geförderte Freilichtmuseum wurde die archäologische Untersuchung einer Fläche von etwa 4000 Quadratmetern im unmittelbaren Vorfeld der Heuneburg erforderlich. Die Ausgrabungen begannen im März und wurden Ende November abgeschlossen.

Überraschend war die Entdeckung späthallstattzeitlicher Befunde, die zu einer Siedlung gehören, die sich über den alten Parkplatz hinaus nach Nordwesten erstreckt und allem Anschein nach mit der bereits bekannten Außensiedlung eine Großsiedlung gebildet hat (Abb. 44 B, D), welche die Heuneburg selbst an Fläche weit übertraf. Die Siedlungsbefunde und die alte Oberfläche, eine schwach humose, 15–25 cm mächtige, hellgraue Schicht, waren unter den planierten Erdschüttungen eines vormals mächtigen Walles auf einer Länge von wenig über 55 m bei einer Breite von 6,5 m hervorragend erhalten (Abb. 44 E). Hinzuweisen ist auf den Teilbereich eines Nordwest-Südost orientierten, mehrperiodigen Schwellriegelbaues mit einer Länge von etwa 7,60 m bei einer Breite von ungefähr 4 m. Zur Längsseite gehören sechs runde Holzpfosten mit einem Durchmesser von etwa 12 cm. Die Durchmesser der Pfostengruben betrugen 30–40 cm. Der Bau, dessen Funktion vorerst unbekannt bleibt, besaß einen Lehmboden und eine mehrfach erneuerte, ebenerdige Herdstelle mit einem Durchmesser von 0,9–1,0 m (Titelbild; Abb. 45). Die aus Kalksteinen und Flussgeröllen bestehende Fundamentierung der untersten Lehmplatte des Herdes überdeckte die Schädelkalotte eines 30 bis maximal 40 Jahre alten männlichen Individuums. Möglicherweise handelt es sich hierbei um ein Bauopfer.

Die Funde ermöglichen eine Datierung des Siedlungsausschnittes in die späthallstattzeitliche Stufe Ha D1. Sie umfassen die Heuneburg-Perioden IVc bis IVa, das heißt die Zeitspanne von der ältesten hallstattzeitlichen Besiedlung der Burg bis zum Fall der Lehmziegelmauer. Ritzverzierte, rotbemalte und grafitierte Alb-Hegau-Keramik kennzeichnet den Siedlungsbeginn (= Per. IVc der Heuneburg), das Fragment eines Hochhalsgefäßes mit Rotbemalung auf weißem Grund, das Brandspuren aufweist, gehört in den jüngsten Siedlungsabschnitt (= Per. IVa der Heuneburg) (Abb. 47). Unter den Metallfunden sind eine bronzene Kropfnadel mit Keulenkopf, eine 7,8 cm lange Bogenfibel sowie ein Bogenfibelfragment mit ritzverziertem Bügel und Nadelhalter, das aus Slowenien oder Oberitalien stammen dürfte, zu erwähnen.

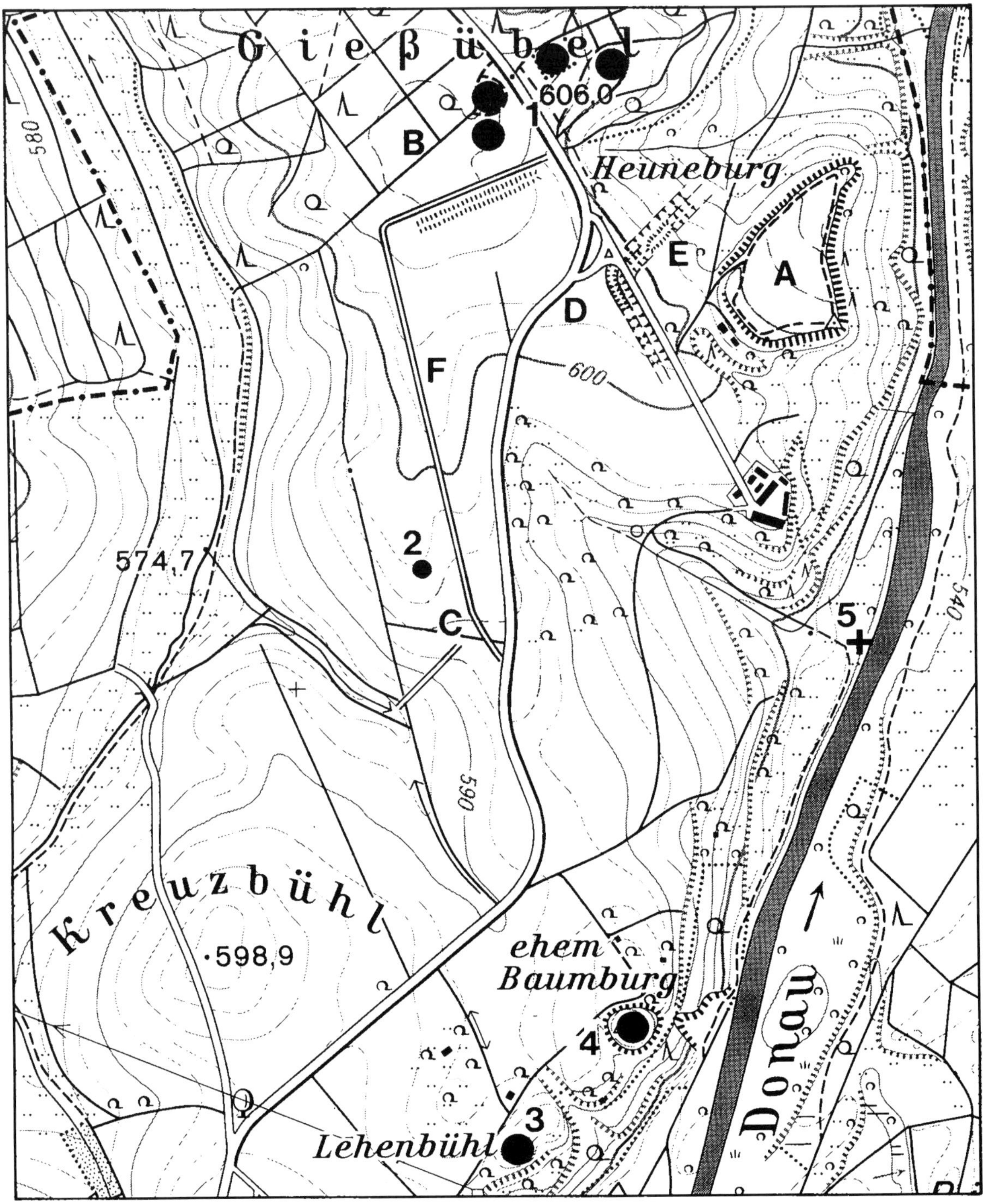

Abb. 44 Herbertingen-Hundersingen. Übersichtsplan der archäologischen Fundplätze bei der Heuneburg. 1 Nekropole im „Gießübel/Talhau"; 2 Grabhügel im Gewann „Greutäcker"; 3 Großgrabhügel „Lehenbühl"; 4 Mittelalterliche Baumburg und vermuteter Großgrabhügel; 5 Schlangenfibel-Fundstelle an der Donaufurt. – A Heuneburg; B, D Außensiedlung (Nordsiedlung); C Außensiedlung (Südsiedlung); E Wall-Graben-System; F Wall-Graben-System.

Abb. 45 Herbertingen-Hundersingen. Blick von Westen auf die Herdstelle des Schwellriegelbaues.

Die Siedlung beim Parkplatz (Abb. 44 D) wurde durch Brandeinwirkung zerstört und nicht wieder aufgebaut. Das wohl wichtigste Ergebnis der Ausgrabung beim Parkplatz vor der Heuneburg war die Erkenntnis, dass nur wenige Jahre nach der Zerstörung der Ansiedlung das verlassene Siedlungsareal von einem winkelförmig geführten Befestigungswerk, einem Vorwerk zum Schutze der

Abb. 46 Herbertingen-Hundersingen. Blick von Nordwesten auf das Profil durch den Spitzgraben des hallstattzeitlichen Wall-Graben-Systems.

Heuneburg, durchzogen beziehungsweise überbaut wurde (Abb. 44 E). Ein mächtiger Wallrest blieb im Ackerland wenig westlich der Heuneburg erhalten, der Zufahrtsweg zur Staatsdomäne Talhof verläuft auf den planierten Resten des Wallkörpers (Abb. 44 E). Teile des ca. 7 m tiefen und etwa 15,50 m breiten Wehrgrabens konnten im Zuge der Ausgrabung untersucht werden (Abb. 46). Dabei zeigte es sich, dass der Graben die hallstattzeitliche Bodenoberfläche durchschneidet und der Grabenaushub unmittelbar auf dem hallstattzeitlichen Zerstörungshorizont aufliegt, ohne dass es zu neuen Bodenbildungen gekommen wäre. Es kann deshalb als erwiesen gelten, dass das Wall-Graben-System nicht, wie bislang angenommen, mittelalterlich ist, sondern in die Späthallstattzeit gehört, was die Bedeutung der Heuneburg in der Zeit nach der Lehmziegelmauer in ein völlig neues Licht rückt. Dass die Umdatierung nicht ohne Konsequenzen für die Beurteilung der mittelalterlichen Heuneburg bleiben kann, sei nur am Rande erwähnt. Korrekturen am bisherigen Bild scheinen unumgänglich zu sein.

Abb. 47 Herbertingen-Hundersingen. Späthallstattzeitliche Keramik. In der Bildmitte eine weißgrundige Scherbe mit roter Bemalung.

Da die Anlage des Wall-Graben-Systems unmittelbar oder nur kurze Zeit nach der Zerstörung der Siedlung erfolgt ist, ist seine Datierung in die späthallstattzeitliche Stufe Ha D2 abgesichert (= Periode III auf der Heuneburg). Die Errichtung des Befestigungswerkes im unmittelbaren Vorfeld der Heuneburg muss demnach im Zusammenhang gesehen werden mit der völligen Neustrukturierung der Bebauung auf der Heuneburg und der Rückkehr zu einheimischen Bautraditionen nach dem Brand der Lehmziegelmauer und einem vermutlichen Machtwechsel. Die Errichtung des Wall-Graben-Systems als Vorwerk der Heuneburg weist eindrücklich darauf hin, dass mit der Periode III der Höhepunkt der Entwicklung des so genannten Fürstensitzes keineswegs überschritten war, sondern dass die Heuneburg nach der Lehmziegelmauerzeit eine neue machtpolitische und wohl auch kulturelle Blütezeit erlebt haben muss.

Für die Förderung im Rahmen einer Arbeitsbeschaffungsmaßnahme sind wir dem Arbeitsamt Balingen und seiner Dienststelle in Sigmaringen zu aufrichtigem Dank verpflichtet. Für die bodenkundliche Begutachtung vor Ort möchte ich Herrn Dr. K. E. Bleich, vormals Universität Hohenheim, und Herrn Dipl. Geol. R. Vogt von der der Arbeitsstelle Hemmenhofen des Landesdenkmalamtes herzlich danken.

Hartmann Reim

Literaturhinweise
S. Kurz, Neue Ausgrabungen im Vorfeld der Heuneburg bei Hundersingen an der oberen Donau. Germania 76, 1998, 527–547; H. Reim, Arch. Ausgr. Baden-Württemberg 1999, 53–57; RGA2 XIV, 526–531 s. v. Heuneburg (E. Gersbach); S. Kurz, Die Heuneburg-Außensiedlung. Forsch. u. Ber. Vor-u. Frühgesch. Baden-Württemberg 72 (Stuttgart 2000).

Abschließende Untersuchungen an einem hallstattzeitlichen Grabhügel der Hohmichele-Gruppe im „Speckhau“, Markung Heiligkreuztal, Gde. Altheim, Kreis Biberach

Die seit 1999 laufenden Untersuchungen an Hügel 17 der „Speckhau“ Grabhügelgruppe, zu der auch der Hohmichele gehört, wurden im Sommer 2000 erfolgreich abgeschlossen. Die Grabungsmannschaft bestand wieder aus Archäologen und Studenten von amerikanischen Universitäten aus Wisconsin, Minnesota, Illinois und New Mexico. Die Grabungsbefunde sowie die ^{14}C-Datierung bestätigen, dass der Hügel in der späten Hallstattzeit, d. h. etwa um 600–580 v. Chr., errichtet, aber bis etwa 450 v. Chr. als Bestattungsplatz benutzt wurde. Diese Beobachtung stellt einen bedeutsamen Bruch mit dem gegenwärtigen Stand der Forschung dar, wonach die Hohmichele-Grabhügelgruppe ausschließlich während Hallstatt D1 als Bestattungsplatz der Heuneburg-Bevölkerung gedient haben soll.

Hügel 17 wies zahlreiche beträchtliche Störungen auf, u. a. einen Trichter – wahrscheinlich ein Raubschacht, der durch die Mitte des Hügels bis auf den Hügelfuß vordrang – sowie umfangreiche Tiergänge.

Im Laufe der Grabungssaison 2000 wurden die Nordost- und Südwestquadranten mit einem Minibagger und mit der Hand schichtenweise abgetragen. Insgesamt wurden 1999–2000 etwa 2376 m³ Erde entfernt.

Nachdem wir 1999 entgegen den Erwartungen keine Bestattungen gefunden hatten, kamen im Laufe der zweiten Grabungssaison jedoch mindestens fünf Gräber zum Vorschein, sowie Befunde, die weitere Hinweise zur „Lebensgeschichte“ des Hügels erbrachten. Grab 1 kam im Nordostquadrant etwa 1 m unter der Hügeloberfläche zuerst in Form eines großen Bronzekessels bzw. -beckens zutage, obwohl oberflächlich keine Verfärbung oder sonstige Anzeichen zu sehen waren. Dass es sich um ein Kammergrab handelte wurde erst deutlich, als zusätzliche Grabbeigaben freigelegt wurden und sich Kammerbodenüberreste an mehreren Stellen als erhalten erwiesen (Abb. 48). Die Grabbeigaben umfassten außer dem Bronzekessel u. a. ein Hiebmesser/Kurzschwert, zwei Lanzenspitzen und ein noch nicht näher bestimmbares Eisenobjekt. Der

Abb. 48 Altheim-Heiligkreuztal, „Speckhau“. Hügel 17, Grab 1.

sehr aggressive Boden hatte jegliche Spuren von Skelettresten aufgelöst, aber die Lage der Leiche konnte anhand der zum größten Teil ungestörten Grabbeigaben bestimmt werden. Der Leichnam war süd-nördlich ausgerichtet, mit dem Kopf nach Süden, und der Bronzekessel wurde zu seinen Füßen in die Kammer gestellt. Unter dem Kessel erhaltene Reste des Kammerbodens konnten als Eichendielen *(Quercus sp.)* bestimmt werden. Die Kammer muss nach den erhaltenen Bodenresten, die z. T. nur als dunkle Verfärbungen zu sehen waren, mindestens 1,4 m × 2,2 m groß gewesen sein.

Der Kessel hatte einen abgewinkelten Rand, keine Henkel und war aus einem einzigen, offenbar unverzierten Bronzestück getrieben, mit einem Randdurchmesser von etwa 40 cm. Vergleichsstücke sind aus den Gießübel-Talhau Hügeln und dem Kleinaspergle bekannt. Der Bronzekessel aus Grab 1 wird zurzeit im Labor des Landesdenkmalamts in Tübingen restauriert. Eine Inhaltsanalyse ist geplant, denn der Kessel stand noch aufrecht im Grab, und könnte, wie im Falle des Grabes von Hochdorf, Met oder Wein enthalten haben.

Die beiden mindestens 55 cm langen, schmalen eisernen Lanzenspitzen lagen auf oder neben der linken Schulter des Toten aufeinander. Das Holz der Lanzenschäfte war noch bis zu einer Länge von 4 cm an den Tüllen erhalten. Lanzenspitzen dieser Art kommen in der späten Hallstattzeit nur selten vor.

Ein eisernes Hiebmesser bzw. Kurzschwert mit gebogenem und mit sechs großen Eisennieten verziertem Holzgriff und einer zusammengenietetem Lederscheide wurde an der rechten Seite des Toten, parallel zum Körper, gefunden. Mehrere kleine, schlecht erhaltene Eisenfragmente in der Hüftgegend und neben dem Schwert-Messer stammen wahrscheinlich von einem Gürtel bzw. Schwertgehänge. Die Form dieses Schwert-Messers ist ungewöhnlich, und es gibt keine genauen Vergleichsstücke aus anderen Gräbern in der Umgebung der Heuneburg. Erst nach der noch anstehenden Restaurierung wird es möglich sein, den Ursprung und die Verbreitung dieses Schwerttyps weiter aufzuklären. Sicher ist, dass der Tote in Grab 1 einer höheren Sozialschicht angehörte, da Schwerter zusammen mit Bronzekesseln eine eher außergewöhnliche Kombination darstellen. Das Fehlen sonstiger Rangabzeichen, wie z. B. eines Halsreifs, ist ebenfalls bemerkenswert. Keine der bekannten Bestattungen in der Umgebung der Heuneburg sind demnach Grab 1 sehr ähnlich.

Anhand der Funde könnte Grab 1 der späteren Hallstatt- oder eventuell sogar der frühen Latènezeit angehören (Ha D3/LT A).

Das gestörte Grab 2 kam in einem alten Tiergang etwa 2 m unter der Hügeloberfläche im Südwestquadrant zum Vorschein; erhalten geblieben war nur eine ca. 12 cm lange Lanzenspitze aus Eisen mit hölzernen Schaftfragmenten. Von der Form her ähnelt diese Lanzenspitze eher den Lanzen aus Magdalenenberg Grab 38, das nach Ha D1 datiert wurde.

Grab 3 war als längliche, quadratische Verfärbung im Südwestquadrant auf einem Niveau von etwa 2 m unter der erhaltenen Oberfläche des Hügels deutlich zu sehen. Zweifellos hat der Grabschacht den Hügelkern von oben durchschnitten. Dieses Grab war auch mit dem Kopf nach Süden süd-nördlich orientiert, und der Tote wurde in einem engen, etwa 200 cm langen Holzsarg von etwa 50 cm Breite beigesetzt, dessen hölzerne Wand- und Bodenreste als Verfärbungen im Grabschacht noch deutlich zu sehen waren. Wie bei Grab 1 konnte die Lage der Leiche nur anhand der Grabbeigaben rekonstruiert werden (Abb. 49).

Der Tote wurde mit zwei eisernen, etwa 30 cm langen Lanzenspitzen begraben, die aufeinander im linken Schulterbereich lagen. Das Grab enthielt auch einen etwa 30 cm langen Dolch in einer Holzscheide mit Bronze- und Eisenver-

Abb. 49 Altheim-Heiligkreuztal, „Speckhau". Hügel 17, Grab 3.

zierungen. Ein gegossener Bronzearmreif umfasste den linken Oberarm, von dem einige giftgrün gefärbte, sehr schlecht erhaltene Knochensplitter noch erhalten waren. Diese konnten von der Projektgenetikerin, Professor Frederika Kaestle, Yale University, als Proben entnommen werden, enthalten aber sehr wahrscheinlich nicht genügend DNA, um als Vergleichsmaterial dienen zu können. Drei Spitzpaukenfibeln aus Bronze kamen im Brustbereich des Toten zum Vorschein, eine Fibelform, die das Grab somit in die jüngere Hallstattzeit (Ha D3) datieren würde. Hügel 17 wurde demnach mindestens 150 Jahre lang als Grabstätte benutzt, in einer Zeit also, nachdem der benachbarte Hohmichele offenbar aufgegeben und die Gießübel-Talhau Hügel schon errichtet worden waren.

Ein kleiner, etwa 9,5 cm hoher Keramikbecher kam knapp über dem Kopf des Toten zum Vorschein.

Die Zentralkammer bzw. der Zentralbereich des Hügels ist mit 5 m × 5 m Umfang, von einem schmalen Graben umgeben und mit Pfostenlöchern an den vier Ecken, eine der größten hallstattzeitlichen Anlagen dieser Art in Baden-Württemberg. Die Kammer ist nach allen vier Himmelsrichtungen gleichmäßig ausgerichtet und enthielt zwei Bestattungen: ein wahrscheinlich weibliches Körpergrab (Grab 4) und die Überreste eines wahrscheinlich männlichen Brandgrabes (Grab 5), das von dem Raubschacht im Zentrum des Hügels weitgehend zerstört worden war. Erhalten waren lediglich Fragmente von mindestens einer eisernen Lanzenspitze und einem Messer sowie einige nicht näher bestimmbare Bronzereste, z. T. mit anhaftenden Textilresten.

Grab 4 lag gegen die Ostwand der Zentralkammer südost-nordwestlich orientiert, mit dem Kopf im Südosten. Teile der Kammerdecke lagen auf der Leiche, und dunkle Verfärbungen unter den Grabbeigaben stammten wohl von dem hölzernen Kammerboden. Es konnte nicht endgültig festgestellt werden, ob Grab 4 in einer gesonderten Kammer oder in einem Holzsarg lag. Beide Bestattungen lagen jedenfalls auf demselben Niveau. Eine vergleichbare birituelle Mehrfachbestattung liegt auch bei Hohmichele Grab VII vor. Die Grabbeigaben aus Grab 4, u. a. eine Kugelkopfnadel aus Bronze und ein mit tausenden von winzigen Bronzenieten verzierter Ledergürtel mit einem unverzierten Gürtelblech aus Bronze, deuten auf eine Bestattung während der älteren Späthallstattzeit (Ha D1) hin (Abb. 50). Das Grab wird aufgrund der zwei sehr schlecht erhaltenen Bandohrringe aus Bronze, zweier Armreifen aus Bronzedraht und wegen des Fehlens jeglicher Waffen als Frauenbestattung angesehen.

Eine sehr schlecht erhaltene, nicht näher bestimmbare Fibel aus Bronze und Eisen wurde im Bereich des linken Oberschenkels gefunden. Dieses Grab wurde, wie auch Gräber 1, 2 und 3, stückweise en bloc eingegipst und nach Tübingen gebracht, um dort im Labor des Landesdenkmalamts weiter präpariert und restauriert zu werden.

^{14}C-Datierungen von Befunden aus bei-

Abb. 50 Altheim-Heiligkreuztal, „Speckhau". Hügel 17, Grab 4.

den Grabungskampagnen stimmten insgesamt mit der Datierung der Grabbeigaben überein und lassen für Hügel 17 auf eine Bestattungszeit von etwa 600–450 v. Chr. schließen. Eine Ausnahme bildeten die Eichendielen, die unmittelbar unter dem Bronzekessel besonders gut erhalten waren. Die Größe der Dielen lässt auf einen großen bzw. sehr alten Baum schließen. Die ^{14}C-Datierungen für diese Dielen waren etwa 150–200 Jahre älter als die Datierung des Grabes anhand von den Grabbeigaben. Dies kann wahrscheinlich einem so genannten „old wood effect" zugeschrieben werden. Die geplanten Inhaltsanalysen des Bronzekessels aus Grab 1 und des Keramikbechers aus Grab 3 könnten unter Umständen Material für eine genauere Datierung dieser Gräber liefern.

Die Tatsache, dass Hügel 17 zeitgleich mit dem Hohmichele und den Gießübel-Talhau Hügeln als Bestattungsort benutzt worden ist, hat für das langfristige „Landscape of Ancestors" Projekt besondere Bedeutung. Die noch laufenden genetischen Untersuchungen werden zusammen mit weiteren Untersuchungen in den „Speckhau" Hügeln in kommenden Jahren hoffentlich zu neuen Aussagen über die Besiedlung und Sozialstruktur in dieser Gegend während der späten Hallstattzeit führen.

Wir möchten folgenden Organisationen und Personen für die finanzielle und sonstige Unterstützung des Projekts danken: der National Geographic Society (USA) und dem Landesdenkmalamt in Stuttgart und Tübingen; H. Reim, H.-J. Teufel, H. und H. Williges, S. Hopert, H. Hagmann, G. Jehle, H. Arnold und den Bürgern von Hundersingen, Mengen und Binzwangen, die uns während unseres Aufenthalts in ihren Gemeinden einmal mehr so herzlich aufnahmen.

Bettina Arnold, Matthew L. Murray, Seth A. Schneider

Literaturhinweise

B. Arnold/M. L. Murray/S. A. Schneider, Arch. Ausgr. Baden-Württemberg 1999, 64–68; K. Egan-Bruhy, Report on four specimens of wood/charcoal from Tumulus 17. Lake States Archaeological and Ecological Consulting, December 2000; S. Kurz, Bestattungsbrauch in der westlichen Hallstattkultur. Tübinger Schr. Ur- u. Frühgesch. Arch. 2 (Münster 1997); G. Riek, Der Hohmichele. Röm.-German. Forsch. 25 (Berlin 1962).

Palisadenanlagen der späten Hallstattzeit am Fuße des Ipf beim Weiler Osterholz, Gde. Kirchheim am Ries, Ostalbkreis

Die Landschaft am westlichen Rand des Nördlinger Rieses ist stets für Überraschungen geeignet. Die Ausgrabungen der vergangenen zwölf Jahre in Bopfingen, Kirchheim-Benzenzimmern und in Riesbürg-Pflaumloch haben im

Umfeld von Ipf und Goldberg gezeigt, wie qualitätvoll hier die archäologischen Denkmäler sind und wie gut ihre Substanz auf den Lehmböden und Kolluvien noch erhalten ist. Durch die neueren Ausgrabungen wurde die Kenntnis über das Umland der Höhensiedlungen auf Ipf und Goldberg für die Eisenzeit wesentlich bereichert. Neueste Entdeckungen haben nun für die früheisenzeitliche Besiedlung dieses Raumes wesentliche Erkenntnisse zur Beurteilung der Bedeutung und Funktion dieser Höhensiedlungen erbracht.

Zu Füßen des Ipf hat der Luftbildarchäologe Otto Braasch südöstlich des Weilers Osterholz, Gemeinde Kirchheim am Ries, im Gewann „Zaunäcker" im Jahre 1998 Gräbchensysteme rechteckiger Anlagen entdeckt. Sie liegen auf halber Strecke zwischen Ipf und Goldberg auf einem Geländerücken in etwa 530 m Höhe über einer weiten Talniederung, die sich nach Südwesten zur breiten Talaue der Eger erstreckt. Das topografisch exponierte Gelände ist ackerbaulich intensiv genutzt, wodurch eine akute Gefährdung der archäologischen Substanz zu befürchten war. Deshalb wurde im Oktober 1999 eine erste Sondagegrabung durchgeführt, der im Sommer 2000 eine zunächst dreimonatige Rettungsgrabung folgte. Dabei wurden die auf dem Luftbild erkennbaren Strukturen etwa zur Hälfte auf etwa 1 ha Fläche aufgedeckt und das Gelände auf 240 m Länge und bis zu 60 m Breite aufgebaggert (Abb. 51). Die Grabungsdokumentation wurde einschließlich der Fotogrammetrie von Profilen mit einem Tachymeter, einer Digitalkamera sowie der digitalen Planverarbeitung des Programms ArchäoCAD der Firma Arctron durchgeführt.

Zunächst fielen die rostbraune Farbe des Ackerbodens und seine krümelige bis sandige Konsistenz auf. Schon an der Oberfläche lagen zahlreiche Eisenkonkretionen und Eisenkrusten. Nach dem Abbaggern des nur 20 cm mächtigen Pflughorizontes wurden rostbraune bis violette Verfärbungen von Eisenflözen sichtbar, die in unregelmäßigen Zonen durch das Gelände ziehen. In den zahlreichen Grabungsprofilen sind dann weitere, unterschiedlich mächtige Flöze angetroffen worden. Nach freundlicher Auskunft von Prof. Reiff handelt es sich dabei um typische Eisenerzflöze im Braunen Jura im Vorland der Schwäbischen Alb, wie sie etwa bis in die Neu-

Abb. 51 Kirchheim-Osterholz. Übersicht über den nördlichen Teil der Grabungsflächen mit Palisadengräben und Grubenhäusern.

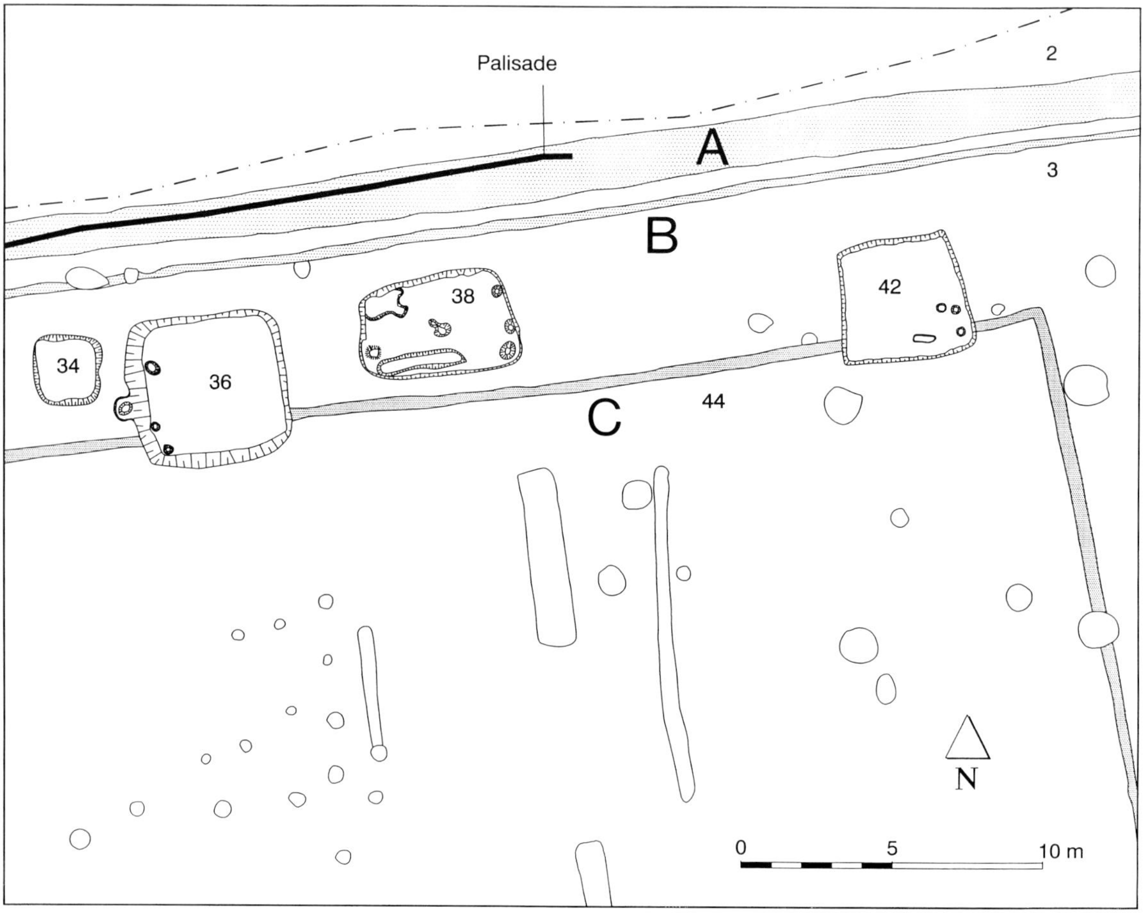

Abb. 52 Kirchheim-Osterholz. Ausschnitt aus dem Gesamtplan mit den Palisadengräben der Anlagen A, B und C sowie verschiedenen Grubenhäusern.

zeit in Wasseralfingen abgebaut und industriell genutzt wurden. Damit stünden auf diesem Platz für eine mögliche Eisenverhüttung sowohl in Eisenkrusten angereichertes Erz als auch das feinkörnige Erz aus den Eisenflözen zur Verfügung. Dies ist deshalb von besonderer Bedeutung, weil außerhalb der Palisadenanlagen in zwei späthallstattzeitlichen Gruben Schlacken angetroffen wurden, die nach einer ersten Begutachtung durch Dr. Gassmann vor einer mineralogischen Analyse noch nicht eindeutig zu beurteilen sind. Dennoch können sie als Schmiede- und/oder als Gussschlacken angesprochen werden. Sie werden als Hinweis gewertet, dass während der späten Hallstattzeit im Umfeld der Palisadenanlagen Eisenverarbeitung stattfand und sehr wahrscheinlich die anstehenden Eisenerze abgebaut und verhüttet wurden.

Bei genauer Analyse des Luftbildes wurde bereits deutlich, dass es sich um mindestens drei ineinander liegende, etwa quadratische Grabenanlagen handelt. Die Ausgrabungen haben dann auch ergeben, dass in der Tat mindestens drei Strukturen deutlich zu unterscheiden sind, die unterschiedlichen Palisadenanlagen zugeordnet werden können (Abb. 52). Anlage A misst 101 m in Ost-West Richtung und besteht aus einem bis zu 1,6 m breiten und bis zu 1,1 m tiefen Graben. Die Profile zeigen (Abb. 53), dass dieser zwei Bauphasen hatte, von denen die jüngere in gut erhaltenen Abschnitten an der Nordseite eine noch sehr gut erhaltene Palisadenstandspur enthielt (Abb. 53). Der jüngere Graben war kastenförmig (Breite 0,75 m) bis 1,1 m in den Untergrund eingetieft. Die bis um 1,0 m tiefe und nur etwa 0,10 m breite Standspur stammt von einer recht schlanken Palisade, wobei nicht geklärt werden konnte, ob es sich um Rundhölzer oder bearbeitete Hölzer handelte. Bei den beiden anderen Anlagen B und C handelt es sich um jeweils nur etwa 0,3–0,4 m bzw. 0,5 m breite und je nach Erhaltung und Lage im Gelände flache Gräbchen bis max. 0,25 m Tiefe. Die Ausdehnung der Anlagen in Ost-West-Richtung beträgt bei Anlage B 71 m, bei Anlage C etwa 84 m. Lediglich im Norden konnte jeweils die nördliche Flanke der Anlagen aufgedeckt werden; ihre Nord-Süd-Erstreckung ist noch nicht erfasst; legt man jedoch die Luftbilder zugrunde, so dürften die Grabenrechtecke nahezu quadratische Form aufweisen. Die Flächen der eingefriedeten Anlagen würden demzufolge etwa 1,0 ha (A), 0,7 ha (C) und 0,5 ha (B) betragen. Die gegenüber dem Graben der Anlage A sehr viel flacheren Gräbchen der beiden Anlagen B und C können wohl ebenso als unterschiedlich konstruierte Zaun- bzw. Palisadenanlagen angesprochen werden. Überschneidungen und ihre Lage zueinander verdeutlichen (vgl. Abb. 52), dass die drei Palisaden nicht zu einer Anlage gehörten, sondern drei zeitlich aufeinander folgenden Bauphasen zuzuordnen sind. Damit zeichnet sich eine Orts- und Platzkonstanz ab.

In Form und Größe entsprechen die drei Palisadenanlagen von Kirchheim-Osterholz dem Typus der späthallstattzeitlichen so genannten „Herrenhöfe" Südbayerns, die vor allem entlang der Donau und ihren Nebenflüssen sowie im Westen bis in das Nördlinger Ries verbreitet sind. Der auf dem Goldberg durch eine Palisade eingefriedete und von der restlichen Hochfläche abgegrenzte, mindestens 40 m × 40 m große Bereich mit außergewöhnlichen Bauten wird schon seit Gerhard Bersu als Sitz des Herren der hallstattzeitlichen Burg bezeichnet. Die Einordnung der Palisadenanlagen bei Osterholz in das Gefüge der hallstattzeitlichen Siedlungslandschaft wird durch überraschende Funde um wesentliche Aspekte ergänzt.

Die Erhaltung von Gruben, Pfostengruben und Grubenhäusern war in dem nach Norden abfallenden Gelände unterschiedlich gut. Während auf dem Scheitel des Geländerückens kaum mehr Pfostengruben erhalten waren,

Abb. 53 Kirchheim-Osterholz. Digitale Fotogrammetrie von zwei Profilen durch den Graben der Anlage A mit Palisadenstandspur und zwei Phasen des Grabens. Im unteren Profil ist an der Basis ein rostbraunes Flöz aus Eisenerz zu erkennen.

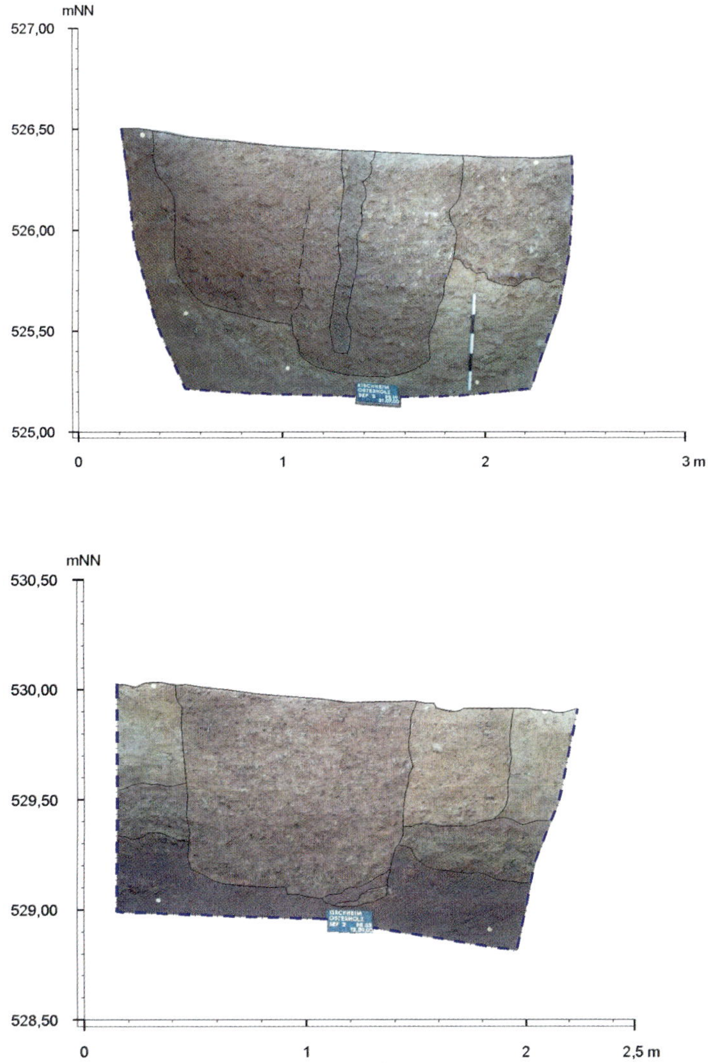

war die Situation im Norden am Hang genau umgekehrt. Dort wurde das auf dem Rücken erodierte Kolluvium abgelagert und überdeckte die Befunde. Die nördliche Flanke der Palisadengräben und mehrere daran entlang aufgereihte Grubenhäuser waren unter bis zu einem Meter mächtigen Kolluvien bestens konserviert. Fünf Grubenhäuser waren in einer Reihe an der Innenseite der Gräben A und B so auffällig angeordnet, dass eine relative Zeitgleichheit mit Anlage A nicht ausgeschlossen werden kann. Die Grubenhäuser sind meist fast quadratisch und waren im Fall von Nr. 36 noch bis zu 0,6 m tief erhalten. Ihre Größe schwankt von 4,15 m × 4,15 m (Nr. 42), 5,1 m × 3,4 m (Nr. 38) bis zu 5,4 m × 5,10 m (Nr. 36). Zahlreiche Pfostengruben, z. T. mit Pfostenstandspuren, be legen in der besser erhaltenen Nordhälfte eine rege Besiedlungstätigkeit, von der sich jedoch keine deutlich erkennbaren Hausgrundrisse erhalten haben.

Als Grundlage für die Interpretation der Besiedlungsgeschichte des Platzes liegt aus verschiedenen Gruben und vor allem aus den Verfüllungen der Grubenhäuser, aber auch aus dem Graben der Palisadenanlage A, ein umfangreiches Fundmaterial an Metall- und Keramikfunden vor. Darunter befinden sich auch Altstücke wie etwa ein verziertes spätbronzezeitliches Griffdornmesser der urnenfelderzeitlichen Stufe Ha B. Die Masse der Funde besteht aus späthallstattzeitlicher Keramik und Kleinbronzen. Mehrere gegossene und getriebene, einfache sowie doppelte Paukenfibeln aus der Verfüllung von Graben A und den Grubenhäusern umreißen den typologischen und zeitlichen Rahmen der Hauptbesiedlungsphase des Platzes, die in der späten Hallstattzeit in den Stufen Ha D2 und D3 und damit im 6. Jahrhundert v. Chr. liegt. Bemerkenswert sind darüber hinaus ein kleines Fragment eines Bronzegefäßes mit zwei Nieten und mehrere blaue Glasperlen mit z. T. weißen Glasauflagen. Ein kleiner Teil der Funde zeigt, dass die Besiedlung des Platzes bis in die Frühlatènezeit reicht.

Unter der Keramik fällt eine besondere Ware auf, die man in diesem Umfeld zunächst nicht erwartet hätte. In zahlreichen Scherben liegen aus dem gesamten Areal Rand- und Wandscherben sowie Standringe von Gefäßböden scheibengedrehter Rippen- und Riefenkeramik von Schüsseln und Schalen vor. Es handelt sich um späthallstattzeitliche Drehscheibenware, wie wir sie in großem Umfang von der Heuneburg kennen. Dort ist sie stratigrafisch in die Perioden III bis Ia eingebunden und tritt damit erst nach dem Brand und dem Ende der Lehmziegelmauer der Periode IVa in Erscheinung. Allgemein wird die Kenntnis zur Herstellung dieser frühen, auf der Drehscheibe hergestellten Feinware auf südliche Einflüsse im Zuge der Kontakte zur mediterranen Welt zurückgeführt, die auf der späthallstattzeitlichen Burg der Heuneburg vorhanden waren. Für diese Zeit gilt die feine Drehscheibenware als besondere Keramik, deren Vorkommen auf wirtschaftlich und sozial exponierte Plätze wie die Heuneburg beschränkt ist. Das Auftreten dieser Drehscheibenware im unmittelbaren Umfeld des Ipf wird durch eine weitere außergewöhnliche Keramik ergänzt. Aus der Verfüllung des Grubenhauses 36 (Abb. 52) stammen mehrere orangefarbene Scherben mit einer Magerung aus Goldglimmer, die von einer großen Wandscherbe einer gedrungenen, bauchigen Amphore stammen. Dabei handelt es sich ganz offensichtlich um eine massiliotische Amphore mit der typischen Glimmermagerung (amphore micacé). Griechische Amphoren sind im hallstättischen Milieu außerhalb Ostfrankreichs und der Schweiz bislang nur vom Münsterberg bei Breisach im Breisgau und von der Heuneburg bei Hundersingen an der oberen Donau bekannt. Sie dokumentieren neben anderen südlichen Importgütern auf den so genannten „Fürstensitzen“ der Späthallstattzeit die besondere soziale und

wirtschaftliche Stellung dieser exponierten Burgen.
Umso erstaunlicher ist nun die Entdeckung der mediterranen Amphorenscherben und der Drehscheibenware in der späthallstattzeitlichen Palisadenanlage, die nach geläufigem Verständnis als „Herrenhof" oder besser als Hofanlage bezeichnet wird. Vor dem Hintergrund der mächtigen Burganlage auf dem Ipf wird dies jedoch verständlich. Dieser die Landschaft beherrschende Bergkegel steht mit seinen mächtigen Wall- und Befestigungssystemen schon lange im Verdacht, in den Kreis der so genannten Fürstensitze der Späthallstattzeit zu gehören. Als Lesefund liegt eine kleine schwarz gefirnisste Scherbe eines griechischen Gefäßes vor, die immer wieder als ein wichtiges Indiz angeführt wurde. Die besonderen Funde in den Palisadenanlagen bei Osterholz können deshalb nicht ohne Zusammenhang zu den Befestigungen auf dem Ipf gesehen werden. Vielmehr unterstreichen sie als weitere wichtige Fundgruppe die Stellung und Funktion des Ipf während der späten Hallstattzeit als mächtige und einflussreiche Burg, die nun deutlicher als Herrschaftsmittelpunkt einer Elite der späthallstattzeitlichen Gesellschaft in das Blickfeld gerät. In der Diskussion um die Bedeutung des Ipf wurde bereits seine Lage im Vorfeld der reichen Eisenerzvorkommen (Bohnerz, Eisenschwarten, Eisenflöze) der östlichen Schwäbischen Alb hervorgehoben. Ergänzt wird dieser Aspekt um seine verkehrsgeografische Lage an einem natürlichen Durchgang zwischen Fränkischer und Schwäbischer Alb durch das Nördlinger Ries hindurch und entlang des Traufs der Schwäbischen Alb bis in das Neckarland. Die Nähe zur Donau stellt letztendlich auch eine natürliche Verbindung zur etwa 165 km donauaufwärts gelegenen Heuneburg dar.
Die neuen Forschungen zum näheren und weiteren Umfeld der Heuneburg haben deutlich gemacht, dass die Burgen erst aus ihrem Umfeld heraus verständlich werden. Dies scheint in hohem Maße auch für die Region um den Ipf zu gelten. Wir gehen auch hier von einem Geflecht von Höfen oder Siedlungen mit Wirtschaftsbetrieben aus, die in Abhängigkeit von einer Elite auf der Burg bestanden haben.
Die Durchführung der Ausgrabungen wurde durch die Unterstützung einer Arbeitsbeschaffungsmaßnahme möglich, wofür wir dem Arbeitsamt Aalen mit der Außenstelle in Bopfingen, Frau Weber und Herrn Eggstein, sehr danken. Ganz besonders danken wollen wir den Grundstückseigentümern, der Familie Dieter Stelzenmüller aus Osterholz, die unsere Arbeiten nicht nur erduldeten, sondern dazu auch noch tatkräftig unterstützten! Für die bereitwillige Unterstützung und für ihr Interesse an den Ausgrabungen danken wir der Gemeinde Kirchheim am Ries mit Herrn Bürgermeister Feige und dem Bauhof. Herrn Prof. Dr. W. Reiff, Lt. Geologiedirektor i. R., sowie Herrn Dr. G. Gassmann danken wir für ihre fachliche Beratung.

Rüdiger Krause

Literaturhinweise

R. Krause, Vom Ipf zum Goldberg. Archäologische Wanderungen am Westrand des Rieses. Führer arch. Denkmäler Baden-Württemberg 16 (Stuttgart 1992) 50 ff.; A. Lang, Die geriefte Drehscheibenkeramik von der Heuneburg 1950–1970 und verwandte Gruppen. Heuneburgstudien III. Röm.-Germ. Forsch. 34 (Mainz 1974); H. Parzinger, Der Goldberg. Die metallzeitliche Besiedlung. Röm.-Germ. Forsch. 37 (Mainz 1998).

Neue Grabungen auf dem „Rappenplatz“ am Osthang der Achalm bei Reutlingen

Die Achalm bei Reutlingen ist ein dem Trauf der mittleren Schwäbischen Alb vorgelagerter Zeugenberg des weißen und braunen Jura. Seinen 707 m hohen Gipfel krönte im Mittelalter eine Burg, von der heute allerdings nur noch wenige Reste erhalten sind. Lesefunde vom Plateau selbst und den angrenzenden Steilhängen belegen eine Besiedlung dieses Platzes bereits in vorrömischer Zeit. Vom „Scheibengipfel“, einem nach Westen weisenden Vorsprung am Fuß des eigentlichen Bergkegels, sind ferner seit langem Reste wohl eisenzeitlicher Grabhügel bekannt. Der bislang umfangreichste ur- und frühgeschichtliche Fundkomplex stammt jedoch von der Südostseite des Berges, vom so genannten „Rappenplatz“, einer nur 12–20 m breiten und ca. 120 m langen, künstlichen Terrasse nur etwa 80 Höhenmeter unterhalb des Gipfels.

G. A. Rieth (1902–1982) hat dort in den Siebzigerjahren mehrjährige Ausgrabungen durchgeführt und dabei reiche Kulturreste der Urnenfelderzeit sowie der Späthallstatt- und Frühlatènezeit geborgen. Leider lieferten seine räumlich sehr begrenzten Sondagen nur wenige Hinweise zur Struktur der dortigen ur- und frühgeschichtlichen Siedlungen. Aus diesem Grunde schien eine Wiederaufnahme der archäologischen Forschungen an dieser Stelle gerechtfertigt. Den Rahmen dafür bildete eine Forschungs- und Lehrgrabung des Instituts für Ur- und Frühgeschichte und Archäologie des Mittelalters der Eberhard-Karls-Universität Tübingen, für die Mittel aus dem Strukturfonds der Universität Tübingen zur Verfügung gestellt wurden. Die Maßnahme, die vom 4. 9. bis 29. 9. 2000 dauerte, wurde vom Landesdenkmalamt Baden-Württemberg finanziell und logistisch unterstützt.

Die neue Grabungsfläche L wurde unmittelbar neben Rieths nordöstlichste Schnitte G und I gelegt und querte bei 3 m Breite und 15 m Länge die nahezu ebene Terrasse fast zur Gänze.

Am bergseitigen Ende des Schnitts folgt nach einem kurzen, mäßig steilen Hang eine weitere, schmale Terrasse, die etwa 2–3 m höher liegt als die untere Terrasse und die von Rieth als mittelalterlicher Fahrweg zur Burg gedeutet wurde. Erst darauf folgt der zum Gipfel führende Steilhang.

Die Grabungsfläche wurde überwiegend in künstlichen Schichten abgetieft, bei Grabungsende waren mit Planum 5 Tiefen zwischen 0,8 m und 1,0 m erreicht. Abgesehen von einem breiten Steinriegel nahe der Terrassenkante, der wohl frühestens im Mittelalter angeschüttet wurde, ließen sich in dem fast schwarzen, lehmig-humosen und stark mit Weißjuraschotter durchsetzten Untergrund keine Befunde oder Verfärbungen ausmachen. Die heterogene Zusammensetzung dieser stellenweise bis 0,8 m mächtigen Schicht sowie der unverrollte Zustand und die regellose Verteilung des darin liegenden reichen Fundmaterials mit räumlich getrennten, aber anpassenden Stücken lassen an eine mittelalterliche oder neuzeitliche Aufplanierung mit in der Nähe abgegrabenem Material denken. Punktuelle, in die Tiefe reichende Konzentrationen größerer Dachziegelfragmente (Mönch/Nonne) mit Mörtelresten dürften als mit Bauschutt verfüllte Pfostenlöcher eines hier schon von Rieth vermuteten Bauwerks unbekannter Funktion zu deuten sein. Leider fehlen bislang archivalische Angaben über Art und Zeitstellung mittelalterlicher oder späterer Bebauung am Rappenplatz.

Erst mit Planum 4 wurden in dem nun heller und lehmiger werdenden Sediment Schichtgrenzen und Befunde erkennbar. Hervorzuheben sind mehrere rundliche Platten aus angeziegeltem Lehm, wohl Herdstellen, in der bergseitigen Hälfte des Schnittes. Ihr Unterbau aus regelmäßig gesetzten Bruchsteinen bestand z. T. aus plattigem, feuerfestem Braunjura-Sandstein, der erst deutlich unterhalb des „Rappenplatzes" ansteht. Die Basis des Schnittes bildete ein nicht überall erreichter heller, verwitterter Kalkmergel, der, wenn auch spärlich, eisenzeitliche Scherben enthielt und offenbar ebenfalls umgelagert wurde, vielleicht im Zuge einer früheren Aufplanierung.

Unter den Funden überwiegt bei weitem das eisenzeitliche Material. Neben großen Mengen typischer Späthallstatt-/Frühlatènekeramik fanden sich etliche Spinnwirtel, ein Webgewicht sowie fünf blaue Glas- und eine Schichtaugenperle. An Bronzefunden sind zwei unverzierte, rundstabige Armringe, ein kleiner Ring, das Fragment eines Hohlarmringes und eine Fibelnadel zu nennen.

Besondere Beachtung verdient eine vollständig erhaltene Eisenfibel vom Frühlatèneschema (Abb. 54) der Periode LT B1. Sie ergänzt das bekannte Fibelspektrum des Platzes aufs Beste, stammen doch aus den Riethschen Grabungen neben einigen Fibelfragmenten auch eine Paukenfibel sowie eine Masken- und Vogelkopffibel. Dies belegt die Nutzung des Platzes vom Ende der Stufe Ha D bis an den Beginn der Stufe LT B, also im 5. und beginnenden 4. Jahrhundert v. Chr.

Gegenwärtig sind lediglich einige Streuscherben der Urnenfelderzeit und dem Mittelalter zuzuweisen. Insbesondere die Burgperiode ist nur durch wenige kleine Stücke vertreten. Spätlatènezeitliche, römische oder alamannische Funde fehlen ganz. Zeitlich nicht näher eingrenzen lassen sich – neben den sehr zahlreichen Tierknochen – vor allem einige bearbeitete Geweihfragmente sowie menschliche Skelettreste (Schädel und postkraniales Skelett) von mehreren Individuen.

Die Untersuchungen des vergangenen Jahres an der Achalm haben nicht nur das Fundspektrum dieses topografisch hochinteressanten Platzes erweitert, sondern vor allem dazu beigetragen, dass wir heute die lokale Befundsituation wesentlich besser beurteilen können, als es allein aufgrund der Dokumentation der Altgrabungen möglich war. Insbesondere ist deutlich geworden, dass im bergseitigen Bereich der künstlich angelegten Terrasse durchaus nicht nur mit reichem Fundanfall, sondern auch mit gut erhaltenen Befunden zu rechnen ist. Wir streben deshalb an, die Untersuchungen 2001 fortzusetzen.

Abb. 54 Reutlingen, Achalm. Eiserne Frühlatènefibel.

Die Durchführung der Grabung wäre nicht möglich gewesen ohne die Unterstützung zahlreicher Personen und Institutionen, denen wir an dieser Stelle herzlich danken möchten: G. Hausch für die kurzfristige Erlaubnis zur Grabung auf seinem Grund, den Technischen Betriebsdiensten der Stadt Reutlingen für die engagierte logistische Unterstützung, dem Stadtmessungsamt Reutlingen für die nicht ganz einfache Einmessung und Dr. G. Dietl (Naturkundemuseum Stuttgart) für eine Begutachtung der geologischen Situation. Für fachlichen Rat danken wir außerdem Dr. D. Ade-Rademacher, M. Seitz M. A. und G. Weihe M. A.

Besonderer Dank gebührt schließlich Dr. F. Klein vom LDA in Tübingen für vielfältige Unterstützung bei Vorbereitung und Durchführung des Projektes.

Ulrich Veit, Andreas Willmy

Literaturhinweise
F. Klein, Zur vor- und frühgeschichtlichen Besiedlung im Reutlinger Raum. Reutlinger Geschbl. N. F. 31, 1992, 9–37; G. Weihe, Vorgeschichtliche Siedlungsspuren auf der Achalm bei Reutlingen. Die Ausgrabungen am Rappenplatz. Ebd. N. F. 37, 1998, 9–135 (mit älterer Literatur).

Zum vorläufigen Abschluss der archäologischen Ausgrabung in den vor- und frühgeschichtlichen Siedlungen von Heidenheim-Schnaitheim, Flur „Fürsamen"

Die im Frühjahr 1999 begonnene Untersuchung des südlichen Abschnitts des Neubaugebiets „Fürsamen" konnte im Jahr 2000 trotz reduzierter Grabungsmannschaft wie geplant zum Abschluss gebracht werden. Die von Anfang Mai bis Ende Oktober dauernde Grabungskampagne ergänzt das 1999 gewonnene Bild der Besiedlungsgeschichte dieses Brenztalabschnitts. Insgesamt wurde in den beiden Jahren eine zusammenhängende Fläche von 1,7 ha Größe mit über 4000 Einzelbefunden dokumentiert. Aufgrund der hohen Dichte und der Gleichartigkeit der Befunde – es handelt sich zum größten Teil um Pfostengruben – wird die Vorlage eines chronologisch differenzierten Befundplanes allerdings erst nach der detaillierten Auswertung der Dokumentation und des Fundmaterials möglich sein.

Dies gilt insbesondere für die beiden vorgeschichtlichen Siedlungen der mittleren Hallstatt- und der späten Latènezeit. Zwar sind sie durch entsprechende Gefäßkeramikfunde hinreichend belegt, eine Rekonstruktion von Gebäudegrundrissen ist in beiden Fällen jedoch erst in Ansätzen möglich.

Die in römische Zeit zu datierenden

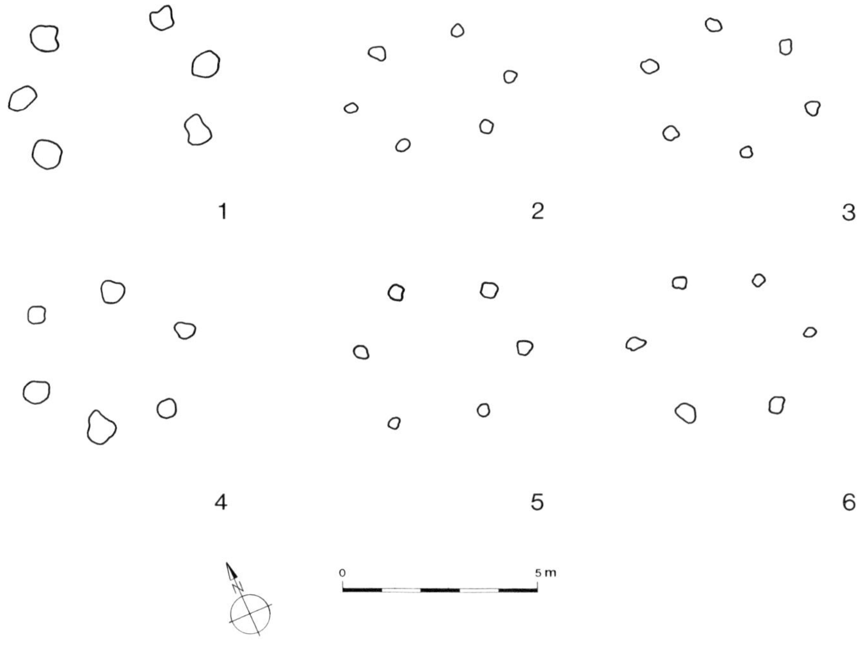

Abb. 55 Heidenheim-Schnaitheim „Fürsamen". Grundrisse der frühalamannischen Sechspfostenbauten.

Zaunsysteme konnten weiter verfolgt und ihre Mehrphasigkeit bestätigt werden. Ein Hinweis auf ein zeitgleiches Gebäude fand sich ca. 50 m nördlich der Grabungsfläche. Bei einer Feldbegehung wurde eine ca. 15 m × 20 m große Ansammlung römischer Dachziegelbruchstücke festgestellt. Welche Art von Gebäude hier gestanden hat und ob dieses Gebäude in Verbindung mit den ausgedehnten Zaunsystemen zu sehen ist, müssen zukünftige Untersuchungen zeigen.

Demgegenüber lassen sich schon jetzt einige Angaben zum Erscheinungsbild der neu entdeckten frühalamannischen Siedlung machen. Bereits 1999 waren zwei kleine Sechspfostenbauten mit annähernd regelmäßig hexagonalem oder rundem Grundriss festgestellt worden. Mittlerweile hat sich deren Bestand um mindestens vier weitere Exemplare erhöht (Abb. 55). Leider ergeben sich aus dem Befund keine direkten Anhaltspunkte für die ursprüngliche Funktion dieses Gebäudetyps.

Ebenfalls der frühalamannischen Epoche zuzuweisen ist aufgrund stratigrafischer Beobachtungen ein weiterer Gebäudegrundriss. Es handelt sich um einen Schwellbalkenbau mit einer Abmessung von 18 m × 7 m und auffallend großen Eckpfosten. Zu diesem Gebäude dürfte ein umlaufendes, allerdings nicht vollständig erhaltenes Gräbchen gehören. Vermutlich haben wir hier die Reste einer Gehöfteinfriedung vor uns.

Besondere Bedeutung verleihen der frühalamannischen Siedlung von Heidenheim-Schnaitheim „Fürsamen" die inmitten des Siedlungsareals angetroffenen Renn(feuer)öfen. Ihre Gesamtzahl hat sich durch zwei Neuentdeckungen auf fünf baugleiche Exemplare erhöht. Bemerkenswerterweise fanden sich alle Rennöfen in unmittelbarer Umgebung der bereits erwähnten Sechspfostenbauten, so dass über eine mögliche funktionale Verbindung spekuliert werden darf. Aus den unteren Ofenbereichen konnten zahlreiche, bis handstückgroße Schlackenfragmente mit diffusen Fließstrukturen geborgen werden. Sie bestätigen die bereits im Vorjahr aufgrund naturwissenschaftlicher Untersuchungen erfolgte Zuordnung der Anlagen zum Typ des Kuppelofens mit integrierter Vorgrube. Bei diesem Ofentyp werden die im Verhüttungsprozess anfallenden Schlacken nicht abgestochen, sondern reichern sich im unteren Ofenbereich innerhalb eines Holzkohlebettes an. Hierbei lagern sich die Schlacken in charakteristischen Formen, beispielsweise als „Schnürchenschlacken" ab (Abb. 56). Mittlerweile liegen zwei ^{14}C-Daten von Holzkohlen vor, die aus den ungestörten Holzkohle-Basisschichten zweier Rennofenreste stammen. Sie datieren deren Betrieb in die Jahre zwischen 200 und 400 n. Chr. Eine entsprechende zeitliche Einordnung der übrigen Öfen legen auch schlackentypologische Übereinstimmungen nahe. Ihre frühalamannische Zeitstellung wird zusätzlich durch die Lage eines der beiden neu entdeckten Öfen bekräftigt. Er fand sich in die Verfüllung des Bachbetts eingetieft, das

Abb. 56 Heidenheim-Schnaitheim „Fürsamen". Düsenziegel und Verhüttungsschlacken aus frühalamannischen Befunden.

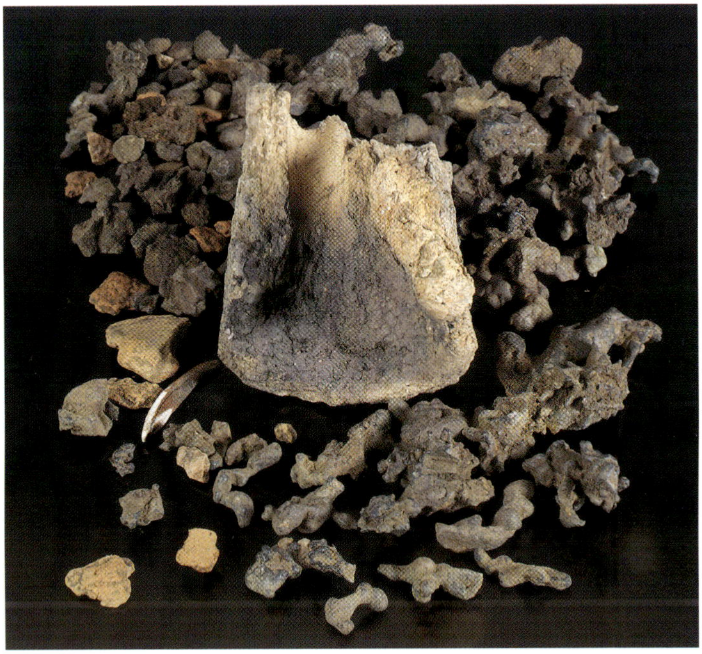

das Grabungsareal in Nordostrichtung querte und nachweislich in römischer Zeit verfüllt worden war. Einen weiteren chronologisch relevanten Fund stellt ein aus Lehm geformter Düsenziegel dar (Abb. 56). Es handelt sich um einen Leitfund frühalamannischer Verhüttung, der zugleich die Rekonstruktion der vor Ort angewandten Verhüttungstechnologie nachdrücklich bestätigt. Der Düsenziegel kam in einer Abfallgrube zutage, die u.a. Scherben frühalamannischer Keramikgefäße sowie das Fragment eines aus Knochen gefertigten Messergriffes mit Kreisaugenverzierung enthielt. Die Grabungen der Jahre 1999 und 2000 haben gezeigt, dass sich die archäologischen Befunde über die Nordgrenze des südlichen Bauabschnittes hinaus erstrecken. Im Sinne einer vollständigen Dokumentation der bedeutsamen vor- und frühgeschichtlichen Siedlungsreste von Heidenheim-Schnaitheim „Fürsamen" ist eine Untersuchung des angrenzenden Areals daher mittelfristig zwingend erforderlich.

Abschließend gilt unser Dank für mannigfaltige Unterstützung dem Arbeitsamt Aalen mit seiner Außenstelle in Heidenheim, der Stadtverwaltung Heidenheim und nicht zuletzt der Grabungsmannschaft mitsamt dem ehrenamtlichen Mitarbeiter H. Beck.

Gereon Balle, Guntram Gassmann, Klaus Schenck

Literaturhinweise

G. Balle, Arch. Ausgr. Bad.-Württ. 1999, 81 f.; G. Gassmann, ebd. 83 ff.

Zum Abschluss der Ausgrabungen in der zweiten Viereckschanze bei Nordheim, Kreis Heilbronn

Abb. 57 Nordheim. Querprofile durch den Schanzengraben. Über dem dunklen Holzkohleband liegt helleres Erdmaterial, das vom Wall stammt.

Seit 1995 sind im Nordosten der Gemarkung Nordheim auf einer Fläche von rund fünf Hektar zwei keltische Viereckschanzen und ihr unmittelbares Umfeld vollständig untersucht worden.

Die Arbeiten in der zweiten Anlage, der Doppelschanze in Flur „Bruchhöhe", konnten im Dezember 2000 planmäßig beendet werden. Nachdem der Innenraum der trapezförmigen, 84 m × 114 m messenden und der im Nordwesten angefügten kleineren, 50 m × 65 m umschließenden Schanze bereits 1999 weitgehend aufgedeckt war, konzentrierte sich die letzte Kampagne auf die Untersuchung der Umfassungsgräben und der beiden Brunnenschächte.

Das Grabenwerk wurde auf ganzer Länge durch Profile erschlossen und ausgenommen. Der schmalere, um 1,5 m tiefe Annexgraben wies dieselbe Abfolge in der Verfüllung auf wie der bis zu 3 m tiefe Hauptgraben (Abb. 57). Profilschnitte an den Kreuzungspunkten ergaben, dass beide Grabensysteme zumindest zeitweise zugleich offen gestanden hatten.

Im gesamten Verlauf der Gräben wurde eine sehr fundreiche Schicht nach oben hin durch ein 10–20 cm mächtiges, mit Holzkohle durchsetztes Band abgeschlossen, in das die Reste einer verbrannten Holzkonstruktion eingebettet waren. In unterschiedlich guter Erhaltung war diese auf 600 m Länge rundum in den Gräben zu verfolgen. Die bis zu 5 m langen und 20–40 cm breiten Bretter waren, allerdings fast papierdünn zusammengedrückt, überwiegend parallel zur Längsachse des Grabens eingelagert. Weniger deutlich zeichneten sich die Reste von schmaleren, quer liegenden Hölzern ab. Der Befund ist wahrscheinlich als Palisade zu interpretieren, die am Wallfuß oder auf der Wallkrone gestanden hatte. Der zwischen der Holzkohle stellenweise rötlich angeziegelte Lehm belegt, dass der Palisadenzaun brennend in den Graben gestürzt ist; dort wurde er innerhalb kurzer Zeit von Erde überdeckt, da nur so die verkohlten Bretter erhalten bleiben konnten (Abb. 58).
Im Innenraum der großen Schanze konnte die bisher noch fehlende Westwand des im Norden liegenden Hauptgebäudes aufgedeckt werden, das mit einer Länge von 32 m zu den größten aus Viereckschanzen bekannten Bauten gehört.
Toranlagen waren in der Doppelschanze nicht nachweisbar. Lediglich an der Ostflanke des Annexes gaben zwei unter die Grabensohle abgetiefte Pfostengruben einen Hinweis auf die Existenz eines Holzsteges. In dem beiden Anlagen gemeinsamen Grabenabschnitt konnte kein Hinweis auf einen verbindenden Durchgang festgestellt werden.
Über den Winter 1999/2000 wurde die Untersuchung von Brunnen 1 fortgesetzt, der in einer Tiefe von 17,5 m den heutigen Grundwasserspiegel erreichte und nach insgesamt 23 m endete. Auf den letzten 5 Metern war die 1,3 m × 1,3 m große Baugrube in den felsigen Gipskeuper geschlagen. Da erst ab 22 m Tiefe Hölzer der Verschalung erhalten waren, konnten nur drei Lagen des Holzkastens freigelegt werden. Er maß 1,20 m im Quadrat und war aus 20–25 cm breiten Eichenbrettern gezimmert, die jedoch bis auf das harte Kernholz erodiert waren und daher kaum noch Bearbeitungsspuren aufwiesen. Die Eckverbände waren nicht mehr geschlossen, an einzelnen Brettenden deutete sich jedoch an, dass sie mittels rechteckiger Aussparungen und vorspringender Zapfen zusammengesteckt waren.
Die dendrochronologische Bearbeitung der Hölzer durch A. Billamboz und W.

Abb. 58 Nordheim. Ausschnitt der verbrannten Holzkonstruktion im Graben.

Tegel ergab auf der Grundlage der Kern-/Splintholzgrenze ein Fälldatum von 160 ±10 Jahre v. Chr. An der Westwand war der schmale Spalt zwischen Baugrube und Holzverschalung mit flachen Sandsteinplatten verkeilt.
Die Brunnenverfüllung enthielt Hüttenlehm, Holzkohle, Tierknochen und Keramik, darunter zahlreiche Amphorenscherben, aber auch eine kleine Stierprotome aus Bronze, eine Nauheimer Fibel und eine eiserne Herdschaufel. In den unteren Metern wurde das durch stark nachströmendes Wasser zunehmend breiige Sediment ausgeschlämmt. In 21,5 m Tiefe kamen dabei Skeletteile zweier etwa fünfjähriger Kinder zutage. Darunter folgte eine 40 cm mächtige Lage aus Brandschutt. Aus ihr stammen neben großen Mengen an Holzkohle und Hüttenlehmplatten mit Flechtwerkabdrücken ein fast vollständiger Rinderschädel, Bruchstücke von Mahlsteinen sowie zwei große, stark verbrannte Eisenringe. Auf der Sohle des Brunnens lag schließlich eine völlig unbeschädigte feinkeramische Flasche, die keine Anzeichen eines sekundären Brandes aufwies (Abb. 59).
Da sich die Grabungstechnik des Abtiefens innerhalb von großen Betonröhren bei Brunnen 1 sehr gut bewährt hatte, wurde dieses Verfahren auch bei dem an der Südseite der Schanze liegenden Brunnen 2 angewandt. Dieser besaß keinen Versturztrichter, sondern zeichnete sich von Anfang an als scharf umgrenztes Quadrat mit 1,3 m Seitenlänge ab. Während die beiden ersten Meter sehr viel Siedlungsabfall enthielten, wurden in der Folge kaum noch Funde geborgen. Nach 15,5 m endete der Schacht in einer leicht muldenförmigen Sohle, auf der einige fast kopfgroße Lösskindl lagen.
Die stark durchmischte Verfüllung ließ in den Profilen eine schräg einfallende Schichtung erkennen, die für ein zügiges Auffüllen des Schachtes von einer Seite her spricht. Die Wände waren im standfesten Löss exakt senkrecht abgetieft und wiesen keine Anzeichen von Verstürzen auf. Erst im Bereich der Sohle wurde eine tonige Schicht mit Eisenausfällungen angeschnitten, die Grundwassernähe anzeigte.
Schacht 2, für den sich nur vermuten lässt, dass er ebenfalls als Brunnen konzipiert war, ist die ältere Anlage, die vor Erreichen des Grundwassers ohne ei-

Abb. 59 Nordheim. Die Sohle von Brunnen 1 mit der hölzernen Verschalung und der vollständigen Flasche. Am Bildrand die in den Gipskeuper geschlagene Baugrube.

nen aus heutiger Sicht erkennbaren Grund aufgegeben und mit weitgehend sterilem Aushub aufgefüllt wurde. Danach wurde Brunnen 1 gegraben, der in einer Tiefe von mehr als 20 Metern Wasser führte. Nach einem Feuer wurde er aufgelassen und im unteren Teil mit Brandschutt verfüllt.
Wie schon bei der ersten Nordheimer Viereckschanze in Flur „Kupferschmied" zieht sich auch bei der zweiten Anlage der Untergang in einer Brandkatastrophe wie ein roter Faden durch alle Befunde. Und wiederum deutet vieles darauf hin, dass sie danach nicht ungeordnet verlassen wurde, sondern es finden sich überall die Spuren einer anschließenden Planierung des Geländes: Pfostenstümpfe wurden ausgegraben und deren Fundamentgruben ebenso wie der Brunnen mit Brandschutt verfüllt, vielleicht ist sogar der Wall partiell abgetragen und der Graben eingeebnet worden. All dies ruft den Eindruck einer planmäßigen, von den Bewohnern selbst durchgeführten Aktion hervor, die an die berühmte Textstelle in Caesars Berichten zum Gallischen Krieg erinnert, wo berichtet wird, dass die Helvetier im Jahr 58 v. Chr. alle ihre Städte (*oppida*), Dörfer (*vici*) und alle übrigen Gehöfte (*privata aedificia*) anzündeten, bevor sie ihr Land verließen und nach Gallien zogen.
Das verblüffend ähnliche Erscheinungsbild vieler Befundbeobachtungen in den Nordheimer Schanzen vermittelt den Eindruck, dass die untersuchten Anlagen zumindest teilweise gleichzeitig bestanden hatten und anlässlich desselben Ereignisses zerstört und verlassen worden waren. Die beiden dendrochronologischen Zeitmarken – um 193 v. Chr. und 160 v. Chr. – widersprechen dem nicht, da sie keine Auskunft über das Enddatum der Anlagen geben, und sich die Nutzungsdauer einer Viereckschanze derzeit noch jeder verlässlichen Aussage entzieht.
Zusammenfassend ist jedoch festzustellen, dass sich für die zweite Nordheimer Schanze aufgrund des mehrphasigen Hauptgebäudes, der beiden aufeinander folgenden Brunnenschächte und möglicherweise auch der Erweiterung der Anlage in Form der Annexschanze eine etwas größere zeitliche Tiefe abzeichnet.
Aus allen Nordheimer Viereckschanzen wurde ungewöhnlich reichhaltiges Fundgut geborgen, das in vieler Hinsicht Übereinstimmungen aufweist: Neben großen Mengen an Grob- und Feinkeramik sowie Tausenden von Tierknochen ist auch in der zweiten Schanze die Vielfalt an Eisengerätschaften bemerkenswert, die einen weiten Bogen von Werkzeugen wie Tüllenbeilen, einem Löffelbohrer oder einer Herdschaufel über Zubehör von Haus und Haushalt, z. B. Messern, einem Schlüssel und einer Eisenkette, bis hin zu Toilettebesteck wie einem Rasiermesser und einem Nagelschneider spannt. An Trachtbestandteilen liegen neben Bruchstücken von Eisenfibeln auch einige Nauheimer Fibeln aus Bronze sowie Fragmente von Glasarmringen und Ringperlen vor. Kurz vor Ende der Grabung wurden im Annexgraben unweit seiner Einmündung in den Hauptgraben zwei Tüllenbeile und 20 cm darunter ein Depotfund aus Eisengeräten entdeckt, die zu einem Bündel verschnürt waren (Abb. 60). Der stark korrodierte

Abb. 60 Nordheim. Depotfund von Eisengeräten, der im Annexgraben gefunden wurde.

Abb. 61 Ausschnitt eines eisernen Tüllenmeißels, der in dem Eisengerätedepot steckt. Das Stück wurde aus der computertomografischen Aufnahme am Bildschirm herauspräpariert.

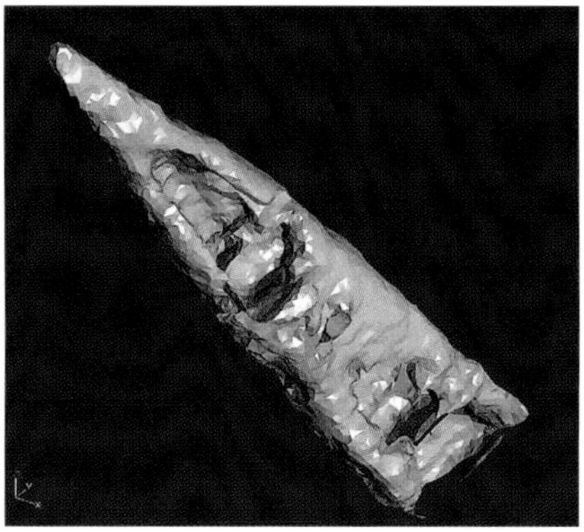

Eisenklumpen besteht aus zahlreichen übereinander liegenden Gegenständen. Durch eine von der Arbeitsgemeinschaft Metallguss an der Fachhochschule Aalen freundlicherweise durchgeführte Computertomografie konnten bisher eine dreizinkige Fleischgabel, eine Ahle, zwei Eisenklammern, ein Sensenring und ein langer Tüllenmeißel erkannt werden (Abb. 61).

Deutlicher noch als in der Viereckschanze im „Kupferschmied" tritt in der zweiten Anlage ein für die Interpretation interessanter Aspekt hervor. Die dominierende Lage in der Landschaft mit weitem Ausblick, die aufwendige Umwehrung, das imposante Hauptgebäude und der Wohlstand, der sich in den zahlreichen Funden, die erstmals auch Teile der Waffenausstattung von Kriegern und eine bemerkenswerte Zahl an Fragmenten importierter Weinamphoren einschließen, widerspiegelt, werfen ein Licht auf die Bewohner der Viereckschanzen, die man als Angehörige des Landadels bezeichnen könnte.

Auch in diesem Jahr möchten wir uns bei der Gemeinde Nordheim – und hier besonders bei Bürgermeister Schiek und den Mitarbeitern des Bauhofes – für vielfältige Unterstützung bedanken. Ebenso danken wir den betroffenen Landwirten W. Ziegler, F. Rügner und A. Adelhelm für die Tolerierung der teilweise tief reichenden Eingriffe in ihr Ackerland. Wesentlichen Anteil am zügigen Fortschreiten der Arbeiten hatte, wie beinahe in jedem Jahr, das Arbeitsamt Heilbronn, das dankenswerterweise die Ausgrabung durch die Bewilligung von Arbeitsbeschaffungsmaßnahmen förderte. Schließlich gilt einigen unverdrossenen freiwilligen Mitarbeitern unser ganz herzlicher Dank.

Andrea Neth

Literaturhinweis

A. Neth, Arch. Ausgr. Baden-Württemberg 1999, 75 ff. (mit Gesamtplan und weiterer Literatur).

Neues zum Kastell Mainhardt, Kreis Schwäbisch Hall

Seit 1999 plante die Gemeinde Mainhardt zur Abwicklung des stark angestiegenen Schulbusverkehrs den Neubau einer Straße über den „alten Sportplatz". Dieser war 1946 von der US-Armee angelegt worden, wobei man das Hanggelände mit Großmaschinen eben planiert hatte. Die vorgesehene Straßentrasse musste die Kastellmauer im Bereich des 1893 von der Reichslimeskommission (RLK) festgestellten Zwischenturms „C" schneiden und sich dann nach Süden in das Gelände der Zivilsiedlung erstrecken. Wegen der unklaren Frage der Befunderhaltung wurde am 15. 8. 2000 zunächst ein Baggerschnitt angelegt. Dieser zeigte im Süden die Planierungen von 1946, im Norden aber den Steinversturz der Kastellmauer und ansatzweise den Graben.

Die vom 27. 9. bis 25. 10. 2000 durchgeführte Grabung beschränkte sich daher auf den Bereich der Wehranlagen. Trotz der relativ kleinen Fläche von 12 m × 20 m führte sie zu interessanten neuen Ergebnissen.

Die hier noch in einer Lage des aufgehenden Mauerkwerks 1,4 m breite Kastellmauer ruhte auf einem beidseits 10–15 cm vorspringenden, zweilagigen gemörtelten Fundament, unter dem sich eine rund 45 cm tiefe Fundamentrollierung befand. In die Mauer eingebunden waren die Reste des bereits von der RLK ausgegrabenen Zwischenturms „C“, der ebenfalls noch eine Lage aufgehenden Mauerwerks besaß. Seine südliche äußere Mauerschale war weitgehend ausgebrochen, doch konnte an der Südwestecke anhand des erhaltenen Fundaments eindeutig nachgewiesen werden, dass dieser Turm außen 20 cm über die Kastellmauerflucht vorsprang. Diese von der RLK nicht bemerkte Tatsache entspricht somit dem 1978 festgestellten Befund am südwestlichen Eckturm. Der rechteckige Zwischenturm besaß eine Außenbreite von 4,6 m. Seine Länge ließ sich nicht mehr exakt feststellen, weil die nördliche Abschlussmauer beim Bau des angrenzenden Parkplatzes und durch das Fundament einer Straßenlaterne weitgehend zerstört worden war. Aufgrund der inneren Mauerschale wäre unter Annahme gleicher Mauerbreite wie bei Flankenmauern eine Länge von 5,1 m zu erschließen. Wegen der genannten Zerstörung konnten auch die von der RLK festgestellten, vom Turm zum Innenraum abzweigenden Mauern nicht mehr verifiziert werden. Im Innenraum ließen sich an zwei Stellen noch schräg gestellte Steine des 1893 offenbar noch gut erhaltenen Fischgrätmauerwerks feststellen.

Hinter der Innenseite der Kastellmauer befand sich als vermutlich letzter Rest einer Holzkonstruktion zur Stabilisierung der Rampenanschüttung ein noch 1,40 m langes Balkengräbchen mit Holzkohleresten. Auf der Außenseite war der Mauer eine maximal 1,2 m breite Berme vorgelagert, an die sich der innere Kastellgraben anschloss. Gerade der Außenbereich des Lagers erwies sich nun als sehr aufschlussreich. Bereits die RLK hatte an der Westseite zwei Gräben dokumentiert. Eher beiläufig erwähnte Mettler, dass sich auch vor der Südseite ein Doppelgraben „als sanfte Wellenlinie“ abzeichne. Diese Annahme konnte jetzt bestätigt werden.

Der innere Kastellgraben besaß im Planum 1 eine Breite von rund 6,4 m und war als Spitzgraben 1,8 m tief bis in den Keupersandstein eingetieft (Abb. 62). Seine Einfüllung bestand zuunterst aus einer homogenen Schicht sandigen Lehms mit etwas Holzkohle. Darüber lagerte die dunkelbraun gefärbte Versturzschicht mit den Steinen der Kastellmauer und darauf z. T. mit Holzkohle durchsetzte Einschwemmschichten, in denen zeitweise wohl Wasser stand. Die Einheitlichkeit der untersten, an der Spitze 40 cm, sonst 15 bis 20 cm dicken Schicht, in der es keine Anzeichen für Staunässe gab, sei hier betont. Es könnte sich demnach um eine verhältnismäßig kurzfristig erfolgte Einschwemmung nach Aufgabe des Kastells, aber vor dem teilweisen Einsturz der Mauer handeln. Diese Deutung schließt ein, dass der Graben zur Benutzungszeit gewartet, d. h. immer wieder gereinigt worden sein müsste.

Der äußere Graben, der am Ostrand

Abb. 62 Mainhardt. Der innere (Stein-)Kastellgraben im Profilschnitt von Osten.

Abb. 63 Mainhardt. Der äußere Kastellgraben im Profilschnitt von Westen.

der Fläche in 2,5 m, am Westrand in 3 m Abstand zu Graben 1 verlief, ist ebenfalls ein Spitzgraben von im Planum 7 m Breite und 2,35 m Tiefe. Die Gräben sind also, soweit sich dies anhand des kleinen Ausschnitts sagen lässt, nicht parallel. Graben 2 besitzt eine andere Füllung als der erste. Wegen der Entfernung fehlt natürlich der Mauerversturz (Abb. 63). Vor allem aber haben sich in ihm mehrere Einschwemmschichten gebildet, in denen zumindest zeitweise Wasser stand und Mangan ausgefällt wurde. Erst die dritte Schicht von unten ist eine Verfüllung mit Holzkohle und Hüttenlehm, in der sich neben anderen Steinen der unten beschriebene Altar befand. Darüber lagen wiederum natürliche Einschwemmungen. Im Gegensatz zu Graben 1 scheint Graben 2 daher nicht oder kaum gewartet worden zu sein.

Eine Erklärung für diese bemerkenswerten Unterschiede der Gräben dürfte in den zwischen ihnen liegenden Befunden zu finden sein: zwei Pfostenreihen, die parallel zu Graben 2 verlaufen. Ihre Abstände betragen im Mittel 1 m. Die äußere Reihe bestand aus drei Doppelpfosten in jeweils gerundet rechteckigen Pfostengruben von rund 1,1 m × 0,6 m Größe im Abstand von (mittig) 3,2 m (Abb. 64). Die Pfosten selbst waren quadratisch und mindestens 40 cm stark. Die innere Pfostenreihe entlang der Kante von Graben 1 bestand aus Einzelpfosten im Abstand von 3,6 m in Gruben von 50 cm Durchmesser. Die Pfosten der Reihen sind leicht gegeneinander versetzt, korrespondieren also nicht. Ihre römische Zeitstellung legt der Bezug auf Graben 2 nahe. Die massive Bauweise schließt eine Deutung als Zaun oder Annäherungshindernis aus. Mit aller gebotenen Vorsicht halten wir eine Holz-Erde-Mauer, bei der die zu den Doppelpfosten gehörende innere Reihe durch Graben 1 zerstört worden wäre, für möglich. Das Steinkastell von Mainhardt hätte dann einen Vorläufer in Holzbauweise besessen!

Von den Funden der Grabung soll abschließend noch ein kleiner Altar aus Keupersandstein genannt sein, der sich in einer Verfüllung des äußeren Grabens fand (Abb. 65). Das 36 cm hohe und 24 cm breite hausförmige Altärchen zeigt auf der Schauseite einen dreigehörnten Stier, daneben eine Person im Kapuzenmantel, die vermutlich eine Opferschale in Händen hält. Im Giebelfeld erscheint als Brustbild wohl Jupiter mit seinem Blitzbündel. Bei dem Stier handelt es sich um eine gallische Gottheit, die vielleicht mit dem literarisch belegten „Tarvos Tigranus“ zu identifizieren ist. Der Altar stand si-

Abb. 64 Mainhardt. Pfostenreihe zwischen Graben 1 und 2.

cherlich ehemals in der südlich angrenzenden Zivilsiedlung.
Gerne danken wir zum Schluss der Gemeinde Mainhardt, vertreten durch Herrn Bürgermeister Hedrich, die diese Grabung durch Hilfe in technischen Belangen und vor allem die Abstellung von zwei Arbeitskräften des Bauhofes unterstützt hat.

Ingo Stork

Literaturhinweise
A. Mettler, ORL Abt. B Nr. 43 (Berlin, Leipzig 1909); Ph. Filtzinger/D. Planck/B. Cämmerer (Hrsg.), Die Römer in Baden-Württemberg[3] (Stuttgart 1986) 435 ff.; M. Luik, Fundber. Baden-Württemberg 18, 1993, 356 (zum Stiergott).

Abb. 65 Mainhardt. Hausförmiger Altar mit Darstellung eines dreigehörnten gallischen Stiergottes. Höhe 36 cm.

Neue geophysikalische Prospektionen im Umfeld des Kohortenkastells Rainau-Buch, Ostalbkreis

Um den Jahreswechsel 1999/2000 wurde mit der seit Jahren geplanten Prospektion des Umfeldes des römischen Kastells in Rainau-Buch begonnen. Bei dieser ersten von insgesamt drei angesetzten größeren Messkampagnen konnten etwa 8 ha Fläche prospektiert und somit weitere 1,3 Millionen Datenwerte gesammelt werden.
Ziel dieser Untersuchungen ist die Festlegung der Ausdehnung des Lagerdorfes, von dem ein Teilbereich bereits 1976/79 ergraben und archäologisch untersucht wurde. Schwerpunkt der Messkampagne waren geomagnetische Messungen im südöstlich des Kohortenkastells gelegenen Bereich.
Die Ergebnisse dieser Erdmagnetfeldmessungen sind im Magnetogramm der Abb. 66 dargestellt. Dieses Areal grenzt im Westen an einen asphaltierten Feldweg und im Osten an die B 290. Im Norden sind Teilflächen der beiden äußeren Umfassungsgräben sowie – als dunkel ausgeprägte Anomalie – der südlich am Kastell entlang führende asphaltierte Feldweg erfasst. Die mit „A" bezeichneten Lineamente entsprechen modernen Feldgrenzen. Die mit „B" markierten Störfelder, die sich im Magnetogramm als zueinander mehr oder weniger parallele, grabenartige Strukturen abbilden, dürften mit hoher Wahrscheinlichkeit auf mittelalterliche Wölbäcker zurückzuführen sein. Ein in alten Flurkarten verzeichneter und heute nicht mehr vorhandener Feldweg paust sich im Magnetogramm (Anomalie „C") prägnant ab. Die etwa in gleicher Richtung streichende dunkle Anomalie ist einer ehemaligen und heute ebenfalls nicht mehr bestehenden Flurgrenze zuzuordnen. Auffällig ist zudem eine Gruppe schwacher Anomalien nahe der Markierung „D" in Abb. 66: Hierbei kann es sich durchaus um vorge-

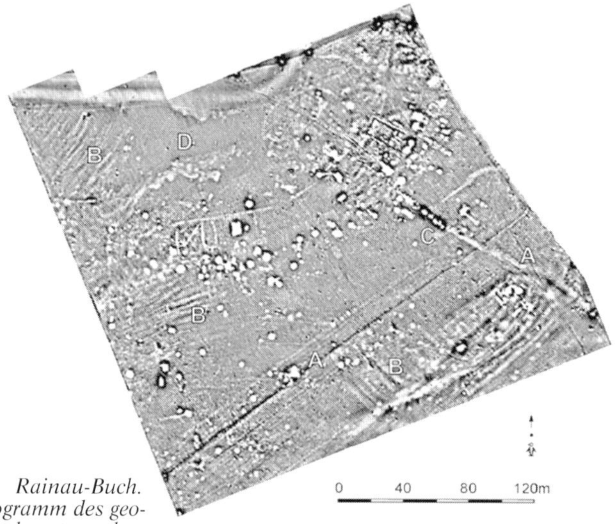

Abb. 66 Rainau-Buch. Magnetogramm des geomagnetisch untersuchten Teilbereiches des Lagerdorfes. Erklärung der Buchstaben im Text.

Abb. 67 Rainau-Buch. Magnetogramm der bisher prospektierten Fläche.

schichtliche Siedlungsstrukturen handeln. Möglicherweise muss der auf halber Höhe des Magnetogramms von Nordosten in das Messgebiet hinein reichende und nach etwa 40 m wegerodierte Graben ebenfalls der vor- oder frühgeschichtlichen Periode zugeordnet werden.

Vor allem im zentralen Bereich dieses Magnetogramms fällt eine Vielzahl von starken Anomalien zumeist rechteckiger Form mit weißem (positiver Anteil) Innenbereich und schwarzer Umrandung (negativer Anteil des magnetischen Störfeldes) auf. Diese charakteristischen Störungen im Erdmagnetfeld werden durch Brandschutt oder gebrannte Ziegel römischer Keller induziert. Die Strukturen richten sich grob an einem helleren Lineament aus, das um die südöstliche Kastellecke bogenförmig herumführt. Diese Anomalie muss aufgrund der Koinzidenz mit in den Siebzigerjahren im Bereich der heutigen B 290 ergrabenen Strukturen als Lagerdorfstraße angesprochen werden. Es ist anzunehmen, dass es sich hierbei um eine Art Hauptstraße handelt, denn von ihr aus gehen rechtwinklig dazu weitere Straßen ab, zudem sind an ihr größere Häuserkomplexe angeordnet, wie vor allem im nördlichen Bereich (nördlich des ehemaligen Feldwegs, im Magnetogramm mit „C" gekennzeichnet) wohl am deutlichsten zu erkennen ist. Hier finden wir auch ein massives Steingebäude vor, das den magnetischen Anomalien zufolge, wie auch das Stabsgebäude im Kastell, aus dem Goldshöfer Sandstein errichtet worden ist. Bei diesem Gebäude fällt auf, dass es über die als Straße angesprochene Anomalie hinausragt. Offensichtlich handelt es sich um ein Gebäude einer späteren Bauphase. Ein weiteres Steingebäude wohl ähnlicher Bauart konnte indes nicht mehr prospektiert werden: Seit Jahren wurden im Bereich der Feldgrenze nahe der westlichen Begrenzung dieses Messareals Steinplatten von einer Hypokaustanlage gefunden, die durch die intensive landwirtschaftliche Nutzung aus dem Boden gerissen wurden. Lediglich eine kleine Anomalie in diesem Bereich scheint noch auf dieses nun vollkommen abgegangene Gebäude hinzuwei-

sen. Fast vollständig erodiert scheinen auch einige Keller zu sein, deren schwache, aber noch deutlich genug zu erkennende rechteckige Grundrisse (wie etwa nahe des Zentrums der gemessenen Gesamtfläche) erfasst werden konnten. Aufgrund der nur noch in geringen Resten vorhandenen archäologischen Struktur sind deren Grundrisse eindeutiger als die der römischen Keller, denn die magnetischen Anomalien sind aufgrund ihrer dreidimensionalen Ausbildung größer als der Störkörper, der sie im Magnetfeld der Erde induziert.
Der gegenwärtige Stand der geomagnetischen Erfassung des Kohortenkastells Rainau-Buch und seiner Umgebung ist in Abb. 67 ersichtlich: Alle bis zum Berichtszeitraum prospektierten Flächen wurden in ein entzerrtes Luftbild digital eingebunden.

Zur Grabensituation beim Lagerhaupteingang

Bei der Magnetometerprospektion des Kastells im Jahre 1992 fiel die Ausformung der Umfassungsgräben auf Höhe des Haupteinganges auf (Abb. 68, links). Dieser Bereich wurde mit dem Bodenradar erneut prospektiert. Ein Vorteil des Bodenradars gegenüber der geomagnetischen Prospektion liegt in der getreuen Abbildung unterirdischer Strukturen – magnetische Anomalien sind stets größer in ihrer Ausdehnung als der Störkörper, der sie erzeugt. Zudem ist mit dem Bodenradar eine dreidimensionale Erfassung und Darstellung der im Boden vorhandenen Strukturen möglich. Andererseits ist erfahrungsgemäß die Erfassung von Grabenstrukturen mit dem Bodenradar nicht immer möglich. Meistens scheint ein für eine erfolgreiche Radarprospektion notwendiger hinreichend großer Kontrast zwischen den Reflektivitäten des Grabenmaterials und des ihn umgebenden Erdreiches nicht vorhanden zu sein. In Rainau-Buch konnten die Gräben jedoch prospektiert werden (Abb. 68, rechts), deren dreidimensionale Datenvisualisierung ist in der Abb. 69 dargestellt. In dieser Blockdarstellung ist zwischen dem zweiten und dritten Graben eine weitere, allerdings nicht sehr tief reichende Grabenstruktur abgebildet, die von der Geomagnetik nicht erfasst wurde.
Die vier Verteidigungsgräben reichen im Bereich der gemessenen Fläche den Radarmessungen zufolge bis in unterschiedliche Tiefen hinab: der innerste Graben (als Graben 1 bezeichnet) bis etwa 1,6 m, eine Tiefe, bei der der äußerste Graben noch eine Breite von 4 m aufweist. Graben 3 konnte bis zu einer Tiefe von etwa 1,8 m, Graben 2 bis etwa 2,3 m und Graben 4 bis zu etwa 2,7 m nachgewiesen werden. Die Sohle des Grabens 4 dürfte allerdings mit der eingesetzten Antenne nicht erreicht worden sein: Kontraste sind in dieser Tiefe kaum noch vorhanden, der Graben 4 scheint zudem in etwa 2,7 m Tiefe

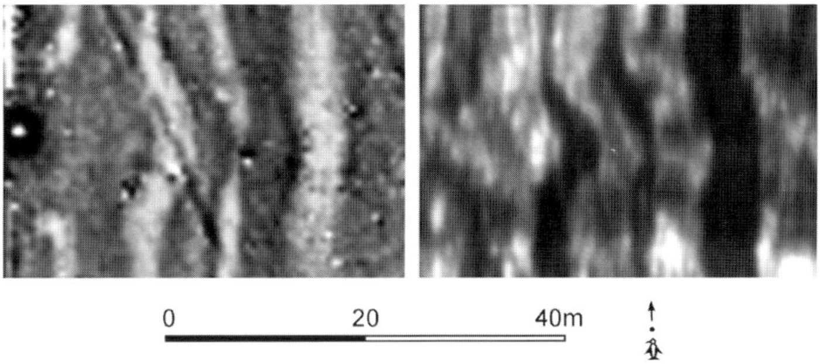

Abb. 68 Rainau-Buch. Grabensituation beim Lagerhaupteingang. Links: Magnetogramm, rechts: Ergebnis der Bodenradarprospektion.

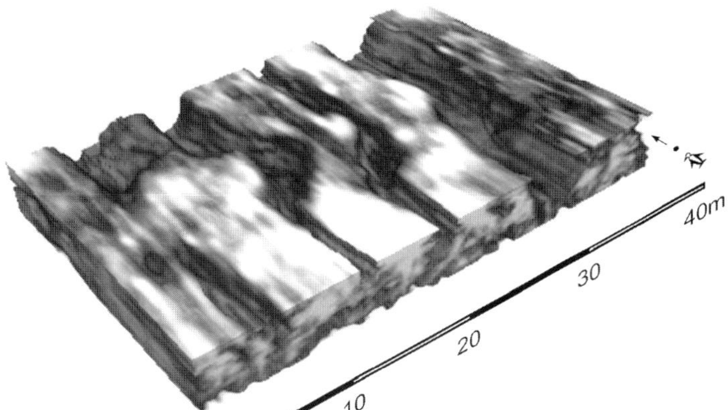

Abb. 69 Rainau-Buch. 3-D-Visualisierung der Bodenradarprospektion im Bereich des Lagerhaupteingangs.

noch zwischen 1,0 und 1,5 m breit und somit noch tiefer sein.
Die geomagnetische Prospektion des Lagerdorfes wird fortgesetzt. Angesichts des oben angeführten Beispiels des inzwischen abgegangenen Gebäudes wird deutlich, dass die vollständige geomagnetische Erfassung auch der weiteren Umgebung dieses Kastells für die allernächste Zukunft von vordringlicher Aufgabe sein muss, wenn noch ein möglichst vollständiger Grundrissplan dieser römischen Siedlungsstätte erstellt werden soll.

Harald von der Osten-Woldenburg

Literaturhinweise

D. Planck, Arch. Ausgr. Baden-Württemberg 1976, 56 ff.; ebd. 1977, 37 ff.; ebd. 1978, 52 f.; ebd. 1979, 52 f.; ebd. 1980, 100 ff.; H. von der Osten-Woldenburg, ebd. 1992, 30 ff.

Neues zum Reiterkastell von Heidenheim

In den Jahren 1896/97 erbrachten die Untersuchungen der Reichslimeskommission den Nachweis eines römischen Kastells in Heidenheim. Durch gezielte Sondagen konnten damals Lage, Ausdehnung und Orientierung des Kastells bestimmt werden. Weitere planmäßige Grabungen fanden dann erst wieder in den Sechzigerjahren des 20. Jahrhunderts durch das Staatliche Amt für Denkmalpflege statt. Bis zu diesem Zeitpunkt waren bereits große Teile der archäologischen Substanz bei Baumaßnahmen unbeobachtet zerstört worden. Dennoch zählt Heidenheim zu den wenigen Kastellplätzen, die der provinzialrömischen Forschung noch zur Gewinnung von zusammenhängenden Einblicken in die Innenbebauung römischer Militäranlagen zur Verfügung stehen. Seine Bedeutung wird zusätzlich durch den guten Erhaltungszustand der archäologischen Befunde erhöht. Hinzu kommt der besondere historische Stellenwert des Ortes. Mit einer Grundfläche von über 5 ha zählt das Kastell von Heidenheim zu den größten römischen Militäranlagen in ganz Süddeutschland. Als Besatzung ist die *Ala II Flavia milliaria pia fidelis*, eine 1000 Mann starke Reitereinheit, belegt. Zur Zeit ihrer Stationierung in Heidenheim (ca. 100–150 n. Chr.) war sie die größte und zugleich ranghöchste militärische Einheit in der gesamten Provinz Rätien. Auch nach Verlegung der *Ala II Flavia* nach Aalen konnte der Ort offenbar seine Funktion als regionales Zentrum bewahren. Davon zeugen die in den Achtzigerjahren durch das Landesdenkmalamt freigelegten Reste eines repräsentativen Monumentalbaus, die heute Bestandteil des „Museums im Römerbad" sind.
Die Stadt Heidenheim verfolgt seit geraumer Zeit einen Stadtentwicklungsplan, der eine Verbesserung der innerstädtischen Strukturen zum Ziel hat. Die dafür als notwendig erachteten Baumaßnahmen stellen einen massiven Eingriff in die noch vorhandene archäologische Substanz des römischen Heidenheim dar. Davon besonders betroffen ist das Kastellareal. So soll das so genannte „Bittel'sche Grundstück" im Nordwesten des Kastells Teil eines Einkaufszentrums werden (Abb. 70). Im südöstlichen Viertel des Kastells ist die Errichtung einer Zentralen Omnibus-Haltestelle geplant. Die beiden Baumaßnahmen erfordern archäologische Untersuchungen in ca. 4500 m² und 3000 m² großen Flächen mit komplexer Stratigrafie.
Im vergangenen Jahr mussten zwei Rettungsgrabungen durchgeführt werden (Abb. 70):

Karlstr. 16

Die von Mitte Juni bis Ende Oktober untersuchte Fläche (ca. 630 m²) befindet sich nur wenige Meter südlich des ehemaligen Anwesens Bittel. Hier hatte bereits 1965 eine archäologische Ausgrabung unter der Leitung von B. Chichy stattgefunden. Große Teile des heute als Parkplatz genutzten Grundstücks wurden damals noch von Gebäuden eingenommen und konnten deshalb nicht untersucht werden. Die Grundrisse der drei hier angetroffenen Mannschaftsbaracken mussten deshalb unvollständig bleiben. Wie die jüngsten Grabungen gezeigt haben, ist aber nicht auszuschließen, dass im Bereich der neuzeitlichen Bebauung die archäologische Substanz noch erhalten geblieben ist. Die Chance, durch die Untersuchung der damals ausgesparten Flächen den Befundplan zu vervollständigen, sollte insbesondere im Hinblick auf das Aussehen der westlichen Kopfbauten unbedingt wahrgenommen werden. Dies gilt auch für die von den Gebäuden der Grundstücke Karlstr. 14 und 16 eingenommenen Flächen.

Entsprechend der Grabungsergebnisse von 1965 fanden sich in 2000 neben kastellzeitlichen auch prähistorische und frühalamannische Befunde. An kastellzeitlichen Befunden ist zunächst die südliche Fortsetzung der West-Ost orientierten Mannschaftsbaracke III von 1965 zu nennen. Wegen des nördlich angrenzenden Parkplatzes konnte der Anschluss an die damalige Grabungsfläche noch nicht hergestellt werden. Im hellen Brenzkies zeichnete sich der Grundriss der einst als Fachwerkbau errichteten Baracke in Form dunkler Schwellbalkengräbchen ab (Abb. 71). Insgesamt konnten neun Räume beobachtet werden. Es handelt sich um die jeweils ca. 4 m × 4 m großen Vorräume vor den eigentlichen Mannschaftsstuben. In der Mitte eines jeden Vorraumes fand sich parallel zu den Zwischenwänden ein Gräbchen. Diese Gräbchen waren 40 bis 60 cm breit und noch maximal 50 cm tief. Ihre Verfüllung bestand aus grauem, sandigem Lehm. Unterhalb dieser Gräbchen wurden ausgedehnte rostrote bis grünlichgraue Ausfällungen beobachtet; der anstehende Brenzkies war im Bereich dieser Ausfällungen fest verbacken. Die Gräbchen entsprechen in ihrer Form und Verteilung den Gräbchen in Baracke II von 1965. Ihr Erscheinungsbild legt die Vermutung nahe, dass es sich um die von C. S. Sommer ausführlich diskutierten Jaucherinnen handelt; d. h. die Räume vor den Mannschaftsstuben dürften auch im Falle des Heidenheimer Reiterkastells zur Unterbringung von Pferden gedient haben. Parallel zur Südfront von Kaserne III wurde in ca. 3 m Abstand ein weiteres, weniger ausgeprägtes Schwellbalkengräbchen festgestellt, was auf eine Portikus oder einen Korridor schließen lässt. In 7 m Entfernung konnte erneut ein in West-Ost Richtung verlaufendes

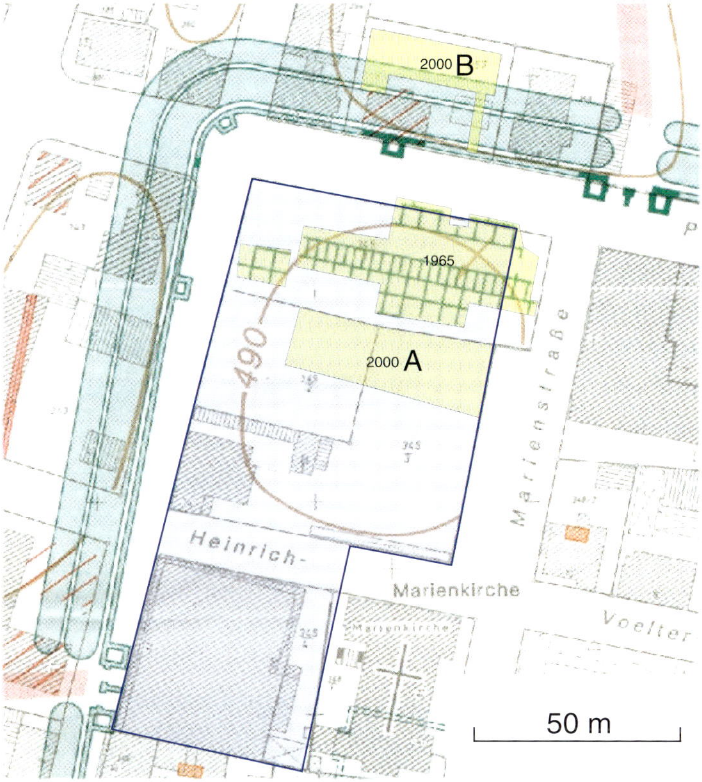

Abb. 70 Heidenheim. Ausschnitt aus dem archäologischen Plan des römischen Heidenheim. Gelb unterlegt die Grabungsflächen von 1965 und 2000 (A Karlstr. 16, B Kurt-Bittel-Str. 12); blau unterlegt die ungefähre Ausdehnung des geplanten Einkaufszentrums. Aufgrund der Ergebnisse der Grabungen von 2000 ist der äußere Kastellgraben zu streichen.

Abb. 71 Heidenheim. Karlstr. 16. Gesamtüberblick über die Grabungsfläche im zweiten Planum von Westen. Im hellen Brenzkies zeichnen sich die Befunde als dunkle Verfärbungen deutlich ab. Bei den streifenförmigen Verfärbungen, die die Grabungsfläche in SW-NO Richtung queren, handelt es sich um prähistorische Gräbchen. Das Fundamentmauerwerk im Vordergrund ist neuzeitlich.

Schwellbalkengräbchen festgestellt werden. Es handelt sich um die Nordfront des Barackenbaus IV. Zwischen den Kasernen III und IV fanden sich mehrere runde bis rundovale, im Durchschnitt 1 m × 2 m messende und bis 1,5 m tiefe Gruben. Sie waren in zwei parallel zueinander verlaufenden Reihen in mehr oder weniger regelmäßigen Abständen angeordnet, besaßen senkrechte Wände sowie eine muldenförmige Sohle und waren mit einer unterschiedlich starken

Schicht aus dunkelbraunem Lehm ausgekleidet, die vereinzelte Funde (Gefäßkeramik, Knochen, Holzkohle) enthielt. Ansonsten waren die Gruben mit weitgehend sterilem Brenzkies verfüllt. Nur in wenigen Fällen fanden sich größere Plattenkalksteine, Baukeramikbruchstücke sowie Mörtelschichten. Daraus ergibt sich ein Hinweis auf den Zeitpunkt ihrer endgültigen Verfüllung, denn mit Ausnahme der Baukeramik können die erwähnten Baustoffe nur in Zusammenhang mit der Errichtung von Steinbauten angefallen sein. Über die ursprüngliche Funktion dieser Gruben kann beim derzeitigen Stand der Auswertung nur spekuliert werden.

Die Anzahl der Funde ist relativ gering und bewegt sich im Rahmen des Üblichen. Erwähnenswert sind eine Pionieraxt, Schuppen gleichnamiger Panzer sowie mehrere Münzen (zu den Fundmünzen siehe Beitrag U. Klein).

Aufgrund von Stratigrafie und Fundmaterial sind mehrere Gruben und Pfostengruben in die frühalamannische Zeit zu datieren. Unter anderem fanden sich zwei Minimi-Prägungen des 4. Jahrhunderts n. Chr.

Kurt-Bittel-Str. 12

Die Realisierung einer seit langem geplanten Raumschießanlage für die örtlichen Polizeidienstellen erforderte kurzfristig die Durchführung einer zweiten Grabung im nördlichen Vorfeld des Kastells. Aufgrund älterer Angaben wurde hier bislang eine Doppelgrabenanlage angenommen. In der Baugrube hätte demzufolge der äußere der beiden Gräben angetroffen werden müssen (Abb. 70). Dies war jedoch eindeutig nicht der Fall; wie im Süden besaß das Kastell von Heidenheim auch im Norden nur einen der Kastellmauer unmittelbar vorgelagerten Graben. Zur Untersuchung dieses Grabens wurde die Grabungsfläche um einen Schnitt erweitert. Von Anfang Juli bis Ende August wurden ca. 380 m² untersucht. Vor dem Kastellgraben fanden sich mehrere Gruben sowie ein großer Grubenkomplex. Das unregelmäßige Erscheinungsbild der Befunde lässt an Materialentnahmegruben zur Gewinnung von Baumaterial (Schotter, evtl. auch Lehm) denken, die anschließend mit Abfall verfüllt wurden. Aus den Gruben konnten u. a. zwei Lanzenspitzen, mehrere Geschoss- u. Pfeilspitzen sowie kleinteilige militärische Ausrüstungsgegenstände geborgen werden. Die chronologisch relevanten Funde datieren in die Belegungszeit des Kastells.

Der Kastellgraben selbst zeigte das gewohnte Bild (Abb. 72). Er war im zentralen Bereich ca. 3,2 m breit und ca. 1,2 m tief. An Schichten fanden sich im Bereich der Berme sowohl der Bau- als auch der Abbruchhorizont der Kastellmauer. Der kleinteilige Schutt der abgebrochenen Kastellmauer bildete zugleich die untere Verfüllschicht des Grabens. Das Fundament der Kastellmauer konnte nur in der Ansicht dokumentiert werden. Es besteht aus vermörtelten Plattenkalksteinen und dient heute erneut einer neuzeitlichen Stützmauer als Fundament. Über der abgesackten römerzeitlichen Verfüllung des Grabens hatte sich eine frühalamannische Kulturschicht erhalten. Sie enthielt charakteristische Gefäßkeramik sowie zahlreiche Tierknochen. Aus den

Abb. 72 Heidenheim. Kurt-Bittel-Str. 12. Profil des nördlichen Kastellgrabens.

Abb. 73 Heidenheim. Kurt-Bittel-Str. 12. Bronzene Besitzermarke mit Punzinschrift aus der Verfüllung des Kastellgrabens. Die Inschrift lautet „T/BEL/RVF/INI"; aufzulösen zu „t(urmae) Bel (…) Rufini" und zu übersetzen mit „Besitz des Rufinus aus dem Reiterzug des Bel (…)".

römischen Verfüllschichten stammen zahlreiche Funde. Erwähnung verdient eine bronzene Besitzermarke mit Punzinschrift (Abb. 73). Sie überliefert uns die Namen von zwei der tausend im Kastell von Heidenheim stationierten römischen Reiter.

Abschließend gilt unser besonderer Dank den ehrenamtlichen Mitarbeitern I. Kreuzer, A. Luley, O. Mack und J. Seidel, dem Arbeitsamt Aalen mit seiner Außenstelle in Heidenheim, dem Landratsamt Heidenheim, dem Staatlichen Vermögens- und Hochbauamt Schwäbisch Gmünd, der Stadtverwaltung Heidenheim sowie den Stadtwerken Heidenheim.

Gereon Balle

Literaturhinweise

B. Chichy, Das römische Heidenheim (Heidenheim 1971); H. Heiligmann, Der Alblimes. Forsch. u. Ber. Vor- u. Frühgesch. Baden-Württemberg 66 (Stuttgart 1990) 102 ff.; R. Sölch/B. Rabold, Archäologischer Plan des römischen Heidenheim (Stuttgart 1994); C. S. Sommer, „Where did they put the horses?" – Überlegungen zu Aufbau und Stärke römischer Auxiliartruppen und deren Unterbringung in den Kastellen. In: Festschr. G. Ulbert (München 1995) 149–168.

Archäologische Ausgrabungen im römischen Ennetach, Stadt Mengen, Kreis Sigmaringen

Die Region an der oberen Donau ist in den letzten Jahren zu einem Schwerpunkt archäologischer Forschung im Regierungsbezirk Tübingen geworden. Neben den siedlungsarchäologischen Untersuchungen im Umfeld der frühkeltischen Heuneburg (siehe den Beitrag in diesem Band) sind hier vor allem die Ausgrabungen im Umgebungsbereich von Mengen und Ennetach zu nennen, die unserem Wissen um die frühe Besiedlungsgeschichte dieses oberschwäbischen Landstrichs neue und weiter führende Gesichtspunkte hinzugefügt haben. Hinzuweisen wäre auf die Sondagen in einer hallstattzeitlichen Nekropole im Ablachtal südwestlich von Mengen, die großflächigen Untersuchungen in einer spätkeltischen Viereckschanze in der Donauniederung nordwestlich von Ennetach und die 1998 und 1999 durchgeführten Grabungen in dem römischen Kastell auf der Ostspitze des Ennetacher Berges (Abb. 74).

Zwei Bauvorhaben führten im Jahr 2000 zu archäologischen Ausgrabungen im Ortskern von Ennetach, da in diesem Bereich mit Resten der bereits seit dem 19. Jahrhundert bekannten römischen Zivilsiedlung zu rechnen war. Im Zusammenhang mit der Wohnbebauung „Adlerhof" waren im Winkel zwischen Kastellstraße und Scheerer Straße, wenig westlich der Kirche, fünf Baugruben zu untersuchen. Die Umgestaltung der Adlerscheuer, in der das Römermuseum Platz finden soll, erforderte zudem Sondagen im Innenbereich des Gebäudes sowie die Freilegung einer etwa 16 m langen und 11 m breiten Fläche am Westende des Museumsbaus.

Die Grabungen begannen im April und konnten im Dezember abgeschlossen werden. Die in den Grabungsflächen erfassten römischen Befunde – es handelt sich hauptsächlich um Gruben und Pfostensetzungen – ergeben kein klares Bild, Baustrukturen sind vorerst nicht auszumachen. Hinweise auf Steinbauten fehlen gänzlich, was darauf hindeu-

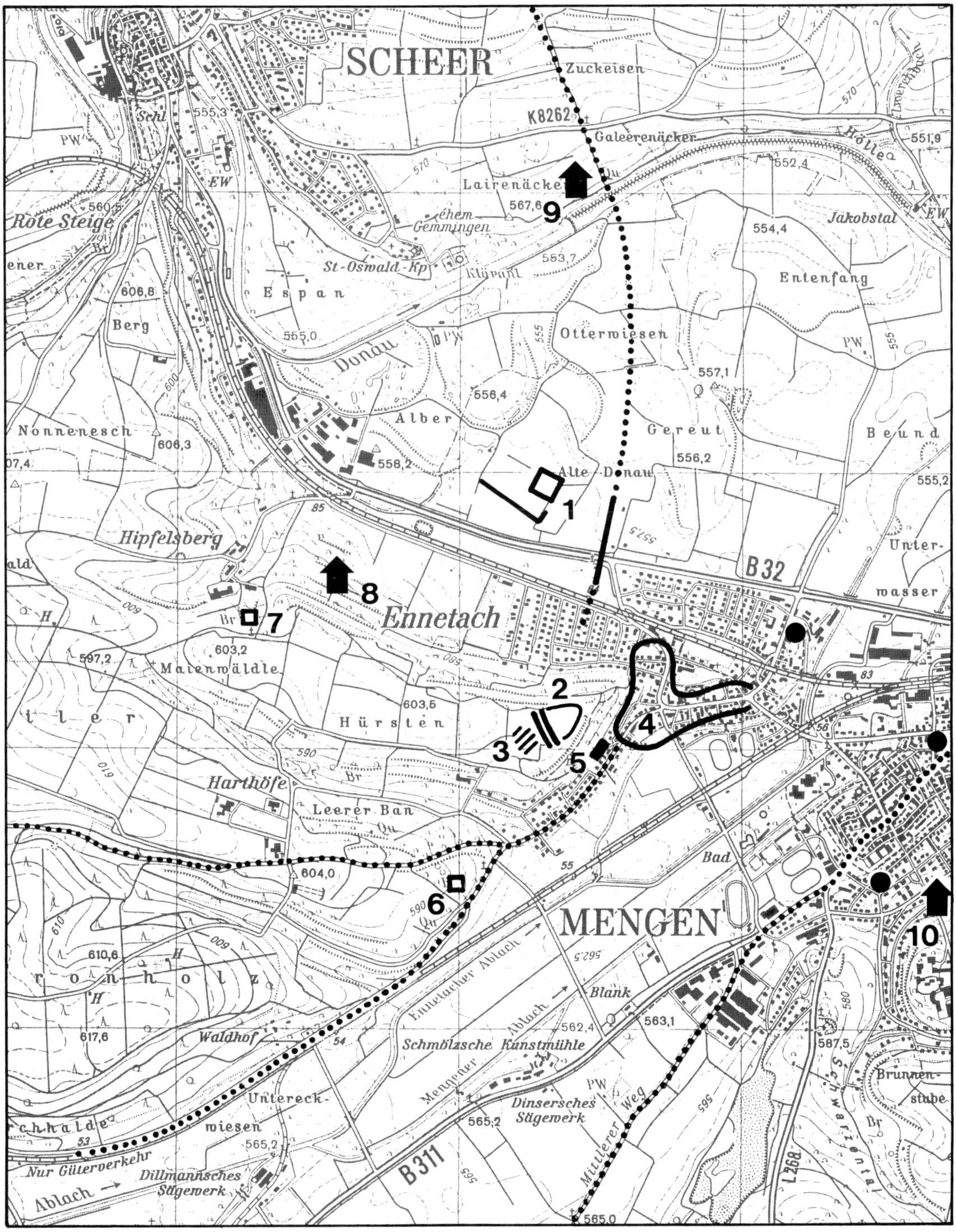

Abb. 74 Spätkeltische und römische Denkmäler und Fundstellen im Donautal um Mengen. 1 Spätkeltische Viereckschanze mit Annex; 2 Römisches Kastell; 3 Vorflavischer Kastellvicus; 4 vicus Ennetach; 5 Kastellbad; 6 Heiligtum; 7 Vermutliches Quellheiligtum; 8–10 Römische Gutshöfe. – Mit Punktreihen werden ungesicherte römische Straßen bezeichnet, mit Strichen gesicherte Straßenzüge.

Abb. 75 Mengen-Ennetach. Grabung „Adlerhof". Flechtwerkreste.

Abb. 76 Mengen-Ennetach. Grabung „Adlerhof". Bronzekanne mit Fußhenkel.

ten könnte, dass die aus dem *vicus* nach Norden zur Donau führende römische Straße nicht dem Verlauf der heutigen Scheerer Straße folgte, sondern weiter westlich im Bereich des Kautweges am Fuß des Ennetacher Berges verlaufen ist. Zu erwähnen ist ein wenig nördlich des Museumsbaues aufgedecktes, etwa 20 m langes und um 10 m breites Teilstück eines Nordwest-Südost verlaufenden, muldenförmigen Grabens, bei dem es sich um den Rest eines alten Ablacharmes handeln könnte, dessen weiterer Verlauf noch zu klären wäre.

An der Westseite des Bachbettes fanden sich mehrere vierkantige, teilweise angespitzte Eichenpfosten mit Seitenlängen um 15 cm, mehrere schmale und dünne Holzbretter, vermutlich Teilstücke von Schindeln, sowie in mehreren Schichten übereinander liegende Holzgeflechte, dazwischen eine Vielzahl von Lederresten (Abb. 75). Möglicherweise gehören die Pfosten zu einem Flechtwerkzaun oder zur Uferbefestigung des vermuteten Bachlaufes. Zu erwägen wäre jedoch auch, ob die Vierkantpfosten, Geflechte und Schindeln zusammen mit den Lederresten nicht auf eine in der Nähe gelegene Gerberei hinweisen könnten.

Ein herausragendes Fundstück soll abschließend besondere Erwähnung finden. Es handelt sich um eine 33,5 cm hohe Bronzekanne, die in einer römischen Kulturschicht in der Grabungsfläche westlich der alten Adlerscheuer zutage kam (Abb. 76). Das untere Ende des Henkels zeigt die Form eines Fußes mit Sandale und feiner Riemenschnürung. Der Griffknopf hat die Gestalt eines ausgestreckten Daumens. Die Bronzekanne von Ennetach zählt zu den so genannten Fußhenkelkannen, derzeit ist sie das einzige Exemplar dieses Gefäßtyps in Baden-Württemberg. Vergleichbare Kannen, die als Weinkrüge anzusprechen sind, fanden sich im römischen Tempelschatz von Weißenburg oder in dem überaus beigabenreichen Grab 3 des römischen Friedhofs von Wehringen im Landkreis Augsburg. Fußhenkelkannen der Ennetacher Form sind in geringer Zahl in den römischen Donauprovinzen Pannonien und Thrakien wie auch in Syrien verbreitet. In diesen Regionen dürften die Kannen auch gefertigt worden sein und von dort gelangte das sehr gut erhaltene Exemplar von Ennetach in der ersten Hälfte des 3. Jahrhunderts n. Chr. als wertvoller Import an die obere Donau.
Unser Dank gilt dem Arbeitsamt Balingen und seiner Dienststelle in Sigmaringen für die Förderung des Grabungsprojektes im Rahmen einer Arbeitsbeschaffungsmaßnahme.

Hartmann Reim

Literaturhinweise

J. Späth, Die Römer in Ennetach (Mengen-Ennetach 1992); H.- J. Kellner/G. Zahlhaas, Der Römische Tempelschatz von Weißenburg i. Bay. (Mainz 1993) 102 f.; M. Kemkes, Das römische Kastell und der Vicus von Mengen-Ennetach. Arch. Inf. Baden-Württemberg 40 (1999) 77–90; H. Reim, Arch. Ausgr. Baden-Württemberg 1999, 87–90.

Ausgrabungen in Ladenburg, Rhein-Neckar-Kreis

Städtischer Friedhof St. Martin

Durch die anstehende Wiederbelegung der so genannten Grabfelder C und D im alten Ladenburger Friedhof (südwestlicher Bereich des heutigen Friedhofsareals) wurden Sondagen erforderlich, zunächst mit der Zielsetzung, den Vorgänger der Friedhofskapelle zu finden, die mit ihrem Martinspatrozinium auf eine frühe fränkische Gründung schließen lässt. Zahlreiche Hinweise auf ein großflächiges Reihengräberfeld im Bereich des heutigen Friedhofs und südlich davon sind durch zumeist baubegleitende Einzeluntersuchungen seit 1931 vorhanden. Die alte Martinskirche wurde seither im Grabfeld D und im Nordteil des südlich anschließenden Grabfeldes C angenommen. Man rechnete mit einer merowingerzeitlichen Holzkirche und einem Nachfolgebau sowie zeitgleichen Bestattungen. Bereits 1997 beriet die Ladenburg-Kommission über diesen Fall und plädierte für möglichst flächige Ausgrabungen im Vorfeld der Wiederbelegung. Allerdings wurde mit starken Befundstörungen durch die vorhandenen modernen Grablegen gerechnet.

Die zunächst im Grabfeld D angelegten Sondagen brachten zwar keine Hinweise auf die Kapelle, aber statt dessen enthielt einer der Schnitte den Kopfbereich eines merowingerzeitlichen Mädchengrabes. Ein 20 m langer, bis zu 2 m tiefer und bis zu 5 m breiter Baggerschnitt sollte die einstige Friedhofssituation nun näher abklären.

In der südlichen Hälfte dieses Schnittes

Abb. 77 Ladenburg. Städtischer Friedhof. Grab 4 und Grab 11.

fanden sich insgesamt 13 Reihengräber. Erstmalig sind dadurch zusammenhängende Befunde des bedeutenden Gräberfeldes dokumentiert. Es lassen sich insgesamt drei dicht nebeneinander liegende Gräberreihen nachvollziehen. Bei den acht Gräbern der mittleren Reihe beträgt der Abstand höchstens 1 m, in den meisten Fällen liegen sie unmittelbar nebeneinander oder überschneiden sich sogar leicht. Einmal wurden zwei hälftig übereinander liegende Bestattungen beobachtet (Abb. 77).

Es fällt auf, dass die Konzentration nach Süden kontinuierlich zunimmt, während nördlich von Grab 6 (südöstlich des Carl-Benz-Grabes) über knapp 11 m kein einziges merowingerzeitliches Grab vorhanden war. Es hat den Anschein, dass die Nordgrenze zumindest dieser Gräbergruppe erreicht worden ist. Diese Beobachtungen legen nahe, die Kapelle nicht weit südlich, im Grabfeld C, zu postulieren. Da die modernen Gräber alle nur maximal 1,5 m eingetieft waren, sind bei den Reihengräbern kaum moderne Störungen vorhanden.

Sicher zuweisen lassen sich drei Frauen- und drei Männergräber, des Weiteren zwei Knabenbestattungen und ein Mädchengrab, die auffallend dicht beieinander liegen. Alle Grabinventare gehören in das 7. Jahrhundert n. Chr. Neben vollständigen Beigabenausstattungen lassen sich auch Beraubungen nachvollziehen. Bei dem Männergrab 6 warf man offensichtlich die nicht brauchbaren Gegenstände hinter den Kopf des Verstorbenen (Abb. 78). Als Grabeinfassungen dienten Steinplatten, wie sie schon des Öfteren für die Ladenburger Nekropole nachgewiesen werden konnten, oder auch ansehnliche hölzerne Grabkammern.

Den Männern wurden vor allem ihre Waffen mitgegeben; eine vollständige Ausrüstung mit Spatha, Sax, Lanzenspitze, Pfeilspitzen und Schildbuckel lag noch in Grab 3. In den Frauengräbern fanden sich mehr oder weniger vollständige, z. T. mehrreihige Perlenketten, Keramikgefäße, Beinkämme, Fingerringe bzw. Ohrringe aus Bronze, und in zwei Fällen noch die obligatorische Scheibenfibel. Die Dame in Grab 12, das aus technischen Gründen nicht vollständig geborgen werden konnte, trug ein ca. 0,5 m langes Gürtelgehänge mit Kreuz, das vollständig erhalten zu sein scheint (Abb. 79).

Abb. 78 Ladenburg. Städtischer Friedhof. Grab 6.

Abb. 79 Ladenburg, Städtischer Friedhof. Grab 12 im Südprofil des Schnittes. Gürtelgehänge und Perlenkette in situ.

Aufgrund dieser hochkarätigen Befunde und natürlich in Erwartung der Martinskapelle wäre eine flächige Ausgrabung der Grabfelder C und D mehr als interessant. Dennoch fiel letztendlich die Entscheidung, im fraglichen Bereich auf eine Neubelegung zu verzichten und die somit nicht mehr gefährdeten Befunde unausgegraben im Boden zu bewahren. Diese Regelung wird dem Denkmal allerdings erst gerecht, wenn man zukünftig auf eine Neubelegung zumindest des gesamten alten Ladenburger Friedhofareals verzichtet. Verbindliche Vereinbarungen hierzu stehen allerdings noch aus.

St. Martinsfriedhof – Kapellenvorplatz

Bei der Neupflasterung des Kapellenvorplatzes (westlich der Aussegnungshalle) kam unmittelbar unter dem vorhandenen Pflaster die Südmauer des alten Friedhofs zutage, ebenso der alte Zugang mit gepflastertem Weg. Ein kleiner Tiefschnitt südlich der alten Mauer belegte ein Steinplattengrab des 7. Jahrhunderts, ein weiteres Indiz für die flächige Ausdehnung des merowingerzeitlichen Friedhofs in südlicher Richtung.

Gleich neben der Mauer, außerhalb des mittelalterlichen Friedhofes, lagen drei Säuglingsbestattungen, zwei davon noch relativ vollständig. Ein Neugeborenes war unter einem Hohlziegel, einer so genannten Dachpfanne, bestattet. Parallelen dazu sind vom Heidelberger Spitalhof aus dem 14. Jahrhundert bekannt. Dort handelt es sich jedoch offensichtlich um getaufte Neonaten, die in geweihter Erde, d.h. innerhalb des Friedhofs, begraben werden durften.

Nach den Bestimmungen von J. Wahl ist das unter einem Dachziegel bestattete Skelett stark gestört und es besteht kein anatomischer Zusammenhang mehr, was offensichtlich durch Kleinsäuger im Hohlraum unter dem Ziegel verursacht wurde. Hinweise auf Gewalteinwirkung an dem Neugeborenen ließen sich nicht beobachten.

Unerwartet wurde das zweite Skelett im anatomischen Verband angetroffen. Dieser Säugling war offensichtlich bereits mehrere Wochen alt. Interessanterweise ließ sich hier im Brustkorbbereich noch der Oberarmknochen eines zweiten Individuums (Fötus) nachweisen, was eigentlich nur durch eine aufgearbeitete ältere Bestattung erklärt werden kann. Auch hier waren keine Hinweise auf Gewalteinwirkung vorhanden. Die fragmentarische dritte Bestattung, von der nur noch Schädelteile und Reste der Halswirbelsäule geborgen werden konnten, enthielt wie Grab 1 ein Neugeborenes, das allem Anschein nach auch eines natürlichen Todes gestorben war.

Wormser Str. 14

Bei durch ein Bauprojekt veranlassten Untersuchungen konnten hier, wie schon in den letzten Jahren auf den benachbarten Grundstücken, Befunde von der römischen Epoche bis zur Neuzeit beobachtet werden. In den oberen Bereichen sind zwei mittelalterliche Gruben gleich neben der Wormser Straße, Teile einer gemauerten Latrine am östlichen Flächenrand und vereinzelte Pfostengruben(?) von Bedeutung. Eine der großen Gruben misst 2,6 m × 2,2 m und besitzt eine mehrphasige, zwiebelringartige Verfüllung. Keramikmaterial aus dem 13. Jahrhundert wurde u. a. hier entsorgt. In der Latrine lagen z. T. vollständige spätmittelalterliche bzw. frühneuzeitliche Gefäße (Abb. 80).

Abb. 80 Ladenburg. Wormser Str. 14. Latrine.

Wie bei den übrigen Grabungen an der Wormser Straße konnte eine bis zu 0,7 m starke, sehr phosphat- und z. T. auch holzkohlehaltige, absolut befundlose, eingeschwemmte(?) Schicht beobachtet werden, deren Zusammenhänge bislang nicht geklärt sind. Die angesprochene, mittelalterlich verfüllte Abfallgrube jedenfalls wurde in die „grüne" Schicht eingetieft; die römischen Befunde liegen eindeutig darunter, so dass sich wenigstens eine grobe zeitliche Einordnung dieses eigenartigen Befundes ablesen lässt.
In den anstehenden Löss eingetieft, fanden sich eine 2,5 m × 1,6 m große, nahezu rechteckige Struktur mit Zugang, offensichtlich ein Erdkeller, und Teile verschiedener Gruben aus römischer Zeit.

Preysingstr. 4

Bei der Anlage von Parkplätzen kam ein massiver, solide vermauerter Sockel mittelalterlicher Zeitstellung zutage. Seine Länge betrug 3 m, die Breite bis zu 1,8 m. Machart und Ausrichtung entsprechen einem Sockel, der 1998 im Grundstück Wormser Str. 14 freigelegt werden konnte. Beide gehören zur nördlichen, mittelalterlichen Stadtbefestigung Ladenburgs und standen möglicherweise mit der Konstruktion des Wehrgangs in Verbindung.

Kellereigasse

Im Vorfeld der 2005 nach Ladenburg kommenden Landesgartenschau wurden an verschiedenen Stellen die Straßenbeläge erneuert. Besonders im Bereich der Kellereigasse war die Archäologische Denkmalpflege über längere Dauer baubegleitend tätig. Da für diese Arbeiten das Niveau maximal 0,5 m abgetragen wurde und im Straßenbereich große moderne Störungen vorlagen, ergab sich oftmals nur ein stark lückenhafter Zusammenhang.

Dennoch ließen sich besonders in der südlichen Kellereigasse zusammenhängende Strukturen ermitteln, die zum Cronberger Hof bzw. seinen Nebengebäuden gehören und teilweise die ansatzweise 1995 ergrabenen Gebäudeteile komplettieren. An der Ecke zur Cronbergergasse zeichnete sich eine Torsituation ab, die auch schriftlich überliefert ist. Gleichermaßen konnte ein Steinbrunnen dokumentiert werden. Schließlich lassen sich auch für diese jüngsten archäologischen Strukturen mehrere Bauphasen festmachen. Ein Sondageschnitt in der Ecke eines Gebäudes zur Klärung eines stumpf abschließenden, angebauten Mauerzuges verdeutlichte u. a., dass die jüngeren Strukturen direkt auf den römischen Mauerzügen aufsitzen (Abb. 81). Dieser römische Befund lässt sich mit den vorangegangenen Grabungen in der Kellerei in Zusammenhang bringen.

Abb. 81 Ladenburg. Kellerei. Mauern des Cronberger Hofes sind auf römischem Mauerfundament errichtet.

Willy-Kress-Weg 1

Durch ein privates Neubauvorhaben wurden im Herbst 2000 Ausgrabungen östlich der römisch-mittelalterlichen Stadtbefestigung notwendig. Am südlichen Abschluss des Baugrundstücks lag ein aus römischen Dachziegeln sorgfältig ausgeführter Kanal mit einer lichten Weite von 0,6 m, der über knapp 8 m verfolgt werden konnte (Abb. 82). Charakteristisch ist sein östlicher Abschluss in Gestalt einer eben-

Abb. 82 Ladenburg. Willy-Kress-Weg 1. Kanal aus Ziegelplatten und Kalkbrennofen. Übersichtsaufnahme.

falls aus Ziegeln errichteten Stirnwand. An seinem westlichen Ende waren noch Reste eines rechtwinklig nach Norden orientierten Abzweigers vorhanden.
Direkt nördlich befand sich eine 4,6 m × 4,4 m messende birnenförmige Struktur mit westlich anschließender Bedienungsgrube. Offensichtlich handelt es sich um einen Kalkbrennofen, der noch bis zu 1,4 m in den Löss eingetieft angetroffen wurde. Der Brennraum war durch eine Steinumrandung stabilisiert. Im Bereich des Feuerungskanals konnten noch mehrere Lagen von Ziegelplatten festgestellt werden. Der Boden des Brennraumes war von einer festen Kalkschicht überzogen, die nach Osten stärker wurde.
Der Befund macht deutlich, dass der Ziegelkanal und der Brennofen nicht gleichzeitig bestanden, sondern der Kanalabzweiger offensichtlich bei Errichtung des Ofens zerstört wurde.
Höchstwahrscheinlich gehören die angeschnittenen Strukturen zum römischen Gewerbegebiet, außerhalb der Stadtmauer Lopodunums. Genau in diese Richtung verweisen Beobachtungen C. S. Sommers in unmittelbarer Nähe des Willy-Kress-Weges.
Abschließend gilt unser Dank der Stadt Ladenburg, Herrn Bürgermeister Rolf Reble und seinen Mitarbeitern, dem Bauamt und dem Bauhof für ideelle und tatkräftige Unterstützung sowie der Familie Jungcurt, Färbergasse 12, für ihr großes Verständnis und ihre Geduld, die sie unseren Arbeiten in ihrem Baugrundstück Färbergasse 14 entgegenbrachten.

Britta Rabold

Literaturhinweis

B. Rabold, Arch. Ausgr. Baden-Württemberg 1999, 106 ff.

Römischer Großbau, Platz und frühe mittelalterliche Siedlung um St. Pelagius in Rottweil

Die Umsetzung eines schon seit längerem geplanten Mehrfamilienhausneubaus in Rottweil „Altstadt“ ca. 50 m nordöstlich der Pelagiuskirche führte erstmals seit vielen Jahren wieder zu einer größeren Grabung im Bereich der römischen Kastelle und des *Municipium Arae Flaviae*. Die Lage zwischen der Westfront des Kastells III und der als Kastellbad interpretierten Therme unter der vermutlich bis in frühmittelalterliche Zeit zurückreichenden Pelagiuskirche ließ neue Einblicke in die römische und nachfolgende Zeit erwarten. Die halbjährige Untersuchung erbrachte dann auch überraschende und unerwartete Befunde, die zum Zeitpunkt der Abfassung des Berichts erst ansatzweise verstanden sind.
Unkontrolliert vom Bauherrn eingebrachte Sondagen zeigten, dass das zur Römerstraße stark ansteigende Gelände vermutlich im Zusammenhang mit dem Abtrag eines neuzeitlichen Hauses in den Sechzigerjahren relativ stark gestört war. Aus diesem Grund wurde das Niveau bis auf eine in der ganzen, ca. 30 m × 20 m großen Fläche einheitlich erscheinende Steinschicht maschinell abgetragen. Die Anlage eines ersten Planums hier zeigte allerdings ein differenzierteres Bild. Im Bereich einer in unterschiedlicher Dichte aus Geröllen, Bruchsteinen und Steinplatten bestehenden Schicht befanden sich kurze (scheinbare?) Mauer- bzw. Fundamentreste, grubenartige Fehlstellen, zum Teil mit Spuren von hölzernen Einbauten, Bereiche, in denen Steinplatten vielleicht als Randeinfassungen

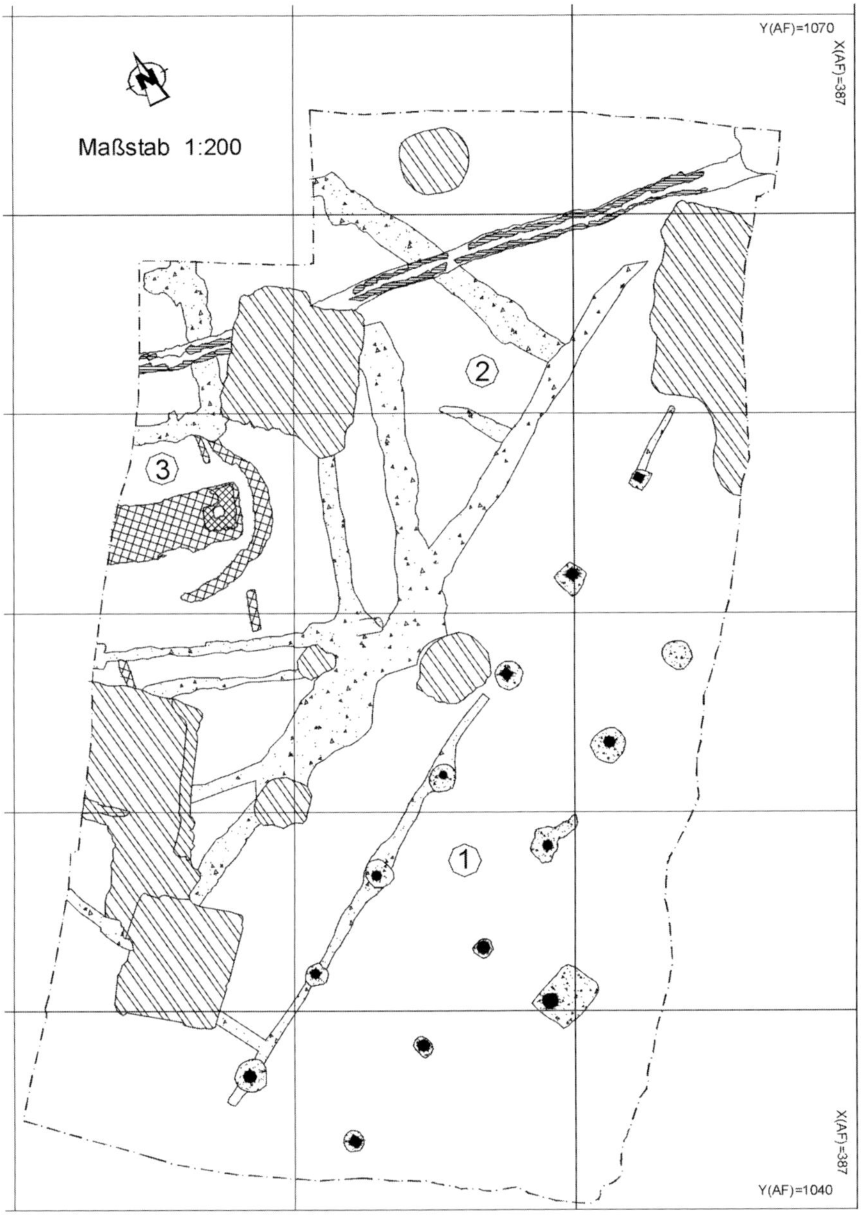

Abb. 83 Rottweil, Römerstraße 12. Vereinfachter Grabungsplan. 1 Pfostenbau, 2 Gräbchen, 3 Wasserbauwerk; tief reichende früh- und hochmittelalterliche Befunde schraffiert.

senkrecht gestellt waren und andere, sekundäre Veränderungen unterschiedlichen Ausmaßes. Nur ein kleiner Teil dieser Befunde konnte mit dem neuzeitlichen Haus in Verbindung gebracht werden, hierzu zählen mehrere holzverschalte Jauche- und Latrinengruben. Aber schon ein kleiner, steinverschalter Brunnen muss, da er von den Fundamenten des neuzeitlichen Gebäudes überdeckt war, aus älterer Zeit stammen.

Im Laufe der weiteren Ausgrabung stellte sich heraus, dass ein großer Teil der Veränderungen der Steinschicht auf fünf bis sechs grubenhausartige Komplexe und einen frühen, steinverschalten Keller zurückgehen. Sie werden ergänzt durch ein kleines Holzgebäude in Pfostenbautechnik. Diese sich zum Teil überlagernden Befunde stammen zum großen Teil aus dem 11. und 12. Jahrhundert. Sie gehören damit zu dem frühen Siedlungskern um St. Pelagius und Befunden in der Römerstraße 1/Keltenstraße. Sie belegen eine dichte mittelalterliche Besiedlung über mehr als 100 m nordöstlich der Kirche.

Erstaunlich war die Feststellung, dass sich die das Ausgangsniveau für die spätere Besiedlung bildende Steinschicht über die gesamte Baugrube erstreckte. Konnte ihre relativ ebene Oberfläche noch leicht durch die jüngeren Aktivitäten wegdiskutiert werden, ließ der Übergang nach unten in eine praktisch waagrechte, dünne Kiesschicht eine planmäßige Anlage endgültig zur Gewissheit werden. Diese Kiesschicht lag unmittelbar auf dem gewachsenen gelblichen Lehm auf und setzte, da das natürliche Gefälle des Geländes von Südost nach Nordwest verlief, Planierungsarbeiten zur Anlage einer terrassenförmigen Struktur voraus. Ihre Ausdehnung und Lage zwischen dem Haupttor des Kastells III, der *porta praetoria,* im Bereich der Einmündung der heutigen Keltenstraße in die Römerstraße, und dem Bad unter der Pelagiuskirche lassen den Befund als platzartige Anlage, vermutlich schon aus der Kastellzeit, interpretieren. Ein in der Tendenz lagiger Aufbau der Steinschicht und der in Teilen erhaltene obere Abschluss mit plattenartigen Steinen belegen eine längerfristige Nutzung vermutlich noch lange in der Munizipalzeit. Dazu zählt auch, dass die Steinschichten von mindestens einem steingesetzten Entwässerungskanal durchquert wurden.

Ohne dass deren stratigrafisches Verhältnis eindeutig geklärt werden konnte, fand sich unter der oben genannten Kiesschicht eine große Serie relativ kräftiger Pfosten in Pfostengruben. Sie bildeten zwei parallele Reihen im Abstand von 3,2 m und hatten untereinander einen Abstand von etwa 2,8 m (Abb. 83,1). Die Pfosten waren Teil eines mindestens 25 m langen Gebäudes. Nachdem etwa im gleichen Abstand, den die Pfostenreihen untereinander hatten, nordwestlich parallel zu den Pfostenreihen ein mindestens 14 m langes Gräbchen verlief, von dem rechtwinklig ein weiteres Gräbchen abzweigte (neben verschiedenen Gräbchen in anderen Richtungen; Abb. 83,2), ist wohl von einer hofartigen Anlage auszugehen. Innerhalb unserer Grabung wäre lediglich deren Südostseite erfasst worden. Aufgrund dieses mutmaßlichen Grundrisses, des Zusammenhangs mit oder zumindest der Nachfolge durch die platzartige Struktur und der schon beschriebenen Lage möchte ich den bisher unbekannten Baukörper als Teil einer forumsartigen Anlage interpretieren. Es lässt sich eine gewisse Analogie mit einem noch nicht eindeutig interpretierten Baukomplex südlich des Kastells Hüfingen erkennen. Sicher war dieser Bau mit 62 m × 95 m und einer Breite der Flügel von 7 m deutlich größer, doch kann ich im Moment keinen anderen Interpretationsansatz erkennen. Problematisch ist auch, dass der neu entdeckte Baukörper mit keiner der bisher bekannten Baufluchten in Rottweil übereinstimmt. Er ist weder parallel zur Westfront des Kastells III, noch parallel oder rechtwinklig zum Bad unter der Pelagiuskirche und er kann auch kaum mit der postulierten Straßenflucht zwischen dem Nikolausfeld und der *porta praetoria* des Kastells III verbunden werden. Aufgrund seiner stratigrafischen Lage kann er aber auch nicht als nachkastellzeitlich angesehen werden.

Ergänzung erfuhr der eigentliche Baukörper durch eine 1,0 m × 1,3 m × 1,0 m messende, fast riesige Pfostengrube mit einem darin eingestellten Pfosten von ca. 30 cm Kantenlänge in Bezug auf eines der Pfostenpaare des beschriebenen Baukörpers. Weiterhin könnte aus stratigrafischen Gründen, trotz anderer Ausrichtung, ein Wasserbauwerk im vermuteten Innenbereich dazu gehören. Es bestand aus einem knapp 1 m breiten, mit sehr hartem Mörtel gemauerten Kanal Richtung Westen (Abb. 83,3; 84). Seine Abdeckung aus 60 cm × 60 cm großen Ziegelplatten (Suspensuraplatten) war von weiteren Mörtellagen überdeckt. Der Kanal begann in einer armdicken, senkrecht gemauerten Öffnung, die in einer quadratischen Steinplatte mit 0,8 m Kantenlänge mündete. Die Oberseite dieser Platte war schwach kegelförmig zugerichtet und es ist denkbar, dass sie ursprünglich über dem eben belassenen zentralen Bereich einen Aufsatz trug. Mit deutlichem Bezug auf die Steinplatte bzw. ihre Öffnung befand sich östlich um die Steinplatte bzw. den Kanal herum ein bogenförmiges Gräbchen, teilweise steinverfüllt (Abb. 84).

Leider ist die Fortsetzung des Kanals ungewiss. Wegen seines relativ großen Querschnitts und seines deutlichen Gefälles zum Neckar hin möchte ich ihn trotz seiner massiven Mauerung, die für eine Druckwasserleitung sprechen könnte, als Abwasserkanal interpretieren. Steinplatte, möglicher Aufsatz und senkrechter Abfluss sowie der bogenförmig darum herum führende Befund sprechen wohl für ein Wasserbauwerk nach Art eines Nymphäums. Vielleicht führte eine Deichelleitung in einem der nur unvollständig erhaltenen Gräbchen Wasser heran, das in ein Becken floss und über einen Überlauf in den Kanal lief. Dieser Befund zeigt einmal mehr, mit welch hochwertiger Bauqualität selbst im militärischen Umfeld in der römischen Zeit in Rottweil gebaut wurde.

Abb. 84 Rottweil, Römerstraße 12. Baugrube des gemauerten Kanals mit senkrechter Öffnung und Mörtelabdruck der Steinplatte. Mit Bezug darauf im Hintergrund ein bogenartiger Befund.

Die Maßnahme wurde im Rahmen einer Arbeitsbeschaffungsmaßnahme vom Arbeitsamt Rottweil unterstützt, wofür herzlich zu danken ist. Dank gebührt aber auch den Bauherren für die verständige Zusammenarbeit.

C. Sebastian Sommer

Literaturhinweise

G. Fingerlin/H. G. Jansen, Arch. Ausgr. Baden-Württemberg 1990, 97 ff.; C. S. Sommer, Arch. Ausgr. Baden-Württemberg 1993, 151 ff.; ders., MVNICIPIVM ARAE FLAVIAE – Militärisches und ziviles Zentrum im rechtsrheinischen Obergermanien. Ber. RGK 73, 1992, 269 ff.

Archäologische Untersuchungen und baubegleitende Beobachtungen an den römischen Heilthermen von Badenweiler, Kreis Breisgau-Hochschwarzwald

Im Jahr 1999 fiel die definitive Entscheidung, die römischen Heilthermen im Jahr 2000 mit einer Stahl-Glas-Konstruktion (Abb. 85) stützenfrei zu überspannen und die 1784 freigelegte Ruine damit wieder dauerhaft zu schützen. In enger Zusammenarbeit mit dem Staatlichen Vermögens- und Hochbauamt Freiburg wurden vom 9.11.1999 bis 18.2.2000 gezielte archäologische Untersuchungen auf der ‚Ost- und Westterrasse' der römischen Heilthermen durchgeführt, danach Fundamentierungsarbeiten für den neuen Schutzbau baubegleitend beobachtet sowie im Zuge des Baufortschritts notwendige Reinigungs- und Restaurierungsmaßnahmen an der Ruine begonnen.

Auf der ‚Ostterrasse Go' wurde die Sondage 97/1 (Abb. 86) bis zur Ostmauer des Raumes Do erweitert. Bei etwa 405,00 m ü. NN, der Unterkante der Ostmauer von Do, war nach Osten hin relativ ebener vorrömischer Boden (Hangschutt) erhalten, der nach etwa 1,30 m steil nach Osten abfiel, darüber fanden sich zwei römische Bauhorizonte bei ca. 405,10 m und 405,50 m ü. NN, die sich ebenfalls nur ca. 1,3 m bis zum Geländeabfall nach Osten erstreckten, darüber bei 405,90 m ein etwas abgesunkenes Bau- und Begehungsniveau, das ursprünglich ca. 0,2–0,3 m höher gelegen haben dürfte. Die beiden unteren Bauhorizonte bestanden aus Ziegelsplitt, der oberste Horizont aus Lehm auf Gestück, er überlagerte auch den großen Drainagekanal. Vom Eingangsniveau zu den östlichen Thermen hat sich an dieser Stelle kein eindeutiges Benutzungsniveau erhalten, weil dieses und ein später erhöhtes Niveau vielleicht gepflastert waren und Pflastermaterial vielfache Wiederverwendung fand. Die Ostmauer von Do schneidet mit ihrer Baugrube die beiden oberen Bauhorizonte, ist also jünger, und sitzt auf einer ca. 0,3 m dicken, groben älteren Steinstickung, die ca. 0,2 m vor die Ostmauer von Do vorspringt und dem untersten Bauhorizont zuzurechnen ist. Das nach Osten stark abfallende ursprüngliche Gelände scheint auf einen vorrömischen Wassergraben hinzudeuten, in den dann der östliche Arm des großen Drainagekanals eingetieft wurde. Einen ähnlichen vor- oder frührömischen Abwassergraben muss man sich wohl auch im Bereich der ‚Westterrasse Gw' vorstellen, in den der westliche Arm des großen Drainagekanals eingetieft wurde. Vermutlich leitete der noch nicht näher untersuchte älteste Abwasserkanal, der innerhalb der Nordmauer unter den nördlichen Beckenumgängen des frühesten Thermenbaus verläuft, das Abwasser aus den Badebecken der Räume Bo und Bw zunächst in diese beiden Gräben oder, wenn der große Drainagekanal zur 1. Bauperiode gehört, durch die heute noch erhaltenen Mündungen in Höhe von ca. 402,10 m ü. NN gleich in diesen. Blickt man auf die Topografie Badenweilers, so scheinen diese beiden natürlichen Wassergräben trotz denkbarer Verlagerungen nördlich des Kurparks in den Wiesen westlich des Unteren Kirchweges noch heute fassbar zu sein.

Abb. 85 Badenweiler. Römische Heilthermen. Neuer Schutzbau (L. 67 m, B. 40 m, H. 9 m) aus Stahl und Glas, der die Thermenruine stützenfrei überspannt und dem Kuppelbau der Cassiopeia Therme trotz der räumlichen Enge einen angemessenen Freiraum belässt.

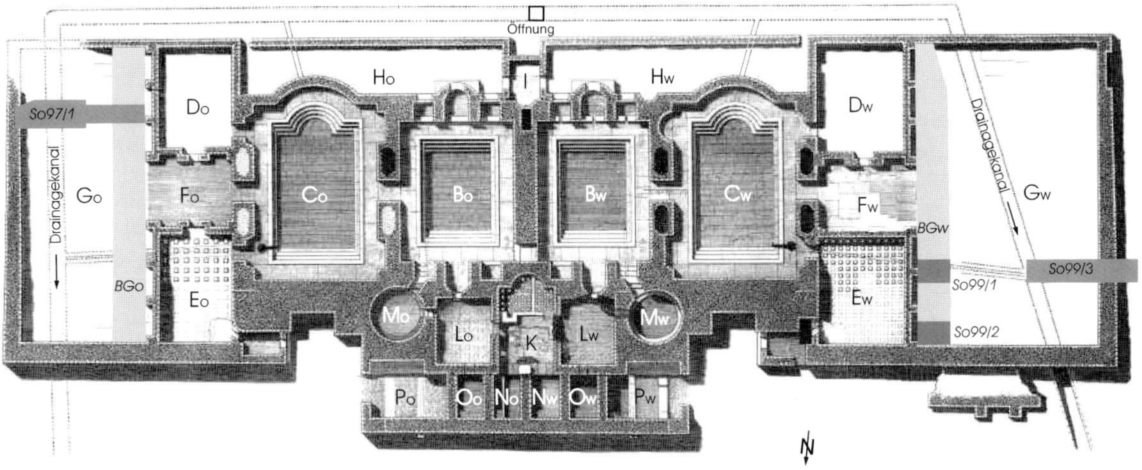

B	– Kurbad mit Gemeinschaftsbecken und Duschnischen
C	– Zu Badebecken umgebaute Auskleideräume
D, E	– Neue Auskleideräume nach der Erweiterung des Bades
F	– Eingangshallen
G	– 'Terrassen'
H	– Kleine Höfe aus später Zeit
I	– Später Anbau ohne ersichtliche Zweckbestimmung
K	– Heizraum
L	– Schwitzräume
M	Rundbecken zum Abspülen nach dem Schwitzbad
N,O, P	– Nebenräume

5 0 5 10 20 30m

G.F. Gmelin 1785, überarb.: von der Osten/Nübold 2001

O	– Osthälfte der Badeanlage
W	– Westhälfte der Badeanlage
BG	– Baggerschnitt
So99	– Sondago/Jahr

Auf der ‚Westterrasse Gw' war die bauliche Abfolge der unter der Westmauer des Raumes Ew hindurch geführten Entwässerung des Badebeckens Cw zu klären. Die Sondage 99/1 (Abb. 86; 87) zeigt, dass die Abwasserrinne aus sorgfältig bearbeiteten Werksteinen bereits verlegt war, als die Westmauer von Ew errichtet und ihre Mauervorlage über der Rinne mittels eines Steinblocks abgefangen wurde. Mylius hat in seiner sehr schmalen Sondage die Zusammenhänge nicht ausreichend erkennen können und die Rinne später als die Mauer interpretiert. Die stark nach Westen sowie nach Norden abfallenden Auffüllschichten (z. T. große Mengen von Brand- und Bauschutt) scheinen – wie schon angedeutet – auf einen vor- oder frührömischen Wassergraben hinzudeuten, der schräg zur ‚Terrasse Gw' verlief und damit den Verlauf des in den Graben eingetieften großen Drainagekanals bestimmte (Abb. 86). Die Auffüllschichten stoßen seitlich gegen die steinerne Abwasserrinne und zogen ursprünglich wohl darüber hinweg. Spätere Eingriffe störten hier den Schichtenverlauf. Die Baugrube der Westmauer des Raumes Ew schneidet dagegen die Auffüllschichten und ist damit jünger. Während einer tief greifenden Umgestaltung des Thermenbaus scheinen die Wasserabläufe der Badebecken auf gedeckte steinerne Abwasserrinnen umgestellt worden zu sein: Die beiden äußeren Badebecken Co/Cw entwässerten über gedeckte Rinnen in den großen Drainagekanal, der dafür im Osten wie im Westen einen Gewölbeaufsatz aus Mörtelmauerwerk erhielt. Im Nordvorbau leiteten zwei weitere gedeckte Steinrinnen das Wasser der Badebecken Bo/Bw und der Rundbaderäume Mo/Mw über Wasserspeier in der Nordwand ab. In Sondage 99/3 wurde die Westmauer (Breite ca. 1,50 m) der ‚Terrasse Gw' aufgedeckt (Abb. 86). Die äußere Mauerschale ist über dem anstehenden Boden ab ca. 403,00 m ü. NN auf Sicht ge-

Abb. 86 Badenweiler. Römische Heilthermen nach einem Stich von G. F. Gmelin, 1785, mit Raumbezeichnungen nach dem ersten Grundriss des Geometers G. W. v. Weißensee, 1784, und Eintragung der archäologischen Sondagen der Jahre 1997/99 sowie der Baggergräben des Jahres 2000 auf der ‚Ost- und Westterrasse Go/Gw'.

Abb. 87 Badenweiler. Römische Heilthermen. Blick von Nordwesten auf die Abwasserrinne des Badebeckens Cw, die von der Westmauer des Raumes Ew überbaut ist. Die in Mörtel gesetzten Bruchsteine am rechten oberen Profilrand dienten als Fundament für die Stütze eines älteren Schutzdachs. Im Hintergrund die Thermenruine mit dem zu kleinen Schutzdach aus dem Jahre 1953.

mauert, die innere, nicht so tief hinab untersuchte Mauerschale zeigte Fugenstrich ab ca. 404,00 m und ist bis 404,60 m ü. NN erhalten. Die ‚Westterrasse Gw' wird ab 2001 neuer Besucherzugang für die römische Thermenruine. Um Besuchern die Gesamtausdehnung der römischen Anlage verdeutlichen zu können, sollen das römische Niveau wieder hergestellt und die bislang verschütteten ‚Terrassen-' oder Hofmauern bis auf Brüstungshöhe (ca. 407,70 m ü. NN) rekonstruiert werden. Im Vorgriff auf diese Arbeiten wurden West- und Nordmauer weiter freigelegt, dabei konnte an der Westmauer in Höhe von ca. 405,25 m innen ein horizontaler Mauerrücksprung von 0,10 m, außen durch vier geböschte Steinlagen einer von 0,21 m festgestellt werden, die Mauer verjüngte sich also nach oben. An der nördlichen ‚Terrassenmauer' lässt sich außen ein Rücksprung in dieser Höhe nicht nachweisen, allenfalls weiter oben annehmen, innen fand sich ein Rücksprung von 0,15 m in einer Höhe von 405,86 m ü. NN. Die südliche ‚Terrassenmauer' besitzt bei ca. 406,45 m ü. NN innen einen Rücksprung von ca. 0,12 m und außen durch vier geböschte Steinlagen einen von etwa 0,18 m. Das System horizontaler Mauerrücksprünge innen und geböschter Steinlagen außen ist an diesem Thermengebäude mehrfach belegt und soll in der Teilrekonstruktion der Terrassenmauern wieder aufgenommen werden.

In den Profilen der bis zu 3,5 m breiten und 1,8 m tiefen Baggergräben BGo/BGw (Abb. 86) für Streifenfundamente zur Verankerung der vertikalen Glasfassaden des Schutzbaus ließ sich die sukzessive Auffüllung der ‚Terrassen' mit Erde, Brand- und Bauschutt deutlich erkennen. Die bisher aufgedeckten Flächen ergaben jedoch keine neuen Erkenntnisse zur baulichen Gestalt und Nutzung der beiden ‚Terrassen' (deshalb wird ‚Terrasse' weiter in Anführungszeichen gesetzt). Es bleibt die Frage: Waren diese beiden ‚Terrassen' völlig offene, von einer Hofmauer umgebene oder teilweise überdachte große Räume (Go ca. 250 m², Gw ca. 375 m²), die über den Zugang zu den Thermen hinaus – Palästren ähnlich – für sportliche Übungen oder Spiele genutzt wurden?

Während der Fundamentierungsarbeiten für den neuen Schutzbau konnte südlich der Thermenruine eine etwa 8 m breite, nach Osten leicht abfallende geebnete Vorzone in Höhe von ca. 406,60 m ü. NN festgestellt werden, an deren Südseite eine kurze, steile Böschung auf ein Niveau von ca. 407,00 m ü. NN und höher führte. Eine mehrere Zentimeter dicke Holzkohleschicht überdeckte diese Geländekante. Ein zu er-

wartendes deutlich ausgeprägtes Begehungsniveau fand sich hier nicht, möglicherweise war diese Vorzone mit Steinplatten belegt, die ausgeraubt wurden. Nördlich des Nordvorbaus wurde bei Fundamentierungsarbeiten ebenfalls eine mehrere Zentimeter dicke, nach Norden fallende Holzkohleschicht bei etwa 401,00 m ü. NN angeschnitten. Die Nordseite der Thermenanlage mit den mächtigen Stützmauern und Erdböschungen (möglicherweise Aushub vom Bau des großen Drainagekanals), den tief eingeschnittenen Mündungen des großen Drainagekanals und den Wasserspeiern am Nordvorbau war immer Rückseite dieses einmaligen Thermenbaus – Schauseite war die architektonisch reich gegliederte Südfassade.
Um für die Gestaltung der Außenanlagen die Anschlüsse herstellen zu können, wurden die völlig ausgebrochenen südlichen Mauern der Höfe Ho/Hw rekonstruiert, Durchbrüche für den Besucherrundgang geschaffen und an den Mauern der Räume Do und Dw mit Mauerergänzungen begonnen.

Besonderer Dank gebührt der Firma Kärcher, Winnenden, die eine kostenlose Reinigung der Thermenruine übernommen und bereits zugängliche Mauern sehr schonend gereinigt hat.

Meinrad N. Filgis

Literaturhinweise

H. Mylius, Die römischen Heilthermen von Badenweiler. Röm.-German. Forsch. 12 (Berlin 1936) Taf. 11b; Abb. 5; 116 Abb. 20; Taf. 1; M. N. Filgis, Arch. Ausgr. Baden-Württemberg 1998, 181–185 mit weiteren Literaturhinweisen.

Weitere Untersuchungen im römischen *vicus* auf der „Ottmarsheimer Höhe“, Gemarkungen Mundelsheim und Besigheim-Ottmarsheim, Kreis Ludwigsburg

Im Jahr 2000 wurden vom 2. Mai bis 15. September in der bekannten römischen Siedlung auf der Ottmarsheimer Höhe drei weitere Bauflächen im Vorfeld archäologisch untersucht. Während die Parzelle Müller/Günter am Nordwestrand des bisher nachgewiesenen Siedlungsareals liegt und dementsprechend nur mehr wenige Befunde ergab, befinden sich die Grundstücke Mozer und Hecht inmitten der antiken Bebauung. Mit ihrer Ausgrabung konnten Lücken zwischen in früheren Jahren dokumentierten Flächen geschlossen werden, so dass nun die archäologischen Strukturen innerhalb des ausgewiesenen Industriegebiets weitgehend vollständig erfasst sind.
Die Grabung des Jahres 2000 erbrachte 184 weitere, fast ausschließlich römische Befunde. Neben zahlreichen Gruben unterschiedlicher Funktion sind vor allem fünf weitere Keller, sieben

Abb. 88 Mundelsheim/ Besigheim-Ottmarsheim. Zylindrischer römischer „Schacht“ in Profilansicht.

Abb. 89 Mundelsheim/ Besigheim-Ottmarsheim. Terrakottaplastik mit Darstellung einer Frauenbüste. H. 11,2 cm.

Abb. 90 Mundelsheim/ Besigheim-Ottmarsheim. Ensemble von Terra Sigillata-Geschirr aus einer Latrine. Teller und Schälchen mit Graffiti „Saciro“ sowie Sternen auf der Bodenunterseite.

Latrinen, eine Zisterne und drei „Schächte“ zu nennen. Im Gegensatz zu der unmittelbar östlich angrenzenden Grabungsfläche des Vorjahres wiesen die Keller keine einheitliche Anordnung und Ausrichtung auf. In vier Fällen handelte es sich um kleine, ursprünglich holzverschalte Anlagen, deren Treppenrampen ansatzweise noch erhalten waren. Ein größerer Keller von 3,75 m × 4,20 m Grundfläche zeigte deutliche Spuren einer Holzschwellenkonstruktion. Das zugehörige Gebäude muss, wie Mörtelbröckchen belegen, weiß verputzt gewesen sein. Leider sind alle ebenerdigen Anlagen längst der Erosion zum Opfer gefallen. Ebenfalls mit Holz ausgekleidet und versteift waren die rechteckigen bis quadratischen Latrinen sowie die Zisterne, die Niveaus von bis zu 4 m unter Planum 1 erreichten. Eine auffällige Besonderheit der Ottmarsheimer Höhe bilden die „Schächte“, im Planum kreisrunde Befunde von maximal 1 m Durchmesser, die senkrecht abgetieft sind. Im Gegensatz zu Zisternen und Brunnen besitzen sie keine erkennbare Verschalung, die Verfüllung ist nahezu steril (Abb. 88). Ihre Tiefe liegt häufig bei über 4 m. Bereits in früheren Grabungen festgestellte, gereihte Anordnungen, die an römische Kanalschächte denken ließen, waren an den bis zur Sohle untersuchten Beispielen nicht verifizierbar, so dass eine Deutung derzeit schwer fällt.

Das Fundmaterial aus den Kellern, vor allem aber aus den Latrinen, erwies sich wiederum als umfangreich und qualitätvoll. Zu nennen ist insbesondere eine 11,2 cm hohe Terrakottakleinplastik aus weißem, so genanntem Pfeifenton (Abb. 89). Bei der Darstellung handelt es sich um eine Frauenbüste, deren Sockel fehlt. Derartige aus zwei Schalen ausgeformte Terrakotten sind insbesondere aus Manufakturen Mittelgalliens bekannt. Eine andere Latrine lieferte einen größeren Bestand an Terra Sigillata-Geschirr, das nur wenig zerscherbt in die Grube gelangte. Offensichtlich haben wir hier einen Teil des Geschirrbestands eines Haushalts vor uns. Sein Besitzer versäumte es nicht, Schälchen und Teller (Formen Dragendorff 27 und 31) auf dem Boden mehrfach mit einer Markierung, einem Stern sowie seinem Namen im Dativ zu versehen (Abb. 90). Herr Sacirus scheint sehr auf sein Geschirreigentum bedacht gewesen zu sein – eine Eigenschaft, die besonders beim römischen Militär weit verbreitet war.

Die Untersuchungen auf der Ottmarsheimer Höhe werden in den nächsten Jahren fortgesetzt werden müssen, da eine Erweiterung des Industriegebiets geplant ist. Weitere interessante Ergebnisse dürfen wir erwarten.

Den Eigentümern der Grundstücke, Herrn Mozer, Frau Hecht und Herrn Müller möchten wir auch an dieser Stelle für ihr Einverständnis zu einer vorgezogenen Untersuchung sehr herzlich danken. Die Stadt Besigheim unterstützte uns wiederum durch Hilfe in technischen Belangen, wofür ihr einmal mehr gedankt sei. Ohne die Bewilligung einer Arbeitsbeschaffungsmaßnahme des Arbeitsamts Ludwigsburg und seiner Außenstelle Bietigheim wäre diese Grabung nicht möglich gewesen. Hierfür und insbesondere für die vertrauensvolle Zusammenarbeit gilt ihm unser besonderer Dank.

Ingo Stork

Literaturhinweis

I. Stork, Arch. Ausgr. Baden-Württemberg 1999, 116 ff. mit weiterer Literatur.

Abschließende Ausgrabungen des römischen Landgutes bei Enzberg, Stadt Mühlacker, Enzkreis

Bereits Oskar Paret vermutete 1912, nach dem er eine 16 m × 13 m große Badeanlage fast vollständig freigelegt hatte, dass diese in Zusammenhang mit einem beachtlichen Anwesen gestanden haben müsste. Die Ausgrabungen der vergangenen drei Jahre in Enzberg gaben ihm Recht.

Seit 1998 wurden vier Gebäude freigelegt und ihr Umfeld im Zwickel zwischen der Heilbronner Straße und der neuen B 10 vollständig untersucht (Abb. 91). Der außergewöhnlich gute Erhaltungszustand der beiden hangseitigen Gebäude 1 und 2 führte zu dem Entschluss, sie zu konservieren und zukünftig im Rahmen eines Archäologischen Parks für die Öffentlichkeit zugänglich zu machen. Die nur im Fundamentbereich erhaltenen und weitaus schlichter gestalteten Gebäude 3 und 4 sollen durch eine Heckenbepflanzung kenntlich gemacht werden.

Ziel der Ausgrabungen 2000 war es, neben Nachuntersuchungen in den Gebäuden 1 und 2, Gebäude 4 vollständig freizulegen und das Vorfeld von Gebäude 1 abzuklären.

Bei Gebäude 1 war es möglich, den Keller westlich des Südrisalits, der in die Böschung der Heilbronner Straße reicht, vollständig zu dokumentieren (Abb. 92). Wie die Süd- und Ostwand ist auch die westliche Wand des 5 m × 5 m großen Raumes mit zwei qualitätvoll gearbeiteten Nischen ausgestattet. Die nun vollständige Südwand und die Westwand besitzen darüber hinaus einen Lichtschacht; bei der Westwand war noch die Fensterbank in situ vorhanden. Für die Lichtschächte und Nischen wurden auffallend häufig Sandsteine verwendet.

Da der Estrich des Beckens im nördlichen Risalit auf Dauer ohne Schutzbau nicht erhalten werden kann, war eine Untersuchung des Beckenunterbaus möglich. Der bis zu 0,2 m dicke, stark mit Ziegelsplitt durchsetzte Estrich saß auf einem durchschnittlich 0,3 m dicken Paket aus Ziegelbruchstücken. Darunter folgte eine 0,1–0,2 m starke Lage aus Kalkbruchsteinen, die man offen-

Abb. 91 Enzberg. Schematischer Gesamtplan der Ausgrabungen 1998 bis 2000.

sichtlich nicht wahllos einfüllte, sondern eher planmäßig einstellte. Den unteren Abschluss bildete eine bis zu 0,1 m dicke Schicht aus Brandschutt, stark durchsetzt mit verkohlten Getreidekörnern, die wohl isolierende Wirkung haben sollte. Der gesamte Unterbau macht deutlich, dass auf keinen Fall Feuchte aus dem Boden in das Becken gelangen durfte (Abb. 93).

Abb. 92 Enzberg. Gebäude 1. Ansicht des Kellers von Osten.

Wo sich das Getreide ursprünglich befand und warum es verbrannt ist, lässt sich zumindest derzeit noch nicht festlegen. Nach Aussage von M. Rösch ist der Erhaltungszustand der Proben, möglicherweise durch die Umlagerung bedingt, eher mäßig. Offensichtlich handelt es sich um einen Dinkelvorrat in Form von Körnern und Hüllspelzenbasen, die 74 % des Materials ausmachen. Neben Dinkel und unbestimmbaren Getreidekörnern tritt selten Nacktweizen auf; Emmer, Roggen, mehrzeilige Spelzgerste, Einkorn, Hafer, Rispenhirse und Linse nur in Spuren. Nach Rösch resultiert dies aus nicht sortenreinem Saatgut, Abkömmlingen der vorigen Saat oder Verunreinigungen bei der Aufarbeitung der Ernte. Das Material enthält geringe 8 % Unkräuter, was allerdings für eine sorgfältige Erntegut-Reinigung vor der Einlagerung spricht. Die Wände des Beckens und der obere Bereich der Fundamentierung waren sorgfältig mit Ziegelplatten verkleidet. Diese wiederum saßen auf einer Schicht aus feinem, mit organischem Material (Häcksel) gemagertem Kalkmörtel.

Abb. 93 Enzberg. Gebäude 1. Becken im Nordrisalit. Verkohlte Getreidereste.

Abb. 94 Enzberg. Blick auf zwei Öfen vor Gebäude 1.

Das 130 m² große Gebäude 2, knapp 10 m südwestlich des Haupthauses, besaß im südlichen, quadratischen Teil einen massiven Estrich und eine kanalartige Entwässerungsvorrichtung.

Mehrere Beobachtungen sprechen hier für eine Dreiteilung durch Fachwerkwände. Möglicherweise diente der breitere, mittlere Teil als Innenhof, wie es für ein Wohngebäude in Lörrach-Brombach angenommen wird.

Nach Abtrag des Estrichs waren drei Gruben nachweisbar, die wohl in Zusammenhang mit einem Ofen stehen. Einige enthielten Eisenschlackereste. Der Ofen saß auf einer Vorlage aus Kalkbruchsteinen (0,8 m × 0,85 m). Darüber folgten Schichten aus gelbem und stark rot verbranntem Löss und Reste der grauen Brennplatte mit Holzkohle. Diese Feuerstelle wird wohl kaum mit einer ersten Nutzung des Gebäudes in Verbindung stehen, sondern eher mit dessen Errichtung.

Ähnliches gilt offensichtlich für Überreste fünf kleiner Öfen, die im Vorfeld von Gebäude 1 zutage kamen und später von der Hofpflasterung überlagert wurden. Verglühter Lehm und außerordentlich massive Holzkohlekonzentrationen ließen sich hier beobachten (Abb. 94).

Das knapp 30 m² große Gebäude 3 mit extrem massiven Mauern könnte als Turmspeicher gedient haben. Sollten allerdings die ansehnlichen Pfostengruben im Umfeld zugehörig sein, wäre auch eine Interpretation als Heiligtum (Umgangstempel ?) möglich.

Gebäude 4 besitzt auffallend schmale Mauern, die schiefwinklig aufeinander stoßen. Die südwestliche Fortsetzung befindet sich auf Privatgelände, so dass die Befunde nicht weiter verfolgt werden konnten. Die größtenteils nur noch in den Fundamentlagen erhaltene Halle war mindestens 15 m × 10 m groß. Wahrscheinlich trugen die max. 0,6 m breiten Mauern eine Holzarchitektur. Eine Deutung des Gebäudes 4 als Stall oder Remise wäre denkbar (Abb. 95).

Eine knapp 25 m² große holzverschalte Grube lag exakt mittig 10 m vor der Front des Hauptgebäudes. Letzte Reste eines Abflusses verweisen auf ein Wasserbecken. Offensichtlich wurde das

Abb. 95 Enzberg. Gebäude 4 von Osten; im Hintergrund Gebäude 2.

Abb. 96 Enzberg. Jahreszeitenköpfe bei der Bergung.

Becken bei der großen Umbau- und Vergrößerungsmaßnahme, als auch die Freitreppe direkt daneben entstand, verfüllt. Die Verfüllung enthielt neben Bauschutt zahlreiche Funde, darunter aussagekräftige Sigillaten, wichtige Indizien für den Beginn der Enzberger Siedlungsstelle.

Über der Verfüllung wurde eine sehr massive und feste Kalkmörtel-/Kiesschicht aufgebracht, möglicherweise der Unterbau für ein Monument. Dies scheint sich durch die Verfüllung eines knapp 10 m südwestlich gelegenen Brunnens zu bestätigen: Hierin waren Unmengen von Steinen, z. T. mit Bearbeitungsspuren, entsorgt worden. Darunter lagen zwei fast lebensgroße Frauenköpfe, die unschwer als Personifikationen der Jahreszeiten zu interpretieren sind und zum Büstenkapitell einer Jupitergigantensäule gehören (Abb. 96). Die Ansprache eines Kopfes mit tuchartiger Bedeckung als Winterhore ist gesichert. Ob der zweite Kopf nun Frühling, Sommer oder Herbst symbolisiert, muss noch offen bleiben. Leider befanden sich die beiden anderen Köpfe nicht in diesem Brunnen, dafür aber der Torso eines gewaltigen Giganten.

Die Köpfe und der Gigant haben die gleiche Größe wie die entsprechenden Skulpturen der Hausener Säule, deren Höhe mit 7–8 m rekonstruiert wird. Es liegt also auf der Hand, dass die überhaupt nicht wiederverwertbaren Teile des umgestürzten heidnischen Monumentes von den nachrömischen Siedlern in dem benachbarten Brunnen entsorgt wurden. Leider war u. a. der Viergötterstein offensichtlich noch anderweitig zu gebrauchen, so dass uns der Name des Villenbesitzers und andere wichtige Informationen vorenthalten bleiben. Die Ausführung der Skulpturen erinnert an Fundstücke aus der römischen Metropole Pforzheim, von wo aus wahrscheinlich der Enzberger Auftraggeber beliefert wurde.

Jedenfalls verdeutlicht ein Monument dieser Größenordnung zusammen mit der Konzipierung und Ausstattung der Gebäude, dass hier an der Straße Pforzheim–Mühlacker/Dürrmenz, unweit der Enz, prosperierender Handel getrieben worden sein muss. Durch die hoch aufragende Jupitergigantensäule war das Landgut jedenfalls für die Reisenden schon aus weiter Ferne sichtbar.

Am Vormittag des 29. Juni 2000 besuchte der baden-württembergische Wirtschaftsminister Dr. Walter Döring die Enzberger Ausgrabung. Schüler der 9. Klasse des Theodor-Heuss-Gymnasiums in Mühlacker übernahmen die Führung des Ministers. Dr. Döring zeigte sich beeindruckt von der Qualität der Befunde und sicherte in seiner Ansprache die Bereitschaft des Landes zu, sich an den Konservierungskosten zu beteiligen.

Gedankt werden soll an dieser Stelle der Stadt Mühlacker, Herrn Oberbürgermeister Klaus Schönfeld und dem ersten Bürgermeister, Herrn Hans-Jürgen Pisch für die Unterstützung; dem Arbeitsamt Pforzheim, Außenstelle Mühlacker, für die Bereitstellung der Arbeitsbeschaffungsmaßnahme, die die Ausgrabungsarbeiten vor Ort wesentlich unterstützt hat, namentlich genannt werden sollen Herr Helmut Weis, der Geschäftsstellenleiter, und Herr Hans Drescher, der die gesamte Organisation der Maßnahme besorgte. Außerdem danken wir dem Vorstand des Historisch-Archäologischen Vereins Mühlacker für die stetige Unterstützung und große Hilfsbereitschaft und seinen Mitgliedern, die z. T. regelmäßig ehrenamtlich bei den Ausgrabungsarbeiten geholfen haben, namentlich Herrn Dieter Eberle und Herrn Wolfgang Rieger, sowie den Schülern der Klasse 9c des Theodor-Heuss-Gymnasiums Mühlacker und ihrer Klassenlehrerin Frau Phoebe Haumacher für die großartige und spontane Unterstützung beim Besuch des Wirtschaftsministers.

Britta Rabold

Literaturhinweis

B. Rabold, Arch. Ausgr. Baden-Württemberg 1999, 120–123.

Ausgrabungen in der römischen Gutsanlage von Hechingen-Stein, Zollernalbkreis

Die diesjährige Ausgrabungskampagne in Hechingen-Stein hatte zwei Ziele. Zum einen sollte das im vorangegangenen Jahr zu rund drei Vierteln ausgegrabene Gebäude E vollständig freigelegt werden. Zum anderen galt es die westliche Hofmauer der Gutsanlage in diesem Bereich nach Norden hin zu untersuchen.

Wie bereits erwähnt war Gebäude E schon in großen Teilen dokumentiert worden. Nur die südliche und Teile der westlichen Mauer lagen noch im Boden. Der schon bekannte schlechte Erhaltungszustand, der nichts vom aufgehenden Mauerwerk erwarten ließ, war auch in diesem Jahr zu beobachten. Als neue Erkenntnis zeigte sich, dass die südliche, dem Hanggefälle hin zugeneigte Mauer in den westlichen Bereichen mit zwei Fundamentvorsprüngen gefestigt war. Ob es sich hierbei um reine Strebepfeiler oder aber um eine Eingangsrampe gehandelt hat, muss aufgrund der schlechten Erhaltung offen bleiben. Die vermutete Rampe würde sich zum Mühlengebäude D, nur wenige Meter südlich davon gelegen, ausrichten. Auffällig war auch, dass die Fundamentsteine im Bereich des stärksten Hanggefälles im Süden horizontal in die Fundamentgrube gesetzt waren. Eventuell wollte man so eine größere Stabilität erreichen.

Gebäude E hat eine Größe von rund 20 m auf 14 m und keine nachweisbare Innenbebauung. Daher wird es im Moment als Speicherbau interpretiert.

Bei der Untersuchung der Hofmauer zeigte sich schon in den ersten geöffneten Flächen das Tor zur Gutsanlage (Abb. 97). Es handelt sich dabei um eine aus zwei in einem Abstand von rund 4 m zueinander errichteten Mauerwangen bestehende Torgasse. Dieses Tor liegt im Bereich der modernen Straße und ist durch diese in den westlichen Bereichen gestört. Dennoch lassen sich noch einige konstruktive Merkmale erkennen. Im Schuttbereich zwischen den Torwangen fand sich eine

Abb. 97 Hechingen-Stein. Blick auf den Torbereich der Gutshofmauer.

große Anzahl keilförmiger Steine. Diese waren außerordentlich sorgfältig behauen und lassen auf einen Torbogen schließen. Die sehr sauber bearbeitete Oberfläche dieser Steine könnte auf eine Steinsichtigkeit des Bogens hindeuten. Beim weiteren Abtrag zeigte sich, dass Teile der Wegschotterung zwischen den Torwangen und darüber hinaus erhalten geblieben waren. Es handelt sich um kleinteiliges Steinmaterial, vermischt mit etwas Ziegelbruch, welches direkt auf dem anstehenden Boden auflag. Dieser Weg führt vom Tor direkt auf den westlichen Haupteingang des Hauptgebäudes zu. Leider brach die Wegschotterung schon nach wenigen Metern ab. Im weiteren Bereich ließen sich noch Reste einer weiteren Schotterung erkennen, die weit über die zu erwartende Breite des Weges hinausging. Möglicherweise handelt es sich hier um eine platzartige, geschotterte Freifläche, die sich auf eine Länge von rund 20 m erstreckte. Sie ließ einen ungehinderten Blick auf das Hauptgebäude zu. Dafür spricht auch die Tatsache, dass sich zwischen Tor und Hauptgebäude keinerlei weitere Bebauung nachweisen ließ.
Der weitere Verlauf der Hofmauer nach Norden konnte auf einer Strecke von 40 m verfolgt werden, wobei der Erhaltungszustand sehr unterschiedlich war. Ließen sich in einigen Bereichen noch einige Lagen des aufgehenden Mauerwerks beobachten, waren andere Teile nur noch als Fundament nachweisbar. Es stellte sich dabei heraus, dass dies sehr stark vom überbauten Grund abhängig ist. Grundsätzlich lässt sich sagen, dass die Hofmauer direkt an der Hangkante errichtet worden war, was teilweise ein Abrutschen des Mauerwerks mit sich brachte. In einigen Abschnitten saß das Fundament in einer wohl schon vorrömisch verfüllten Rinne, was eine Ausbeulung in der Mauer verursachte. Es zeigte sich auch, dass die Mauer an einigen Stellen auf den anstehenden Felsen gesetzt worden war, wobei man hier auf ein Fundament verzichtet hatte.
Grundsätzlich scheint es, als ob die Hofmauer einer späteren Ausbauphase angehörte. Die relativ schlechte Qualität der Mauer und die Tatsache, dass sie, wie schon im letzten Jahr berichtet, an das ältere Mühlengebäude angebaut war spricht hierfür. Besonders deutlich zeigte sich dies aber in den nördlich gelegenen Flächen, die dieses Jahr untersucht wurden. Da diese Untersuchungen noch nicht abgeschlossen sind, hier nur ein vorläufiger Vorbericht.
In den zuletzt untersuchten Flächen zeichnet sich eine Bebauung ab, die durch die später errichtete Hofmauer wieder abgetragen worden war. Deutlich zeigt sich hier eine Mehrphasigkeit, deren Verhältnis zueinander noch nicht vollständig geklärt ist.
Es scheint sich um ein größeres Steingebäude zu handeln, wobei die westliche Außenmauer fast parallel zu der späteren Hofmauer verlief. Die Ausdehnung nach Norden ist hierbei noch nicht geklärt. Die südliche Mauer verlief auf einer Länge von rund vier Metern nach Osten und endet dann. Im Inneren fanden sich, getrennt durch eine schmale, einschalige Mauer, die Reste von zwei gleichartigen Feuerstellen. Diese bestanden aus zwei parallelen, Ost-West verlaufenden Mauerzügen mit einer Länge von jeweils 1,10 m. Diese waren sehr einfach gesetzt und bestanden aus stark verbrannten Schilfsandsteinen. Ebenfalls stark verziegelt war der Boden der Feuerstellen zwischen den Mauern. Der jeweils östliche und westliche Abschluss blieb offen. Eine Funktion dieser Feuerstellen oder Öfen lässt sich noch nicht erschließen. Die große Menge von Eisenschlacke in diesem Bereich deutet aber auf die Bearbeitung von Eisen hin. Eventuell bringt die Erweiterung der Flächen nach Osten eine Klärung dieses Befundes.
Eine weitere Mauer schloss sich nördlich an die Öfen an. Da diese Mauer den nördlich gelegenen Ofen überlappt, kann von einer späteren Phase ausgegangen werden. Diese Mauer hat eine Länge von 3,60 m mit einem kurzen

Abzweig nach Westen am südlichen Ende. Im Norden war sie auf eine Ost-West verlaufende abgetragene Mauer gesetzt. Diese scheint im Verband mit der Hofmauer errichtet worden zu sein, folglich müsste die vorab genannte Mauer später als die Hofmauer und das Gebäude mit den Öfen zu datieren sein. In den zuletzt genannten Bereichen fand sich eine außerordentlich große Menge Fundmaterial. Dabei ließen sich die zerscherbten Reste von mehreren, annähernd vollständigen Gefäßen nachweisen. Ebenso fanden sich Reste von Glasgefäßen und Metallgegenständen, darunter eine Münze.

Der wohl interessanteste Fund ist aber der Kopf einer kleinen Götterstatue aus Stubensandstein. Die zu erschließende Größe des Standbildes dürfte bei rund 40 cm gelegen haben. Es ist allerdings nicht auszuschließen, dass es sich um einen Teil eines sehr plastischen Reliefs gehandelt hat. Eine Bestimmung dieses Stückes ist derzeit noch nicht möglich, aber das jugendliche, von Locken umgebene Gesicht und die Andeutung einer Mütze oder Kapuze lassen an eine Darstellung des Mithras denken. Aufgrund der großen Entfernung zum Tempelbezirk ist ein Zusammenhang mit diesem nicht anzunehmen.

Aufgabe des nächsten Jahres wird es sein, diesen interessanten Befund weiter zu untersuchen.

Stefan Schmidt-Lawrenz,
Martin Menninger

Literaturhinweis

S. Schmidt-Lawrenz, Arch. Ausgr. Baden-Württemberg 1999, 128 ff.

Ein großes landwirtschaftliches Nebengebäude in Oberndorf-Bochingen, Kreis Rottweil. Aspekte der römischen Architektur

Die Grabungen des vergangenen Jahres in der römischen *villa rustica* von Oberndorf-Bochingen waren geprägt von der Untersuchung des bereits 1999 aufgedeckten Gebäudes 3 westlich des Hauptbaus. Es handelt sich um einen 18 m × 15 m großen Rechteckbau ohne Innengliederung, dessen Ecken in die Haupthimmelsrichtungen weisen. Wie schon früher dargelegt, waren alle vier Außenmauern oder zumindest deren äußere Schalen vermutlich in einem Erdbeben waagrecht nach außen umgeklappt. Während die Südost- und Südwestwände stark zerbrochen und zusätzlich teilweise abgepflügt waren, fanden sich Teile der Nordost- und vor allem die Nordwestwand praktisch komplett im Verband. Hier, aber auch in der Südwestwand konnten hervorragende und in ihrem Zusammenhang bisher ungewöhnliche Details zur Bauweise erkannt werden.

Herausragender Befund war ohne Zweifel die Nordwestwand, eine Schmalseite und damit eine Giebelwand des Gebäudes. Unter dem etwas unstrukturierten Kern der Mauer konnte in überraschender Klarheit die äußere Schale samt dem weitestgehend erhaltenen Giebelfeld herausgearbeitet werden (Abb. 98; 99). Meines Wissens einmalig in Baden-Württemberg, vielleicht sogar in ganz Süddeutschland, ließ sich hier sogar die Dachneigung bestimmen. Mit ca. 32° ist sie für ein Ziegeldach unerwartet steil (Abb. 100); bei den meisten Rekonstruktionen ging man von etwa 25° aus. Erstaunlich ist auch die feine Gestaltung dieses Bereichs. Einerseits

Abb. 98 Oberndorf-Bochingen. Übersicht über das Gebäude 3. Im vorderen Teil nach Abtrag der Mauer-, Dach- und Bodenschichten (erkennbar sind hier die Sockelsteine eines älteren Holzgebäudes), im oberen Teil nach Abtrag des Profilstegs und des Kerns der Mauern.

fand sich nämlich zwischen der eigentlichen Wandscheibe und dem Giebelfeld eine doppelte Reihe aus etwa 4 cm dicken Schilfsandsteinplatten, andererseits bildete eine ebensolche Reihe den Übergang zwischen dem Giebelfeld und dem Dach am so genannten Ortgang. Wir gehen davon aus, dass diese Plattenreihen leicht über die Wandfläche vorkragten. Die doppelte Plattenreihe in der Wand bildete damit eine Art Gesims (Abb. 100).

Gesims- wie Ortgangplatten bildeten offensichtlich die Fortsetzung einer ähnlichen Steinplattenreihe am Übergang von Wand zu Dach der Langseiten des Gebäudes, also an der Traufe. Mittlerweile ist jedoch klar, dass hier noch weitere Elemente verwendet wurden. Nach einem bisher unter dem Profilsteg liegenden Befund ist nämlich sicher, dass die vor allem im Bereich der Südwestwand gefundenen profilierten Konsolsteine unter den Platten an der Traufe gesessen haben dürften und somit den Anklang an ein klassisches Konsolgesims ergaben (Abb. 101). Es handelt sich dabei um Elemente, wie wir sie eigentlich nur in der städtischen Architektur, nicht aber im ländlichen Umfeld erwartet haben. Der fein ausgebildete Abschluss der Wände steht damit in einem klaren Zusammenhang mit den durch sorgfältig behauene, längere Quader ausgebildeten Ecken (Abb. 102). Merkwürdig ist, dass diese im unteren Teil aus Schilfsandstein bestanden, während die oberen Quader dann in dem für das Mauerwerk sonst üblichen Muschelkalk ausgeführt waren. Aus der Quaderung muss die Frage abgeleitet werden, inwiefern der zu vermutende Außenverputz des Gebäudes über die Ecksteine zog oder sie als gestaltendes Element frei ließ.

Die gleiche Frage stellt sich auch für den Bereich des oberen Tür- bzw. Torabschlusses. Im nördlichen Drittel der Südwestwand, also deutlich aus der Mittelachse herausgerückt, fanden sich

Abb. 99 Oberndorf-Bochingen. Nordwestliche Giebelwand des Gebäudes 3. Im Vordergrund die Sockelsteine eines älteren Holzgebäudes an dieser Stelle.

nämlich nicht nur die schon im vergangenen Jahr angesprochenen Keilsteine, sondern auch vermutlich darüber zu ergänzende kleinere Steine aus Schilfsandstein. Sie waren in dem hier leider sehr stark verworfenen Versturz gesucht und gefunden worden, nachdem sich herausgestellt hatte, dass die Keilsteine keinen geraden, sondern einen runden oberen Abschluss besaßen. Verblüffend und bisher auch von anderen Plätzen völlig unbekannt sind etwa 10 cm lange Steine, deren eine Langseite zu einer Spitze zwischen konkaven Anschlüssen ausgezogen ist. Diese Spitze passte mit ihren anschließenden Rundungen exakt in die Lücke zwischen zwei Keilsteinenden (Abb. 103). Darüber folgte möglicherweise eine doppelte Reihe aus dreieckigen Steinen mit dazwischen eingeschalteten Rauten. Anscheinend bestand dieser Abschluss, anders als beim Tor des Gebäudes 4, nicht aus einem Halbkreis, sondern einem Bogensegment.

Völlig überraschend sind die Reste von Schädelknochen und Zähnen anscheinend eines Bären, die in der unmittelbaren Umgebung der oben genannten Steine gefunden wurden. Demnach war vermutlich ein Bärenschädel als Zierde oder Unheil abwehrendes Element über der Tür bzw. dem Tor angebracht gewesen. Nach wie vor problematisch ist die weitere Belichtung und Belüftung des Gebäudes. Aufgrund der schlechteren Erhaltungsbedingungen in der südöstlichen Hälfte können für diesen Bereich keine Aussagen gemacht werden. Nach-

Abb. 100 Oberndorf-Bochingen. Giebelfeld des Gebäudes 3 von Osten mit doppelter Steinplattenreihe zwischen Wandscheibe und Giebelfeld sowie Steinplatten am Ortgang.

Abb. 101 Oberndorf-Bochingen. Gebäude 3, oberer Abschluss der Nordostwand mit profiliertem Konsolstein oberhalb des Nordpfeils, Schilfsandsteinplatten und Dachziegeln (Abschluss des Wandstücks in Abb. 102).

gewiesen ist dagegen durch weitere, kleinere Keilsteine ein Fenster von unklarer Größe im nördlichen Teil der Nordostseite, vermutlich gegenüber der Tür bzw. dem Tor. Darüber hinaus verweisen drei mehr oder weniger symmetrisch sitzende Ziegelplatten (*tegulae*) jeweils mit vermutlich darüber angebrachtem halbrundem Ziegel (*imbrex*) im Bereich des Giebelfelds der nordwestlichen Wand sowie zwei zu einem Dreieck zusammengestellte Stubensandsteinplatten ebenda auf Lüftungslöcher im oberen Gebäudeteil.

Obwohl auch von diesem Gebäude neben den Wänden große Teile des Daches sowie das ehemalige Laufniveau entsprechend der leicht ausgeglichenen Bauschicht erhalten sind, lassen sich zurzeit keine Aussagen über die antike Nutzung des Gebäudes 3 in der *villa rustica* von Oberndorf-Bochingen machen. Als Arbeitstitel bleibt zurzeit lediglich „Landwirtschaftliches Nebengebäude", wobei eine Funktion als Stall und/oder Speicher, vielleicht aber auch als Aufbewahrungsort für landwirtschaftliche Geräte, durchaus denkbar ist.

Im Laufe der Grabung wurde deutlich, dass dieses Gebäude nicht das erste an dieser Stelle war. Sockelsteinreihen aus großen, unregelmäßigen Stubensandstein- und Kalkbrocken im Bereich der nordwestlichen Giebelwand (Abb. 99) und ähnliche Reihen innerhalb und außerhalb der Südostmauer des Gebäudes (Abb. 98) verweisen auf zwei ca.

Abb. 102 Oberndorf-Bochingen. Gebäude 3, Nordecke im Zusammenhang mit der nordöstlichen Wand (zum Abschluss vgl. Abb. 101).

10,7 m × 8,0 m bzw. 12,5 m × 9,0 m große Holzständerbauten. Soweit bisher erkennbar, waren beide Gebäude mit einem Herd oder Ofen ausgestattet und fanden ihr Ende jeweils in einem Brand. Durch größere Mengen verkohlten Getreides deutet sich für das südliche Gebäude eine Nutzung als Speicher an. Die Bearbeitung ist aber bei beiden noch nicht abgeschlossen.
Unklar ist, warum die Sockelsteine beider Gebäude nicht entfernt wurden. Dies ist insbesondere für das südliche Holzgebäude merkwürdig, da die im Inneren des späteren Gebäudes 3 befindlichen Steine bis zu 20 cm über die Bau- und damit Laufschicht des Steinbaus hinausragten. In diesem Zusammenhang ist auch anzumerken, dass uns die Fußbodensituation des Steingebäudes völlig unklar ist. Dies bildet insofern ein Problem, als zwischen den Bauschichten an den Außenrändern des Gebäudes und dem mittleren Bereich Höhenunterschiede von bis zu 30 cm vorhanden sind.
Neben der Bearbeitung des Gebäudes 3 konnte im vergangenen Jahr die Untersuchung des Wasserbeckens vor dem südlichen Risalit des Hauptgebäudes zum Abschluss gebracht werden. Unter der schon 1999 geborgenen Setzung aus bis zu 1,8 m langen Stubensandsteinblöcken fand sich ein innen 2,1 m × 1,8 m großes rechteckiges Becken. Es besaß eine Sohle aus kleinen Muschelkalkbrocken und im unteren Bereich eine Umrandung aus einer einschalig trocken gesetzten Mauer aus etwas unsorgfältig behauenen Handquadern. In etwa 50 cm Höhe fand sich eine aufgesetzte Holzverschalung, z. T. mit Steinen, z. T. mit Mergel hinterfüllt. Der schon früher untersuchte Zulauf von Nordwesten und der Ablauf nach Südosten befanden sich beide 70–80 cm höher als die Sohle des Beckens. Dadurch war auch bei geringer Schüttung des Zulaufs eine ständige Wasserhaltung gewährleistet. Erst die Gesamtbearbeitung der Ausgrabung wird allerdings klären können, ob es sich bei dem Becken um eine funktionale oder lediglich eine Zieranlage handelt.
Die in mehreren Abstichen auszugrabende, ca. 45 m × 35 m große steinbedeckte Fläche des Gebäudes 3 führte wegen der Notwendigkeit einer steingerechten Aufnahme das Grabungsteam erneut an den Rand der Dokumentationsmöglichkeiten. Wir sind deshalb sehr dankbar, dass ein großer Teil der Dokumentationslast wiederum vom Referat 35 des Landesdenkmalamtes Baden-Württemberg mit photogrammetrischen Methoden übernommen wurde.
Auch im vergangenen Jahr wären die Ausgrabungen in Oberndorf-Bochingen in der gewohnten Intensität mit einem hohen personellen Einsatz nicht ohne die Förderung durch das Arbeitsamt Rottweil im Rahmen einer Arbeitsbeschaffungsmaßnahme möglich gewesen. Allen Beteiligten dort und in der Außenstelle des Arbeitsamtes in Oberndorf sei für ihre Unterstützung herzlich gedankt.
Die seit mehreren Jahrzehnten währende gute Zusammenarbeit zwischen dem Arbeitsamt und dem Landesdenkmalamt Baden-Württemberg führte zu der Gestaltung einer Ausstellung „Lieber Römer ausgraben als arbeitslos“, die im Arbeitsamt in Rottweil, im Rathaus in Oberndorf, aber auch in verschiedenen anderen Arbeitsämtern in Baden-Württemberg gezeigt wurde und noch zu sehen sein wird. Auch hierfür sei allen Beteiligten, vor allem aber dem Direktor des Arbeitsamtes B. Stehle und der Ausführenden K. Weiner M. A., herzlich gedankt.

C. Sebastian Sommer

Abb. 103 Oberndorf-Bochingen. Gebäude 3, Rekonstruktionsversuch des Tür- oder Torsturzes.

Literaturhinweise

C. S. Sommer, Arch. Ausgr. Baden-Württemberg 1999, 131 ff. mit Plan Abb. 95 und Taf. 9; ders., ebd. 1998, 148 ff.; K. Weiner, „Lieber Römer ausgraben als arbeitslos.“ Arbeitsbeschaffungsmaßnahmen und Archäologie. Denkmalpfl. Baden-Württemberg 29, 2000, 276 f.

Römische Siedlungsspuren in Güglingen, Kreis Heilbronn

Im Gewann „Steinäcker" wurde vom 24.07.–15.09.2000 im Zuge der Erschließung eines Industriegebietes die Grabung von 1999 fortgesetzt.
Auf einer Fläche von rund 660 m² und etwa 60 m westlich des Mithräums fand die archäologische Untersuchung in Form der Lehrgrabung der Gesellschaft für Vor- und Frühgeschichte in Württemberg und Hohenzollern e. V. statt. Mit über 55 hoch motivierten und interessierten Teilnehmern in drei Kursen war es möglich, weitere Einblicke in die römische Besiedlung des Zabergäus zu gewinnen.
Wie auch im Vorjahr lag die zu untersuchende Fläche (Abb. 104) im nach Norden zur Talaue der Zaber hin abfallenden Hangbereich, was zur Folge hatte, dass starke Abschwemmungen am Hang und Staunässe im Tal für schwierige Arbeitsverhältnisse sorgten. Mit diesem Problem sahen sich schon frühere Generationen konfrontiert, wie die über den ganzen Hangbereich vorgefundenen Drainagesysteme zeigen, die von römischer Zeit an bis in die Siebzigerjahre des 20. Jahrhunderts stammen. Zum einen wurden diese Systeme mit unregelmäßig behauenen Schilfsandsteinen und sekundär verwendeten Ziegelfragmenten gebaut, zum andern aus zwei parallel verlaufenden Handquaderreihen, die mit Schilfsandsteinplatten abgedeckt wurden und nach unten hin offen blieben. Die moderne Drainage bestand dann aus Plastikrohren. Mangels datierbaren Fundmaterials aus den Leitungen ist eine genauere zeitliche Einordnung nicht möglich. Schwierigkeiten bereitet dabei auch die stratigrafische Einbindung der Befunde in die Gesamtfläche, da keinerlei Erdverfärbungen im Areal zu erkennen waren, die Aufschlüsse zu Siedlungsstrukturen hätten geben können.
Eine Anzahl von zehn rechteckigen Steinen, die auf ihrer Oberfläche längliche Vertiefungen besitzen und sich im östlichen Grabungsareal befinden, könnten als ein größerer (12 m × 15 m) oder mehrere kleinere Pfostenbauten zu deuten sein. Ihre genaue Zeitstellung bleibt unbekannt, da eine stratigrafische und somit chronologische Einbindung nicht möglich ist.
Ein weiterer Baubefund neben den Drainagen und dem wahrscheinlichen Pfostenbau zeigte sich im südlichen Flächenbereich: ein römischer Keller, dessen genaue Ausdehnung aufgrund der ungünstigen Lage an der Grabungsgrenze noch offen bleiben muss. Sein Eingangsbereich konnte anhand von zwei 2,5 m langen, im Abstand von 1 m parallel verlaufenden Mauerzügen ermittelt werden, wobei lediglich die beiden untersten Steinlagen erhalten waren. Der Kellerraum war wie auch der Eingangsbereich zuoberst mit behauenen Handquadern verfüllt, die zum großen Teil nur locker aufeinander lagen. Dazwischen fand sich gehäuft Holzkohle und römisches Keramikmaterial. Unter dieser Steinverfüllung kam eine flächige Dachziegelpackung zutage, die z. T. Brandspuren aufwies. Nach Abtragung des wohl eingestürzten Daches zeigten sich verkohlte Holzbalken, die aufgrund des von unten drückenden Wassers trotz der guten Erhaltung

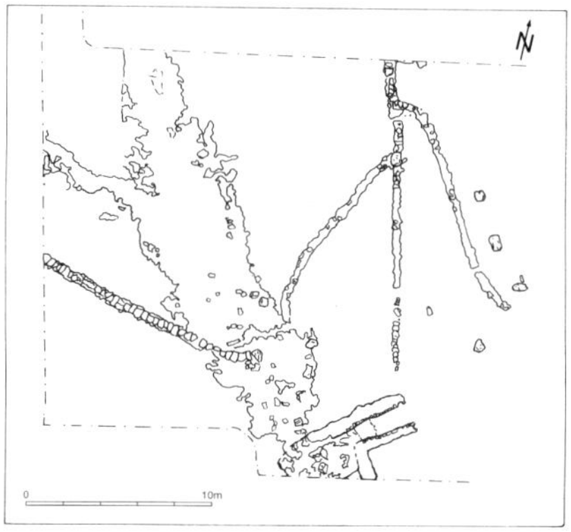

Abb. 104 Güglingen. Vorläufiger Befundplan der Grabung 2000 im Gewann „Steinäcker".

nicht geborgen werden konnten. Einige lagen noch im rechten Winkel aufeinander und waren mit langen Eisennägeln verbunden. Dieser Befund lässt nach ersten Überlegungen auf ein Schadensfeuer schließen. Weitere Beobachtungen in der Anschlussfläche werden hier Antworten liefern können.

Unterhalb dieser Verfüllung zog wieder eine Drainage in Richtung Zaber, die in ihrem weiteren Verlauf in eine wohl künstlich angelegte Geländemulde eingesetzt wurde und darüber den interessantesten Befund der Grabung lieferte: Auf einer Gesamtausdehnung von 6 m × 25,5 m konnte eine Anschüttung von Steinmaterial unterschiedlichster Größe freigelegt werden, was als Geländeregulierung zum Ausgleich einer Mulde bzw. einer grabenähnlichen Vertiefung interpretiert werden kann. Die Steine, die im südlichen Bereich größer und im nördlichen, talwärts gelegenen Bereich kleiner und z. T. auch mit Ziegeln durchsetzt waren, geben keinen genaueren Hinweis auf die Datierung des Versturzes. Neben Handquadern und Sandsteinplatten verschiedener Größe fanden sich auch Fragmente von mehreren Weihesteinen und Votivstatuen.

Es konnte der obere Teil eines Votivaltars für Jupiter von 0,38 m Breite und noch 0,34 m erhaltener Höhe geborgen werden (Abb. 105). Er weist auf der Oberseite seitlich einer Opferschale *pulvini* und an der Front einen einfachen Giebel auf. Unter einer dreifachen Profilierung beginnt das Inschriftenfeld, auf dem noch die Weiheformel *In h(onerem) d(omus) d(ivini) / [i(ovi) o(ptimo] m(aximo) [---]* zu lesen ist.

Vom zweiten, 0,23 m breiten und noch 0,2 m hohen Stein (Abb. 106), einer Weihung an die Göttin *Proserp[ina]*, fehlt der untere Teil der Inschrift bis auf wenige Reste der ersten Zeile *([..]m?[---])*, so dass Stifter oder weitere Angaben unbekannt bleiben. Zwischen den *pulvini* zeigt sich im Giebel ein Medusenhaupt. Von der ursprünglich eingesetzten, wohl metallenen Opferschale auf der Oberseite sind nur

Abb. 105 Güglingen. Fragment eines Votivaltars für Jupiter.

Abb. 106 Güglingen. Fragment eines Votivaltars für Proserpina.

vier Nuppen in den Ecken, die zur Auflage dienten, erhalten.

Lediglich die Weiheformel *[v(otum) s(olvit)] l(ibens) m(erito)*, das Ende der Inschrift, ist auf dem Sockel des dritten Steins zu lesen, der 0,3 m breit und noch 0,23 m hoch ist. Zu diesen Weihesteinen mit Inschriften zählen wir mindestens ein weiteres Denkmal, von dem allerdings nur die 0,38 m breite und noch 0,28 m hohe Basis erhalten ist.

Eine Votivstatue des Merkur (Abb. 107), in ungewöhnlich guter Qualität gearbeitet, wurde ebenfalls aus den Steinmassen geborgen. Der vollplastische, nackte Merkur trägt lediglich über der linken Schulter eine *chlamys*. In der linken Hand hält er einen *caduceus*. Die Figur hat noch eine Höhe von 0,4 m, wobei Arme, Beine und Geschlecht abgeschlagen worden sind, wie die Bruchstellen zeigen.

Neben dieser Vollplastik konnten weitere Reliefs geborgen werden. Ein Frag-

Abb. 107 Güglingen. Fragment einer Merkurstatue.

ment stellt eine nicht näher bestimmbare Gottheit dar, die mit erhobenem Unterarm ein Zepter umgreift. Ein weiteres Stück zeigt wohl Herkules mit Keule, die an der linken Seite zu sehen ist.

Auf dem Grabungsareal von 1999 im Bereich des Mithräums wurden vor dem Auffüllen des Areals alle Steine der Drainagen umgedreht. Auch hier wurde die Grabungsmannschaft fündig: Ein Relief der Epona (Abb. 108) in hervorragender Qualität kam zutage, das die Göttin im Damensattel auf dem Pferd sitzend und mit einem Fruchtkorb auf ihrem Schoß darstellt.

Alle diese Steindenkmäler deuten aufgrund ihres fragmentarischen Vorkommens und des Fehlens der eigentlichen Inschriften auf eine bewusste Zerschlagung der Steine hin. Ob dies im Zusammenhang mit einer nachrömischen Besiedlung – nachgewiesen durch germanische Keramikfragmente, welche ebenfalls im Bereich der Steinfüllung zu finden waren – zu interpretieren ist, muss offen bleiben, da nicht gesichert ist, ob die Weihesteine bereits zerschlagen vorgefunden wurden oder aber zu diesem Zeitpunkt erst zerstört worden sind.

Aus der riesigen Steinflut konnten Fragmente von Mühlsteinen, darunter auch Halbfabrikate, Amphorenständer, der Henkel eines riesigen Steingefäßes, eine fast vollständig erhaltene, zerschlagene Brunneneinfassung, zwei Einfassungen von Kellerschächten, Säulenfragmente verschiedener Macharten und Größen sowie mindestens zwölf Portikuspfeilerbasen geborgen werden.

Anhand der Terra Sigillata lässt sich eine Datierung des Siedlungsausschnittes von etwa der Mitte des 2. Jahrhunderts bis ins 3. Jahrhundert n. Chr. hinein annehmen.

Untersuchungen in den nördlichen und vor allem den südlich anschließenden Flächen werden weitere Hinweise zur genauen Ausdehnung des Kellerbefundes, seiner Einbindung in den römischen *vicus* sowie detailliertere Beobachtungen der Drainagesysteme liefern. Dort ist auf bessere Erhaltungsbedingungen zu hoffen, die Rückschlüsse auf eventuelle Bauphasen der Siedlung und auf die Stratigrafie zulassen.

Die Grabung hätte ohne manche wichtige und hilfreiche Unterstützung von verschiedenen Stellen nicht so erfolgreich durchgeführt werden können. Wir danken stellvertretend Frau D. Oehler vom Zabergäuverein, dem Bauhof Güglingen und allen Grabungsteilnehmern.

Barbara Hölschen, Martina Meyr

Abb. 108 Güglingen. Relieffragment der Göttin Epona.

Literaturhinweis

W. Joachim, Arch. Ausgr. Baden-Württemberg 1999, 139–143.

Grabungsabschluss im Schutzbau der *„villa urbana"* in Heitersheim, Kreis Breisgau-Hochschwarzwald

Um die noch anstehenden Ausbesserungen und notwendigen Teilrekonstruktionen der archäologischen Relikte innerhalb des Heitersheimer Schutzbaues restauratorisch in Angriff nehmen zu können, wurde Mitte Februar letztmalig im Gebäudeinneren der Spaten angesetzt. An vier zeitlich und räumlich verschiedenartigen, aus arbeitstechnischen Gründen bisher ausgesparten Befundkomplexen waren noch detaillierte Untersuchungen und Dokumentationen notwendig.

Mittelpunkt des römischen Villenhauptgebäudes war das über 18 m lange Zierwasserbecken, das entsprechend seiner ehemaligen Bedeutung heute den Zentralbereich des Schutzbaues darstellt. Hier galt es die beim Umbau der ‚Älteren zur Jüngeren Steinbauperiode' – etwa um 180 n. Chr. – eingebrachte Auffüllung sorgfältig zu entnehmen, die ursprüngliche Bauweise des Bassins zu ermitteln, denkbare bauliche Veränderungen zu beobachten sowie besonderes Augenmerk auf datierende Fundmaterialien zu richten.

In Ergänzung vorangegangener Beobachtungen lassen sich folgende Untersuchungsergebnisse zusammenfassen: Das Zierwasserbecken bildete mit knapp 78 m² eine lang gestreckte, etwa 60 cm tiefe Wasserfläche, die über Druckleitungen mit Frischwasser gespeist wurde. Ihre über 4 m breiten Schmalseiten waren als halbrund geschwungene Apsiden von etwa 2 m Durchmesser optisch hervorgehoben. Ihre schmalen Seitenwände wie auch die massiven Beckenenden bestehen aus nur wenig vermörteltem Mauerwerk, das aus abwechselnden Lagen von dünnen Kalksteinplatten und zum Teil beschädigten *tegulae* gebildet worden war. Den Beckenboden überzog ein sehr grober Ziegelestrich von knapp 10 cm Stärke, der auf einer Kalksteinstickung ruhte. Die langen Beckenwände waren mit einem etwas feineren, hydraulischen Estrich verkleidet, der in den gerundeten Apsiden noch in Form von zwei nacheinander aufgebrachten, lachsfarbenen Aufträgen vorhanden war (Abb. 109). Einzig in der Ostapsis waren noch schwache Abdrücke der ehemaligen Beckentäfelung erkennbar; von dem einstigen Steinplattenbelag

Abb. 109 Heitersheim. Blick von Süden auf den westlichen Abschluss des Zierwasserbeckens. Noch in römischer Zeit wurde die aus geschliffenen Steinplatten bestehende Innenverkleidung entnommen, um dieses kostbare Baumaterial vermutlich für den erweiterten Neubau zurückzugewinnen.

hat sich nichts an Ort und Stelle erhalten. Diese Beckenverkleidung könnte in der Machart von *opus sectile* gebildet worden sein, wenn man die verlagerten Bruchstücke weißen, gelben und roséfarbenen Marmors, gelbweißer Kalk- und grauschwarzer Schieferplatten sowie dünne moosgrüne, schwarz gesprenkelte Porphyrleisten innerhalb der Beckenfüllung hierfür in Anspruch nimmt (Abb. 109).

Die datierenden Fundstücke – neben Sigillata-Fragmenten u. a. eine eiserne gallische Fibel mit Spiralkonstruktion – weisen die einheitliche Verfüllung in das ausgehende 1. bzw. in das 2. Jahrhundert n. Chr.

Die Sondagegrabungen von 1992 erlaubten aufgrund ihres flächenbegrenzten Einblicks keine Klärung, ob der zentrale, auf der Längsachse des Gesamtanwesens liegende Eingangsbereich in das Villenwohngebäude als offener Hof gestaltet worden war oder wie in seiner jüngsten Bauform als große, geschlossene Halle. Hier zeigte sich besonders deutlich, dass der Verlust des originalen Bodenniveaus zu tiefgreifend ist, und die gewünschten Strukturen – wie etwa Abwassergräbchen bzw. befestigte Laufflächen – längst beseitigt waren, so dass diese Frage auch im Jahr 2000 nicht geklärt werden konnte.

Eine massive Pflasterung nordöstlich des apsidialen Ostabschlusses des Wasserbeckens stellte den zuoberst liegenden Abschluss einer mehrphasigen Befundanhäufung dar. Ihre zeitintensive, sorgfältige Untersuchung lieferte für die Entschlüsselung der Heitersheimer Baugeschichte wichtige Hinweise: In diesem Bereich gelang der Nachweis von mindestens drei aufeinander folgenden Bauabschnitten, deren jüngste Struktur ein solides Steinpflaster mit Spuren einer ehemaligen Estrichoberfläche bildete. Ihre südliche Begrenzung war eine West-Ost verlaufende Zweischalenmauer von exakt 50 cm Breite, welche die Bauflucht der nördlichen Begleitmauer des Zierbeckens aufnahm und diese um 3,30 m nach Osten fortführte. Dort bildete sie eine stumpfwinklige Mauerecke. War die in das spätere Pflaster integrierte Mauer ein noch mit seiner untersten gemörtelten Steinlage erhaltener Mauerstumpf, so repräsentierten schräg gestellte, fischgrätartig geschichtete Kalksteinplatten eine von dort nach Südwesten ziehende, dennoch gleichzeitig erbaute Mauerfundamentierung. Diese verband einen ehemals eigenständigen Bau, von dem sich der Keller als nahezu intakter Gebäudeteil noch erhalten hat, mit dem ursprünglich nordwestlich davon gelegenen Peristyl rund um das Zierwasserbecken. Diese Anbindung zeigt deutlich, dass diese Baumaßnahme zu einem späteren Zeitpunkt darauf zielte, das Bassin von der dahinter gelegenen, großzügigen Park- und Gartenlandschaft abzugrenzen. Allerdings belegt nichts, wie umfassend diese „Abmauerung“ ausgeführt wurde. War diese nur eine brüstungsartige Barriere gegen Wind, Laub und Kleintiere oder riegelte sie „mannshoch“ den Gebäudetrakt gegen die offene Landschaft ab? Auch bleibt zu fragen, ob bereits ab diesem Zeitpunkt das Wasserbecken in seiner Funktion aufgelassen und daher folgerichtig vollständig aufgefüllt wurde. Dass dieses spätestens zu Zeiten der ‚Jüngeren Steinbauperiode‘ geschah, beweist die Überbauung der Beckenfüllung mittels der südlichen Portikus-Stützmauer.

Eine weitere bauliche Zutat in diesem Bauabschnitt belegt ein zweites, um 3 m nach Osten vorgeschobenes Mauereck. Dieses überzieht den nach Nordosten entwässernden Beckenabfluss und schließt sich an die Südecke der nördlichen Raumflucht mit einer klaren Baunaht an. Das bedeutet, spätestens mit diesem Anbau konnte das Zierbecken nicht mehr in herkömmlicher Weise abgelassen und gereinigt werden, was für seine Zweckbestimmung unabdingbar war.

Zusätzliche Einzelbeobachtungen an diesem Flächenabschnitt halfen weiterführende Folgerungen zu treffen, von denen eine grundlegende Erkenntnis hervorgehoben sei: Die ‚Ältere Steinbauperiode' wurde nicht in einem einzigen Bauvorhaben in die ‚Jüngere Steinbauperiode' verwandelt, sondern es lagen zwischen diesen beiden Baukomplexen der jeweiligen Villenhauptgebäude noch mindestens drei kleinräumigere Baumaßnahmen, welche die spätere Umwandlung abschnittsweise vorwegnahmen.

Die flächig begrenzten archäologischen Aufschlüsse zu den frühen Holzbauperioden innerhalb des Schutzbaues gestatteten kaum zwingende Hinweise auf den bzw. die jeweiligen Hausgrundrisse. An verschiedenen Einzelbefunden zeigte sich hingegen eindeutig, dass sich dahinter auch mehrere Bauphasen verbergen. Bei diesen einander ablösenden hölzernen Bauwerken war die Abfolge vom zum Teil mit Feldlesesteinen unterlegten Pfostenständern zum Schwellbalkenbau erkennbar. Trotz aller erhaltungsbedingten Einschrankungen ist festzuhalten, dass die nachfolgenden Steingebäude das Grundriss-Schema der älteren Holzbauten beibehielten bzw. den bereits am Anfang der Besiedlung zugrunde gelegten, U-förmigen „Bebauungsplan" vervollständigten und räumlich stark erweiterten.

Um diese bauhistorischen Erkenntnisse dem künftigen Besucher eindrucksvoll und plastisch vor Augen zu führen, wurde ein 2,50 m breites und einschließlich der heutigen Ackerkrume 1,10 m hohes, rund 2,75 m² großes Lackprofil von einem Befund aus dem Bereich des südlichen Umgangs um das Wasserbecken abgenommen (Abb. 110), der auf engstem Raum komprimiert vielfältige Baustrukturen der Früh- und Spätphasen der Heitersheimer Bauentwicklung aufwies: mehrere Schichten ehemaliger Stampflehmböden, die ursprüngliche Laufniveaus dokumentierten, darin eingreifende Pfostenstandspuren späterer Holzbauten bis hin zu den Baugruben der nachfolgenden Steingebäude samt ihrer neuzeitlichen Steinentnahmetrichter.

Dieses attraktive Anschauungsobjekt soll die museale Präsentation des archäologischen Baubefundes mit dem originären Nachweis von substanziell „Vergangenem" bereichern und im Rahmen der didaktischen Konzeption die verschiedenen Erkenntnismöglichkeiten heu-

Abb. 110 Heitersheim. Abnahme eines Lackprofils für die zukünftige museale Präsentation im Schutzbau. Im konservierten Baubestand der ‚Älteren Steinbauperiode' sind die hölzernen Vorgängerbauten des Villenhauptgebäudes nur punktuell sichtbar. Desalb sollen ihre deutlichen Spuren mittels eines eindrucksvollen Profils exemplarisch gezeigt werden.

tiger, archäologischer Arbeitsweisen und ihrer unterschiedlichen Dokumentationsebenen aufzeigen.
Nach Abnahme des Lackprofils wurde als letzte archäologische Maßnahme innerhalb des Schutzbaues der verbliebene Erdsockel in bereits bewährten Planumsschritten abgetragen und dokumentiert. Danach waren die restauratorischen Arbeiten angesagt, die unter ständiger Betreuung archäologischer Fachleute vonstatten gingen. Fehlstellen innerhalb der zu zeigenden Mauern, die in nachrömischer Zeit verursacht worden waren, sind mit gleichartigem Steinmaterial geschlossen worden. Zudem wurden unmittelbar neben einigen Mauerabschnitten Sichtbetonblenden eingebracht, um die römische Originalsubstanz unberührt zu belassen und diese zugleich gegen den Erddruck der Besucherlaufflächen zu stabilisieren.
In den bislang ausgeführten Restaurierungen wurde besonderer Wert darauf gelegt, nur soviel Substanz wieder herzustellen, wie für das Verständnis des zu Vermittelnden notwendig ist. Des Weiteren soll die gezielte Verwendung neuzeitlicher Werkstoffe wie Beton oder Stahl eine deutliche optische Abgrenzung zwischen Alt (= Original) und Neu (= Rekonstruktion) bewirken.
Die Wiederaufrichtung der einen im Villenhauptgebäude zutage geförderten und bis auf den Sockel erhaltenen Sandsteinsäule bildet den Versuch, die ehemaligen Größenverhältnisse – projiziert auf die dritte Dimension – sichtbar zu machen. Die zum Teil antik beschädigten Säulenbruchstücke wurden um die fehlende Basis vervollständigt und ihr fragmentiertes Kapitell in körnungsgleichen Rotsandstein eingesetzt.
Alle diese hier beschriebenen archäologischen und restauratorischen Bemühungen zielen darauf, diesen bislang im rechtsrheinischen Obergermanien einzigartigen Villentyp termingerecht im neuen Jahrtausend der erwartungsvollen Öffentlichkeit zugänglich zu machen – ein bereits über zehn Jahre währendes Vorhaben, das im Jahr 2000 mit dem Archäologiepreis des Landes Baden-Württemberg gewürdigt wurde.
Unser herzlicher Dank gilt allen an diesem Projekt beteiligten Personen, von denen stellvertretend für die Riege der Ehrenamtlichen unsere ehemaligen Mitarbeiter aus Sontheim/Brenz genannt seien, die auch im Jahr 2000 wieder tatkräftig die Grabungen vorantrieben. Ebenso gilt es für vielfältigen Einsatz und großes Engagement den Studierenden der Universität Freiburg Anerkennung auszusprechen sowie der gesamten Rathausbelegschaft der Stadt Heitersheim, deren treibende Kraft, Herr Bürgermeister Jürgen Ehret, namentlich hervorgehoben sei.

Hans Ulrich Nuber, Gabriele Seitz

Literaturhinweise

H. U. Nuber/G. Seitz, Grabungen und Restaurierungen im Schutzbau der „villa urbana" von Heitersheim, Kreis Breisgau-Hochschwarzwald. Arch. Ausgr. Baden-Württemberg 1999, 135 ff.; G. Seitz, Malereifragmente aus der Villa Urbana von Heitersheim. In: S. Palágyi (Hrsg.), Internationales Kolloquium über römerzeitliche Wandgemälde (Veszprém 2000) 85 ff.; G. Seifert, Lackprofil, Lackfilmmethode. Arch. Inf. Baden-Württemberg 7 (Stuttgart 1988).

Römische und früh- bis hochmittelalterliche Siedlungsbefunde am Nordrand von Riegel, Kreis Emmendingen

Abb. 111 Riegel, „Fronhofbuck“. Blick auf die östliche und zentrale Grabungsfläche mit römischen Steinkellern (Hintergrund) und mittelalterlichen Gruben und Grubenhäusern (im Vordergrund).

Am nördlichen Ortsrand von Riegel erstellt die Gemeinde eine Mehrzweckhalle samt PKW-Stellplätzen. Das bislang nicht überbaute Areal liegt unmittelbar nördlich des Friedhofes, am sanft nach Norden und Westen abfallenden Hang des „Fronhofbucks“. Eine 1973 beim Bau der Friedhofshalle durchgeführte Notgrabung erbrachte keine Hinweise auf Steinbauten, während man 1989/90 und 1996 in den südwestlich bzw. nordöstlich angrenzenden Parzellen zahlreiche römische und nachrömische Siedlungsbefunde freilegte.

Von Ende Februar bis Ende Mai wurden hier 2250 m² untersucht (Abb. 111). Einzelfunde aus vorrömischen Epochen streuten über das gesamte Grabungsareal, ohne dass ihnen Befunde zuzuweisen waren. Erwähnt seien ein neolithisches Steinbeilfragment, Keramik der mittleren Bronzezeit und einheimische Ware der Spätlatènezeit. Bemerkenswert ist nicht nur die Zahl von fünf keltischen Bronzemünzen, sondern auch ein geprägter, schüsselförmiger Münztyp, der am Oberrhein bislang ohne Parallelen ist (Abb. 112).

Der römische Nordvicus

Im Südosten der Grabungsfläche wurde ein mehrphasiger, max. 2,2 m breiter Graben festgestellt, der in neronisch-vespasianischer Zeit verfüllt wurde. Zusammen mit einem bereits 1996 dokumentierten, parallel verlaufenden Graben handelt es sich dabei um die Straßengräben einer Straße, die im rechten Winkel auf den Graben des (älteren) Kastells II zulief. Sie wurden vermutlich aufgegeben, d. h. verfüllt und überbaut, als es mit dem Bau des flavischen Kastells I auch zu einem leicht veränderten Straßenverlauf kam. Zu den ältesten römischen Baubefunden gehört ein 45 cm breites, West-Ost verlaufendes Gräbchen mit einer Länge

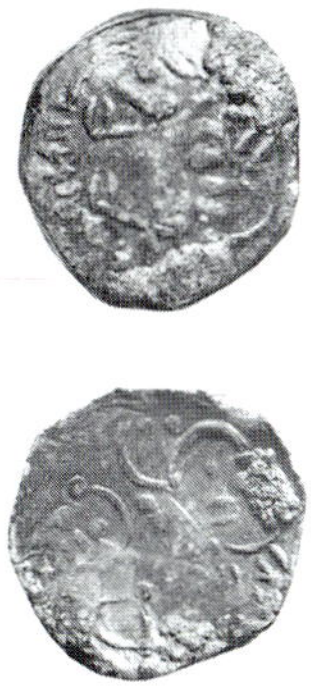

Abb. 112 Riegel, „Fronhofbuck“. Schüsselförmige keltische Bronzemünze. Auf der konvexen Vorderseite ein nach links gerichteter Kopf mit Schriftzeichen(?), auf der konkaven Rückseite mehrere Halbkreise und Scheiben (stilisierte Torques?). M. 1 : 1.

von mindestens 30 m. Parallel dazu verliefen drei Gruben mit einer Gesamtlänge von 30 römischen Fuß mit jeweils zwei darin eingestellten mächtigen Pfosten (Durchmesser der Gruben 60–120 cm). In einer nachfolgenden Planierschicht lagen Hüttenlehmbrocken mit Negativabdrücken von Gefachen und Holzleisten sowie Fragmente von bemaltem Wandverputz. Zusammen mit der Beobachtung, dass die Doppelpfosten gezogen wurden, deutet vieles auf einen Fachwerkbau, der im zweiten Drittel des 2. Jahrhunderts abgebrochen wurde.

Zur nachfolgenden Steinbauphase gehört ein Kalkbrennofen, der bei einem Durchmesser von mindestens 5,5 m noch 1,3 m tief erhalten war. Der anstehende Löss war im Bereich der flachen Sohle und der wannenförmig nach oben ziehenden Seiten maximal 15 cm stark verziegelt, im Ofeninneren lagen dünne Schichten mit Holzkohle und gebranntem Kalk. Der Ofen wurde wohl nur kurzfristig benutzt, als unmittelbar daneben zwei Steinkeller errichtet wurden. Die einschaligen Mauern des am besten erhaltenen Steinkellers (Innenmaße mindestens 5,3 m × 3 m) standen noch bis zu 1 m hoch, wobei die oberste Steinlage nur 0,4 m unter der heutigen Oberfläche lag. Somit waren Nischen und Licht-/Luftschächte nicht mehr vorhanden, ebenso fehlten aufgehende Befunde der zu den Kellern gehörenden Gebäude. Der zweite Steinkeller (mindestens 10 m × 3,5 m) wurde bereits in römischer Zeit aufgegeben, da seine Südmauer über einer älteren Grube errichtet und in der Folge nachgesackt war. Der Holzkeller (mindestens 7 m × 4,5 m) wurde zu Beginn des 3. Jahrhunderts nach einem Brand aufgegeben. Auf seinem angeziegelten Stampflehmboden fand sich ein Sigillata-Becher, dessen Barbotine-Verzierung ein Mischwesen zwischen Pferd und Fisch (*hippokampos*) zeigt (Abb. 113). Die Position der Keller in Bezug zur rekonstruierten Straße bleibt vorerst offen. Derzeit spricht viel für eine rückwärtige Lage innerhalb langrechteckiger Streifenhäuser wie etwa in den *vici* von Bliesbruck, Sulz oder Oberwinterthur, wobei man in Riegel derzeit Parzellen mit Längen von 23–28 m und Breiten von mindestens 5,3–10 m rekonstruieren kann.

Neben den drei vorgestellten Befunden sind nördlich der Kastelle bislang drei weitere Keller bekannt – eine im Vergleich mit anderen kleinstädtischen Siedlungen der südlichen Oberrheinebene außergewöhnliche Häufung. Weiterhin weisen die Keller in Riegel auffallend große Innenflächen auf. Die Konzentration von Streifenhäusern mit großen Kellern am Nordrand des *vicus* lässt an eine umfangreiche Lagerhaltung beidseits der Nord-Süd verlaufenden Straße denken, zumal auch die östlich vorbei fließende Elz in römischer Zeit ab Riegel schiffbar war.

Unter den Massen römischer Keramik ist neben Lampen, Schlangentöpfen,

Abb. 113 Riegel, „Fronhofbuck". Sigillata-Becher mit Barbotineverzierung in Gestalt eines Mischwesens (vgl. Abb. 114,1).

Dreibeingefäßen und Fehlbränden lokaler Töpfereien vor allem das Randbruchstück einer Formschüssel zur Herstellung von Reliefsigillata-Bechern (Form Déchelette 67) zu nennen (Abb. 114,2). Von fünf Punzen gehört lediglich die Säule zum Punzenschatz des „Breisgautöpfers" Giamilus, während der Dekorationsstil in seinem Repertoire durchaus bekannt ist. Neben Lehen und Umkirch ist Riegel der dritte Fundort einer Formschüssel des Giamilus bzw. seines Umkreises. Wo diese Ware hergestellt wurde, lässt sich aber erst klären, wenn sichere Hinweise wie Sigillata-Brennöfen oder Fehlbrände vorliegen.

Die frühmittelalterliche Siedlung: Spuren eines Königshofes?

Wie der Flurname „Fronhofbuck" sowie frühmittelalterliche Befunde und Streufunde in benachbarten Parzellen erwarten ließen, erbrachte die Grabung in einem Bereich von ca. 25 m × 30 m zahlreiche frühmittelalterliche Strukturen, die nach erster Durchsicht der Funde ins 7.–13. Jahrhundert gehören (für Hinweise danke ich M. Rauschkolb und Ch. Bücker). Dagegen fehlen spätantike Funde oder gar Befunde. Im erfassten Siedlungsausschnitt fanden sich neben ca. 50 Pfostengruben vor allem langrechteckige Grubenhäuser, eng nebeneinander liegend oder sich z. T. überlagernd. Ähnliche „Grubenhausviertel" wurden auch in Lauchheim-„Mittelhofen" beobachtet. Bei Überlagerungen war erkennbar, dass die älteren Grubenhäuser eine West-Ost Orientierung – also wie die römischen Bauten – aufweisen, während ihre Schmalseiten in einer jüngeren Phase nach Nordosten zeigten.
Zwei Grubenhäuser sind mit 15 m² bzw. 19,25 m² Innenfläche überdurchschnittlich groß, gerade auch im Vergleich mit Befunden im Breisgau und im Elsass. Die größte Grube, zu einem Sechspfostenbau mit zentralem Stützpfosten gehörig, liegt mit ca. 29 m² Innenfläche deutlich über dem Durchschnittsmaß süddeutscher Grubenhäuser. In der Grubenverfüllung fanden sich neben verbrannter gelbtoniger Drehscheibenware auch zwölf verbrannte Webgewichte. Fragmente weiterer Webgewichte, zwei verzierte Webbrettchen und eine Spindel (Abb. 114,3–4.6) aus benachbarten Gruben belegen die Verarbeitung von Wolle und pflanzlichen Fasern vor Ort.
Ältere gelbtonige Drehscheibenware gehört zu den ältesten Keramikfunden, während ein reduzierend gebrannter Topf mit Leistenrand das derzeit jüngste Stück ist. Das Fehlen von Ofenkacheln und glasierter Ware stellt möglicherweise ein weiteres chronologisches Indiz dar. Als besonderer Fund sei ein verzierter Bronzeschlüssel mit Vogel-

Abb. 114 Riegel, „Fronhofbuck". Auswahl römischer (1–2) und frühmittelalterlicher Funde (3–6): 1 Sigillata-Becher (Niederbieber 24 c) aus Rheinzabern; 2 Randbruchstück einer Formschüssel zur Herstellung von Reliefsigillata; 3–4 verzierte Webbrettchen aus Bein; 5 verzierter Bronzeschlüssel; 6 Spindel aus Bein.

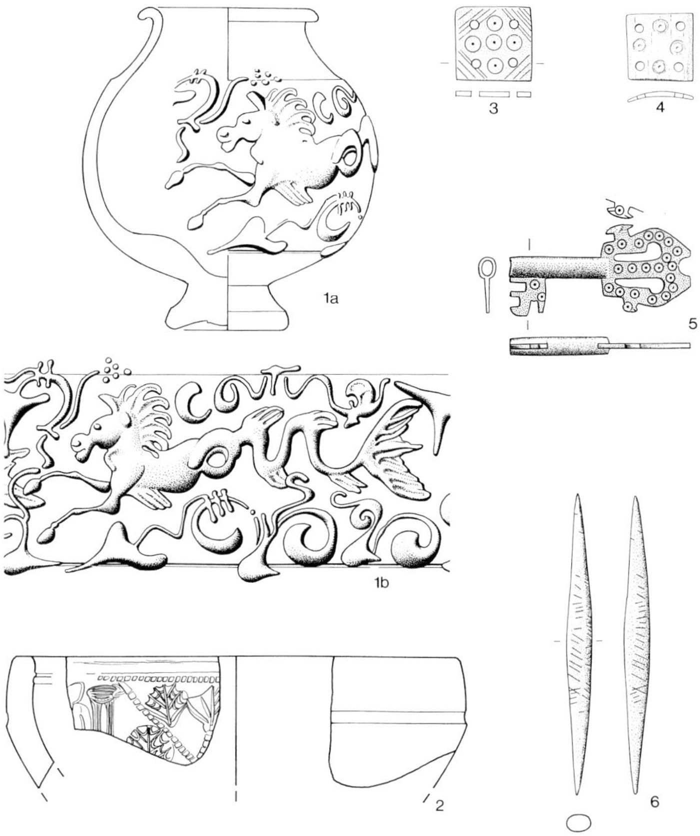

kopf-Protomen hervorgehoben, erst das zweite bekannte Exemplar dieser Art aus Südbaden (Abb. 114,5).
Die derzeit jüngsten Befunde sind zwei runde, nur 30 cm tiefe Gruben mit flacher Sohle und einem Durchmesser von 3 m. Die Verfüllung bestand jeweils aus dem Schutt hochmittelalterlicher Dachdeckung, d. h. Bruchstücken von Nonne/Mönch-Ziegeln und dazugehörenden, halbzylinderförmigen Kalkmörtelstücken mit Negativabdrücken der Ziegel. Die einstmalige Funktion dieser Gruben (Flachs- oder Hanfrösten?) ist vorerst nicht zu klären. Weitere Streufunde von Nonne/Mönch-Bruchstücken legen nahe, dass in unmittelbarer Nähe der Grabungsfläche ein mittelalterlicher, ziegelgedeckter Steinbau stand.
Eine Aufarbeitung der mittelalterlichen Befunde wäre – gerade auch im Vergleich mit den Schriftquellen zum „Fronhofbuck“ – äußerst vielversprechend. Unsere Kenntnisse zur Bedeutung Riegels als frühmittelalterlichem Zentralort beruhen weitgehend auf den Arbeiten von A. Futterer. Demnach stand auf dem „Fronhofbuck“ ein fränkischer Königshof *(curtis)*, urkundlich erstmals 972 erwähnt, daneben eine Martinskirche samt „ausgedehntem Gräberfeld“. Eine erste Überprüfung der Urkunden des 10./11. Jahrhunderts zeigt aber, dass die *curtis* nie zusammen mit einer Martinskirche erwähnt wird, während die Überlieferung zum Gräberfeld lediglich auf einer Notiz von 1900 beruht. Bevor die Schriftquellen nicht einer kritischen Neubewertung unterzogen werden, sollte man die vorgestellten Befunde daher nur mit Vorbehalt dem ehemaligen Königshof bzw. Fronhof zuweisen.

Jürgen Trumm

Literaturhinweise

Ch. Dreier, Arch. Ausgr. Baden-Württemberg 1994, 106 ff. (Gesamtplan Riegel); M. Scholz, ebd. 1996, 143 ff. (Grabung „Schmiedegässle“); A. Futterer, Zur Datierung der beiden Kirchenverzeichnisse in den Einsiedler Codices 29 und 319 (Unpubl. Dissertation Freiburg 1949); ders., Das Dorf Riegel vor und nach seinem Ausbau im 12. Jahrhundert. Alemannisches Jahrb. 1953, 90 ff.

Kugelbechergruppen und frühe Alamannen in Vörstetten, Kreis Emmendingen

Dank der sehr guten Zusammenarbeit mit der Gemeinde Vörstetten und dem Landwirt Manfred Kiener konnten die Ausgrabungen auch in den Jahren 1999 und 2000 fortgesetzt werden. Im Vorfeld der Bebauung des Gewerbegebietes am nördlichen Ortsrand von Vörstetten wurden auf bisher einem Hektar Fläche zahlreiche und für den Breisgau zum Teil einzigartige Befunde eines jungsteinzeitlichen und frühalamannischen Siedlungsplatzes ausgegraben (Abb. 115).

Jungsteinzeitliche Siedlungsbefunde der Kugelbechergruppen

Erstmals konnten zwei Brandgräber im Siedlungsbereich nachgewiesen werden, wobei ein Brandgrab außer dem kalzinierten menschlichen Leichenbrand auch jungsteinzeitliche Keramikfragmente und drei Feuersteingeräte

Abb. 115 Vörstetten, „Grub“. Plan der ausgegrabenen Siedlungsbefunde aus dem Neolithikum (blau) und der frühalamannischen Zeit (rot).

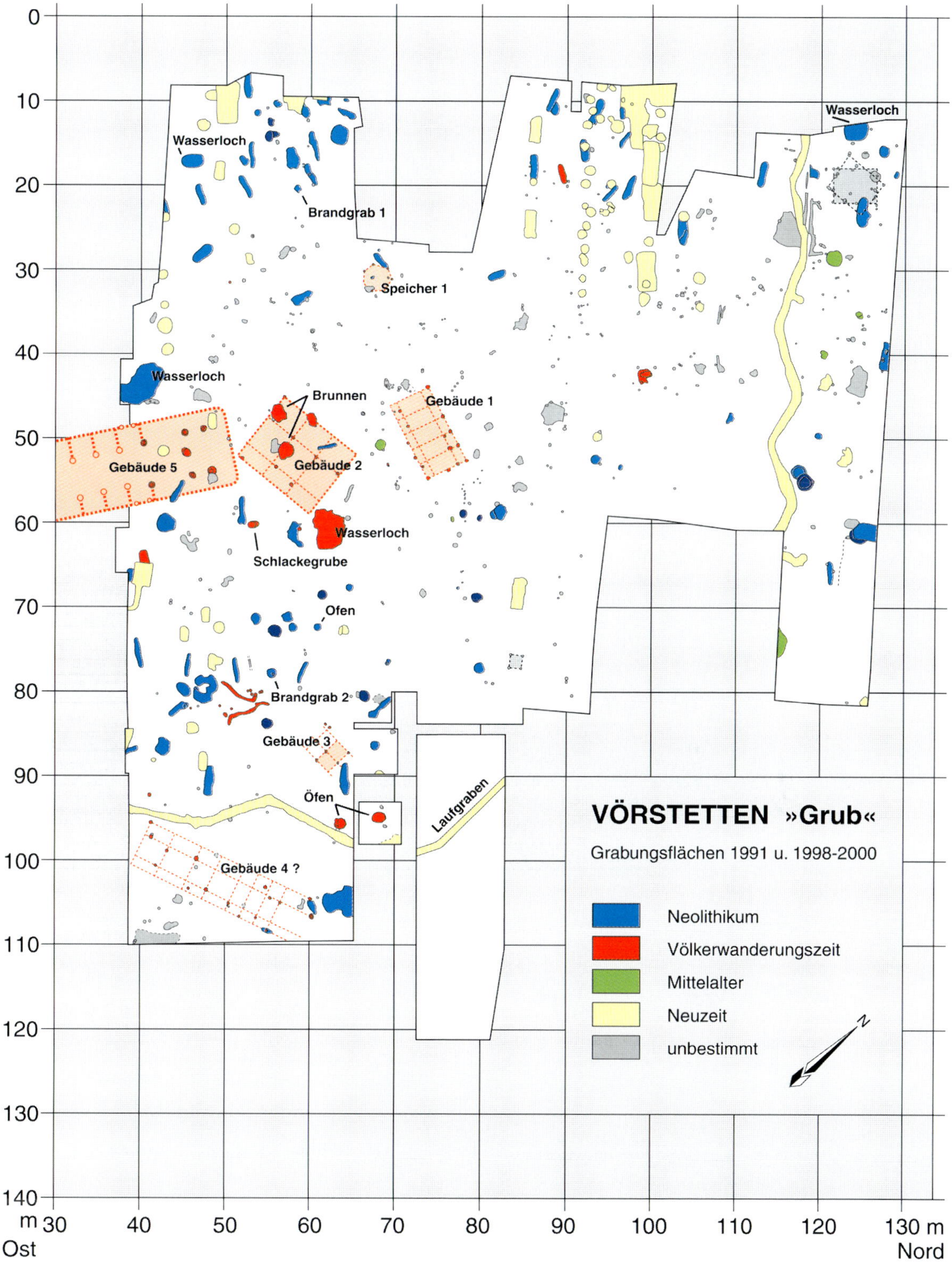
VÖRSTETTEN »Grub«
Grabungsflächen 1991 u. 1998-2000
Neolithikum
Völkerwanderungszeit
Mittelalter
Neuzeit
unbestimmt
N
Wasserloch
Brandgrab 1
Speicher 1
Brunnen
Gebäude 1
Gebäude 5
Gebäude 2
Schlackegrube
Ofen
Brandgrab 2
Gebäude 3
Öfen
Laufgraben
Gebäude 4 ?
0
10
20
30
40
50
60
70
80
90
100
110
120
130
140
m 30
40
50
60
70
80
90
100
110
120
130 m
Ost
Nord

Abb. 116 Vörstetten, „Grub". Großer Topf der sog. Straßburger Gruppe mit starker Glimmermagerung.

enthielt. Das zweite Brandgrab zeigte im Befund eine durch Feuer rot verziegelte kreisrunde flache Brandgrube von 1 m Durchmesser mit einem kleinen Befund in der Mitte, in dem sich kalzinierte Knochenfragmente, ausschließlich vom menschlichen Schädel befanden. Bisher waren im Breisgau gegenüber zahlreichen Siedlungsnachweisen erst ein Körpergrab in gestreckter Rückenlage der so genannten Wauwiler Gruppe aus Sasbach und zwei Körpergräber der so genannten Straßburger Gruppe aus dem Elsass bekannt. Möglicherweise waren in dieser Zeit Brandbestattungen vorherrschend, die jedoch aufgrund geringer Eintiefung wohl oft unerkannt zerstört werden.

Obwohl keine sicher in diese Zeitphase datierten Pfostenbauten erfasst wurden, lassen die Befunde auf mindestens vier Gehöfte an dieser Stelle schließen. Möglicherweise ist die nur wenig eingetiefte Bauweise der Häuser der Bodenerosion und dem modernen Ackerbau zum Opfer gefallen. Zwei sich überschneidende Gebäudegrundrisse von etwa 5 m × 4 m Größe und ein kleiner quadratischer Vierpfostenspeicherbau könnten in diese Siedlungsphase gehören, da sie, anders als die der frühalamannischen Siedlungsphase, keine Pfostengrubenverfüllung aus Brandschutt aufwiesen. Die zwölf umgekehrt trichterförmig eingetieften Vorratsgruben, die noch bis zu 1,40 m tief waren, konzentrierten sich an vier Stellen. Man kann annehmen, dass diese Vorratsgruben für Nahrungsmittel entweder in oder zumindest nahe bei den Wohngebäuden angelegt wurden.

Um Aussagen über Ernährung und Umwelt machen zu können, wurden Bodenproben aus allen Befunden auf pflanzliche Großreste untersucht. Dr. Manfred Rösch vom Landesdenkmalamt stellte freundlicherweise bereits die Ergebnisse zur Verfügung. Leider waren nur wenige verkohlte Kulturpflanzenreste nachzuweisen, darunter überwiegend Einkorn, vereinzelt auch Gerste, Emmer und Erbsen. Ein vollständig erhaltener Mahlstein aus Rotsandstein sowie ein Läuferstein aus einem großen Rheinkiesel und zahlreiche Fragmente von weiteren Mahlsteinen weisen auf eine Weiterverarbeitung von Getreide hin. Vermutlich diente eine etwa 1,40 m eingetiefte Grube mit gebrannten Lehmplatten und Steinen auf der Sohle als Getreidedarre, wie sie auch in der etwa gleichzeitigen Siedlung der Schussenrieder Kultur von Eberdingen-Hochdorf nachgewiesen sind.

Wozu die 40 so genannten Schlitzgräben dienten, konnte bisher nicht geklärt werden. Die auf Planumshöhe durchschnittlich 2 m langen und 0,80 m breiten Befunde waren spitz zulaufend bis zu 1,80 m eingetieft. Erhöhte Phosphatwerte im Sohlebereich geben einen Hinweis auf die Theorie, dass diese zur

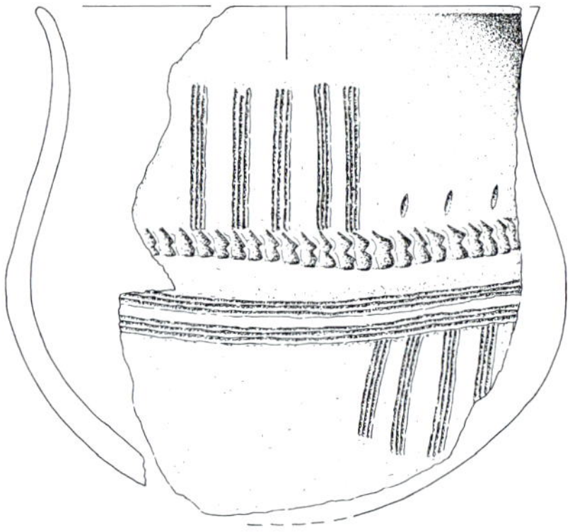

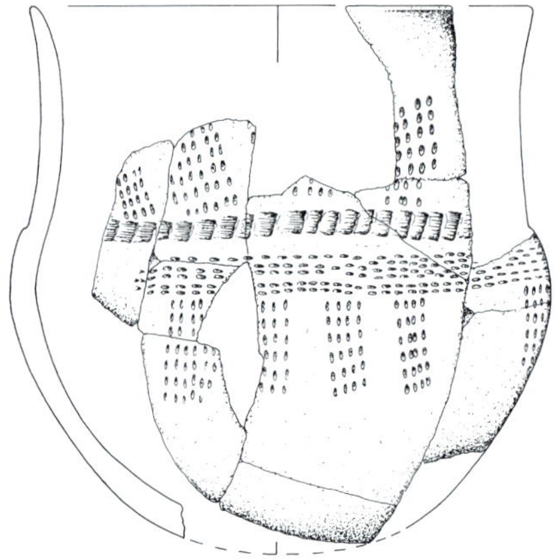

Abb. 117 Vörstetten, „Grub". Feinkeramische Gefäße der Kugelbechergruppen. Randdurchmesser 10,4 cm (oben) bzw. 11 cm (unten).

langsamen Trocknung von gegerbtem Leder genutzt wurden.
Auf der Sohle einer flachen Grube wurde ein vollständig zu rekonstruierendes Gefäß mit drei Knubben auf dem Bauchumbruch gefunden (Abb. 116), das formal und aufgrund der Glimmermagerung der Straßburger Gruppe zuzuweisen ist. Fragmente von zahlreichen Töpfen mit grober Quarzmagerung sind eher für die Wauwiler Gruppe charakteristisch. Die Backtellerfragmente weisen sowohl Glimmermagerung wie auch grobe Quarzmagerung auf. Ebenso kommen bei den verzierten feinkeramischen Gefäßen Elemente beider Gruppen vor (Abb. 117), die häufig vergesellschaftet sind. Die ersten vier kalibrierten ^{14}C-Daten belegen ein Zeitspanne der Besiedlung etwa zwischen 3600 und 4200 v. Chr. Da die Zeitstellung der Straßburger und Wauwiler Gruppe weder durch stratigrafische Befunde noch durch ^{14}C-Daten gesichert ist, sollen weitere Proben auch von anderen Siedlungsplätzen am Kaiserstuhl eine genauere chronologische Einordnung ermöglichen. In Vörstetten deutet mittlerweile einiges darauf hin, dass diese beiden Stufen der Kugelbechergruppen sich zeitlich und räumlich nicht ausschließen.

Coinneach McCabe

Die Siedlung der frühen Alamannen

In Vörstetten konnten erstmals im Breisgau großflächig auch mehrere Pfostenbauten der frühalamannischen Zeit erfasst werden. In der Südwesthälfte der Grabungsfläche ließen sich zahlreiche Pfostenstellungen zu mindestens vier Hausgrundrissen zusammenfügen (Abb. 115). Alle Häuser sind offensichtlich einer Brandkatastrophe zum Opfer gefallen, da die Pfostengruben mit Brandschutt und Asche verfüllt waren. Ähnlich dem frühalamannischen Haus von Sontheim im Stubental zeigt der Grundriss des Gebäudes 1 Doppelpfostenreihen. Die Grundrisse von drei weiteren abgebrannten Gebäuden, die gleichartige Pfostenstellungen aufwiesen, sind noch nicht sicher zu rekonstruieren. Das Gebäude 4 am Ostrand der ergrabenen Fläche hat vermutlich eine Länge von mindestens 20 m. Ähnliche große Pfostenbauten des 4./5. Jahrhunderts sind aus dem norddeutschen und niederländischen Gebiet bekannt.
Das Gebäude 5 zeichnete sich durch sechs wesentlich größere Pfostenstellungen von 0,80 m Durchmesser aus, die ebenfalls mit Brandschutt verfüllt waren. Diese Baustruktur ist mit Wohnstallhäusern in der Wurtensiedlung Feddersen Wierde in Niedersachsen zu vergleichen. Auf dem Plan Abb. 115 wurde ein Grundriss eines solchen Hauses über die Struktur von Vörstetten gelegt. Dabei sind die sechs großen Pfosten die dachtragenden Pfosten des Wohnbereiches, während die kleineren Pfosten der Außenwände vermutlich nicht sehr tief in den Boden reichten und kaum erhalten sind. Der mutmaßliche Stallteil liegt dann in dem noch nicht ausgegrabenen Bereich. Die geomagnetischen Befunde scheinen dies zu bestätigen.
Zwei runde Befunde von 1,20 m Durchmesser waren fast ausschließlich mit stark gebranntem, teilweise sogar verschlacktem Hüttenlehm und Holzkohle verfüllt und bis 1,40 m senkrecht eingetieft. Der Boden unter der holzkohlebedeckten Sohle war durch Feuereinwirkung mehrere Zentimeter dick hellgrau verziegelt. Möglich wäre auch hier eine Funktion als Getreidedarre, da sich in der Verfüllung außerdem größere Mengen verkohlte Getreidereste fanden.
Nach den Untersuchungen der Bodenproben überwiegt in der frühalamannischen Zeit bei dem Getreide erstaunlicherweise Roggen. Aufgrund der bisherigen Untersuchungen wurde Gerste als wichtigstes Getreide der frühen Alamannen angesehen. Roggen spielte im römischen Reich bereits eine größere Rolle. Im germanisch besiedelten Gebiet Südwestdeutschlands war Roggen aber bisher erst ab der spätmerowingischen Zeit in größerem Umfang belegt,

als zur Zeit des so genannten Landesausbaus auch die schlechteren Böden besiedelt wurden. Möglicherweise haben die frühen Alamannen in Vörstetten bereits sehr intensiv Ackerbau betrieben, unter Umständen weil sie die Oberschicht auf dem Zähringer Burgberg mitversorgten. Erstmals für diese Zeit nachgewiesen ist der Anbau von römischen Gartenkräutern wie Koriander und Römischer Kamille, was sicherlich mit engen Kontakten zur römischen Kultur hier in der Grenzregion im Zusammenhang steht.
Brandschutt fand sich auch in zwei zunächst unscheinbaren runden Befunden mit etwa 1,40 m Durchmesser. Sie zeigten im Zwischenplanum eine ringförmige Verfüllung, die an ehemalige Brunnenschächte denken lässt. Nicht ganz geklärt ist, ob es sich bei den bis zu 3 m tiefen Befunden um Brunnen oder um Zisternen handelt (Abb. 118). Der Grundwasserspiegel liegt heute bei etwa 4 m Tiefe unter der Schwemmlössschicht im Schotterhorizont, jedoch muss er vor der Rheinregulierung bei etwa 2,50 m Tiefe gelegen haben.
In einer Grube wurden größere Mengen schwere, dichte Eisenschlacke entdeckt. Die Schlacken werden von Dr. G. Gassmann analysiert, der aufgrund des ersten Eindrucks meint, dass es sich sehr wahrscheinlich um die gleiche Schlackenart wie in Heidenheim-Schnaitheim auf der Schwäbischen Alb handelt (vgl. den Beitrag in diesem Band). Damit wäre für die frühalamannische Zeit ein zweiter Platz mit einer Verhüttungstechnologie in Kuppelöfen ohne Schlackenabstich belegt, wie sie schon für die keltische Zeit nachgewiesen sind.
Die stark fragmentierten Funde handgeformter frühalamannischer Keramik sind in die zweite Hälfte des 4. und erste Hälfte des 5. Jahrhunderts zu datieren. Ungewöhnlich ist das Vorhandensein von römischer Importkeramik aus der Eifel, die im Breisgau bisher nicht in ländlichen Siedlungen vorkommt, sondern nur auf der Höhensiedlung auf dem Zähringer Burgberg und in den spätrömischen Kastellen.
Demnach können wir im ausgegrabenen Bereich ein oder zwei Gehöfte frühalamannischer Zeit rekonstruieren, die sich zusammensetzen aus mindestens vier großen Pfostenbauten, vermutlich Wohnstallhäusern, einem runden Speicherbau, zwei Brunnen, einem Wasserloch und zwei ofenartigen Anlagen. Bisher scheint sich ein etwas abweichendes Fundspektrum gegenüber den weiteren frühalamannischen Siedlungen im Breisgau anzudeuten. Möglicherweise hatte dieser Siedlungsplatz u. a. eine Versorgungsfunktion im Bezug auf Lebensmittel/Getreide und Eisen für die nahe gelegene Höhensiedlung auf dem Zähringer Burgberg oder für die spätrömischen Kastelle am Rhein.

Christel Bücker

Abb. 118 Vörstetten, „Grub“. Querschnitt durch den Brunnen aus frühalamannischer Zeit.

Literaturhinweise

Ch. Bücker, Frühe Alamannen im Breisgau. Untersuchungen zu den Anfängen der germanischen Besiedlung im Breisgau während des 4. und 5. Jahrhunderts n. Chr. Archäologie und

Geschichte. Freiburger Forsch. zum ersten Jahrtausend in Südwestdeutschland 9 (Sigmaringen 1999); dies., Arch. Ausgr. Baden-Württemberg 1991, 196 ff.; dies., ebd. 1998, 197 ff.; E. Keefer, Hochdorf II. Forsch. u. Ber. Vor- u. Frühgesch. Baden-Württemberg 27 (Stuttgart 1988) 39 ff.; B. Dieckmann, Die Kulturgruppen Wauwil und Straßburg im Kaiserstuhlgebiet. In: Cahiers Assoc. Promotion Rech. Arch. Alsace 6, 1990, 7 ff.

Abschließende Untersuchungen im Bereich des frühmerowingerzeitlichen Friedhofes auf dem Talberg bei Horb-Altheim, Kreis Freudenstadt

Von April bis Oktober 2000 wurden die restlichen Flächen des 1998 im geplanten Baugebiet „Talberg“ entdeckten merowingerzeitlichen Friedhofes untersucht. Mit Abschluss dieser Untersuchung kann von der vollständigen Erfassung des Gräberfeldes ausgegangen werden, mit Ausnahme der ca. zehn 1999 durch eine Baugrube zerstörten Gräber am südöstlichen Rand. Im Lauf der zweijährigen Grabungskampagne konnten insgesamt 73 Gräber untersucht werden. Man kann jetzt mit Sicherheit sagen, dass es sich um einen Friedhof vom Typ Hemmingen handelt, dessen zeitliche Dauer die Stufe Flonheim-Gültlingen umfasst, was einer Belegungsdauer von ca. 480 bis 530 entspricht.

Die Lage der einzelnen Gräber nimmt deutlich Rücksicht auf den Verlauf der römischen Fundamentreste. Die Mauern der römischen Gebäude dürften damals noch sichtbar gewesen sein und haben vielleicht sogar die Wahl des Bestattungsplatzes beeinflusst. Im Westen wird der Friedhof von einem ehemaligen Bachbett begrenzt, das in nachrömischer Zeit mit Gebäudeschutt verfüllt wurde. Zweifellos ist dies im Zusammenhang mit der weiter westlich hangaufwärts gelegenen Talbergquelle zu sehen. Ein ca. 150 m nach Westen vorgetriebener Baggerschnitt ergab au-

Abb. 119 Horb-Altheim, Grab 69. Pferdebestattung des 5. Jhs. während der Freilegung.

Abb. 120 Horb-Altheim, Grab 67. Kleiner Glasbecher (Höhe 6,5 cm) mit Fadenauflage.

ßer wenigen Resten römischer oder mittelalterlicher Fundamentierungen und der alten Feldwegtrasse keine weiteren archäologischen Befunde.

Innerhalb des Friedhofes zeichnet sich klar die Bildung von mindestens drei Gräbergruppen ab; die weitere Auswertung wird zeigen, ob es sich hier um Familiengrablegen handelt.

Die im Jahr 2000 untersuchten Gräber haben wieder zahlreiche interessante Details ergeben: So wurde in Grab 69 eine Pferdebestattung aufgedeckt. Das aufgezäumte Pferd war in einer Grabgrube bestattet worden, die hinsichtlich ihrer Größe und Orientierung nicht von denjenigen der menschlichen Bestattungen abwich (Abb. 119). Neben der verzierten Trense haben sich Silberniete des Kopfzeuges erhalten. Der Befund wurde im Block geborgen, vielleicht erlaubt die sorgfältige Freilegung durch den Restaurator die Rekonstruktion des Zaumzeuges. Es darf als sicher gelten, dass diese Pferdebestattung zu dem bereits 1999 geborgenen benachbarten Grab 52 gehört. Der in Grab 52 bestattete Mann besaß eine Spatha, deren Scheide ein silbernes Mundblech und ein silbernes Ortband mit Almandineinlagen (Böhner Gruppe C4) aufweist. Die besten Parallelen sind die Goldgriffspathen von Basel-Kleinhüningen, Grab 63 und Gültlingen, Grab von 1901. Damit dürfte auch das Altheimer Schwert zur Gruppe der Goldgriffspathen gezählt werden, obwohl der Griff hier aus organischem Material bestand und vollständig vergangen ist. Es liegt somit auch in Altheim mit einem Adelsgrab des späten 5. Jahrhunderts und einer nahe gelegenen Pferdebestattung der gleiche Befund vor, wie er in den letzten Jahren aus Villingendorf oder Entringen bekannt geworden ist.

Am südlichen Rand des Friedhofes wurde neben einer Gruppe von relativ spärlich ausgestatteten oder beigabenlosen Gräbern das antik beraubte Grab 67 freigelegt. Es enthielt eine Kinderbestattung, von deren Beigabenausstattung sich eine silberne Miniaturfibel und ein kleiner glockenförmiger Glasbecher mit Fadenauflage (Abb. 120) sowie Glasperlen vom Gürtelgehänge erhalten haben.

Grab 60, am nördlichen Rand des Friedhofes gelegen, enthielt die Bestattung eines ungewöhnlich großen Mannes (Abb. 121). Die eng angelegten Arme und Beine weisen darauf hin, dass der Tote in ein Leichentuch einge-

Abb. 121 Horb-Altheim, Grab 60. Männerbestattung des 5. Jhs. mit Gürtelschnalle, Schmalsax und Bartaxt.

wickelt war. Neben einer flächig cloisonnierten Gürtelschnalle mit rechteckigem Beschläg (Abb. 122) enthielt das Grab einen Schmalsax, eine Bartaxt und eine Pfeilspitze sowie den Bügel einer Gürteltasche und deren Inhalt (Messer, Angelhaken, Pinzette). Die Gürtelschnalle und eine zugehörige Riemenzunge mit Almandineinlagen stellen die kostbarste Gürtelgarnitur des Gräberfeldes dar, eine gute Parallele stammt aus dem Gräberfeld von Altenerding in Bayern.

Ganz am Nordrand des Friedhofes wurden zwei dicht beieinander liegende Gräber untersucht, die etwa 8 m vom Gräberfeld abgesetzt lagen. In Grab 68 fand sich als Rest der Trachtausstattung lediglich eine einfache eiserne Gürtelschnalle, dagegen erwies sich Grab 73 als äußerst reich ausgestattete Frauenbestattung. Ein ca. 2,20 m × 0,7 m messender Holzsarg hatte sich lediglich als deutlich abgrenzbare Verfärbung erhalten. Die Frau trug eine komplette Vierfibeltracht aus zwei Bügelfibeln und zwei kleinen Vogelfibeln. Am linken Handgelenk fand sich ein silberner Kolbenarmring (Abb. 123), im Becken- und Beinbereich lagen die Reste eines Gürtelgehänges in Form zahlreicher Glasperlen. Besonders hervorzuheben sind zwei goldene Polyeder-Ohrringe mit eingelegten Almandinen. Sie gehören zum ostgermanischen Typ dieser Ohrringform und haben eine unmittelbare Parallele unter den Grabfunden von Gültlingen. Die mehrfachen Parallelen zu den 25 km nördlich gelegenen Gräbern von Gültlingen sind überhaupt sehr auffällig (Ohrringe aus Grab 73, Spatha-Ortband aus Grab 52, Riemenzunge aus Grab 60), der Vergleich mit diesen Funden sowie den mittlerweile bearbeiteten Grabfunden von Nagold und den Inventaren des Friedhofs von Hemmingen dürfte für die weitere Auswertung des Altheimer Gräberfeldes wichtig sein.

Abb. 122 Horb-Altheim, Grab 60. Flächig cloisonnierte Gürtelschnalle mit rechteckigem Beschläg.

Ohne die tatkräftige Mitarbeit unserer ehrenamtlichen Beauftragten Bernhard Würger und Siegfried Kägi hätten die Ausgrabungen auf dem Altheimer Talberg sicher nicht in diesem Umfang durchgeführt und in dieser kurzen Zeit abgeschlossen werden können. Darüber hinaus ist zahlreichen ehrenamtlichen Helfern aus Altheim und der näheren Umgebung sowie der Stadt Horb und der Ortsverwaltung Altheim für die tatkräftige Unterstützung zu danken. Auch der Außenstelle Horb des Arbeitsamtes Nagold sind wir für die Förderung der Arbeiten im Zuge einer Arbeitsbeschaffungsmaßnahme sehr zu Dank verpflichtet.

Es ist ein wesentliches Verdienst von Herrn Ortsvorsteher Andreas Bronner, dass noch während der laufenden Grabungen eine Ausstellung unter dem Titel „Alamannen am Schwarzwaldrand“ im Schwestern- und Gemeindehaus gezeigt werden konnte. Diese Ausstellung und die regelmäßigen Grabungsführungen fanden sehr großes Interesse. In der Folge konnte auch durch einen Hinweis aus der Bevölkerung die Lage eines weiteren merowingerzeitlichen Friedhofs im Bereich des heutigen Ortskerns

Abb. 123 Horb-Altheim, Grab 73. Silberner Kolbenarmring aus einem reich ausgestatteten Frauengrab des frühen 6. Jhs.

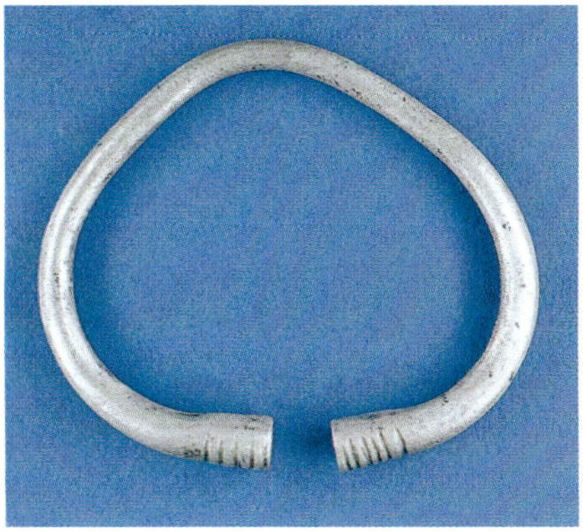

belegt werden: Seit dem 19. Jahrhundert waren mehrfach Berichte über angeschnittene Gräber und Funde von Eisenwaffen im Bereich der Flur „Laiber" bekannt geworden. Innerhalb eines Hausgartens konnte jetzt durch Suchschnitte ein Grab nachgewiesen werden. Da eine Umgestaltung des Gartenareals vorgesehen ist, werden diese Untersuchungen 2001 fortgeführt.

Der bereits 791 urkundlich erwähnte Ort Altheim hat durch die Grabungen des Landesdenkmalamtes gleichsam eine Verlängerung seiner Geschichte bis in die frühe Merowingerzeit erfahren. Auch wenn viele Fragen bislang ungeklärt sind – z. B. wo die zugehörige Siedlung zu dem Friedhof auf dem Talberg zu lokalisieren ist – dürften die beiden jetzt nachgewiesenen merowingerzeitlichen Gräberfelder vor dem Hintergrund der fränkisch-alamannischen Auseinandersetzungen an der Wende zum 6. Jahrhundert zu sehen sein, in deren Verlauf es zur Aufgabe, Verlagerung und Neugründung von Siedlungen gekommen ist.

Günther Wieland

Literaturhinweise

B. Rabold, Arch. Ausgr. Baden-Württemberg 1999, 149 ff.; J. Hald/U. Laux, Arch. Ausgr. Baden-Württemberg 1999, 147 ff.; D. Quast, Die merowingerzeitlichen Grabfunde aus Gültlingen (Stadt Wildberg, Kr. Calw). Forsch. u. Ber. Vor- u. Frühgesch. Baden-Württemberg 52 (Stuttgart 1993).

Fortsetzung der Ausgrabungen im alamannischen Gräberfeld „Zwerchweg" bei Herrenberg, Kreis Böblingen

Wegen einer unvorhergesehenen Mittelverknappung und einer vom Arbeitsamt Stuttgart um 50 % gekürzten Arbeitsbeschaffungsmaßnahme konnten die Untersuchungen des Gräberfelds im Jahr 2000 nicht zum Abschluss gebracht werden. Aufgrund von Luftbildern war für dieses Jahr eigentlich das Erreichen der östlichen Friedhofsgrenze – abgesehen von möglichen Separatgrablegen – zu erwarten gewesen, da die ansonsten dichte Belegung hier erkennbar ausdünnt.

Durch die 94 in 2000 geborgenen Gräber hat sich die Gesamtzahl auf bislang 430 erhöht und ein überraschend neues Bild zur Geschichte des Gräberfelds ergeben. Erfreulicherweise waren die meisten Gräber ungestört und unberaubt. Als wesentliches Ergebnis darf gelten, dass der Friedhof kontinuierlich vom frühen 5. bis ins späte(?) 7. Jahrhundert belegt wurde. Vorläufig lassen sich die einzelnen Belegungssequenzen – auch im Hinblick auf demografische Entwicklungen – noch nicht näher fassen. Das liegt zum einen an dem hohen Beraubungsgrad der Gräber des 6. und 7. Jahrhunderts, zum anderen entziehen sich die Eisenfunde einstweilen einer genaueren Ansprache. Es zeichnet sich jedoch eine für die Region ungewöhnlich lange Belegungsdauer an einem Platz ab, der die wechselhafte Geschichte der Völkerwanderungs- und Merowingerzeit auch unter stammesgeschichtlichen und politischen Aspekten widerspiegelt.

Das Friedhofsareal lässt vorläufig in groben Zügen eine Vierteilung erkennen, die chronologisch zu erklären ist, aber auch mit historisch-politischen Prozessen in Zusammenhang steht. So ist im südlichen Teil eine sehr dichte, Südwest-Nordost orientierte Reihenbelegung zu beobachten, im mittleren Bereich eine ebenso orientierte, aber eher akkumulierende, sich möglicherweise aus einem Zentrum heraus entwickelnde Belegung auszumachen (hier befindet sich auch ein Grabhaus thüringischer Provenienz), und im Norden ein nahezu rechteckiges Areal, dessen Gräber West-Ost orientiert sind. Schließlich finden sich im Ostteil die ebenfalls West-Ost orientierten Gräber des späten 6. und des 5. Jahrhunderts, die den ältesten Teil des Friedhofs repräsentieren. Sie streuen wesentlich lockerer und halten größere Abstände zueinander. Die Belegungsrichtung des Friedhofs erfolgte somit von Osten nach Westen.

Besonders bei den Bestattungen aus der Zeit um 500 und davor konnten in etwa zehn Fällen nischen- und podestartige Grabkonstruktionen beobachtet werden, in oder auf denen Gefäße aus Keramik, Glas oder Bronze 40–50 cm über dem Kopfende der Bestattung außerhalb des Sarges deponiert waren. Vergleichbare Grabbauten und Beigabensitten sind u. a. aus Hemmingen, Kreis Ludwigsburg, und neuerdings aus Horb-Altheim, Kreis Freudenstadt, bekannt geworden, wo diese Grabsitte ebenfalls im 5. Jahrhundert auftritt. Gleichfalls einem älteren Belegungshorizont sind Frauen zuzuordnen, die in Baumsärgen bestattet wurden oder aber in sehr lang-schmalen, trogartigen Bretterwannen. Die Bestatteten sind in den hölzernen Särgen derart gezwängt untergebracht, dass man zwangsläufig an irgendeine Bindung oder Wickelung der Toten in Tüchern denken muss. Vorbehaltlich einer osteologischen Bearbeitung ergab eine vorläufige Geschlechtsbestimmung vor Ort (K.-D. Dollhopf, M. Heid) ein deutliches Übergewicht zugunsten der Frauen in diesem Gräberfeldareal. Dies bestätigt eine mehrfach beobachtete Erscheinung, dass es häufig Frauen sind, die auf diesen frühen Bestattungsplätzen anzutreffen und dabei reich ausgestattet sind. Eher ärmlich zu nennen ist die Ausstattung der zeitgleichen Männergräber auf diesem Friedhof. Aus fünf Waffengräbern liegen lediglich eine Spatha mit silbernem Scheidenmundblech und silberne Gürtelteile vor (Grab 410).

Gewicht und Bedeutung der diesjährigen Grabungen liegen zweifellos auf den reich ausgestatteten Frauengräbern. Aus 14 Gräbern liegen insgesamt 35 Fibeln vor. In der Mehrzahl handelt es sich um vergoldete, silberne Dreiknopf- und Fünfknopf-Bügelfibeln, teilweise mit in dichten Lagen angebackenen Textilresten. Außerdem stammen aus fünf Gräbern mit Vier- und Dreifibeltracht einige Pferdchen-, Vogel- (Adler-) und S-Fibeln.

Zu erwähnen sind weiterhin zwei eiserne Bügelfibeln (nach dem Röntgenbefund vermutlich Armbrustfibeln) aus den Frauengräbern Nr. 353 und 401, die ebenfalls einen frühen Belegungszeitpunkt des Gräberfelds nahe legen. Grab 401 enthielt als weitere Beigaben ein aus Glasperlen, Beinstäbchen und zweischaligen Bronzeperlen kombiniertes Amulettgehänge und einen Besatz aus zahlreichen schwarzbraunen Stickperlen. Einen im Augenblick nicht enger fassbaren frühen Ansatz liefern zwei mit Bronzenieten bzw. Kreisaugen verzierte Dreilagenkämme mit dreieckiger Griffplatte aus den Frauengräbern 409 und 427. Grab 409 enthielt außerdem eine grautonige Kleeblattkanne, zwei schlichte, silberne Dreiknopf-Bügelfibeln und einen Silberring.

Die reichen Frauengräber des 5. Jahr-

Abb. 124 Herrenberg, „Zwerchweg“. Grünliche Kugelbauchflasche (H. 15 cm) aus Nischengrab Nr. 365. Das Kindergrab enthielt außerdem eine versilberte, kreisaugenverzierte Riemenzunge mit stilisiertem Vogelkopf, eine eiserne Gürtelschnalle und einen Eisenarmreif.

hunderts im „Zwerchweg“ befolgen in Variationen und Abstufungen insgesamt ein ähnliches Bestattungs- und Ausstattungsmuster, wie West-Ost Orientierung, Nischengräber mit Gefäßbeigaben aus Keramik, Glas und Metall (Abb. 124), extrem lange und schmale Särge, üppiges Schmuckgehänge im linken Brustbereich (Glas-, Edelstein-, Bernstein-, Millefioriperlen, Silberplättchen, Amulette, Münzen etc.), Kopfschmuck wie Nadeln (rechts) oder Perlengehänge (links), schwere Ringe aus unterschiedlichem Metall (Bronze, Silber, Blei?) zwischen den Knien, Edelmetallfibeln in mehreren Exemplaren und in zwei Fällen silberne Halsreife (Grab 413 und 417). Als herausragendes Beispiel sei Grab 413 kurz vorgestellt.

Abb. 125 Herrenberg, „Zwerchweg“. Grab 413, Gesamtansicht mit Nische im Hintergrund.

Die ungestörte Bestattung wurde in gestreckter Rückenlage, beide Hände auf der rechten Hüfte, ca. 1 m unter Planum 1 in einer rechteckigen, 205 cm × 45 cm großen Grabgrube angetroffen (Abb. 125). Spuren eines hölzernen Sarges haben sich an der rechten Körperseite und im Fußbereich erhalten. Es ließ sich leider nicht zweifelsfrei klären, ob es sich um einen Baum- oder Brettersarg gehandelt hat. Vom Kopfende der Grabgrube 5 cm entfernt war in der Höhe von 30 cm eine 60 cm × 35 cm große Nische 35 cm tief in die westliche Grubenwand eingearbeitet worden. Darin war schräg an die Rückwand und mit der Öffnung nach hinten ein bronzenes Perlrandbecken mit Standring (Durchmesser ca. 35 cm) angelehnt. Dahinter stand ein grünlicher Glasbecher mit abgesetztem Standfuß (Höhe 10 cm). An körpergebundenen Beigaben besaß die erwachsene Frau an der rechten Schädelhälfte eine silberne Haarnadel mit stilisiertem Vogelkopf und links, wohl als Ohr- oder Haubenschmuck, ein Gehänge aus einem knopfartigen, silbergefassten Almandin, etlichen Perlen und einem Bronzering (Abb. 126). Um den Hals trug sie einen zweiteiligen, feuervergoldeten Silberreif mit Almandineinlagen (Durchmesser 20 cm; Gewicht 170,4 g). Die beiden Ringteile sind unten durch einen ungewöhnlichen Stiftverschluss und oben durch einen Haken-/Schlüssellochösen-Verschluss miteinander verbunden (Abb. 127). Im unteren Segment, etwa ein Fünftel des

Ringumfangs umfassend, befindet sich die Zierzone (Abb. 128). Aus dem runden, sich nach oben verjüngenden massiven Stabring (Durchmesser 7–4 mm) ist an dieser Stelle ein rechteckiger Querschnitt herausgearbeitet worden (Breite 9 mm, Höhe 6 mm). Die beiden oberen Ringenden wie auch die Partien, die zum Ornamentfeld überleiten, sind fein gerippt. Die Zierzone ist achsensymmetrisch und besteht aus einer Reihung runder Almandinplättchen auf unterlegter Waffelfolie. Es lassen sich eine mittlere und zwei identische äußere Zonen unterscheiden. Die Mittelzone besteht aus fünf Almandinscheibchen (Durchmesser 7 mm). Die Zentralscheibe wird beidseitig gesäumt von jeweils zwei Meerschaumperlen. Zwischen den beiden äußeren Scheiben sind an deren Stelle vier Granatperlen entsprechender Größe eingelassen. Die beiden äußeren Zonen bestehen gleichfalls aus je fünf etwas kleineren Almandinplättchen (Durchmesser 5 mm) in gepunzten quadratischen Feldern, die durch eine feine, senkrechte Schräggravur gegliedert sind. Den Abschluss der Dekorzone bilden zwei Swastiken. Die gesamte Zierzone wird durch einen Filigrandraht umsäumt. Die Vergoldung ist nur noch partiell erhalten, besonders im körpernahen Bereich ist sie durch Abrieb größtenteils verschwunden. Der Halsreif muss, wie weitere Gebrauchsspuren nahe legen, über einen längeren Zeitraum getragen worden sein.

Des Weiteren befanden sich im Hals- und Schlüsselbeinbereich, verbunden mit einer Schnur aus geflochtenem Silberdraht und einer Silberblechhülse, zwei vergoldete silberne S-Fibeln mit Almandineinlagen. Rechts vom Oberkörper lag ein ca. 30 cm langes Schmuckgehänge oder ein Gewandbesatz, bestehend aus 36 Einzelobjekten wie Glas-, Millefiori- und Bernsteinperlen, Bronze- und Silberamuletten, einer Silberkugel und zwei (noch nicht datierten) Münzen.

Zwei vergoldete silberne Fünfknopf-Bügelfibeln mit erhöhter Mittelrippe und Almandinknöpfchen auf Bügel und Fuß vervollständigen die Vierfibeltracht. Dazwischen lag eine eiserne Gürtelschnalle. Schließlich fanden sich zwischen den Knien ein massiver Silberring (Durchmesser 4 cm) und ein Eisenmesserchen.

Obwohl die überdurchschnittlich reiche Ausstattung der Dame als Ensemble gesehen werden muss und die außergewöhnliche Kombination der Objekte in ihrer Vielfältigkeit gerade

Abb. 126 Herrenberg, „Zwerchweg". Grab 413, Lage der Trachtbestandteile in situ.

Abb. 127 Herrenberg, „Zwerchweg". Grab 413, zweiteiliger vergoldeter Silberhalsreif mit Almandineinlagen.

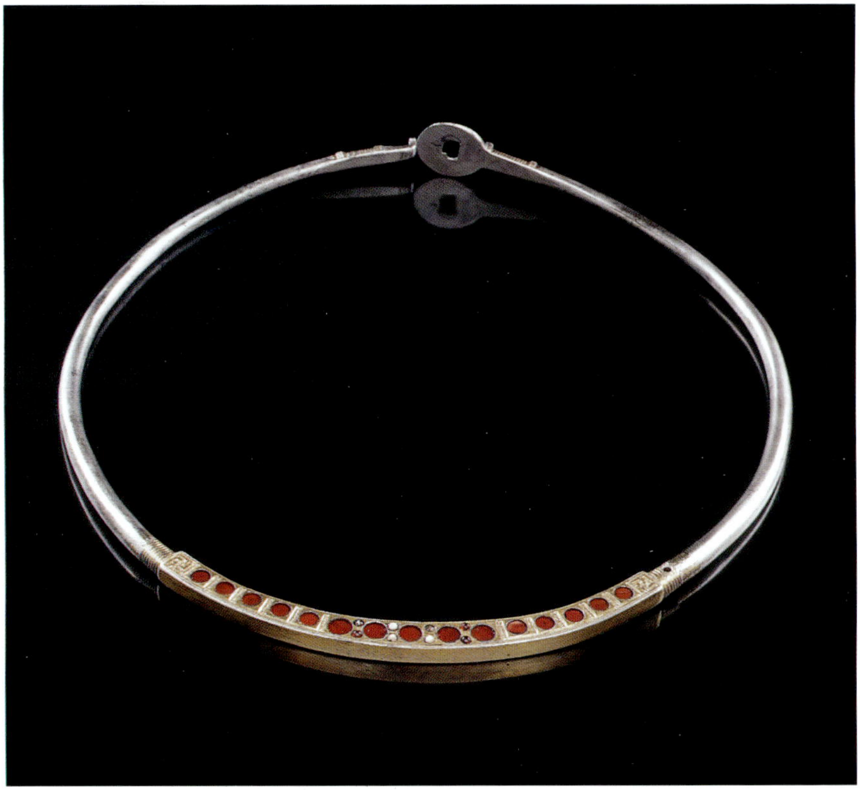

Abb. 128 Herrenberg, „Zwerchweg". Halsreif aus Grab 413, Detail.

das Exklusive bewirkt, steht der Halsreif im Vordergrund des Interesses, zumal er weit mehr als ein Schmuckgegenstand ist. Vielmehr bringt er als Rang- und Standeszeichen die exponierte Stellung dieser Frau innerhalb eines Sozialverbandes zum Ausdruck.

Ein in einigen Details verblüffend ähnliches, in technischer und kunsthandwerklicher Hinsicht aber schlichteres Exemplar obskurer Herkunft befindet sich seit einigen Jahren im Museum für Vor- und Frühgeschichte in Frankfurt am Main. Durch das Frauengrab 413 aus Herrenberg, „Zwerchweg", eröffnen sich mit Sicherheit neue Ansätze zur Deutung derartiger „Insignien" und ihrer Träger.

Nachdem in den vergangenen Jahren bereits ausgeprägte fränkische Einflüsse nachgewiesen werden konnten, sich durch Grabhäuser und jüngst thüringische Bügelfibeln Kontakte zu diesem Raum ergaben, so zeigen sich durch die völkerwanderungszeitlichen Gräber neue Aspekte zur Herkunft der im „Zwerchweg" bestatteten Personen und zur Bevölkerungsgeschichte im Oberen Gäu.

Claus Oeftiger, Klaus-Dieter Dollhopf

Literaturhinweise

C. Oeftiger/K.-D. Dollhopf, Arch. Ausgr. Baden-Württemberg 1999, 156 ff.; B. Rabold, Ein neues alamannisches Gräberfeld in Altheim, Stadt Horb, Kreis Freudenstadt. Ebd. 149 ff.; H. F. Müller, Das alamannische Gräberfeld von Hemmingen (Kreis Ludwigsburg). Forsch. u. Ber. Vor- u. Frühgesch. Baden-Württemberg 7 (Stuttgart 1976); Schmuck des Frühen Mittelalters im Frankfurter Museum für Vor- und Frühgeschichte. Archäologische Reihe 7 (Frankfurt am Main 1986) 20 f.

Sechs Jahre Volunteers-Projekt: Archäologische Ausgrabungen bei Stetten auf den Fildern, Stadt Leinfelden-Echterdingen, Kreis Esslingen

Seit sechs Jahren haben sich nun die Mitarbeiter des Volunteers-Projekts der Stadt Leinfelden-Echterdingen und des Landkreises Esslingen immer „tiefer" in die Vor- und Frühgeschichte am Ortsrand von Stetten vorgearbeitet. Der Fundplatz darf mittlerweile zu einer der bedeutendsten archäologischen Fundstellen auf den Fildern und darüber hinaus gerechnet werden. Die Geschichte der Ausgrabungen und die Entdeckung mehrerer archäologischer Kulturdenkmale aus verschiedenen vor- und frühgeschichtlichen Perioden wurden im letzten Grabungsbericht geschildert. In diesem Jahr soll ein Übersichtsplan (Abb. 129) hinzugefügt und schließlich die scheinbar unendliche Geschichte neuer Entdeckungen weiter fortgeschrieben werden, sahen sich doch die etwa 15 bis 20 Mitarbeiter der Volunteers-Gruppe im vergangenen Jahr wieder vor neue Herausforderungen gestellt!

Nördlich des römischen Eckrisalit-Gebäudes, das in den Jahren 1998 und

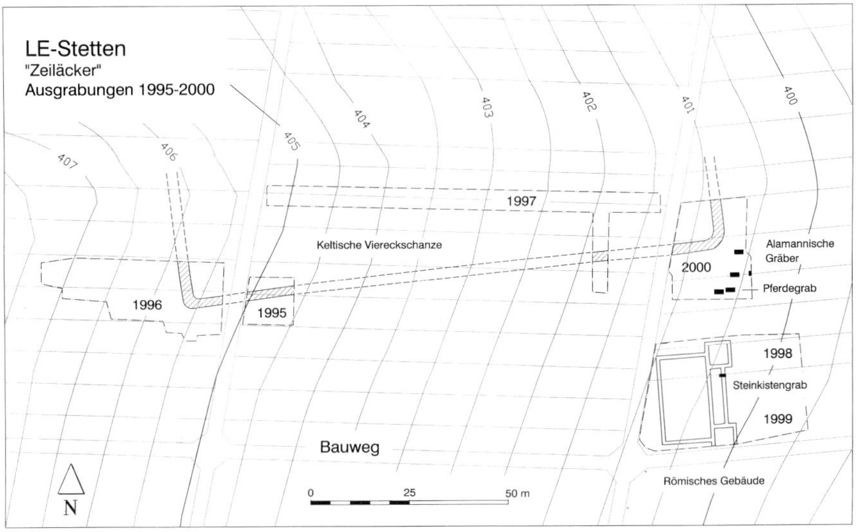

Abb. 129 Leinfelden-Echterdingen, Ortsteil Stetten. Übersichtsplan der Grabungsflächen seit 1995 im Gewann Zeiläcker mit der keltischen Viereckschanze, dem römischen Eckrisalitgebäude und dem neu entdeckten alamannischen Gräberfeld.

1999 ausgegraben wurde, ist eine etwa 20 m × 25 m große Fläche mit dem Ziel aufgedeckt worden, die Südostecke der keltischen Viereckschanze zu erfassen und damit die Länge der Südflanke bestimmen zu können (Abb. 129). Dabei stießen die Ausgräber zu ihrer großen Überraschung zunächst auf eine Pferdebestattung und auf mehrere Gräber eines bis dahin unbekannten alamannischen Gräberfeldes. Zwischen den Grabungsflächen von 1998 und 2000 blieb dabei zunächst noch ein etwa 10 m breiter Streifen nicht ausgegraben, der in der Grabungskampagne 2001 freigelegt werden soll.

Die bis zum Beginn der Ausgrabungen noch unbekannte keltische Viereckschanze zählt mit der gut 140 m langen Südflanke zu den größten Anlagen in Baden-Württemberg. An der Oberfläche hatten sich keine Spuren erhalten, denn die Anlage liegt auf guten Ackerböden an einem zur Filderebene nach Osten flach auslaufenden Hang, so dass durch die landwirtschaftliche Nutzung die Reste des Walles eingeebnet waren. Im Osten des Geländes wurde die Erhaltung der archäologischen Befunde zur Ebene hin immer besser, denn dort sind die weiter oben am Hang (im Westen) abgetragenen Erdschichten als Kolluvien wieder abgelagert worden. Einen guten Einblick erlaubten die Profile durch den Graben der Viereckschanze im Westen und Norden in der Grabungsfläche des Jahres 2000. Unter dem Ackerhumus und einem braunen Kolluvium sowie einem weiteren solchen aus schwarz-brauner Erde mit römischen Funden begann die Verfärbung der Grabenverfüllung erst in etwa 0,80 m Tiefe. Von diesem nachkeltischen, römischen Niveau aus gemessen war der Graben etwa 4,60 m breit und bis 1,80 m tief. Seine Tiefe unter der heutigen Oberfläche beträgt dagegen etwa 2,50 m. Die Form des Grabens entspricht den an vielen anderen Orten festgestellten Grabenprofilen: Er ist V-förmig mit weit ausladenden Flanken und weist eine schmale, leicht gerundete Grabenspitze auf.

Aufsehen erregte eine lange, schmale Grube, in der zunächst ein Pferdekopf zutage kam. Im Maul des Pferdes befand sich in Originallage eine Trense aus Eisen – damit war klar, dass es sich nicht um die neuzeitliche Verlochung eines Kadavers handeln konnte, sondern um eine Pferdebestattung aus alamannischer Zeit. Das Pferd war in eine nur etwa 0,60–0,70 m breite und 2,25 m lange Grube gezwängt, so dass

Abb. 130 Leinfelden-Echterdingen, Ortsteil Stetten. Grab eines Pferdes aus alamannischer Zeit, das mit einer Trense aus Eisen bestattet wurde.

es nur hockend mit dem Schädel nach oben gerichtet in der Grube Platz fand (Abb. 130). Zahlreiche vor- und frühgeschichtliche Gruben verunklarten zunächst die Befundlage, bis dann weitere rechteckige Grabgruben ausfindig gemacht und ausgegraben wurden. Östlich des Pferdes war eine junge Frau bestattet, deren Skelett zwar im Bereich des Oberkörpers durch eine alte Beraubung zerwühlt war, aber dennoch zahlreiche Beigaben und Teile der Tracht enthielt. Dies waren etwa eine vollständige, bauchige Glasflasche, ein Beinkamm, allerlei Amulette, wie eine große Bernsteinperle, und vor allem ein Paar feuervergoldeter und kerbschnittverzierter Fünfknopffibeln, die zwischen den Oberschenkeln lagen. Dieses Fibelpaar weist auf eine Datierung des Grabes in die Mitte des 6. Jahrhunderts hin. Im Bereich des Oberkörpers bzw. an den Schultern dürfte ein weiteres Paar kleinerer Fibeln entwendet worden sein. Die Lage dieses Frauengrabes neben der Pferdebestattung sowie seine qualitätvolle Ausstattung erlauben eine Zuordnung der Bestatteten zur alamannischen Oberschicht. Eine entsprechende Männerbestattung eines Reiters und Kriegers konnte dagegen noch nicht gefunden werden. Sie dürfte südlich des Pferdes in dem noch nicht ausgegrabenen Streifen zu suchen sein.

Die drei anderen Gräber waren z. T. stark beraubt; erwähnenswert sind in allen Gräbern noch gut erhaltene, inkohlte Holzspuren von Grabeinbauten und Särgen.

Nicht nur in wissenschaftlicher Hinsicht, sondern vor allem auch aus denkmalpflegerischer Sicht verdienen die alamannischen Grabfunde aus dem 6. Jahrhundert besondere Beachtung. Sie markieren offenbar die westliche Begrenzung eines bisher unbekannten alamannischen Gräberfeldes, das, durch Bebauung nicht beeinträchtigt, noch in vollem Umfang erhalten sein dürfte. Es zählt damit zu den wenigen Beispielen vollständig erhaltener alamannischer Gräberfelder im mittleren Neckarland. Die Überdeckung mit Kolluvien gewährleistet bis heute den besten Schutz vor Erosion und vor dem Pflug. Das Gelände nördlich des Bauwegs befindet sich noch dazu in der Bauverbotszone im Bereich der Einflugschneise des Stuttgarter Flughafens, so dass dieses bedeutende archäologische Kulturdenkmal für die Zukunft gesichert scheint. Die Ausgrabungen sollen deshalb auch nicht nach Osten (Abb. 129) ausgedehnt werden, sondern es ist vielmehr geplant, die Ausdehnung des Gräberfeldes durch geophysikalische Prospektion zu erkunden, um das Gräberfeld in das Bewusstsein der Öffentlichkeit zu rücken und einen optimalen Schutz für die Zukunft bieten zu können. Damit hat sich aus der Arbeit der Volunteers, einer archäologischen Rettungsgrabung, ein wichtiges denkmalpflegerisches Projekt entwickelt.

Im Hinblick auf eine Neugestaltung des Stadtmuseums in Leinfelden-Echterdingen wurden von verschiedenen Befunden Lackprofile hergestellt und die Pferdebestattung unter großem Einsatz der Volunteers in einem Erdblock geborgen, um die zukünftige museale Präsentation mit Originalbefunden zu bereichern. Die Ausgrabungen werden im Jahr 2001 fortgesetzt.

Wir danken der Familie Fohl ganz besonders dafür, dass sie die Ausgrabungen auf ihrem Grundstück nicht nur ermöglichte, sondern mit Interesse und Engagement unterstützte! Unser Dank für vielfältige Unterstützung gilt ebenso der Stadt Leinfelden-Echterdingen mit ihrem ersten Bürgermeister Dr. Haag sowie dem Leiter des Volonteers-Projekts, Herrn Löwy. Ohne den großen Einsatz der Volunteers und ihr großes Interesse an der frühesten Geschichte ihrer Landschaft wären die Ausgrabungen nicht möglich gewesen.

Rüdiger Krause

Literaturhinweis

R. Krause, Arch. Ausgr. Baden-Württemberg 1999, 144–147 mit älterer Literatur.

Gräber der Merowingerzeit in Mannheim-Straßenheim

Im Juli 2000 erfuhr ein ehrenamtlicher Mitarbeiter des Reiss-Museums Mannheim von einem geplanten Reiterhof in Straßenheim, Flur „Links der Mannheimer Straße“. Unverzüglich begann die Grabung durch das Reiss-Museum im Auftrag und mit Unterstützung des Landesdenkmalamtes Baden-Württemberg auf dem abgeernteten Acker.

Das Grundstück, auf dem am östlichen Rand eine denkmalgeschützte Feldscheune steht, stößt im Süden an eine eiszeitliche Neckarschleife, die in römischer Zeit eine Überbrückung erhielt. Die römische Straße, die dem im Jahre 903 erstmals als *Strazheim* genannten Ort seinen Namen gab, verband Worms mit Ladenburg und dem Neckarübergang bei Neuenheim. Es handelt sich um eine der wichtigsten Verkehrsverbindungen in römischer und merowingischer Zeit. Der Verlauf der Römerstraße ist nur zum Teil nachgewiesen, von Ladenburg kommend trifft sie östlich des betroffenen Grundstücks auf die alte Neckarrinne. Die Straße verlief sicher nicht geradeaus weiter, denn dann hätte man sie beim Verlegen der Ferngasleitung 1968 finden müssen. Wahrscheinlich knickte sie nach der Überbrückung des Altwasserarmes ab und folgte dem heutigen Straßenheimer Weg, der alten „Mannheimer Straße“.

In der Flur „Links der Mannheimer Straße“ störten bereits 1968 die Deckplatten eines Steinplattengrabes beim Pflügen. Eine vierzehntägige Untersuchung erbrachte im Dezember 1968 etwa 15–20 m westlich der Feldscheune vier Gräber. Zwei Bestattungen lagen in engen Steinkisten, von denen eine stark gestört war, während die zweite mit den Deckplatten verschlossen aufgefunden wurde. Bei Grab 3 und 4 von 1968 handelte es sich dagegen um einfache Erdgruben. Datierende Beifunde gab es nicht.

In der Grabungsfläche des Jahres 2000 tauchten 50 m westlich der Scheune weitere Steinplattengräber auf. Bei Befund 11 zeigten sich im ersten Planum die Spuren späterer Störungen, doch waren die Skelette von zwei dicht übereinander liegenden Individuen weitgehend erhalten. Mindestens zwei Individuen lagen im Grab von Befund 12, eines davon war stark gestört. Total gestört war das Grab bei Befund 13, selbst die Steinplatten waren zerschlagen. Vorzüglich erhalten ist dagegen das Skelett aus Befund 22, es lag auf einem Pflaster aus hellen Sandsteinplatten. Die Beigaben sind spärlich, wenige merowingerzeitliche Glasperlen bei Befund 11, ein Messer und eine einfache ovale Eisenschnalle bei dem Skelett auf dem Steinpflaster sind bei der Datierung wenig hilfreich.

Schließlich gelang im Laufe der Grabung der Nachweis, dass es sich bei den Steinplattengräbern nicht um eine der in spätmerowingischer Zeit aufkommenden kleinen Gräbergruppen hinter dem Gartenzaun handelt, sondern um Bestattungen am Rande eines merowingerzeitlichen Gräberfeldes.

Der stark lehmige, extrem feinsandige Boden in Straßenheim bereitete einige Mühe. Es ließen sich nur schwer irgendwelche Strukturen erkennen. Bei dem auf einem Pflaster gebetteten Skelett fiel allerdings eine unübliche breite Grubenbegrenzung auf, die in der Ausrichtung abwich. Hier wurde die große breite Grube eines älteren Grabes überschnitten, die noch gut 90 cm tiefer, bis in den hellen feinen Sand, reichte, wo sich eine 1,9 m breite und 2,3 m lange Holzkammer deutlich abzeichnete. Die Bestattung war bis auf die Unterschenkel gestört. Vom Schwert blieb ein Teil des einst um die Scheide gewickelten Wehrgehänges neben dem rechten Knie liegen. Am linken Fuß steckte der eiserne Sporn, Beschläge und Riemenzungen einer vielteiligen eisernen Gürtelgarnitur streuten in der gesamten Grube umher. Eine Vorstellung von der Qualität der Grabausstattung vermittelt die fast vollständige Spathagurtgarnitur aus Bronze mit silbernem Perldraht an den Nietköpfen und in Kerbschnitt ausgeführter Tierornamentik (Abb. 131). Das Kammergrab lässt sich aufgrund der bronzenen Spathagurtgarnitur unschwer in die Mitte des 7. Jahrhunderts datieren, das heißt in eine Zeit, bevor die Sitte der kleinen Gräbergruppen in Hofnähe aufkam.

Nachdem die Grabungsfläche mit dem Bagger bis auf den hellen Sand abgeschoben war, zeigte sich neben dem Kammergrab das nördliche Drittel eines bis zu 2 m breiten Kreisgrabens mit einem Durchmesser von gut 20 m und einer Öffnung im Westen. Unmittelbar nördlich des Grabens waren in 2 m Tiefe drei Pferde – wie im 6. bis 7. Jahrhundert im Merowingerreich üblich – ohne Kopf beigesetzt. Nachdem der Hügel im Laufe der Jahre abgetragen und der Graben zugeschwemmt war, wurden auch in diesen vereinzelt einfache beigabenlose Erdgräber eingetieft. Neben dem Skelett in dem einfachen Erdgrab im nördlichen Grabenkopf lag eine kleine römische Scheibenfibel mit Rundeln an den Ecken, dabei handelt es sich sicher um einen Streufund und nicht um eine datierende Beigabe.

Das zum Kreisgraben gehörige zentrale Grab liegt außerhalb der Grabungsfläche des Jahres 2000. Auf dem Hügel stand offensichtlich in zweiter Verwendung ein 0,9 m hoher konischer Sandsteinzapfen mit reichem Pflanzendekor und einem profilierten Knopf auf der Spitze (Abb. 132). Er war später in den Graben gerollt und gut erhalten. Ursprünglich mag er die Bekrönung einer römischen Victoria-Säule gewesen sein. Auf der Gemarkung Straßenheim ist seit 1930 ein merowingerzeitlicher Friedhof in der Flur „Aue“ bekannt. Da dieser aber 800 m von der heutigen, seit dem 16. Jahrhundert aus drei herrschaftlichen Höfen bestehenden Siedlung entfernt liegt, handelt es sich nicht um den zu Straßenheim gehörigen Friedhof. Die Gräber auf der Flur „Links der Mannheimer Straße“ sind von den Höfen nur etwa 500 m entfernt. Sollte der Friedhof zum Ort gehören, müssten die Gräber des frühen 7. und des 6. Jahrhunderts näher, also jenseits des heutigen Straßenheimer Weges liegen. Das hieße wiederum, dass die alte Fernstraße durch das Gräberfeld verlief. Aber auch das würde gut zu dem Bild passen, das die Befunde des Jahres 2000 nahe legen. Zwar haben wir bisher nur den Graben eines überhügelten Grabes noch unbekannter Zeitstellung, westlich davon das Grab eines reichen berittenen Mannes aus der Mitte des 7. Jahrhunderts und östlich die Bestattung von drei Pferden nach merowingischem Ritus. In der Mitte des 7. Jahrhunderts legten besonders vornehme Familien ihre Gräber gern in abgesonderten Arealen an, dies ist auch in Straßenheim in Betracht zu ziehen. Erstaunlich ist nur, dass im Umkreis der Bischofsstadt Worms ein Angehöriger der sozialen Oberschicht lieber drei Pferde mit ins Jenseits nahm und einen großen Hügel errichten ließ als eine Kapelle zu bauen, wie es bereits viele adelige Familien im fränkischen Reich taten. Gegen Ende des 7. oder im

Abb. 131 Mannheim-Straßenheim. Teil einer kerbschnittverzierten Spathagurtgarnitur. Bronze mit silbernem Perldraht an den Nietköpfen.

Abb. 132 Mannheim-Straßenheim. Verzierter Sandsteinzapfen in Fundlage im Kreisgraben eines merowingerzeitlichen Grabhügels.

8. Jahrhundert sorgte sich die Bevölkerung dann auch in Straßenheim eher um das Heil der Seele, die Körper in den Gräbern wurden so unwichtig, dass sie nach Entnahme der wiederverwertbaren Metalle total auseinandergezerrt zurückblieben.
In Straßenheim ist mit weiteren äußerst interessanten Befunden zu rechnen, auch wenn alle merowingerzeitlichen Gräber stark beraubt sind. Außerdem besteht die heutzutage seltene Chance, ein merowingerzeitliches Gräberfeld vollständig zu erfassen.

Ursula Koch

Literaturhinweis

U. Koch, Der Beginn fränkischer Besiedlung im Rhein-Neckar-Raum – Gräber von Mannheim-Vogelstang und Mannheim-Straßenheim. Mannheimer Geschbl. N. F. 7, 2000, 57–106.

Ein seltener Befund: Standspuren eines „Kistenbettes" in einer merowingerzeitlichen Grabkammer von Biengen, Gde. Bad Krozingen, Kreis Breisgau-Hochschwarzwald

Abb. 133 Bad Krozingen-Biengen, Grab 48. Gemörtelte, innen verputzte Steinkammer. Letztes Planum über dem Estrichboden.

Die im letzten Jahrgang dieser Zeitschrift vorgestellte merowingerzeitliche Grabhügelgruppe von Biengen – randlich zum Ortsgräberfeld angelegte Begräbnisstätte einer im 7. Jahrhundert hier lebenden Adelsfamilie – hat weitere aufschlussreiche Funde und Befunde erbracht, die das bisherige Bild abrunden. So ist jetzt ein vollständiger Überblick möglich, wenn auch eingeschränkt durch die starke Beraubung der unter den früher weithin sichtbaren Grabmonumenten leicht aufzufindenden Bestattungen. In den meisten Fällen haben sich aber doch aussagekräftige Reste erhalten, die eine teilweise, manchmal sogar fast vollständige Rekonstruktion der ursprünglichen Totenausstattung erlauben. Ausnahmen gibt es leider bei den gemauerten, innen verputzten und mit festem Boden versehenen Grabkammern, da in diesen Fällen die systematische Ausplünderung einfacher war als bei Erdgräbern und deshalb auch kleinere Objekte nicht so leicht übersehen wurden. Anders bei Grab 48 (Abb. 133), einer Steinkammer unter einem im Durchmesser ca. 16 m großen Hügel, wo die Grabräuber möglicherweise bei ihrer Aktion gestört worden sind. Der Befund zeigt jedenfalls ein zunächst sehr systematisches Vorgehen, bei dem am Kopfende des Grabes die Skelettreste aus den durchsuchten Bereichen abgelegt wurden. Im Gegensatz dazu wurde die östliche Hälfte der Kammer nur rasch durchwühlt, Knochen und auch zahlreiche Beigabenreste blieben in wirrem Durcheinander liegen. Vor allem sind dies kleinere Objekte wie Schuhschnallen und Gürtelbeschläge, aber auch Fragmente eines eisernen Schildbuckels, der bei dieser Gelegenheit zu Bruch ging. Insgesamt konnten noch 59 Fundstücke in unterschiedlichem Erhaltungszustand geborgen werden, aus denen sich die ursprüngliche Ausstattung des hier beigesetzten erwachsenen Mannes recht gut rekonstruieren lässt.

Seine Bewaffnung bestand mit Sicherheit aus Spatha und Sax (Lang- und Kurzschwert) sowie einem Holzschild, dessen zentraler eiserner Buckel mit großen flachen Bronzenieten verziert und befestigt war. Zu einer solchen Waffenkombination gehörte in der Regel auch eine Lanze, die hier wohl ebenfalls ergänzt werden darf. Möglicherweise befinden sich unter den bislang nicht restaurierten Eisenresten auch noch Bruchstücke von Sporen, womit dann das Bild eines schwer bewaffneten, berittenen Adelskriegers dieser Zeit vollständig wäre.

Seinen hohen gesellschaftlichen Rang unterstreichen die qualitätvollen, silberplattierten Eisenbeschläge seines Leibgurts (Abb. 134,2), an dem der Sax befestigt war, sowie die silber- und messingtauschierten Beschläge vom Traggurt der Spatha (Abb. 134,5). Vor allem diese Teile der beiden Wehrgehänge erlauben mit ihrer charakteristischen Form und Ornamentik eine Datierung des Grabes um die Mitte des 7. Jahrhunderts, wobei das Vorkommen der etwas älteren Spathagarnitur nahe legt, den Zeitpunkt der Bestattung eher früher als später anzusetzen. Ohne Kenntnis des Lebensalters, das der Verstorbene erreicht hat, bleibt aber diese für die Reihenfolge der Beisetzungen in der Biengener Nekropole wichtige Frage noch offen und vom Ergebnis einer anthropologischen Untersuchung abhängig.

Zur weiteren Ausstattung gehören noch eine stempelverzierte bronzene Riemenzunge (Abb. 134,4), ein „byzantinischer“ Bronzebeschlag (Abb. 134,3) sowie Beschläge silberner Schuhgarnituren (Abb. 134,1), die ebenfalls die herausgehobene Stellung dieses Mannes zu seinen Lebzeiten unterstreichen.

In diesen Kontext passt sehr gut auch das hölzerne Bett, auf dem der Verstorbene lag, in Festtagskleidung und im Glanz seiner Waffen. Leider konnten sich in Biengen, anders als in dem für seine Holzfunde berühmten Gräberfeld von Oberflacht, Kreis Tuttlingen, keine originalen Reste dieser Bettstatt erhalten. Einziger Nachweis für dieses als „Totenbahre“ benützte Möbelstück sind die quadratischen Abdrücke der Bettpfosten im noch nicht durchgehärteten Mörtelestrich, der als Kammerboden eingebracht worden war und in dem ein dabei Beteiligter seinen Fußabdruck hinterlassen hat (Abb. 135). Aus den Pfostenspuren lässt sich sogar ablesen, dass man beim Herablassen des Bettes in die relativ schmale Kammer zunächst das Fußende aufgesetzt, dann das Möbelstück diagonal eingestellt und schließlich an die südliche Wand gerückt hat. Zwar kennen wir die ursprüngliche Höhe der nur 0,6 m hoch erhaltenen Kammer nicht, doch dürfte sie, von der damaligen Oberfläche ausgehend, nicht mehr als 1,00–1,20 m betragen haben (darüber dann der wohl mehrere Meter hohe Hügel). Das Einstellen des Bettes, eventuell mit dem darauf liegenden Verstorbenen, konnte also ohne Hilfsmittel „von Hand“ erfolgen.

Nach seinen Maßen von 1,95 m × 0,50/0,45 m (Fußende) kann das Biengener Bett gut mit den so genannten „Kistenbetten“ aus Oberflacht verglichen werden, die aus Buchenholz gezimmert waren und teilweise Zirkelschlagverzierungen und schwarz-rote Bemalung aufwiesen (nicht erhalten). Betten dieser Art hatten einen kastenförmigen Aufbau („Bettlade“), darin Bodenbretter auf quer eingesteckten Rundstäben, darüber dann irgendeine Art von Polsterung, die auch in Oberflacht nicht überliefert ist. Wie auch ein entsprechendes, gut erhaltenes Bett aus der Herrenhof-Grablege in Lauchheim (Ostalbkreis) zeigt, gehörten solche Möbelstücke zur

Abb. 134 Bad Krozingen-Biengen, Grab 48, Fundauswahl. 1 silberne Schuhbeschläge; 2 Beschläge einer vielteiligen, silberplattierten Gürtelgarnitur; 3 byzantinischer Bronzebeschlag von einem Riemen; 4 Bronzeriemenzunge; 5 Beschläge einer silber-/messingtauschierten Garnitur vom Traggurt der Spatha. – 2 und 5 nach Röntgenbild. M 1 : 1.

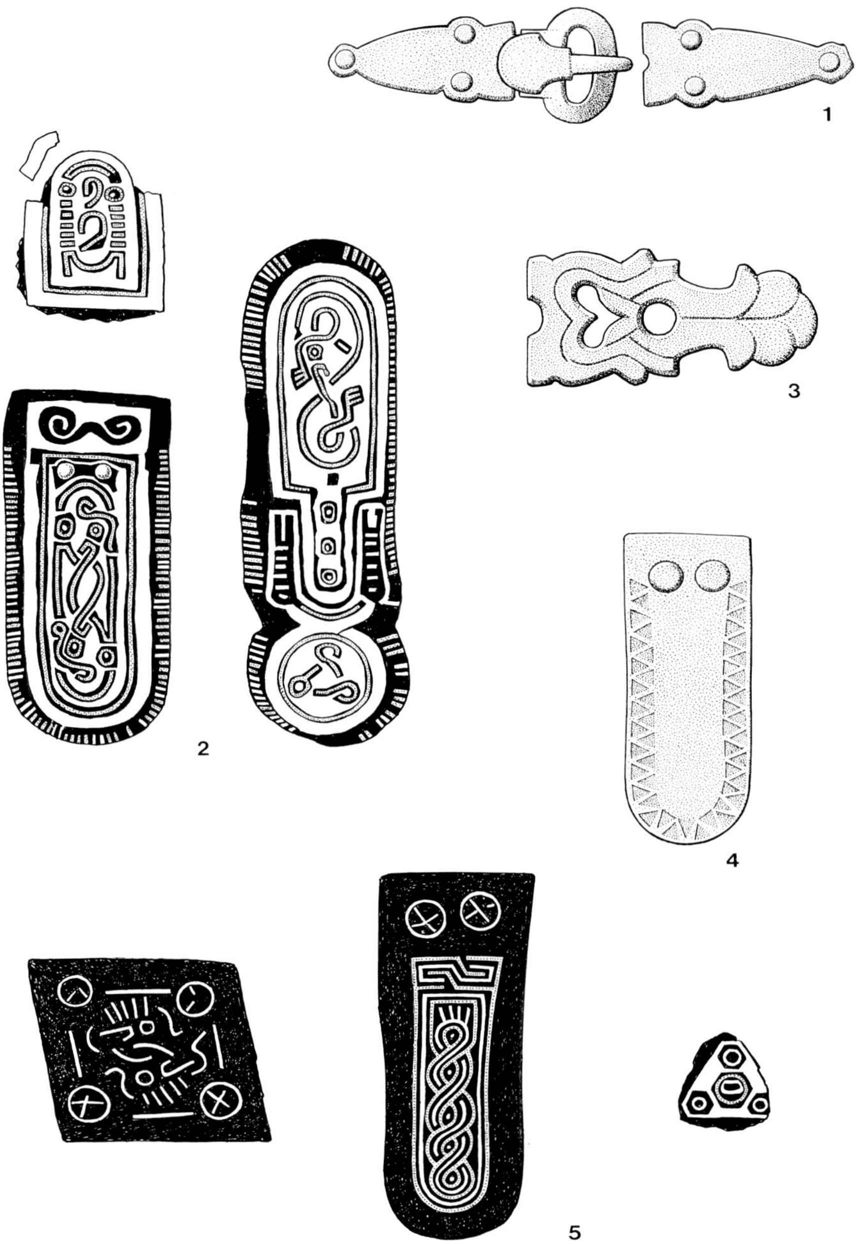

gehobenen Wohnkultur und waren keineswegs allgemein üblich. Letztlich gehen sie auf römische bzw. mediterrane Vorbilder zurück, wie sie auch in anderen Bereichen die Lebensgewohnheiten der germanischen Oberschichten nachhaltig beeinflusst haben. Dafür lassen sich indirekt auch zeitgenössische Berichte byzantinischer Geschichtsschreiber heranziehen, in denen das Bett als bewegliches Möbelstück, im Gegensatz zu den einfachen, an der Wand befestigten Bettstellen, eindeutig den Luxusgütern zugerechnet wird. So erhielten etwa awarische Gesandte, die unter Kaiser Justin II. (6. Jahrhundert) die gewohnten Ehrengeschenke in Byzanz abholten, „Ruhebetten und viele andere Gegenstände einer höheren und feineren Kultur".

Wenn sich auch die relativ schlichten Kistenbetten von Oberflacht, Lauchheim, Neudingen und nun auch Biengen – um in der Alamannia zu bleiben – nicht mit solchen „Prunkmöbeln" aus dem Fundus des byzantinischen Kaiserhofs vergleichen lassen, zeigen doch auch sie den Einfluss südlicher Anregungen auf das Leben adliger Familien, gerade in den Gebieten, die über die Alpenpässe und durch das Rhônetal besonders eng mit der mediterranen Welt verbunden waren. Auch die Biengener Gürtelbeschläge mit ihren silbern eingelegten Ornamenten (Abb. 134,2.5) haben gute Analogien südlich der Alpen, und man hat schon gelegentlich die Vermutung geäußert, dass auch solche Wehrgehänge samt den zugehörigen Waffen aus Werkstätten des damals von den Langobarden beherrschten Italien stammen könnten. Von dort kam ja auch die Sitte, vornehme Verstorbene mit einem Kreuz aus Goldblech zu versehen, ins alamannische Gebiet. Mit dem Kreuz aus Männergrab 14 bietet die Adelsnekropole von Biengen auch dafür ein gutes Beispiel.

Gerhard Fingerlin

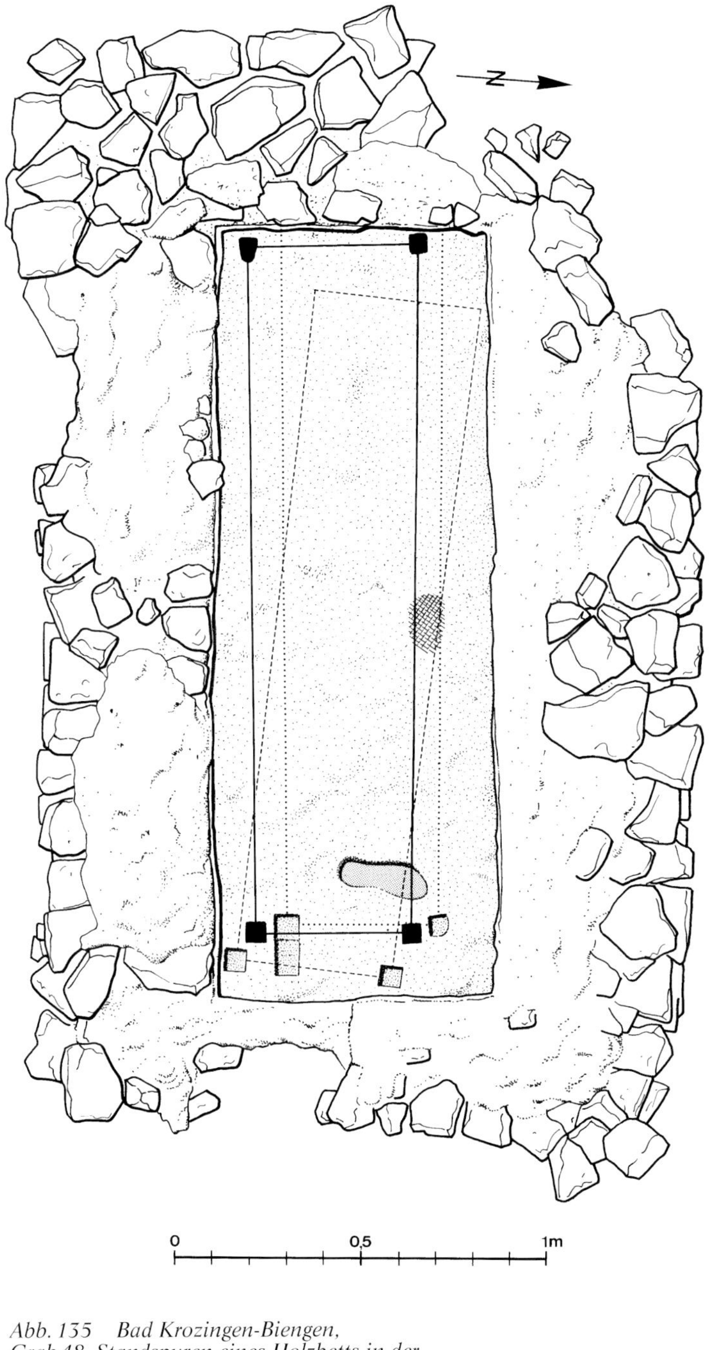

Abb. 135 Bad Krozingen-Biengen, Grab 48. Standspuren eines Holzbetts in der Grabsohle. Schwarz ausgefüllt: definitiver Standort. Schraffiert: Spuren eines Geflechts oder sehr groben Gewebes. Unten: Schuhabdruck.

Literaturhinweise

G. Fingerlin, Arch. Ausgr. Baden-Württemberg 1999, 164 ff.; I. Stork, Fürst und Bauer, Heide und Christ. 10 Jahre archäologische Forschungen in Lauchheim (Ostalbkreis). Arch. Inf. Baden-Württemberg 29 (Stuttgart 1995) 60 f.; P. Paulsen/H. Schach-Dörges, Holzhandwerk der Alamannen (Stuttgart 1972) 23 ff.

Lauchheim 2000 – neue Ergebnisse zur Wüstung „Mittelhofen“, Stadt Lauchheim, Ostalbkreis

Die umfangreichen Ausgrabungen der Archäologischen Denkmalpflege Stuttgart in dem abgegangenen Dorf „Mittelhofen“ westlich von Lauchheim konnten im Jahr 2000 weiter vorangetrieben werden. Mit derzeit rund 8 ha ergrabener Fläche und über 15 000 Befunden handelt es sich hier um die am umfassendsten untersuchte Siedlung des frühen Mittelalters in Süddeutschland. Aber nicht nur die Quantität, sondern auch die Qualität der Befunde und Funde rechtfertigt vor dem Hintergrund drohender Zerstörung einen hohen Einsatz.

Eine Besonderheit bilden in Lauchheim die hier noch in seltenem Umfang erhaltenen Gräbchen der Gehöftzäune. Zwar sind sie oft nur mehr äußerst flach und sogar bruchstückhaft, doch bieten sie wichtige Anhaltspunkte für die Binnengliederung der Siedlung. Im Berichtsjahr erfassten wir nun einen fast genau nord-südlich verlaufenden Gräbchenbefund, der sich von den bisher bekannten Umfriedungen deutlich unterschied. Seine größere Breite von bis zu 1,2 m und Tiefe von maximal 50 cm ist für Gehöftzäune völlig ungewöhnlich. Außerdem ließ er sich über eine gerade Strecke von 82,5 m Länge nachweisen, was bislang für keinen Zaun belegt ist. Andererseits entspricht dieser Graben aber auch nicht dem 1990/91 untersuchten Dorfettergraben, der breiter und tiefer war. Für die Anlage eines solchen Befundes inmitten der Siedlung müssen daher andere Gründe ausschlaggebend gewesen sein. Als Erklärung fanden sich schließlich Reste eines kleinen, zur Jagst gerichteten Bachlaufs. Dieses heute durch einen Feldweg, eine Erdgasleitung und einen Drainagegraben fast vollständig verschwundene Gewässer ist in der Flurkarte des Jahres 1829 noch enthalten und muss bereits im Frühmittelalter bestanden haben. An ihm orientiert sich der oben angesprochene Graben, der somit bei starkem Regen eine Vernässung westlich angrenzender Siedlungsareale verhinderte. Mittelhofen wurde also von einem kleinen Bach durchzogen. Dies erklärt mehrere Phänomene, die bislang keine befriedigende Deutung gefunden hatten. In Mittelhofen gibt es bisher keine Brunnen oder Zisternen. Die Jagst als Hauptgewässer liegt für manche Siedlungsareale abseitig. Sie konnten aber durch den Bach mit Wasser versorgt werden. Ebenso waren uns in den letzten Jahren Konzentrationen der Eisenverhüttungs- und Schmiedeschlacken aufgefallen die, wie wir jetzt wissen, beidseits des Gewässers lagen. Dieses wird allerdings nur ein Rinnsal gewesen sein, denn Pfostengruben und Grubenhäuser umrahmen es.

Westlich des oben genannten Grabens befanden sich Baustrukturen, die eindeutig auf diesen Bezug nehmen, also gleichzeitig mit ihm bestanden haben dürften (Abb. 136). Es handelt sich um gleich ausgerichtete, z. T. sehr große Pfostenbauten eines Gehöfts. Am bemerkenswertesten ist zweifellos das im Norden gelegene, zweischiffige Hallenhaus mit westlicher Vorhalle. Es misst, von den Mitten der Außenpfosten gemessen, 21,25 m × 13,25 m. Die Vorhalle und die Seitenschiffe sind 3,75 m breit, das Mittelschiff 6,25 m. Das Gebäude ist also bemerkenswert gleichmäßig. Eine Herdstelle befand sich mittig im Westteil des Mittelschiffs, es handelt sich daher um ein Wohnhaus, vielleicht auch um ein Wohnstallhaus mit Stallteil im Osten. Südlich davon lag ein gleich ausgerichteter, kleinerer Pfostenbau von 6,25 m × 7,5 m Ausdehnung mit Doppelpfosten an den beiden westlichen Ecken. Die Funktion dieses Gebäudes ist unklar, für einen Speicher erscheint es zu groß. Schließlich schließt nach Süden ein dritter Bau an, dessen Westabschluss exakt der Flucht des oben genannten Wirtschaftsgebäudes entspricht. Das Haus ist wiederum zweischiffig und besitzt Außenmaße von 11,25 m × 12,5 m, wobei die Seitenschiffe nur 2,25 m, das Mittelschiff 7 m breit sind (Abb. 137). Eine Herdstelle fand sich hier nicht. Phosphatmessungen durch Herrn Dr. J. Lienemann, Arbeitsgruppe für Bodenkunde, Landschaftsökologie und angewandte Botanik Oldenburg, haben für den Bereich dieses Befundes flächig außerordentlich hohe Phosphatwerte ergeben, so dass sich die Frage stellt, ob wir hier nicht einen Stall vor uns haben. Zu denken wäre an das im Volksrecht der Alamannen genannte *„domus porcaritia"* oder *„domus ovile"*, das Schweine- und das Schafhaus. Gleichwohl bedarf aber eine solche Deutung der Absicherung durch weitere, eindeutige Befunde, die in Lauchheim zu erwarten sind und dann zu einem späteren Zeitpunkt vorgestellt werden sollen. Zu der hier behandelten, beeindruckend planmäßigen Struktur eines Großgehöfts gehörten selbstverständlich noch weitere Baulichkeiten. So stellt sich etwa die Frage, welche der acht umliegenden Grubenhäuser wohl zugehörig sind. Eng damit verknüpft ist die Datierung der Anlage, denn Funde stammen fast ausschließlich aus diesen eingetieften Hütten. Der Lösungsweg kann hier nur angedeutet werden. Drei weitere Grubenhäuser sind stratigrafisch älter bzw. jünger als das Gehöft. Hinzu kommen mindestens zwei der als Bauten aus Lauchheim bereits in der Vergangenheit vorgestellten, in diesem Fall ungleichzeitigen Wandgräbchenhäuser. Erst eine detaillierte Analyse kann hier Klarheit bringen. Schon jetzt möchten wir darauf hinweisen, dass die Grabung des Jahres 2000 aus mehreren Grubenhäusern Keramik des 6. Jahrhunderts erbracht hat (Abb. 138), so dass sich die zeitliche „Lücke" zwischen dem Belegungsbeginn des großen Gräberfelds und der Siedlung weiter verkürzt.

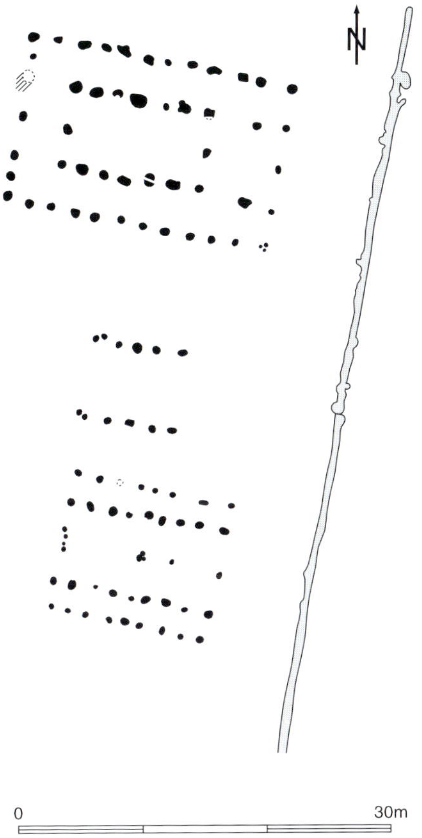

Abb. 136 Lauchheim. Detailausschnitt der 2000 ergrabenen Siedlungsfläche mit Gebäuden und Einfriedung eines Großgehöfts. Nicht zugehörige Befunde sind aus Gründen der Deutlichkeit weggelassen.

Abschließend ist es mir eine Freude, wiederum der Stadt Lauchheim, vertreten durch Herrn Bürgermeister Kowarsch, für die in technischen Belangen

Abb. 137 Lauchheim. Blick auf einen Flächenteil mit Hausgrundriss eines zweischiffigen Pfostenbaus.

Abb. 138 Lauchheim. Keramik des 6. und 7. Jhs. aus einem im 7. Jh. verfüllten Grubenhaus.

geleistete Hilfe unseren herzlichen Dank auszusprechen. Ohne die finanzielle Unterstützung des Arbeitsamtes Aalen und seiner Außenstelle Bopfingen durch die Bewilligung einer Arbeitsbeschaffungsmaßnahme hätte diese Grabung nicht stattfinden können. Ebenso erhielten wir Zuschüsse durch eine Maßnahme der Gesellschaft des Ostalbkreises für Beschäftigungsförderung (GOB). Hierfür und für die vertrauensvolle Zusammenarbeit gebührt großer Dank.

Ingo Stork

Literaturhinweise

I. Stork, Arch. Ausgr. Baden-Württemberg 1999, 170 ff.; ders., Friedhof und Dorf, Herrenhof und Adelsgrab. In: Archäologisches Landesmuseum Baden-Württemberg (Hrsg.), Die Alamannen. Ausstellungskatalog (Stuttgart 1997) 290 ff.; J. Lienemann/E. Tolksdorf-Lienemann, Arch. Ausgr. Baden-Württemberg 1991, 192 ff. jeweils mit weiterer Literatur.

Skelette und Geister in Eberdingen-Hochdorf, Kreis Ludwigsburg

Durch die umfangreichen Siedlungsgrabungen des Landesdenkmalamtes konnten in Hochdorf seit 1989 neben den zu erwartenden Siedlungsresten der Eisenzeit auch Gräber und Siedlungen von der Bandkeramik über das Mittel- und Jungneolithikum bis zur Bronze- und Urnenfelderzeit aufgedeckt werden. Spärliche römische Funde kamen im Bereich der Ortskirche zutage, aus der Alamannenzeit lagen bisher lediglich eine Bronzenadel und Keramikbruchstücke vor. Sie wurden 1952 bei Bauarbeiten in Bereich des heutigen Kindergartens entdeckt. Über Skelettreste wird hierbei nicht berichtet.

Am 23. Oktober 2000 wurden wir über das Bürgermeisteramt Eberdingen vom Fund eines Skelettes benachrichtigt. Die Fundmeldung erfolgte durch eine aus Norddeutschland stammende, erst seit kurzem in Hochdorf wohnende Mitarbeiterin des Keltenmuseums Hochdorf/Enz. Ihr Mann hatte im Garten ein Loch gegraben, um von dort Material für die Anlage eines kleinen Feuchtbiotopes zu entnehmen, und stieß dabei auf das Becken eines Skelettes, das er bis zum Schädel oberflächlich freilegte. Die Fundstelle liegt in Parzelle 283 zwischen dem inzwischen realisierten und großflächig untersuchten Baugebiet Reps und dem nördlichen Rand der Altbebauung in einer ausgewiesenen Grünzone von Kleingärten südlich der Alemannenstraße. Am

24. Oktober legten wir das Skelett frei, dokumentierten und bargen es.
Es handelt sich um ein West (Kopf)-Ost orientiertes, gut erhaltenes Skelett in gestreckter Rückenlage ohne Beigaben. Es lag in einer Tiefe von 55 cm unter der heutigen Oberfläche; Störungen waren nicht zu erkennen (Abb. 139). Auffällig sind die dicht anliegenden Arme und die eng liegenden Beine, die auf einen Baumsarg oder zumindest auf ein Totentuch hinweisen. Trotz der fehlenden Beigaben lag eine Datierung in die Alamannenzeit nahe, das Ganze schien also ein recht harmloser Fund zu sein …
Nachdem ich Frau Renate Leibfried, ehrenamtliche Beauftragte des Landesdenkmalamtes und Entdeckerin des Fürstengrabes von Hochdorf, hiervon berichtet hatte, erinnerte sie mich, dass sie mich schon vor Jahren über angebliche Skelettfunde aus diesem Bereich unterrichtet hatte, eine Mitteilung, der ich damals wohl wenig Bedeutung zumaß. Da die Fundgeschichte und ihr Hintergrund auch für andere potenzielle Fundstellen Bedeutung besitzen, wurde der Bericht von Frau Leibfried jetzt hier aufgenommen:
„Als wir in den 60er-Jahren nach Hochdorf kamen und die Leute im Ort mitbekommen hatten, dass ich mich für alles interessiere, was sich im Dorf in vergangenen Zeiten ereignet hatte, erzählte mir eines Tages ein alteingesessener Hochdorfer folgende Geschichte:
Zu Beginn des letzten Jahrhunderts, also so zwischen 1900 und 1910, ermöglichte eine fromme Stiftung von fünf unverheirateten Geschwistern den Bau des ersten Dorfkindergartens auf einem Bauplatz, der sich am damaligen nördlichen Ortsrand befand. Beim Ausheben der Fundaments- und Kellergruben seien zwei wohlerhaltene Skelette zum Vorschein gekommen. Einer der bei den Arbeiten Anwesenden hätte darauf einen Karst (Hacke) genommen und mit gezielten Schlägen beide Schädel zertrümmert. Jahre später erzählte man mir, ohne auf das eben Geschilderte Bezug zu nehmen, Leute, die in

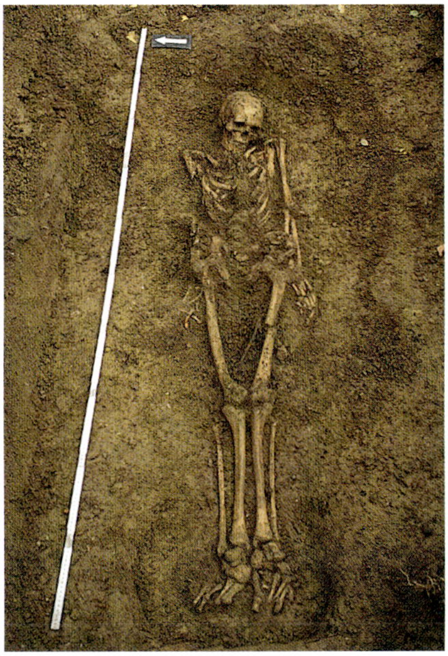

Abb. 139 Eberdingen-Hochdorf. Beigabenloses Skelett.

den Gässchen und Winkeln im alten nördlichen Ortsteil lebten, hätten aus Furcht vor Gespenstern mit Hilfe von Haus zu Haus gespannter Schnüre ein „Warnsystem“ eingerichtet, bei dem kleine, an den Schnüren befestigte Glöckchen allen Nachbarn das Erscheinen eines Gespenstes mitteilen sollten. Auch fand sich in diesem Viertel bei Renovierungsarbeiten in einem Haus ein großer blecherner Kasten, vollgestopft mit Gebets-, Andachts- und Gesangbüchern, den offensichtlich Geängstigte als Abwehrzauber in ein zugemauertes Fenster mit eingefügt hatten. Dass ältere Menschen im Dorf noch bis in jüngste Zeit an die Existenz von Geistern, Gespenstern und dergleichen glauben, sollen noch folgende Verhaltensweisen belegen.
Aus diesem nördlichen Teil Alt-Hochdorfs stammte eine Frau, die bei Einbruch der Dunkelheit immer in großer Eile ihrem Haus zustrebte, um unliebsamen Gespensterbegegnungen aus dem Wege zu gehen. Eine andere dort Ansässige benützte als Abwehrzauber eine geöffnete Schere, die, in einen Blumentopf vor dem Küchenfenster ge-

steckt, das Eindringen von Geistern und dergleichen verhindern sollte. Man kann sagen, dass es allen in diesem Ortsteil lebenden Menschen bewusst war, in ihren Grundstücken eventuell Tote zu beherbergen, Tote, deren Herkunft unerklärlich war und von denen sie deshalb auch nichts Gutes erwarten konnten. So wird man wohl auch davon ausgehen müssen, dass weitere Bestattungen zufällig entdeckt, aber geheim gehalten wurden und noch werden. Erinnern möchte ich an den alten Herrn Cordes, der Ihnen in meinem Beisein in den Monaten der Fürstenhügelgrabung ein Steinbeil/Schuhleistenkeil zeigte und dabei sagte, er hätte diesen Stein im Garten gefunden, in der Mitte einer Steinsetzung gelegen.
Es scheint, als sei diese das alte Dorf im Norden abschließende Anhöhe seit der Jungsteinzeit ein beliebter Bestattungsplatz gewesen und ich befürchte, nicht nur Aberglaube – wenn in einer jetzt jüngeren Generation überhaupt noch vorhanden – sondern der Besitzwunsch auf möglicherweise vorhandene Beigaben könnte weitere Funde verheimlichen."
Soweit der in vielerlei Hinsicht spannende Bericht von Frau Leibfried. Er lehrt uns, dass in diesem Gebiet tatsächlich der alamannische Friedhof von Hochdorf zu vermuten ist und in Zukunft auch denkmalpflegerisch betreut werden kann. Um Teile des nur 100 m von der neuen Fundstelle gelegenen, Anfang der Neunzigerjahre untersuchten bandkeramischen Friedhofes handelt es sich mit Sicherheit nicht.
Die Erstmeldung des vermutlichen Friedhofes durch eine verlässliche Quelle wurde vom zuständigen Konservator damals nicht ernst genommen. Auch jene kannte die Stelle nur vom Hörensagen, da ihr neuere Funde wegen der beschriebenen Geisterfurcht mit Sicherheit verheimlicht wurden. So erfolgte die Meldung des eingangs beschriebenen Neufundes auch nicht durch eine Ortsansässige, sondern eine neu hinzugezogene, vom Spuk unbelastete Person.
Dass archäologische Fundstellen, vor allem Gräber und Gräberfelder von Alters her mit Sagen, Geschichten und auch Spuk verbunden sind, ist wohl bekannt. Solche Berichte sind auch heute noch vorhanden und können wie Flurnamen als Quellen genutzt werden.

Renate Leibfried, Jörg Biel

Literaturhinweise
Fundber. Schwaben N. F. 13, 1955, 96; zu den Ausgrabungen zuletzt: G. Kurz, Arch. Ausgr. Baden-Württemberg 1999, 70 ff.

Wiederaufnahme der Grabungen in der Wüstung Vöhingen, Gde. Schwieberdingen, Kreis Ludwigsburg

Nach einer zweijährigen Pause ist es gelungen, mittels einer Arbeitsbeschaffungsmaßnahme des Arbeitsamtes Ludwigsburg die Grabungen in dem abgegangenen mittelalterlichen Dorf Vöhingen wieder aufzunehmen.
Die in diesem Jahr bearbeitete Fläche erstreckt sich westlich der in den letzten Jahren gegrabenen Flächen, westlich des Naturdenkmals „Pappelgruppe". In den westlichsten Bereichen der ca. 160 m langen Grabungsfläche ließen sich lediglich Befunde der Latènezeit nachweisen, diejenigen aus mittelalterlicher Zeit dünnen nach jetzigem Kenntnisstand etwa in der Mitte des Schnittes aus, es scheint sich hier also die ehemalige Dorfgrenze erstmalig abzuzeichnen. Genauere Angaben dazu werden erst im nächsten Jahr möglich sein.

Abb. 140 Vöhingen. Umzeichnung der Befunde: G = Grubenhäuser, S = Steinriegel, O = Öfen, F = Feuerstellen.

Auffallend waren gleich zu Beginn der Grabungen zwei parallele, etwas versetzt liegende Steinschüttungen (S 1 und S 2; Abb. 140) aus Kalk- und Kalktuffsteinen und Leistenziegeln, z. T. von Pfostenlöchern geschnitten. Die ursprüngliche Vermutung, dass es sich hierbei um die Überreste römischer Mauern handelte, erwies sich als unzutreffend, da vereinzelte römische Keramik mit solcher aus merowingischer und frühmittelalterlicher Zeit vergesellschaftet war. Beim Abgraben konnte weder aufgehendes Mauerwerk noch Mörtelspuren noch ein Fundamentgraben o. Ä. beobachtet werden, daher hatten diese Befunde wohl eher die Funktion von Steinriegeln, die ursprüngliche Terrassierungen begrenzten. Obschon in der Oberamtsbeschreibung noch von ebensolchen auf der Flur Vöhingen die Rede ist, ließen sich die aufgedeckten Steinreihen nicht mit den Flureinteilungen aus der ersten Hälfte des 19. Jahrhunderts in der Urkarte in Übereinstimmung bringen.

Nördlich des westlichen Steinriegels erstreckte sich eine Schotterung ebenfalls aus Kalksteinen, die an der Oberfläche zahlreiche Keramikfunde (wohl aus karolingischer Zeit) und Tierknochen enthielt; hier könnte es sich um eine ehemals offen begangene (Hof?)Fläche handeln.

Abb. 141 Vöhingen. Ofen 3 von Norden.

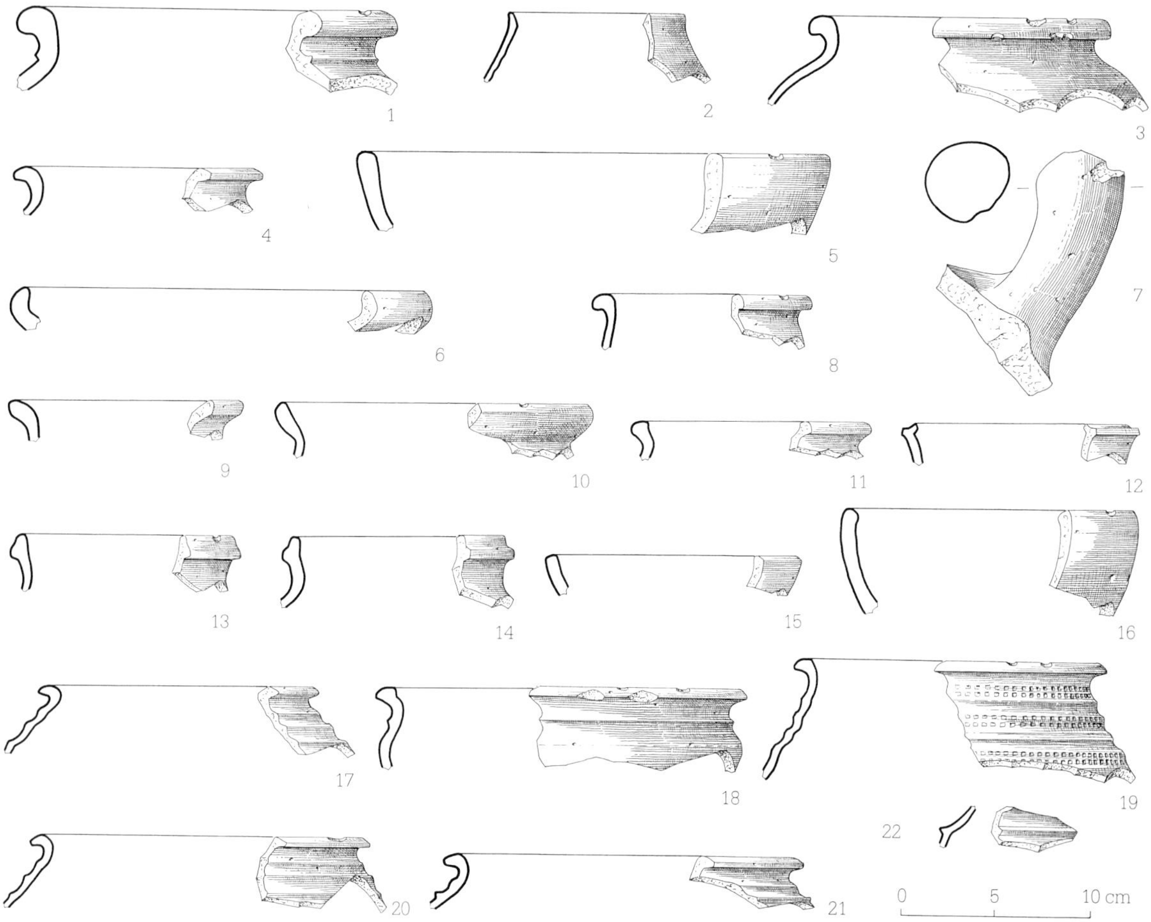

Abb. 142 Vöhingen. Römische (1–7) und frühmittelalterliche Keramikfunde (8–21).

Neben zahlreichen Gruben und Pfostenstellungen, die derzeit noch keine klaren Aussagen zulassen, konnten, wie zu erwarten, einige Grubenhäuser (G 1–G 6) ergraben werden.

Grubenhaus 1 ist bisher das größte seiner Art mit den Maßen von etwa 5,50 m × 3,5 m. Es nimmt die Flucht des nördlich liegenden Steinriegels auf, ohne dass eine zeitliche Abfolge stratigrafisch auszumachen war. Geschnitten wurde es von einer jüngeren, tief reichenden Grube.

Aufmerksamkeit verdient Grubenhaus 2. Dieses wurde offensichtlich in seinem ursprünglichen Aussehen später dergestalt verändert, dass man es, abgetieft und verkleinert, mit einer Bohlenwand im Norden ausstattete, die durch ein gut ausgeprägtes Gräbchen zu interpolieren ist. Das Webhaus fiel offensichtlich einer Feuersbrunst zum Opfer, da die Webgewichte in einer aschigen Schicht zu liegen kamen, die außerdem verziegelte Lehmbrocken und zahlreiche Holzkohlefragmente enthielt sowie Scherben aus merowingischer und karolingischer Zeit.

Die Grubenhäuser 3 bis 6 sind unterschiedlich groß und von unterschiedlicher Konstruktion (z. T. mit Eckpfosten), das Verhältnis von Grubenhaus 5 zu 6 ist stratigrafisch noch ungeklärt.

Auffallend sind Öfen und Feuerstellen, die sich in relativ großer Zahl zeigen.

Ofen 1 und 3 (O 1 und O 3) sind jeweils Nord-Süd orientiert (mit Bedienungsgrube im Norden), ersterer ent-

hielt keine Funde, letzterer (Abb. 141) ist wohl karolingisch oder jünger und weist einen Durchmesser von ca. 1,5 m auf, die Wandung ist noch in einer Höhe von etwa 30 cm erhalten und im oberen Teil nahezu senkrecht ausgeformt. Die Ofenplatte zeigt Abdrücke von Steinen, die jedoch ausgebrochen wurden. Die anschließende Bedienungsgrube steigt nach Norden an, die Verfüllung enthielt einige z. T. plattige Bruchsteine.
Mit solchen ist auch die Brennplatte von Ofen 2 (O 2) ummantelt – zumindest in den Bereichen, die in diesem Jahr aufgedeckt werden konnten. Da sich dieser Befund jedoch zum großen Teil in die nach Norden anschließende Fläche erstreckt, wurde der bemerkenswerte Befund „verpackt" und so für eine zukünftige Kampagne gesichert.
Wie in den Vorjahren wurden, wie bereits angesprochen, nicht nur mittelalterliche, sondern auch prähistorische sowie römische Funde und Befunde angetroffen. Im vorgeschichtlichen Fundgut ist eine gut erhaltene späthallstattzeitliche Fußzierfibel hervorzuheben. Aus dem recht umfangreichen römischen Material werden beispielhaft einige Scherben (Abb. 142,1–7) abgebildet, darunter auch ein Amphorenfragment (Abb. 142,7).
Bei der diesjährigen Kampagne gelang es erfreulicherweise, frühmittelalterliche Grubenhäuser zu untersuchen. Bislang waren zwar größerer Mengen merowinger- und karolingerzeitlicher Keramikfunde zutage getreten, jedoch immer nur als Lesefunde oder als Altstücke in hochmittelalterlichen Zusammenhängen. Auch die im Jahre 2000 erstmals geborgenen handgemachten Fragmente, die für einen Siedlungsbeginn in ältermerowingischer Zeit sprechen, und die Reste von mehreren Knickwandtöpfen stammen leider aus jüngeren Kontexten. Das älteste erfasste Grubenhaus 1 lieferte nur Scherben der Rauwandigen Drehscheibenware und der frühen Älteren, gelbtonigen Drehscheibenware. Zu der ersteren gehören die Ränder mehrerer Wölbwandtöpfe (Abb. 142,8–14) und zweier Schalen mit einziehendem Rand (Abb. 142,15–16). Auch unter der letzteren liegt neben gerieften (Abb. 142,17.20–21) und rollstempelverzierten (Abb. 142,19) Töpfen ein schalenartiges Gefäß (Abb. 142,18) vor. Das Auftreten der Älteren, gelbtonigen Drehscheibenware ermöglicht eine Datierung in die späte Merowingerzeit, möglicherweise sogar bereits in die zweite Hälfte des 7. Jahrhunderts.
Die Grabungen werden auch im nächsten Jahr fortgesetzt.

Susanne Arnold, Uwe Gross

Literaturhinweis

S. Arnold/U. Gross/M. Rösch/J. Ronke/H. von der Osten-Woldenburg, Dorfsterben... Vöhingen und was davon blieb (Stuttgart 1998).

Zisterzienserkloster Bebenhausen, Stadt Tübingen: Sondagegrabungen im Bereich des Langhauses der Klosterkirche

Das ehemalige Zisterzienserkloster Bebenhausen im Schönbuch, ca. 5 km nördlich von Tübingen, gehört zu den besterhaltenen mittelalterlichen Klosteranlagen in Baden-Württemberg. Es wurde als Hauskloster der Tübinger Pfalzgrafen von Rudolf I. von Tübingen gestiftet. Gesicherte Nachrichten über eine Klostergründung liegen zum Jahr 1187 vor. Seit 1986 konnten archäolo-

gische Untersuchungen in verschiedenen Teilen der Klosteranlage durchgeführt werden. Sie erbrachten wichtige, neue Aufschlüsse zur vorklosterzeitlichen Bebauung des Klosterareals und den verschiedenen Bau- und Nutzungsphasen der einzelnen Klostergebäude.
Die Planungen, den Bereich des 1537 abgebrochenen Langhauses der Kirche (heute Kirchvorplatz) neu zu gestalten, machten hier eine archäologische Voruntersuchung notwendig. Dabei sollte geklärt werden, in welcher Tiefe unter dem heutigen Niveau die Überreste der abgebrochenen Kirche erhalten sind und ob deren Erhaltungszustand eine Integration in die Neugestaltung des Platzes sinnvoll erscheinen ließ. Die in den Akten der Bauverwaltung enthaltenen älteren Beobachtungen ergaben hierzu kein klares Bild und waren zum Teil widersprüchlich.
Es fanden zwei Grabungskampagnen statt, von denen die zweite als Lehrgrabung des Instituts für Ur- und Frühgeschichte und Archäologie des Mittelalters der Universität Tübingen durchgeführt wurde. Zunächst wurden zwei Schnitte im ehemaligen südlichen Seitenschiff angelegt, zwischen der erhaltenen Südwand der Kirche und dem Fundament der südlichen Arkadenreihe, im Bereich zweier Pfeiler, deren Lage anhand der Pfeilerabstände im heutigen Kircheninneren erschlossen werden konnte. Zwei weitere Sondageschnitte im Bereich der ehemaligen Westfassade sowie im nördlichen Seitenschiff, vor der heutigen Westwand der Kirche, sollten zusätzliche Aufschlüsse erbringen. Leider waren in beiden die archäologischen Überreste bis zu einer Tiefe von 1,20 m bzw. ca. 2 m stark gestört, so dass Befunde in situ im Wesentlichen nur noch in den Profilen erfasst werden konnten.
In den Schnitten 1–3 konnte jeweils der gewachsene Untergrund erreicht werden; die darüber liegende Kulturschicht, durch Keramikscherben der „gelbtonigen Drehscheibenware" in die Zeit vor der Gründung des Klosters, also das 10./11. Jahrhundert datiert, belegt erneut eine vorklosterzeitliche Besiedlung des Platzes, ohne dass Besiedlungsstrukturen erfasst werden konnten. Im westlichen Schnitt 4 wurde der geologische Untergrund nicht erreicht, obwohl die absolute Höhe der Grabungsunterkante hier ca. 1,40 m tiefer lag als in den anderen Schnitten. Das Gelände muss demnach nach Westen ursprünglich steiler als heute erkennbar abgefallen sein.

Klosterkirche und Klausurwestflügel: Ergebnisse zur Baugeschichte

Die ehemalige Klosterkirche war, wie dendrochronologische Daten aus dem Dachstuhl des südlichen Querhauses belegen, in ihrem Ostteil bereits 1191 fertiggestellt. Für die erhaltene Kirchensüdwand, heute der nördliche Abschluss des Kreuzganges, erbrachte die Grabung interessante Ergebnisse (Schnitte 1 und 2). Die unterste Steinlage von deren Fundament wurde in den gewachsenen Untergrund und in die unmittelbar darüber liegende Kulturschicht eingetieft und jeweils nach Setzung einer weiteren Steinlage eine Schicht anplaniert. Auch die Fundamente der Nordwand und der nördlichen Arkadenreihe waren in den geologischen Untergrund eingetieft (Schnitt 3); hier konnte jedoch nur eine einzige Planierschicht angetroffen werden. Das noch gut erhaltene Fundament der Westwand (Schnitt 4) erlaubt Aussagen zur Mauertechnik. Es handelt es sich um ein Zweischalenmauerwerk mit der beachtlichen Breite von über 2,50 m, bei dem die Außenschalen aus bis zu 40 cm × 50 cm großen, grob behauenen Rhätsandsteinquadern bestehen (Abb. 143). Die Zwischenfüllung bildet ein Stein-Mörtel-Gemisch. Ein mit dem Westfundament verzahntes, in der Flucht der südlichen Arkadenreihe nach Westen vorspringendes Fundament kann einem Strebepfeiler zugeordnet werden. Die ungewöhnliche

Fundamentstärke ist durch das abfallende Gelände zu erklären, ebenso wie die hier zu beobachtenden umfangreichen Planierungen zum Niveauausgleich beim Bau der Kirche notwendig waren.

Wohl im frühen 16. Jahrhundert wurde der Strebepfeiler abgerissen und darüber die heute noch bestehende Nordwand des Klausurwestflügels an die Kirche angebaut. Dabei verbaute man zwei abgeschrägte Sockelquader des Strebepfeilers. Die Datierung der Umbaumaßnahme ergibt sich aus der kunstgeschichtlichen Einordnung des Portals in der Nordwand und der Jahreszahl 1516 auf einem vergleichbaren Türsturz innerhalb des Klausurwestflügels. Zu der vermuteten Existenz einer westlichen Vorhalle fanden sich keine Anhaltspunkte.

Reste des klosterzeitlichen Fußbodens der Kirche konnten nur noch im nördlichen Seitenschiff (Schnitt 3) erfasst werden. Die Fliesen waren in einem dünnen Mörtelbett verlegt, unmittelbar auf der bauzeitlichen Planierschicht. Hier konnte ein größeres zusammenhängendes Stück Fußboden freigelegt werden, bestehend aus mindestens 15 Fliesen desselben Ornaments (Abb. 144).

Die Abbruchphase der Reformationszeit

Die umfangreichen Abbruchmaßnahmen des 16. Jahrhunderts zeigen sich deutlich im Grabungsbefund. So waren die Fundamente der südlichen Arkadenreihe mit den beiden Pfeilerfundamenten in den Schnitten 1 und 2 vollständig ausgebrochen. Hier war auch der Fußboden des ehemaligen Langhauses der mittelalterlichen Kirche völlig zerstört. Die Eingriffe durch die Abbruchmaßnahmen reichen bis in die oberen Bereiche der bauzeitlichen Planierschichten. Auch die Fundamente der nördlichen Außenmauer und der nördlichen Arkadenreihe waren bis zur erreichten Grabungstiefe ausgebrochen. Beim Abbruch der Westwand wurde offenbar vor den in den Klausurwestflügel integrierten Stumpf der Westfassade eine Mauer vorgeblendet. Die Abbruchschichten enthielten vor allem zahlreiche Fragmente von Hohl- und Flachziegeln, die sicher vom Dach des abgebrochenen Langhauses stammen, sowie Bruchstücke von Bodenfliesen in großer Zahl. Darunter fand sich, als interessantestes Stück, eine Fliese mit dem bisher auf Bebenhäuser Fliesen unbekannten Ornament einer sechsblättrigen Rosette (Abb. 145).

Insgesamt haben die Untersuchungen gezeigt, dass der Erhaltungsgrad der

Abb. 143 Kloster Bebenhausen. Blick von Südosten auf das Fundament der ehemaligen Kirchenwestfassade.

Abb. 144 Kloster Bebenhausen. Klosterzeitlicher Fliesenboden in situ.

Abb. 145 Kloster Bebenhausen. Bisher unbekanntes Fliesenornament.

Überreste des Kirchenbaus eine Einbeziehung in die Neugestaltung des Kirchvorplatzes nicht erlaubt. Andererseits sind, wie der Rest des Fliesenfußbodens belegt, auch wichtige Befunde in geringer Tiefe unter dem heutigen Niveau ungestört erhalten, so dass bei Eingriffen jeder Art zuvor flächendeckende Ausgrabungen erfolgen müssen.
Für die Finanzierung und praktische Unterstützung danken wir der Außenstelle Tübingen des Landesdenkmalamts Baden-Württemberg, dem Staatlichen Vermögens- und Hochbauamt Tübingen (Herrn Faiss), allen Mitarbeitern der Kloster- und Schlossverwaltung (Herrn Jacubowski), der Forstdirektion Tübingen (Herrn Waldner) und der Firma Karl Gaiser, Reutlingen.

Christina Ihle, Dorothee Lengert, Barbara Scholkmann

Literaturhinweise

M. Köhler, Die Bau- und Kunstgeschichte des ehemaligen Zisterzienserklosters Bebenhausen bei Tübingen. Der Klausurbereich. Veröff. Komm. Gesch. Landeskde. Baden-Württemberg B 124 (Stuttgart 1995); B. Scholkmann/ J. Pfrommer, Kloster und Archäologie. Ausgrabungen in der Zisterzienserabtei Bebenhausen. In: U. Schwitalla/W. Setzler (Hrsg.), Die Zisterzienser in Bebenhausen. Begleitbuch zur Ausstellung „ora & labora“, Bebenhausen 1998 (Tübingen 1998) 35–64.

Archäologische Beobachtungen und Untersuchungen zur Geschichte des Aureliusklosters in Hirsau, Stadt Calw

Im Zuge der Erdarbeiten der seit geraumer Zeit geplanten Systematisierung der Ver- und Entsorgungsleitungen des heutigen Ortskerns und in Verbindung mit Erneuerungen des Oberflächenbelags wurden im Frühjahr und Sommer 2000 innerhalb des ehemaligen Hirsauer Aureliusklosters mehrfach archäologische Befunde aus der über tausendjährigen Geschichte des Schwarzwaldklosters angeschnitten.
Durch die Trassenerweiterung des den Ortskern grob in Nord-Süd-Richtung querenden Hauptkanals war es erstmals möglich, auf einer Strecke von knapp 50 m ein zusammenhängendes, an die Südwestecke des romanischen Konventbaues angebundenes Erdprofil zu gewinnen. Im Anschluss konnte vor dem Aufbringen des neuen Pflasterbelags die Westecke des Konventsüdflügels an der Oberfläche freigelegt und durch begrenzte Sondagen näher untersucht werden. Eine weitere Sondage im Bereich des ehemaligen Kreuzgartens ermöglichte es, die bisher nur hypothetisch angenommene Breite des romanischen Kreuzgangflügels eindeutig zu bestimmen. Die Ergebnisse der diesjährigen Beobachtungen, kombiniert mit älteren Beobachtungen und Sondagen, erlauben nunmehr erstmals gesicherte Angaben zur Dimension des romanischen Aureliusklosters und damit eingehendere Vergleiche mit dem besser bekannten Peter- und Paulkloster am gleichen Ort. Das Hirsauer Aureliuskloster, eine benedektinische Gründung des 9. Jahrhunderts, hatte sich unter Abt Wilhelm von Hirsau in den Siebziger- und Achtzigerjahren des 11. Jahrhunderts zum südwestdeutschen Zentrum einer vom burgundischen Cluny ausgehenden monastischen Reformbewegung entwickelt. Die rasche Verbreitung der am Hirsauer „Modell“ orientierten Modifikationen der Benediktsregel hat Lebensführung und bauliche Gestalt der zahlreichen Reformklöster Süd- und Mitteldeutschlands entscheidend beeinflusst.
In Hirsau selbst führte die Durchset-

zung der Reform zu einer zweiten Gründung des hiesigen Benediktinerkonvents; bezeichnenderweise nicht auf dem Boden und innerhalb der Grenzen des bestehenden Aureliusklosters in Tallage östlich der Nagold, sondern nunmehr auf der dominierenden Lössterasse über dem Westufer des Flusses. Hier entstand ohne einengende Vorgaben durch Topografie und Vorgängerbebauung in knapp zehn Jahren ein neuer, großzügiger Baukomplex, das Peter- und Paulkloster. Trotz Zerstörung und Abbruch im 17. und 18. Jahrhundert lässt der eindrucksvolle Ruinenbestand, gerade durch seine reduzierten Überreste, die Intentionen des Gründers erahnen.

Das Aureliuskloster erhielt nach dem Umzug des Konvents im Jahre 1092 den Status eines abhängigen Priorats und übernahm, wohl schon seit dem Hochmittelalter, hauptsächlich die Funktion eines nahe gelegenen, zugeordneten Wirtschaftshofes. Den schriftlichen Quellen zufolge wurde in der zweiten Hälfte des 15. Jahrhunderts, nach langjähriger Vernachlässigung, neben notwendigen Reparaturen an Kirche und Konventbauten vor allem der Ausbau des Wirtschaftsbereichs durch die aufwendige Errichtung eines neuen Stall-Scheunenbaues von ungewöhnlichen Dimensionen angestrebt. Mit Einführung der Reformation entfiel für die Klosterkirche und die noch vorhandenen Konventbauten die Verpflichtung des Unterhalts. Ende des 16. Jahrhunderts wurde die romanische Aureliuskirche teilweise abgebrochen und zu einer Scheune umgebaut, die noch stehenden Konventbauten verfielen und sind offensichtlich sukzessive aufgegeben worden.

Ein kurz nach der Brandzerstörung des Peter- und Paulklosters im Jahr 1692 angefertigtes Situationsbild zeigt deutlich diesen Zustand, der kaum verändert bis zur Gründung der Gemeinde Hirsau in den Dreißigerjahren des 19. Jahrhunderts Bestand hatte (Abb. 146). Seit der Mitte des 19. Jahrhunderts ist der durch die heute weitgehend verschwundene Umfassungsmauer des ehemaligen Klosters definierte Ortskern zunehmend verbaut worden, mit Ausnahme der großen Grünfläche östlich und südlich der Aureliuskirche. Vermutlich sind bis vor wenigen Jahrzehnten immer wieder Überreste des Klosters bei Bau- oder Straßenarbeiten angeschnitten worden, eine systematische Beobachtung und Kartierung ist jedoch erst in den letzten Jahren erfolgt.

Vorbehaltlich der weiteren Auswertung lässt sich bisher Folgendes sagen:

Abb. 146 Hirsau. Die Hirsauer Klöster nach der Brandzerstörung des Peter- und Paulklosters 1692, von Westen. Rechts im Vordergrund der große, spätmittelalterliche Wirtschaftsbau, nach links anschließend die Aureliuskirche mit der Ruine des Konventwestflügels.

Abb. 147 Hirsau, Aureliuskloster. Die freigelegte Südwestecke des Konvents von Norden.

Durch die Profilbeobachtung sind zwei vorromanische, unmittelbar westlich des romanischen Westflügels von Nord nach Süd verlaufende Mauerzüge sowie ein von West nach Ost verlaufender Zug nachgewiesen. Die beobachteten Mauerverbände sind sicher nicht gleichzeitig und gehören wohl auch nicht zu den bisher noch unbekannten Konventbauten des vorromanischen Klosters. Wahrscheinlich handelt es sich dabei um nicht näher zu bestimmende Nebengebäude außerhalb der Klausur.

Vorromanische, außer dem Kirchengrundriss vorderhand nur schwer bestimmbare Baureste sind damit auf einer Fläche von mindestens ca. 80 m auf 60 m nachweisbar. Da Spuren einer Begrenzung des vorromanischen Klosterareals bisher nicht festgestellt werden konnten und im Grabenprofil südlich des romanischen Konventsüdflügels Bebauungsreste fehlen, ist anzunehmen, dass für das vorromanische Klosterareal etwa die gleichen Grenzen gelten wie für das romanische Aureliuskloster. Wie bereits angedeutet, konnten durch die flächige Freilegung der Südwestecke des romanischen Konvents (Abb. 147) die Maße der Klausurbauten eindeutig bestimmt werden: sie messen von Nord nach Süd rund 44 m, von West nach Ost 43,5 m und umfassen einschließlich des Kreuzganges einen offenen, rechteckigen Hof von 25,4 m auf 17 m. Unklar ist vorläufig immer noch die Binnenteilung der Erdgeschossräume im Ost- und Westflügel des Konvents. Die Sondagen in der Südwestecke haben gezeigt, dass im 15. Jahrhundert umfangreiche Reparaturen, bis in die Fundamentzone verbunden mit bis zu 0,80 m hohen Bodenaufhöhungen, vorgenommen wurden, was auf erhebliche Bauschäden schließen lässt. Die Bodenaufhöhungen verweisen zusammen mit der Positionierung des erwähnten spätmittelalterlichen Wirtschaftsbaus auf den Abbruch des Konventostflügels und der Osthälfte des Konventsüdflügels noch zur Klosterzeit, zugunsten der Ausbildung eines weitläufigen Wirtschaftshofes in der Südhälfte des Klosterareals. Die zahlreichen Einzelbeobachtungen im Verlauf der diesjährigen Arbeiten haben zudem gezeigt, dass mit wesentlich komplexeren Bauabfolgen innerhalb der erfassten Auschnitte der Klosterbebauung zu rechnen ist, als bisher angenommen.

Das keramische Fundgut beinhaltet leider nur wenig Material, das in die karolingische Frühzeit des Aureliusklosters hinabreicht. Nur ein Rand- und ein ebenfalls gerieftes Wandstück der Älteren gelbtonigen Drehscheibenware gehören hierher (Abb. 148,1–2). Die jüngeren Ausprägungen dieser Ware, insbesondere der Typ Jagstfeld, sind etwas zahlreicher vorhanden. Auffällig ist ein hoher, mit 17 cm Durchmesser sehr weitmundiger Rand (Abb. 148,3). Zur Älteren gelbtonigen Drehscheibenware rechnet auch das Fragment einer Becherkachel (Abb. 148,4). Andere hochmittelalterliche Warenarten sind im Material der diesjährigen Grabung kaum vertreten. Die auch im Nordschwarzwald verbreitete Ältere Alb-

Abb. 148 Hirsau, Aureliusplatz. Funde von Geschirr- (1–11) und Ofenkeramik (12–15).

ware kommt mit einer Randscherbe vor (Abb. 148,5), von der Älteren grautonigen Drehscheibenware könnte ein Linsenboden mit eingeritztem Kreuz stammen (Abb. 148,6). Eigens hervorheben muss man ein Näpfchen (Abb. 148,7), da es aus Ziegelton gefertigt wurde. Schon bei den älteren Untersuchungen im Peter- und Paulkloster und auf dem Aureliusplatz waren mehrfach ähnliche Erzeugnisse aufgefallen. Es muss demnach im 11./12. Jahrhundert in Hirsau eine lokale Keramikproduktion gegeben haben, die sich desselben Materials wie die Ziegelherstellung bediente. Sie scheint ganz überwiegend technische Gefäße, Ofenkacheln und Wasserleitungsrohre hervorgebracht zu haben, aber es liegen auch Töpfe der von der Älteren Albware geläufigen Form vor. Nicht aus diesem Ziegelton, sondern aus schwach gebranntem, sandhaltigem Ton besteht das Bruchstück eines vielfach perforierten Behälters (Abb. 148,8), bei dem es sich vielleicht um ein Räuchergefäß handelt. Unter der spätmittelalterlichen Gefäßkeramik fallen die Böden mehrerer Kleingefäße

(Kännchen?) der Rotbemalten Feinware aus Buoch im Remstal (Abb. 148,9–11) und die Scherbe eines Steinzeugbechers wohl elsässischer Provenienz auf. Innerhalb der Ofenkeramik erstaunt das Vorkommen von Kacheln mit vierpassförmig gestalteter Mündung (Abb. 148,12–14), denn diese Kachelform ist in Südwestdeutschland bislang äußerst selten nachgewiesen, etwa in Zavelstein und in Sindelfingen. Im Aureliuskloster war sie wohl zusammen mit ebenfalls unglasierten schlichten Viereck- und zusammengesetzten Rundkacheln verbaut. Von einem anderen, repräsentativeren Ofen dürfte die grünglasierte Nischenkachel mit vegetabilem Reliefdekor (Abb. 148,15) herrühren.

Otto Teschauer, Uwe Gross

Literaturhinweise

M. Putze/U. Gross, Arch. Ausgr. Baden-Württemberg 1987, 208 ff.; C. Krause/O. Teschauer, ebd. 1992, 277 ff.; U. Gross, Keramik und Kleinfunde des 12. Jahrhunderts aus einer Grube bei St. Peter und Paul. In: Kloster Hirsau 1091 bis 1991. Forsch. u. Ber. Arch. Mittelalter Baden-Württemberg 10 (Stuttgart 1991) 139 ff.; Badisches Landesmuseum Karlsruhe (Hrsg.), Klostermuseum Hirsau. Führer durch das Zweigmuseum des Badischen Landesmuseums Karlsruhe (Karlsruhe 1998).

Beobachtungen zur Baugeschichte des ehemaligen Zisterzienserklosters Schönau, Rhein-Neckar-Kreis

Seit nunmehr fast zwanzig Jahren begleitet das Landesdenkmalamt Bauvorhaben in Schönau, um Erkenntnisse zur Baugeschichte des 1142 gestifteten, nach seiner Aufhebung im Jahre 1558 fast gänzlich abgetragenen und durch die in der Folgezeit entstandene Stadt überbauten Zisterzienserklosters zu gewinnen.

Anlass für archäologische Untersuchungen gab dabei in der Vergangenheit immer wieder die im Rahmen der Stadtkernsanierung durchgeführte Erneuerung der Straßenbeläge und die damit einhergehende Neuverlegung der Versorgungsleitungen. Dies erfolgte stets in enger Absprache mit der Stadt Schönau. So wurde die für die Dokumentation benötigte Zeit schon im Voraus im Bauablauf berücksichtigt und zugleich der Eingriff in die archäologische Substanz minimiert.

In der Kirchgasse war im Jahr 2000 im Zuge der Straßenbauarbeiten eine über die bloße Beobachtung von Grabenprofilen hinausgehende Dokumentation der betroffenen Flächen möglich. Beim Setzen eines Abwasserschachtes stieß man in einer Tiefe von rund einem Meter unter dem rezenten Straßenbelag auf die Oberfläche des ehemaligen Kreuzganges. Diese Gelegenheit konnte genutzt werden, die südöstliche Kreuzgangecke – soweit zugänglich – bis auf diese Tiefe freizulegen und zu dokumentieren (Abb. 149). Von den Mauern waren nur streckenweise noch die untersten Lagen des Aufgehenden erhalten.

Im 4,3–4,4 m weiten Gang lagen stellenweise die rechteckigen Buntsandsteinplatten der ursprünglichen Pflasterung. An der Ecke der 0,7 m breiten Innenmauer saß eine polygonale Pfeilerbasis, auf der sich als Mörtelrest der Ansatz der aufgehenden Gewölberippen abzeichnete. Die Tatsache, dass man die Basis offensichtlich nachträglich dort eingesetzt hatte, spricht einmal mehr dafür, dass der Kreuzgang ursprünglich nicht durchgängig eingewölbt war. Um die Last des Gewölbes aufzunehmen wurden, wie schon vor

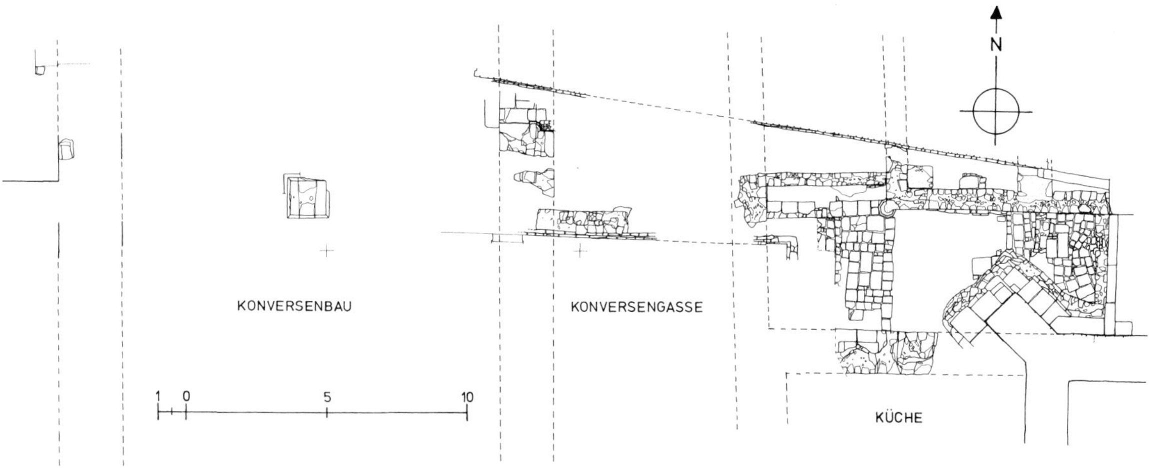

Abb. 149 Schönau, Zisterzienserkloster. Überblick über die Grabungsbefunde in der Kirchgasse.

Jahren an der Ostmauer erkannt, die Kreuzgang-Innenmauern mit Strebepfeilern verstärkt. Im Südflügel konnte ein solcher Pfeiler festgestellt werden, der zwar auf dem 1915 von R. Edelmaier publizierten Plan fehlte, hier aber zu erwarten gewesen wäre. Im Zuge der Einwölbung des Kreuzgangs wurde auch die Ecke innen durch einen stumpf angesetzten Pfeiler verstärkt. Überraschend war die Entdeckung eines bisher unbekannten Durchgangs vom Kreuzgang zur südlich gelegenen Klosterküche. Einer der beiden Schwellensteine mit zur Küche weisendem Türanschlag lag noch in situ. Das Gegenstück war im 19. Jahrhundert in eine Gartenmauer eingebaut worden, ließ sich jedoch problemlos wieder an Ort und Stelle einpassen.

Im Jahre 1562 überließ der Pfälzer Kurfürst das Kloster wallonischen Glaubensflüchtlingen. In der Folgezeit wurde die Anlage zum Teil abgerissen, der Rest zumeist zu Wohngebäuden umfunktioniert. In dieser Periode wurde der Westflügel des Kreuzganges unmittelbar hinter der Ecke vermauert. Ein unregelmäßiges Pflaster mit Spuren eines Herdes im Südgang könnte mit der Nutzung dieses Bereiches als Rathaus durch die Wallonen in Zusammenhang stehen. Die äußere Südwestecke des Kreuzganges wurde von einem offenbar wallonenzeitlichen, spätestens mit dem Bau der heutigen Polizeidienststelle wieder verfüllten Keller geschnitten.

Der jüngste Eingriff im untersuchten Bereich erfolgte etwa 1890 durch den Umbau des seit der Wallonenzeit als reformierte Kirche genutzten Herrenrefektoriums. Ein an die nordwestliche Kirchenecke angebauter Strebepfeiler durchschlägt die älteren Mauern und Pflasterungen.

Im Verlauf der heutigen Kirchgasse konnten westlich des Kreuzganges – von diesem durch die so genannte Konversengasse getrennt – Reste des Konversenbaus freigelegt werden. Auch hier gelang der Nachweis einer nicht bei Edelmaier verzeichneten Eingangssituation (Abb. 150). Von der Konversengasse konnte man an dieser Stelle den von ihm als Keller bezeichneten südlichen Trakt des Gebäudes betreten. An der Südseite des Durchganges hatten sich zwei Lagen sorgsam zurechtgehauener Buntsandsteinblöcke mit qualitätvoll gearbeiteten profilierten Gewänden erhalten. Im Inneren war dem Schwellenbereich eine 0,15 m tiefer gelegene Sandsteinstufe vorgelagert; das Fußbodenniveau konnte bei dieser Kampagne nicht erschlossen werden. Nachträglich, vermutlich während der Nutzung durch die wallonischen Flücht-

Abb. 150 Schönau, Zisterzienserkloster. Eingang in den Konversenbau. Detail.

linge, wurden im Eingang vergleichsweise nachlässig ausgeführte Treppenstufen eingebaut, um einen mittlerweile entstandenen Niveauunterschied zur Konversengasse zu überwinden. Die festgestellte lichte Raumbreite von 13,4 m entspricht in etwa den während früherer Untersuchungen des Landesdenkmalamtes im Nordtrakt des Konversenbaus ermittelten Dimensionen. In der Mittelachse des Baus konnte eine viereckige Pfeilerbasis dokumentiert werden. Einen weiteren Schwerpunkt der Untersuchungen des Jahres 2000 bildete das so genannte Obere Tor (Abb. 151), durch das man von Westen auf das Klosterareal gelangte. Zur Vergrößerung der Durchfahrtshöhe wurden in diesem Bereich die jüngeren Straßenbeläge entfernt. Der bis in eine Höhe von rund vier Metern erhaltene monumentale romanische Torbau wies neben einer 3,60 m weiten Wagendurchfahrt

Abb. 151 Schönau, Zisterzienserkloster. Blick durch das Obere Tor in das ehemalige Klosterareal.

eine 1,75 m breite Fußgängerpforte auf. Vor allem hier waren Reste der aus Sandsteinplatten bestehenden Schwelle erhalten geblieben. Diese gehörten größtenteils zum ursprünglichen Bau, waren sie doch auf dessen Fundament gesetzt und zugleich von den einfach gefasten Sockelsteinen bedeckt. Die innen jeweils an der Nordseite der beiden Durchgänge erkennbaren Pfannenlöcher wiesen auf die Türkonstruktion hin. Für die Wagendurchfahrt ist sicher ein zweiflügeliges Tor anzunehmen, doch war die Schwelle an der Südseite dieser Durchfahrt zu stark gestört, um auch hier den Nachweis von Spuren der Türachse führen zu können. Außerhalb des Fußgängerdurchgangs kam nach Beseitigung der jüngeren Straßendecke ein alter Belag aus Buntsandsteinplatten, z.T. mit nach oben zeigenden Wolfslöchern, zutage (Abb. 151). Da die Platten sich in ihrer Höhe eindeutig auf die Torschwellen bezogen, liegt eine klosterzeitliche Entstehung nahe. Bemerkenswert scheinen die von Fuhrwerken eingetieften Rinnen. Eine führte in einer Kurve von Norden auf die Wagendurchfahrt zu. Wie paarige Rinnen andeuten, wurde auch der kleinere Torbogen von Karren mit einer Spurweite von 1,1–1,2 m durchfahren. Dass es dabei zuweilen eng wurde, bezeugen die Scheuerspuren der Radnaben an der Torleibung. An diesem Problem hat sich auch in Zeiten motorisierter Fahrzeuge nicht viel geändert.

Folke Damminger

Literaturhinweise

D. Lutz, Arch. Ausgr. Baden-Württemberg 1985, 221 ff.; ders., ebd. 1988, 243 ff.; ders., ebd. 1992, 295 ff.; R. Edelmaier, Das Kloster Schönau bei Heidelberg. Ein Beitrag zur Baugeschichte der Cisterzienser (Heidelberg 1915).

Archäologische Untersuchungen in der Stiftskirche in Stuttgart

Im Jahre 1320/21 verlegte Graf Eberhard der Erlauchte sein Stift Beutelsbach und die im Reichskrieg zerstörte Familiengrablege nach Stuttgart. 1323 wurde auch das Pfarrrecht der Mutterkirche St. Martin auf der Altenburg hierher auf die Stiftskirche übertragen. Der bestehende Bau, auf den noch der Südturm der heutigen Kirche zurückgeht, wurde 1436 von den Baumeistern Henslin und Aberlin Jörg durch eine Hallenkirche ersetzt.

Nach der tief greifenden Zerstörung im letzten Weltkrieg (Abb. 152) wieder aufgebaut, werden gegenwärtig Umgestaltungsmaßnahmen durchgeführt, die nicht nur den Kirchenraum betreffen, sondern auch in den Untergrund eingreifen.

Abb. 152 Stuttgart, Stiftskirche. Zustand nach der Zerstörung 1946.

Abb. 153 Stuttgart, Stiftskirche. Pfeilerfundamente der Nordarkade der spätromanischen Basilika und der gotischen Hallenkirche.

Der Absicht der Kirchengemeinde, die im nördlichen Teil der Kirche gelegenen Kellerräume, in denen bereits die Heizungsanlage und die Gebäudetechnik untergebracht waren, weiter abzutiefen und neu zu organisieren, konnte die Denkmalpflege generell unter dem Vorbehalt zustimmen, dass die Arbeiten archäologisch begleitet würden. Für die Anfangsphase war davon auszugehen, dass archäologische Befunde allenfalls peripher betroffen sein würden.
Zwischen der Landeskirche und der Denkmalpflege wurde eine enge Kooperation vereinbart – nicht zuletzt dadurch bestimmt, dass von der archäologischen Substanz, die auch Stuttgart einmal besessen haben muss, kaum noch etwas erhalten geblieben ist, da vieles davon den Bauten der Nachkriegszeit und den zahlreichen Neubauten des wirtschaftlichen Aufschwungs hat weichen müssen. Als ein Akt des „archäologischen Vandalismus“ ist vielen Stuttgartern der Neubau der Schillerplatzgarage im Gedächtnis geblieben, als Bagger die Fundamente mittelalterlicher Steinbauten aus dem Boden rissen und der auf bildlichen Darstellungen überlieferte Schlossbrunnen wegplaniert wurde.
Dieser Vorgang, der damals einen lebhaften Niederschlag in der Tagespresse fand, durfte sich – dies war allen im Fall der Stiftskirche Beteiligten klar – nicht wiederholen. Die nicht unterkellerten Großbauten Stuttgarts, in erster Linie die Stiftskirche und das Alte Schloss, dürften die einzigen Flächen abdecken, in denen noch größere, zusammenhängende archäologische Befunde erhalten geblieben sind, die der historischen Forschung noch dienen können.
Das Einbringen eines neuen Kirchenfußbodens erwies sich als unproblematisch, da der dafür notwendige Bodenabtrag nicht in archäologische Reste der Kirche eingriff. Anders verhielt es sich, als man daran ging, die südliche Begrenzungsmauer des nach dem Weltkrieg angelegten Heizungskellers zu entfernen, um an gleicher Stelle eine dem statischen Konzept der Baumaßnahme entsprechende neue Begrenzungswand zu errichten. Die rezente Wand lehnte sich an älteres Mauerwerk und bezog dieses teilweise ein, so dass Abbruch und Neubau nur im Zuge parallel durchzuführender archäologischer Untersuchung und Befunddokumentation verantwortbar erschienen. Um möglichst alle Befunde beobachten zu können, wurden die archäologischen Maßnahmen nicht auf baubegleitende Beobachtungen beschränkt, sondern der gesamte Bereich zwischen der Nordarkade der Hallenkirche und dem bestehenden Mittelkanal des Heizungssystems der Nachkriegszeit flächig untersucht.
Es zeigte sich rasch, dass es sich bei dem historischen Mauerwerk um die Fundamente der Pfeiler handelte, welche mit ihren Arkaden das nördliche Seitenschiff vom Mittelschiff trennten. Dieser Befund, der ein unmittelbares Zurückschreiten in die Vorkriegszeit darstellt, war zu erwarten, es zeigte

sich jedoch, dass eine enge Verzahnung mit dem Vorgängerbau der spätmittelalterlichen Hallenkirche vorlag: Die Pfeilerfundamente der Hallenkirche nutzten teilweise die Punktfundamente der für das 13. Jahrhundert belegten spätromanischen Basilika, ein romanisches Pfeilerfundament war unverändert erhalten geblieben (Abb. 153).

Der Pfeilerabstand des 13. Jahrhunderts war beim Bau der gotischen Hallenkirche nicht wieder aufgenommen worden, vielmehr wurden die vorhandenen Fundamente des 13. Jahrhunderts auf die neue Planung „eingerichtet“, indem man sie teilweise ausbrach und auf die neue Stellung hin erweiterte. Im östlichen Bereich des Untersuchungsfeldes scheint ein Stück romanischen Mauerfundaments erhalten geblieben zu sein, was darauf schließen lässt, dass der Ostteil des Mittelschiffs der spätromanischen Basilika durch Mauerwerk vom Seitenschiff getrennt war, nicht durch eine Arkatur (Abb. 154).

Zwischen den Punktfundamenten fanden sich immer wieder Steinsetzungen, so dass man den Eindruck gewinnen konnte, dass diese Fundamente sich auf eine ältere an dieser Stelle verlaufende Mauer bezogen, die beim Bau der Basilika bis auf geringe Reste entfernt worden war. Ein eindeutiger Beleg hierfür ließ sich jedoch nicht finden, da zum einen die Maßnahmen des Spätmittelalters, andererseits in die Kirche eingebrachte Bestattungen das Gesamtbild verunklarten.

Ein zweiter Untersuchungsbereich ergab sich im Mittelschiff nördlich des Südturms, der als Teil der spätromanischen Basilika in den Neubau der spätmittelalterlichen Hallenkirche übernommen worden war. Hier war es notwendig, den Zugang zur unter dem Chor der Stiftskirche befindlichen Grablege des Hauses Württemberg neu zu ordnen, da der bisherige Eingang über eine durch eine mobile Holzabdeckung im Fußboden zugängliche Treppe nicht beibehalten werden konnte. Es war vielmehr beabsichtigt, die Gruft von der Untergeschossebene aus zu erschließen, eine Lösung, die auch der Unterhaltung und restauratorischen

Abb. 154 Stuttgart, Stiftskirche. Gesamtplan der Befunde.

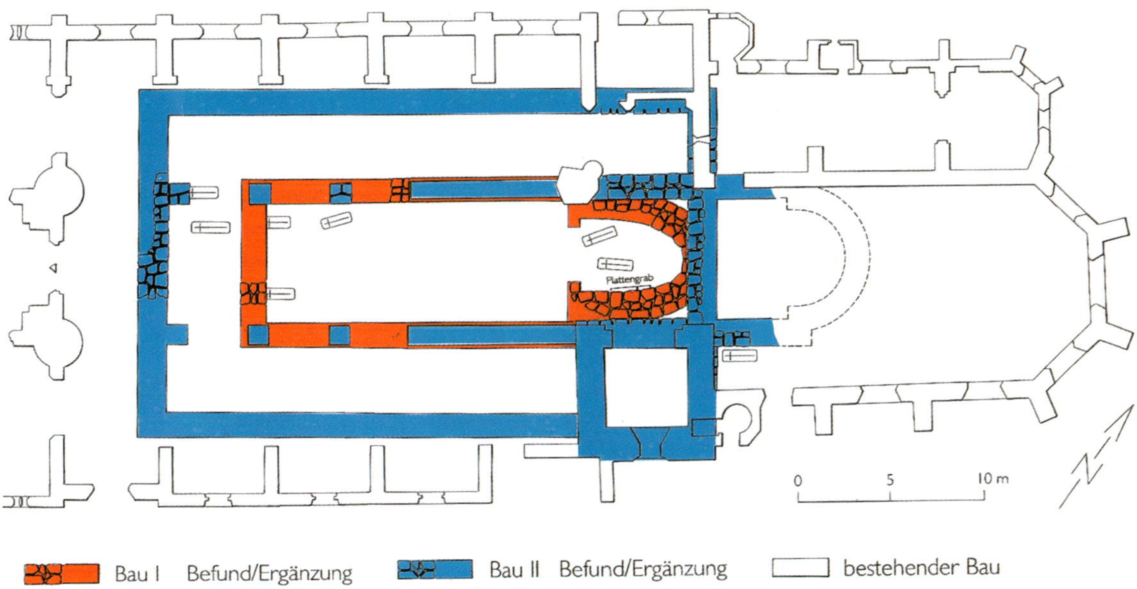

Überprüfung der Sarkophage dienlicher sein sollte als der gegenwärtige, eher provisorisch anmutende Zugang.
Es mussten folglich die alten Heizungskanäle entfernt werden, um das Niveau auf die Höhe der Gruft und des geplanten Untergeschosses abzusenken. Bei dieser Maßnahme wurde das Fundament des südlichen Chorflankenturms freigelegt, zutage traten weiter das Spannfundament des Chorbogens und als nördliche Begrenzung des Mittelschiffs ein weiteres Fundament, das in der gotischen Hallenkirche keine Funktion besessen hat, aber mit den benachbarten spätromanischen Fundamenten in seiner Struktur so weit übereinstimmt, dass von einer Gleichzeitigkeit ausgegangen werden kann (Abb. 155).
Mit diesen Befunden war wiederum der archäologische Schritt zurück in die Zeit der spätromanischen Basilika vollzogen. Es handelt sich um den Chorbereich, der im Süden vom teilweise erhaltenen Chorflankenturm begrenzt wird. Auch im Norden wird man einen projektierten Turm annehmen können, auf den das nördliche der Fundamente hinweist. Dieser wurde jedoch nicht sogleich ausgeführt, wie man im Fundamentbereich unter der Westwand der Sakristei ablesen kann. Zwar wurde die Ostmauer eines Turms begonnen, dann aber nicht weitergeführt. Erst nach einer Bauunterbrechung von unbekannter Dauer nahm man den ursprünglichen Plan wieder auf und führte die Wand weiter nach Norden, dort bildet sie die Nordostecke der Kirche.
Schon ein flüchtiger Blick auf die freigelegten Fundamente zeigt, dass für sie Steinmaterial wieder verwendet wurde, das aus einem älteren Bau stammt. Dies kann nichts anderes bedeuten, als dass ein Steinbau, vermutlich eine Vorgängerkirche, abgetragen worden war um die Basilika zu errichten.
Am Fuß der östlichen Fundamente fand sich in der Tat die unterste Lage eines älteren Fundaments, das den unregelmäßig gestelzten Halbkreis der Apsis des Vorgängerbaus beschreibt. Was sich im Bereich der Nordarkade von Basilika und Hallenkirche andeutete, findet in diesem Befund eine Bestätigung: Der spätromanischen Basilika ging eine einschiffige Kirchenanlage voraus, von der sich weitere Reste ermitteln ließen, nachdem der Mittelkanal der rezenten Heizanlage entfernt worden war. Im dabei entstanden West-Ost-Profil durch das Schiff der Stiftskirche zeigten sich sowohl das Fundament der zum einschiffigen Bau gehörenden Westwand als auch Reste des Fußbodens, der etwas tiefer gelegen hat als jener der Basilika. Der Grundriss kann also weitgehend rekonstruiert werden, wobei allein der Übergang zwischen Chor und Schiff noch nicht genau definierbar ist, eine Informationslücke, die sich schließen lassen wird, wenn im Zuge der weiteren Baufortschritts auch an dieser Stelle die alten Heizkanäle entfernt und die neuen Begrenzungswände des Untergeschosses errichtet werden.
Die Datierung des einschiffigen Baus war auf archäologischem Wege nicht möglich, denn es fand sich kein Fundmaterial, das ihm stratigrafisch zugeordnet werden könnte. Der Grundriss ist so allgemein und ohne deutliche

Abb. 155 Stuttgart, Stiftskirche. Chorbereich der spätromanischen Basilika und Fundamentlage des einschiffigen Vorgängerbaus, im Vordergrund sind die frühmittelalterlichen Gräber zu erkennen.

Eigenheiten, dass auch er für eine genauere Datierung ungeeignet erscheint. Allein das in den Fundamenten der Basilika wieder verwendete Steinmaterial weist aufgrund seiner Bearbeitung in das 10./11. Jahrhundert.

Auf der Sohle des ausgeschachteten Bereichs zeigten sich schließlich Befunde, die noch weiter in die Stuttgarter Geschichte zurückführen. Das Fundament der ältesten Apsis störte ein vorhandenes Plattengrab, von dem nur noch die nördliche Längsseite in situ erhalten war (Abb. 155). Sowohl die Schmalseiten als auch die südliche Längsseite sowie die Bestattung selbst wurden bei der Anlage der Kirche entfernt. Von der Grabkonstruktion her dürfte es sich um ein Grab handeln, das wohl nicht später als im 8. Jahrhundert angelegt wurde und damit einen Zeitabschnitt repräsentiert, der deutlich älter ist als der erste erfasste Kirchenbau.

Im Apsisbereich fanden sich zwei weitere Bestattungen, die in Gräbern mit gemauerten Wandungen beigesetzt waren. Während das eine die Ausrichtung der Kirche aufweist und ihr möglicherweise zuzurechnen ist, winkelt das zweite, im Nordteil des Halbrunds gelegene deutlich aus der Kirchenrichtung ab, was den Schluss nahe legt, dass kein zeitlicher Zusammenhang mit der ersten Kirche besteht. Bei der Freilegung des Skeletts zeigte sich, dass anscheinend ein Messer mit ins Grab gegeben worden war, ein Hinweis auf alamannische Grabsitte und damit auf ein hohes Alter der Bestattung. Da das Skelett einen sehr problematischen Erhaltungszustand aufwies und die Bodenverhältnisse eine unkomplizierte Freilegung und die Bergung möglicher Grabbeigaben nicht zuließen, wurde eine Blockbergung des gesamten Grabes vorgenommen, um die Freilegung der Bestattung in der günstigeren Umgebung der Restaurierungswerkstatt des LDA vornehmen zu können (Abb. 156). Diese Arbeiten sind gegenwärtig noch nicht abgeschlossen, es gibt jedoch Anhaltspunkte dafür, dass die Bestattung noch dem 7. Jahrhundert angehört.

Abb. 156 Stuttgart, Stiftskirche. Frühmittelalterliche Bestattung: eisernes Messer während der Freilegung in der Restaurierungswerkstatt des Landesdenkmalamtes.

Mit den Befunden aus der Stiftskirche lässt sich die Besiedlungsgeschichte im Bereich des mittelalterlichen Stuttgart deutlich weiter zurückverfolgen, als es bisher möglich war, ein Umstand, der sich auch im Bereich der Untersuchungen bestätigt, die zur Zeit im Zusammenhang mit Umbau- und Modernisierungsarbeiten im Alten Schloss durchgeführt werden. Dort finden gegenwärtig im Kellergeschoss der Dürnitz Sondagen statt, bei denen Schichten zutage treten, die karolingisches Fundmaterial enthalten.

Hartmut Schäfer

Literaturhinweis

Wilhelm Friz, Die Stiftskirche zu Stuttgart (Stuttgart o. J. [1929]); Gustav Wais (Hrsg.), Die Stuttgarter Stiftskirche (Stuttgart 1952)

Bauarchäologische Untersuchungen an der ehemaligen Augustiner-Eremiten-Kirche in Konstanz

Die ehemalige Kirche des Konstanzer Augustiner-Eremiten-Klosters, die heutige Dreifaltigkeitskirche, wird seit Sommer 1999 saniert. Die mittlerweile abgeschlossene erste Sanierungsstufe diente der Stabilisierung des Baukörpers durch Verstärkung der Fundamente. Die dadurch bedingten Bodeneingriffe machten (bau)archäologische und restauratorische Untersuchungen notwendig, bei denen umfangreich erhaltene Reste einer Lettneranlage freigelegt werden konnten. Die Forschungen des letzten Jahres erbrachten neue Erkenntnisse zur Bauentwicklung und Ausstattung der Kirche sowie zur vorhergehenden Besiedlung.

In den kleinen Grabungsschnitten zeigten sich vielfach Reste einer Vorgängernutzung. In dem ehemals wohl recht feuchten Gelände fanden sich Pfosten und Pfostenreihen noch unklarer Funktion sowie holzausgesteifte Gruben, häufig begleitet von Rinderhörnern und Rinderschädeln. Es dürfte sich dabei um die Fortsetzung der Gerberanlagen handeln, die auf den unmittelbar nordwestlich der Kirche befindlichen Liegenschaften Rosgartenstrasse 24–26 großflächig untersucht werden konnten. Eine der Gruben, die unter der heutigen Sakristei, also südlich des Chors angetroffen wurde, verdient besondere Beachtung. Wie die mit zahlreichen Kirschkernen durchsetzte Füllung nahe legt, diente sie in letzter Funktion als Latrine. Diese bestand im eingegrabenen Bereich aus einer Konstruktion aus Holzpfosten und Brettern. Beim Herausnehmen zeigte sich, dass es sich dabei um eine abgesehen von Boden und Deckel fast vollständige Truhe handelt (Abb. 157), die in Sekundärfunktion wohl im Laufe des späten 12. oder der ersten Hälfte des 13. Jahrhunderts weitgehend unversehrt in den Erdboden gelangt war. Sie war aus Eiche gefertigt und gehört zum Typ der Stollentruhen. Die Pfosten waren etwa 15 cm × 10 cm stark. Unterhalb der in sie eingenuteten und mit Holzdübeln verriegelten Bretter waren sie abgeschrägt. Die Seiten wurden von je drei übereinander gesetzten Brettern geschlossen. Um eine fugenlose Verbindung zu erreichen, waren die Oberkanten der Bretter zugespitzt, die Unterseiten der beiden oberen Bretter dagegen mit einer Nut versehen. Die untersten Bretter trugen Leisten, in die die nicht mehr vorhandenen Bodenbretter eingelassen waren. Diese Leisten waren erstaunlicherweise nicht aufgesetzt, sondern aus dem vollen Holz herausgearbeitet. Die Truhe wies eine Breite von 0,85 m und eine Länge von knapp 1,10 m auf. Die ursprüngliche Höhe dürfte etwa bei 0,85–0,90 m gelegen haben. Weitere Aussagen etwa zur Befestigung des Deckels sind einer gründlichen Untersuchung nach Abschluss der Restaurierungsarbeiten vorbehal-

Abb. 157 Konstanz, Dreifaltigkeitskirche. Seitenteil einer hochmittelalterlichen Stollentruhe aus Eichenholz.

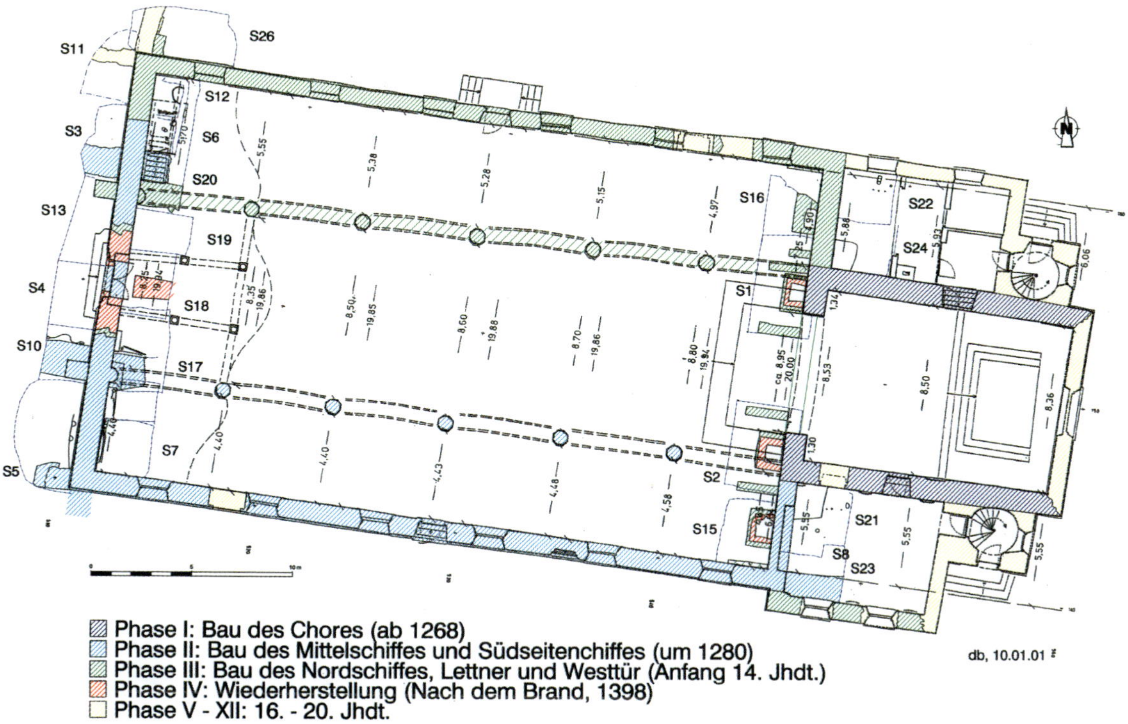

Abb. 158 Konstanz, Dreifaltigkeitskirche. Grundriss mit Eintragung der Bauphasen.

ten. Die Truhe ist eines der sehr seltenen Zeugnisse hochmittelalterlichen Mobiliars und dürfte in Deutschland fast einzigartig sein. Ansonsten haben in Europa allein in Kirchenbesitz einige dieser frühen Aufbewahrungsmöbel überdauert, die zum Teil kunstvoll verziert sind, bei denen sich aber immer die Frage nach späteren Überarbeitungen beziehungsweise Ergänzungen sowie nach ihrer Repräsentativität im Alltag stellt.

Anstelle der Gerberwerkstätten, die wohl in die südlich anschließende Vorstadt Stadelhofen verlegt wurden, errichtete man im Südosten der damaligen Stadt, zwischen Stadtmauer und Bodensee, das Kloster der Augustiner-Eremiten. Nach einer frühneuzeitlichen Chronik wurde es 1268 gegründet. Erster Bauabschnitt der Kirche war der Chor (Phase I, Abb. 158), der als separater Bauteil entstand und vermutlich länger war als der heutige Chor. Er wies außen knapp oberhalb des Fundaments eine Sockelschräge auf. Eine ebenerdige Tür führte vom Chor nach Süden, wohl zu den Konventsgebäuden.

Anschließend errichtete man das südliche Seiten- und das Mittelschiff. Dies geschah in zwei Schritten: zunächst wurden die Fundamente in verschalten Baugruben gesetzt (Phase II). Ein Fundamentholz datiert in den Winter 1279/80d. Geplant waren damals auch Eckstrebepfeiler, die nach einer Umplanung (Phase IIa) nicht ausgeführt wurden. Außen war wiederum eine umlaufende Sockelschräge vorhanden. Eine spitzbogige Tür führte von Süden in das Langhaus, ein Westeingang existierte noch nicht.

Der schlechte Baugrund nötigte bei der Errichtung der Außenmauer des nördlichen Seitenschiffs zu einer andersartigen Fundamentierung. Statt des Streifenfundaments wurden nun Fundamentbögen ohne Schalung gegen beziehungsweise auf den schlammigen Unter-

Abb. 159 Konstanz, Dreifaltigkeitskirche. Fundamentbogen der Nordmauer.

grund gesetzt (Phase III, Abb. 159). Die Widerlager zwischen den Bögen reichten nur wenig tiefer als diese und ruhten auf Kiespackungen. Die statischen Probleme könnten auch der Grund dafür gewesen sein, im Inneren die nördlichen Seitenschiffarkaden weiter als ursprünglich geplant von der nordwestlichen Kirchenecke abzurücken und ein zusätzliches Streifenfundament für die Pfeiler einzubauen. Der entsprechend der neuen Flucht versetzte Strebepfeiler an der Westfassade musste vollständig neu fundamentiert werden. Er wies wie die gesamte Nordmauer keine Sockelschräge mehr auf. In der neuen Mittelachse der Westfront baute man nun eine breite Tür mit Trumeau und geradem Sturz ein (Abb. 160), deren Schwelle über der älteren Sockelschräge lag. Mit diesem Portal zur belebten Mordergasse (heute Rosgartenstraße) öffneten die Mönche ihre Kirche für die Konstanzer Bürger wesentlich weiter als zuvor. Im Zuge der Fertigstellung der Kirche baute man auch im Inneren um: Zur Abtrennung des den Mönchen vorbehaltenen Chores vom Rest der Kirche wurde nun ein fünfjochiger Hallenlettner samt Altären mit massiv gemauertem Stipes (Altarunterbau) errichtet (Abb. 161). Auffällig ist die andersartige Gestaltung des nördlichen Lettneraltares: Sein ebenfalls gemauerter Unterbau war innen sorgfältig für die Aufnahme von Reliquien verputzt und bedeckt von einer schweren, in die Rückwand eingelassenen Steinplatte.

Am 29. Januar 1398 brannte der Süden von Konstanz einschließlich der Vorstadt Stadelhofen zu großen Teilen nieder. Auch Kloster und Kirche der Augustiner wurden schwer getroffen – der Brandschutt in der Kirche erreicht eine Mächtigkeit von 30 bis 50 Zentimetern. Der Wiederaufbau (Phase IV) schritt zügig voran, noch im gleichen Jahr schlug man das Holz für das Sparrendach über dem Mittelschiff auf. Entsprechend dem erhöhten Kirchenboden setzte man auch die Lettneraltäre höher und verschmälerte sie gleichzeitig; nur der nördliche Altar behielt seine ursprüngliche Breite bei. Selbstverständlich mussten auch die Türen dem neuen Niveau angepasst werden; dabei verkleinerte man die Westtür (vgl. Abb. 160). Möglicherweise ein beim Wiederaufbau besonders spendabler Stifter wurde 1403 in prominenter Lage, im unmittelbaren Eingangsbereich, bestattet (siehe Beitrag H. Bibby/J. Wahl).

Krönender Abschluss der Wiederherstellungsmaßnahmen war die Ausmalung der Kirche. Sie wurde 1417 durch eine Stiftung König Sigismunds ermöglicht, der während des Konstanzer Konzils zeitweise im Kloster wohnte. Diesen im Hochschiff erhaltenen Male-

reien sowie der barocken Deckengestaltung gilt die zweite Phase der Kirchensanierung.
Noch weitgehend unbekannt sind die Lage und Baugestalt der frühen Konventgebäude, die erst in frühneuzeitlichen Stadtansichten Kontur gewinnen. Aufschlüsse zu den Klostergebäuden des Mittelalters und auch der Neuzeit wird eine im Frühjahr 2001 beginnende archäologische Untersuchung ergeben. Sie wird die Erneuerung der Kanalisation begleiten, die in den südlich und östlich an der Kirche vorbeiführenden Straßen durchgeführt wird.
Die archäologischen Untersuchungen an dem bedeutenden Denkmal der Dreifaltigkeitskirche waren geprägt durch ein hohes Maß an Rücksichtsnahme seitens des Bauherrn und der beteiligten Baufirmen sowie durch eine sehr angenehme, ergebnisorientierte und harmonische Arbeitsatmosphäre. Dafür danken wir Herrn Bertels und Herrn Künle vom Erzbischöflichen Bauamt, dem leitenden Architekten Herrn Schneble, sowie Herrn Gabele, Firma Stocker, und Herrn Ziro, Firma Resabau, und ihren Mitarbeitern. Ein herzlicher Dank geht auch an das Arbeitsamt Konstanz für die engagierte und unbürokratische Unterstützung.

Frank Löbbecke, Ralph Röber

Literaturhinweise

F. Löbbecke/R. Röber, Arch. Ausgr. Baden-Württemberg 1999, 177 f.; M. Dumitrache, ebd. 1994, 308 f.

Abb. 160 Konstanz, Dreifaltigkeitskirche. Westfassade mit Eintragung der Bauphasen.

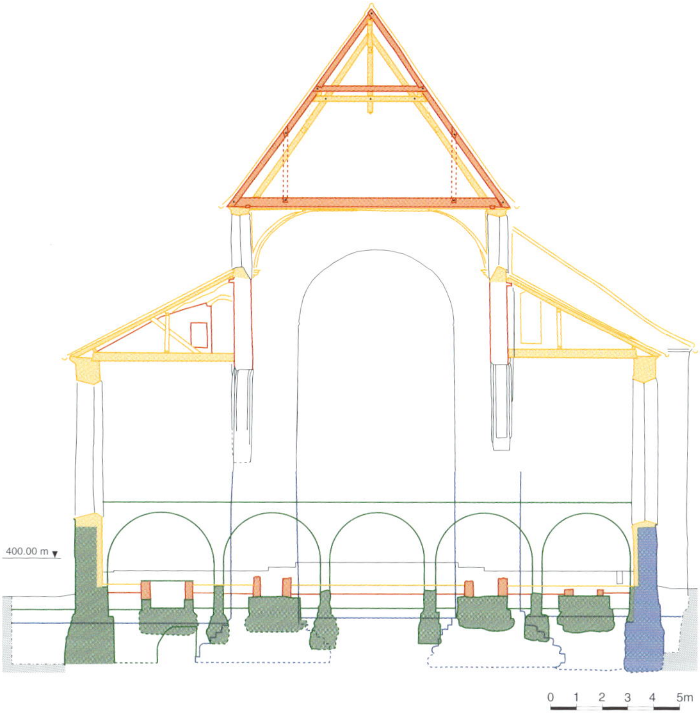

Abb. 161 Konstanz, Dreifaltigkeitskirche. Querschnitt durch die Kirche mit Blick zum Chor; eingetragen die verschiedenen Bodenniveaus und die Rekonstruktion des Lettners.

Ein Opfer der Appenzellerkriege aus der ehemaligen Augustiner-Eremiten-Kirche in Konstanz?

Archäologischer Befund und historischer Hintergrund

Während der baubegleitenden Maßnahmen in der Dreifaltigkeits- bzw. Augustinerkirche in Konstanz konnte im Februar 2000 im Eingangsbereich der Kirche eine durch eine Grabplatte abgeschlossene Grablege mit vier Bestattungen untersucht werden (Abb. 162). Die Grabgrube wurde vermutlich für drei Bestattungen angelegt und anscheinend in einem Zug mittig vor dem Hauptportal im Inneren der Kirche ausgehoben. Die Grubenverfüllung lässt keine weitere individuelle Grabunterteilung erkennen. Die insgesamt vier Bestattungen sind West–Ost ausgerichtet, in gestreckter Lage gebettet und haben keine Beifunde. Die südliche Bestattung (Befund-Nr. 703) ist eine schlichte Erdbestattung, während die

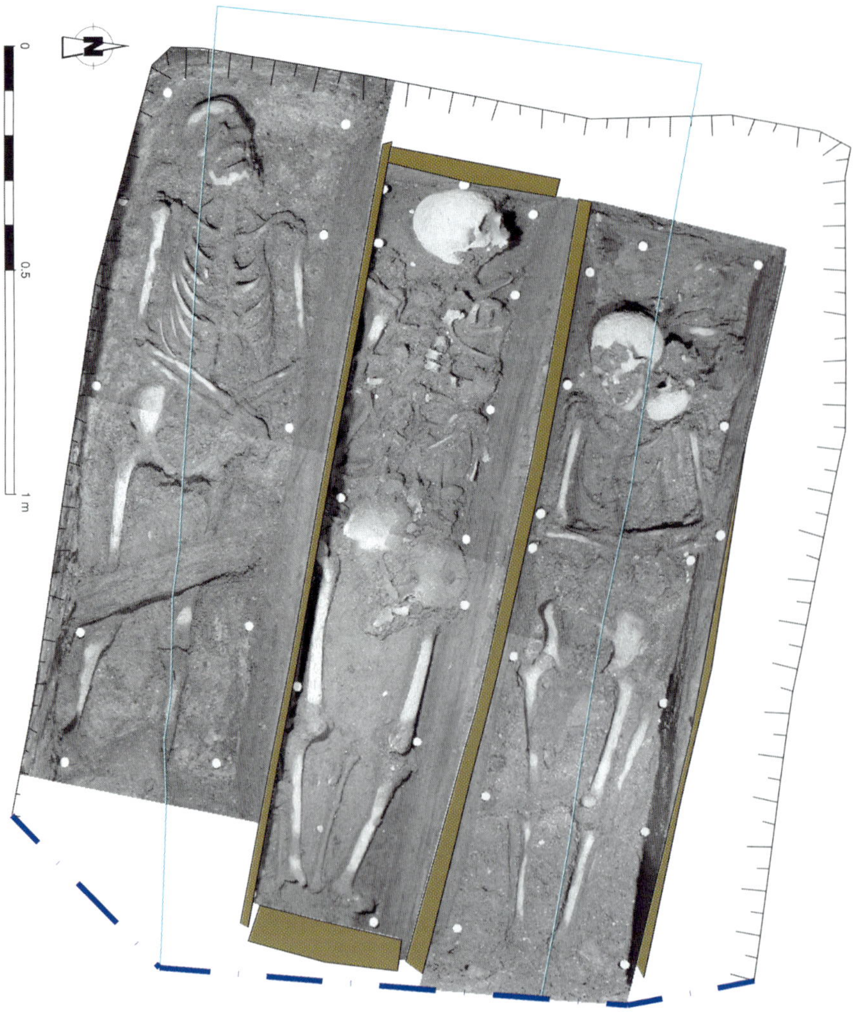

Abb. 162 Konstanz, Dreifaltigkeitskirche. Fotogrammetrisch bearbeitete Aufnahme der Fundsituation im Bereich des Westportals. Der Umriss des darüber gelegenen Grabsteins ist eingezeichnet.

mittlere (Befund-Nr. 700) und die nördliche (Befund-Nr. 699) Sargbestattungen sind. Unter der nördlichen Bestattung liegt fast deckungsgleich im selben Sarg ein weiteres Skelett. Abgesehen von der Doppelbestattung ist eine chronologische Reihenfolge der Grablegen schwer auszumachen. Über der Grubenmitte liegt eine mächtige, jedoch abgeschlagene und zersplitterte Grabplatte aus Sandstein, die vermutlich Bezug auf die Zentralbestattung nimmt. Ein allerdings nur fragmentarisch erhaltener, auf Brandschutt errichteter Backsteinfußboden schließt sich um die Grabplatte an.

Es ist anzunehmen, dass die Bestattungen nach 1398, dem Jahr des großen Stadtbrandes, dem auch das Augustinerkloster zum Opfer fiel, erfolgt sind. Auf der Grabplatte ist neben zwei Wappen eine Grabinschrift mit der Jahreszahl 1403 zu erkennen. Somit sind die Bestattungen in das späte 14. bzw. frühe 15. Jahrhundert zu datieren.

Eines der Wappen zeigt ein Mühlrad, das zweite ist nur fragmentarisch erhalten. Die Zuordnung der Wappen zu einer ortsansässigen Familie steht noch aus. Ausgehend von der Annahme, dass sich das Sterbejahr 1403 auf die Zentralbestattung – ein Mann um die vierzig – bezieht, kann sein gewaltsamer Tod mit kriegerischen Ereignissen dieses Jahres im Bodenseeraum in Verbindung gebracht werden. Der an mehreren von einem Kampf herrührenden Verletzungen Gestorbene war vermutlich während der Appenzellerkriege als Ritter an einer der zentralen Schlachten des Jahres 1403, möglicherweise der am Vögelinsegg im Mai, beteiligt, wo sich die mit dem Abt von St. Gallen verbündeten Seestädte – darunter auch Konstanz – mit den aufständischen Appenzeller Bauern einen erbitterten Kampf lieferten. Die auf Seiten des Abtes Kämpfenden waren zwar an Stärke und Ausrüstung den Aufständischen weit überlegen, wurden jedoch von den Bauern in einen Hinterhalt gelockt. Das Fußvolk aus den Appenzeller Bergen lieferte den berittenen, mit einem Trupp ausgewählter Schützen versehenen „Äbtischen" eine „schreckliche Prügelei". Der hiesige Stadtchronist Christoph Schultheiß berichtet, dass etliche Konstanzer unter den Toten zu beklagen waren.

Die Verletzungen im Kopf- und Halsbereich des Mannes aus Befund-Nr. 700 lassen auf eine weniger geschützte Stelle in diesem Bereich schließen – den Übergang vom Helm zum Brustpanzer. Selbst ein Nackenschutz aus Leder oder Kettenpanzerung gewährleistet keine Unverletzlichkeit an dieser „Soll-Bruch-Stelle". Vielleicht hat der Krieger während des Kampfes auch seinen Helm verloren. Zeitgenössische Darstellungen der Schweizer Bilderchroniken zeigen deutlich die Rüstungen mit Helm und Harnisch auf beiden Seiten der Kämpfenden (Abb. 163). Die berittenen Krieger – seien es Habsburger oder „Äbtische" – trugen in erster Linie Schwerter, die eidgenössische „Infanterie" die typischen Stoßwaffen Hellebarde und Langspieß sowie die gefürchtete Mordaxt. Auch mit Armbrüsten Bewaffnete werden abgebildet.

Nach dem Stadtbrand von 1398 begann man sofort mit dem Wiederaufbau der Klostergebäude. Dazu waren Spenden nötig. So konnte um 1400 unter Prior Leonard Burgtor die Pfarrei Bierwinken im Thurgau erworben wer-

Abb. 163 Die Kampfszene aus der Berner Tschachtlan-Chronik zeigt eindrücklich Bewaffnung und Rüstung mit dem ungeschützten Nacken-/Halsbereich sowie das bloße Haupt des Besiegten. Erste Hälfte 15. Jh. (aus: Die Schweizer Bilderchroniken [Zürich 1941]; Ausschnitt von Bild Nr. 36).

den; in den Gemächtebüchern der Stadt Konstanz finden wir ein Legat einer Frau an die Augustiner aus dem Jahr 1400. In diesem Zusammenhang können wir wohl den Mann mit dem Mühlrad im Wappen nicht nur als Krieger sondern auch als Stifter einstufen: Er kaufte sich einen begehrten Begräbnisplatz in zentraler Lage am Haupteingang der Kirche. Jeder, der das Gotteshaus betrat, musste der Grabplatte gewahr werden.

Anthropologisch-traumatologischer Befund

Die unter Befund-Nr. 700 registrierte Bestattung ist die jüngste der vier Individuen umfassenden Gräbergruppe im Bereich des Westportals. Die Knochenreste sind sehr gut erhalten, sie weisen lediglich Risse auf, wie sie für einen häufigen Wechsel von trockener und feuchter Lagerung typisch sind. Das Skelett ist weitgehend komplett überliefert. Unter Berücksichtigung der üblichen Kriterien ergibt sich ein Sterbealter von etwa 40 Jahren. Große Gelenke und Wirbelsäule weisen nur schwache und in Relation zum Alter eher geringe degenerative Veränderungen auf. Auch die wenig abgekauten Zähne sprechen für einen höheren Sozialstatus. Becken und Schädel weisen übereinstimmend und zweifelsfrei auf männliches Geschlecht. Der Mann war ca. 1,68 m groß, Rechtshänder, von mittlerer Robustizität mit teilweise kräftigem Muskelmarkenrelief. Er weist eine auffallend schmale Nase sowie einen im Vergleich zu anderen spätmittelalterlichen Individuen relativ langgestreckten Hirnschädel auf und litt unter mehreren kariösen Zähnen, einem Wurzelabszess, vorzeitigem Zahnverlust, Zahnstein und Parodontose. Des Weiteren sind in verschiedenen Partien des Ober- und Unterkiefers Stellungsanomalien festzustellen. Dazu kommen verknöcherte Sehnenansätze, arthritische Wirbel/Rippen-Gelenke, die auf eine stärkere Beanspruchung von Armen und Brustkorb hindeuten, sowie eine entzündliche Reaktion im Bereich einer fraglichen Reiterfacette. Beachtenswert sind verschiedene Hinweise auf verheilte bzw. längere Zeit zurückliegende Traumatisierungen bzw. Frakturen im Bereich der Brust- und Lendenwirbelsäule, am rechten Schulterblatt, linken Wadenbein und linken Fuß, die eventuell sogar auf ein und dasselbe Ereignis, einen Unfall o. Ä. zurückzuführen sein könnten. Besonders hervorzuheben sind jedoch mehrere Spuren scharfer und stumpfer Gewalteinwirkungen im Bereich des linken Schläfenbeines, des Hinterhauptes und der Halswirbelsäule, die perimortal entstanden sind und keinerlei Heilungserscheinungen aufweisen (Abb. 164, 165). Dabei handelt es sich um insgesamt zehn Defekte, die auf neun separate Einwirkungen zurückgehen. Die vergleichsweise geringe Eindringtiefe aller Läsionen spricht dafür, dass die Schläge/Hiebe durch einen Helm und/oder Nackenschutz o. Ä. gedämpft wurden. Bis auf die vermutlich durch einen Armbrustbolzen verursachte Schussverletzung ca. 4 cm oberhalb der linken Ohröffnung, der im Inneren des Schädels eine Trümmerpyramide zuzuordnen ist, und eine benachbarte, in ihrer

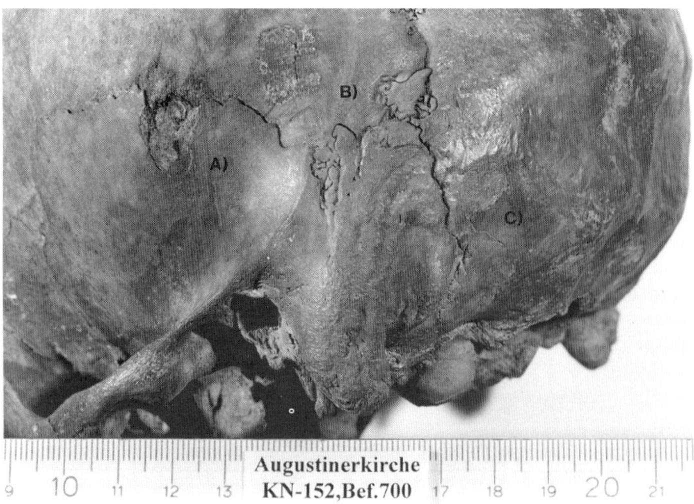

Abb. 164 Konstanz, Dreifaltigkeitskirche. Am linken Hinterkopf lassen sich drei Verletzungen ansprechen: A eine mit großer Wucht aufgetroffene, punktförmige, stumpfe Gewalteinwirkung (Armbrustbolzen?) mit begleitenden Einbrüchen (durch den an dieser Stelle eingedellten Helm?); B eine fragliche Depression mit Schubrichtung („Schürfung") von hinten; C eine flächige Abtragung im Bereich der Nackenmuskulatur.

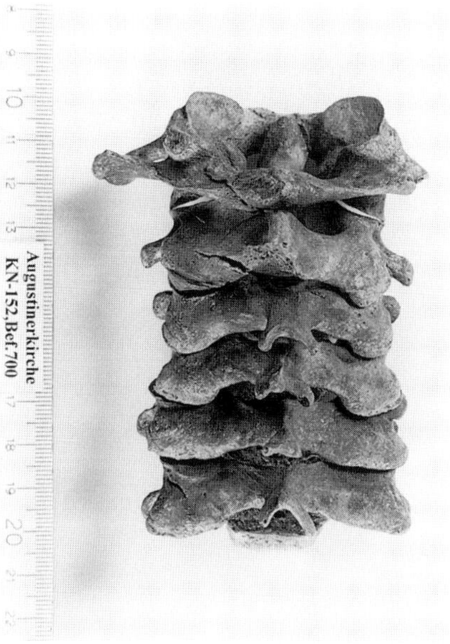

Abb. 165 Konstanz, Dreifaltigkeitskirche. Rückansicht der ersten sechs Halswirbel des Mannes aus Bef. 700. Von den insgesamt fünf Defekten im Halsbereich sind insbesondere die (Schwert-) Hiebspuren an den obersten beiden Wirbeln gut zu erkennen.

Genese noch ungeklärte Depressionsfraktur erfolgten alle (scharfkantigen) Gewalteinwirkungen von hinten auf das – wahrscheinlich auf dem Bauch liegende – Opfer. Alle Traumatisierungen waren prinzipiell überlebbar. Wir wissen jedoch nicht, welche Weichteilverletzungen u. U. zusätzlich vorgelegen haben, die zum Tode geführt haben könnten, sich aber an den Knochenresten nicht zu erkennen geben. Ansonsten kämen als Todesursachen u. a. auch Verbluten oder ein Hirnödem in Frage. Nachdem zunächst ein rechtshistorischer Hintergrund vermutet wurde, besteht wohl kein Zweifel daran, dass im vorliegenden Fall ein Kampfgeschehen zugrunde liegt.

Die in zwei weiteren Särgen unter und neben Befund 700 angetroffenen Skelettreste der drei übrigen Individuen lassen sich folgendermaßen charakterisieren. 1) Befund 699: mindestens 40, wahrscheinlich um 60 Jahre alte Frau mit minimaler Zahnkronenabrasion, geburtstraumatischen Veränderungen und ohne nennenswerte Degenerationserscheinungen, sehr grazil, unter 1,60 m groß, auf jeden Fall zu einer höheren Sozialschicht gehörig; 2) Befund 703: ca. 60-jähriger (oder älterer) Mann mit minimaler Zahnkronenabrasion, starker Zahnsteinbildung, fraglicher Reiterfacette und seltenen epigenetischen Merkmalen, etwa 1,66 m groß, ebenfalls einer höheren Sozialschicht zugehörig; 3) Befund 704: um 60-jähriger (oder älterer) Mann mit diversen, eher altersgemäßen Verschleißerscheinungen, noch deutlich graziler als 703, ca. 1,60 m groß.

Eine DNA-Analyse zur Prüfung eventueller Verwandtschaftsbeziehungen zwischen diesen vier Personen ist derzeit im Gang. Sie wird ebenso wie die geplante ^{14}C-Datierung weitere wichtige Anhaltspunkte zur Deutung des Gesamtbefundes liefern.

Für wissenschaftliche Beratung danken wir Herrn Dr. H. G. König, Institut für Gerichtliche Medizin der Universität Tübingen, und Frau Dr. Anneliese Seeliger-Zeiss, Inschriften-Kommission der Heidelberger Akademie der Wissenschaften.

Hildegard Bibby, Joachim Wahl

Literaturhinweise

P. Baur, Testament und Bürgerschaft. Alltagsleben und Sachkultur im spätmittelalterlichen Konstanz (Sigmaringen 1989); Handbuch der Schweizer Geschichte 1 (Zürich 1972); H. Maurer, Geschichte der Stadt Konstanz 1. Konstanz im Mittelalter. Von den Anfängen bis zum Konzil (Konstanz 1989); H. Vogel, Gewalt im Röntgenbild. Befunde zu Krieg, Folter und Verbrechen (Landsberg/Lech 1997).

Das abgegangene Kapuzinerkloster in der Schussenstraße in Ravensburg

Im Stadtgebiet der freien Reichsstadt Ravensburg gab es drei Klöster, von denen das Kapuzinerkloster die jüngste Gründung war, die auch nie an die Bedeutung der älteren Klosterniederlassungen heranreichte. Als Maßnahme der von Österreich betriebenen Gegenreformation geplant, fand der Rat der Stadt Ravensburg sich 1624 nach anfänglichem Widerstand bereit, den Kapuzinern außerhalb der Stadtmauern einen Platz für den Klosterbau zur Verfügung zu stellen. Der Baubeginn verzögerte sich beträchtlich, erst 1627 wurde mit den Bauarbeiten begonnen, die 1629 mit der Weihe der Klosterkirche ihren Abschluss fanden. Die Bestimmungen des Westfälischen Friedens sahen vor, dass alle kirchlichen Anlagen, die nach dem 1. Januar 1624 errichtet wurden, abzubrechen waren. Dieses Los traf auch das Kapuzinerkloster in Ravensburg; es wurde 1650 unter Aufsicht der schwedischen Besatzung abgebrochen. Doch schon bald nach dem Abzug der Schweden bemühte sich der katholische Bevölkerungsteil um eine erneute Zulassung der Kapuziner in Ravensburg, denen schließlich 1660 zugestanden wurde, ihr Kloster an gleicher Stelle wieder aufzubauen. 1806 hob die bayerische Regierung das Kloster auf, die Klostergebäude und die Kirche wurden verkauft und 1807 abgebrochen.

Trotz der relativ späten Gründungszeit des Kapuzinerklosters geben die Archivalien keine Auskunft über den Grundriss oder die exakte Lage der Niederlassung. Die Stadtansicht von Mieser und Morel aus dem Jahr 1630 vermittelt indessen einen Eindruck vom Aussehen und der Größe des erst ein Jahr zuvor fertig gestellten Klosters. Dargestellt wird eine bescheidene Vierflügelanlage mit einer kleinen Kirche im Südteil des Osttrakts, in einem umfangreichen Garten gelegen und von einer Mauer vollständig umgeben.

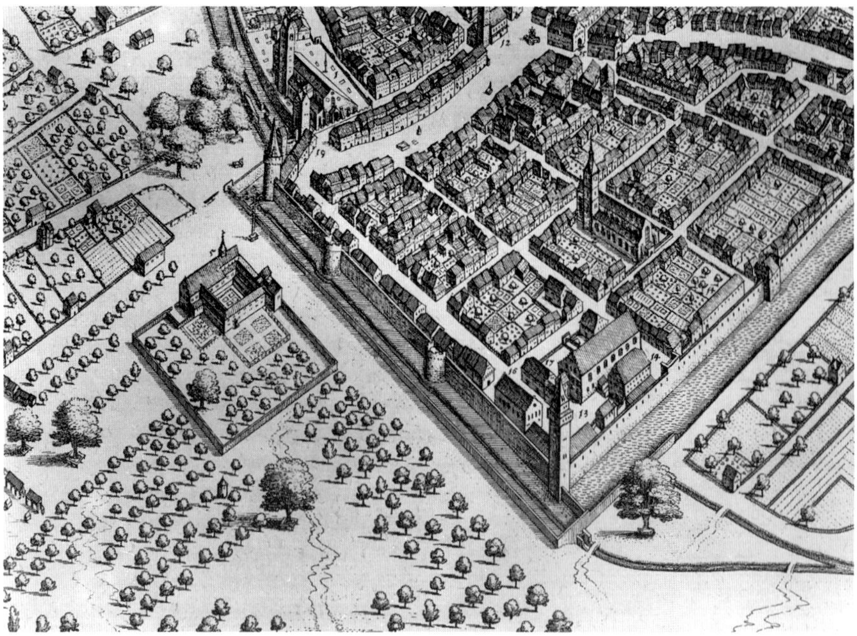

Abb. 166 Ravensburg. Ausschnitt aus dem Merian-Stich von 1643 mit dem vor der Stadtbefestigung errichteten Kapuzinerkloster.

Ein Vergleich der historischen Stadtansicht (Abb. 166) mit dem Stadtplan macht eine Lokalisierung des ehemaligen Kapuzinerklosters im Bereich der östlichen Schussenstraße wahrscheinlich. So kam der Planung, das bescheidene, zweigeschossige Gebäude Schussenstraße 4 durch einen größeren Neubau mit rückwärtig angeschlossener Tiefgarage zu ersetzen, eine erhebliche Bedeutung zu. Bei einer Hausbegehung fiel auf, dass die südliche Traufwand zumindest im Erdgeschossbereich außergewöhnlich stark war. Dies ließ den Verdacht aufkommen, dass möglicherweise bauliche Reste des Klosters im Gebäude erhalten waren. Um diese These zu überprüfen, wurde zunächst im rückwärtigen Gartenareal eine Sondage durchgeführt.

Aus der Sondage konnten zwei wichtige Erkenntnisse gewonnen werden. Zum einen stellte sich heraus, dass das ganze Gelände nach dem Abbruch des Klosters 1809 beträchtlich aufplaniert worden war: Über dem weitgehend planierten Abbruchschutt lag eine Erdabdeckung von knapp 1 m Mächtigkeit. Zum anderen zeigte sich, dass tatsächlich Mauerreste im Norden vor der Grundstücksgrenze erhalten waren. Eine eingehendere Untersuchung der auf den ersten Blick wenig strukturierten Mauerbefunde ergab, dass in dem Suchgraben offensichtlich zwei unterschiedliche Mauerzüge angeschnitten waren. Eine Ost-West verlaufende Mauer querte den Graben. Von dieser zweigt eine weitere nach Norden ab, die exakt im Suchgraben verlief und die ganze Grabensohle ausfüllte. Beide Mauern stehen im Verband; sie sind Teil der ehemaligen Klausur. Unmittelbar vor der Nordwand des zum Abbruch vorgesehenen Gebäudes konnte im Grabenprofil die Ausbruchgrube einer weiteren Ost-West verlaufenden Mauer abgelesen werden, die ebenfalls zum Klosterbau zu rechnen ist.

Da durch die Sondage zweifelsfrei belegt werden konnte, dass bauliche Reste des Kapuzinerklosters auf dem Grundstück erhalten waren, wurden im Vorfeld der Baumaßnahme weitere Untersuchungen durchgeführt (Abb. 167). Aufgrund einer Planänderung wurde auf den Bau der Tiefgarage verzichtet, so dass die Grabungen sich nur auf den Bereich des geplanten Neubaus erstrecken konnten, der nur unwesentlich die Abmessungen des Altbaus überschritt.

Nachdem das Gebäude bis auf Teile der südlichen Traufwand, deren beträchtliche Mauerstärke auf einen älteren Baukontext deutete, abgebrochen worden war, konnte der Suchschnitt nach Süden verlängert werden. Dabei stellte sich heraus, dass 1809 offenbar tatsächlich alle Klostergebäude abgebrochen worden waren, die Umfassungsmauer der Klosteranlage indessen zumindest teilweise erhalten und in die Nachfolgebebauung integriert worden war. Daneben konnten weitere Baubefunde erfasst werden. In einer Distanz

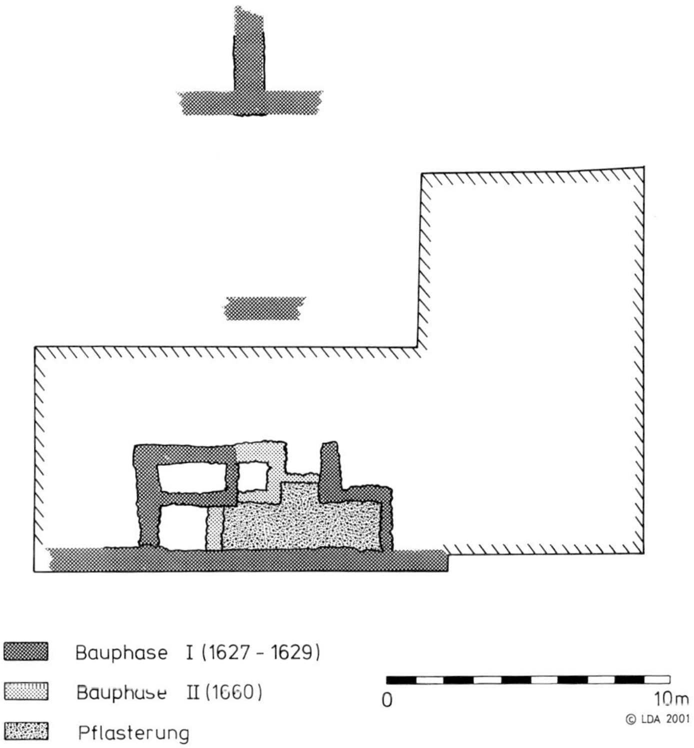

Abb. 167 Ravensburg, Kapuzinerkloster. Übersichtsplan der Grabungsbefunde.

von 1,6 m von der ehemaligen Klostermauer wurde ein weiterer Ost-West verlaufender Mauerzug angeschnitten. In dem schmalen Zwischenraum zwischen ihm und der Klostermauer zeigte sich im Profil eine Abfolge von drei übereinander liegenden Pflasterungen, die auf eine mehrphasige Nutzung des Areals deutete (Abb. 168). Das oberste Pflaster belegt die Höhe des letzten Außenniveaus, es korrespondiert exakt mit dem im Nordteil der Sondage festgestellten Abbruchhorizont; das unterste Pflaster lag 0,7 m tiefer. Bedauerlicherweise waren im Profil keine Fußböden der Innenräume erhalten. Vermutlich lagen sie über dem Außenniveau und wurden beim Abbruch des Klosters entfernt.

Um weitere Aufschlüsse über die Baustrukturen zu erhalten, wurden die Deckschichten bis auf die Unterkante des Abbruchhorizontes flächenhaft abgetragen. Dabei traten im südlichen Teil des Untersuchungsausschnitts eine Reihe von rechtwinklig abknickenden Mauern zutage. Eine Untersuchung der Mauerverläufe ließ erkennen, dass zumindest zwei unterschiedliche Bauphasen freigelegt worden waren. Von der Umfassungsmauer zweigten im Abstand von 7,5 m zwei kurze Mauern nach Norden ab, die nach 1,6 m rechtwinklig abknickten und aufeinander zu liefen, um dann wieder nach Norden umzubiegen und nach weiteren 2 m abrupt zu enden. Die Mauern umschlossen einen schmalen, gepflasterten Hof, der von Norden her zugänglich war. Während die östliche Mauer keine weiteren Anbauten aufwies, umschloss die westliche zusätzlich einen 1,1 m breiten und 2,5 m langen Raum im Norden. Beim Wiederaufbau des Klosters nach dem Dreißigjährigen Krieg wurde der ummauerte Hof beibehalten, doch wurde er durch eine weitere, zwischen die älteren Baubefunde eingestellte Mauer auf 5,5 m verkürzt. Auch der ursprünglich 2,8 m breite Zugang wurde durch einen quadratischen Anbau, der die Mauerflucht des älteren Anbaus aufnahm, auf 1,2 m verschmälert. Eine gemauerte Stufe aus Backsteinen führte aus dem Hof in die anschließenden Klosterräume.

Abb. 168 Ravensburg, Kapuzinerkloster. Baubefund der südwestlichen Gebäudeecke der Klausur mit einer Pflasterung zwischen der Klostermauer und der Bebauung.

Die in der Schussenstraße freigelegten Baubefunde lassen keine detaillierten Aussagen zum Grundriss des Kapuzinerklosters zu. Mit den aufgedeckten Bauresten wurde der südwestliche Gebäudeabschluss der Klosteranlage freigelegt und dokumentiert. Sicherlich sind erhebliche Teile durch die Bebauung des späten 19. Jahrhunderts zerstört worden, doch sind weitere Informationen in den Hof- und Gartenflächen unter einer mächtigen Erdabdeckung erhalten. Durch die Untersuchung gelang eine eindeutige Lokalisierung des Kapuzinerklosters. Mit diesen Informationen wird es möglich sein, einer weiteren unkontrollierten Zerstörung der archäologischen Substanz entgegenzuwirken.

Erhard Schmidt

Literaturhinweis

A. Dreher, Geschichte der Reichsstadt Ravensburg (Weißenhorn 1972).

Radarmessungen am Bischöflichen Ordinariat in Rottenburg am Neckar, Kreis Tübingen

Anstehende umfangreiche Baumaßnahmen auf dem Grundstück des Bischöflichen Ordinariats wie auch die Kenntnis des Standortes einer ehemaligen Kirche innerhalb des geplanten Baubereiches waren Anlass für die Durchführung von Radarprospektionen. Auch wenn die Lage der Anfang des 18. Jahrhunderts errichteten und gegen Ende desselben Jahrhunderts wieder abgebrochenen Jesuitenkirche aufgrund vorhandener Pläne bekannt ist, war für grabungsvorbereitende Maßnahmen notwendig zu wissen, ob überhaupt noch Reste der Fundamente dieser Kirche im Boden vorhanden sind. Zudem war es denkbar, dass auch im Bereich des Ordinariates römische Siedlungsspuren anzutreffen sind.

Erwartungsgemäß enthalten die per Computer errechneten Zeitscheiben in verschiedenen Tiefen gerade in Stadtgebieten eine reichhaltige Auswahl unterschiedlichster Anomalien. Diesen Zeitscheiben, die aus zueinander parallelen, senkrecht zur Erdoberfläche gemessenen Tiefenschnitten errechnet werden, kann die laterale Verteilung von Inhomogenitäten in den elektrischen Eigenschaften des Bodens abgelesen werden. Diese Inhomogenitäten können innerhalb des Stadtgebietes eine große Anzahl von Ursachen haben: Hohlräume, Kanäle, verfüllte Keller, Ver- und Entsorgungsleitungen, Reste von Armierungen nicht mehr vorhandener Gebäude, Fundament- und Mauerreste etc. Aus einer größeren Anzahl errechneter Ergebnisse wurden für Abb. 169 zwei repräsentative Zeitscheiben ausgewählt, die die Verteilung von Reflektivitäten in den ermittelten Tiefen von etwa 0,6 m (obere Teilabbildung) und bei etwa einem Meter darstellen. Hellere, breitere, rechteckige oder L-förmige weiße Bereiche kennzeichnen Areale, die aufgrund von vorhandenen Hofmauern, Zugangstreppen, Büschen oder Rosenbeeten nicht gemessen werden konnten.

Viele der bei der nordöstlich gelegenen Gebäudezeile (die Einzelgebäude sind durch schraffierte Bereiche angedeutet) erfassten Anomalien entsprechen Ver- und Entsorgungsleitungen, dazu gehören auch die beiden im Einfahrtsbereich zwischen den beiden Gebäudekomplexen erkennbaren Lineamente.

In diesem Messareal sind nur zwei archäologisch relevante Strukturen zu erwähnen: Am südöstlichen Rand setzt sich eine Mauer fort, die bereits in 0,60 m Tiefe erkennbar, aber deutlicher in etwa 1 Meter Tiefe zu verfolgen ist, und die ihre Fortsetzung in einer aufgehenden Mauer zu haben scheint. Mit großer Wahrscheinlichkeit handelt es sich hierbei um die ehemalige Stadtmauer – die Lage und Richtung dieses Lineaments entsprechen zumindest der außerhalb der gemessenen Fläche noch

Abb. 169 Rottenburg. Moderne und archäologische Strukturen in der Tiefe von etwa 0,60 m (oben) und etwa 1,0 m (unten) im Bereich des Bischöflichen Ordinariats.

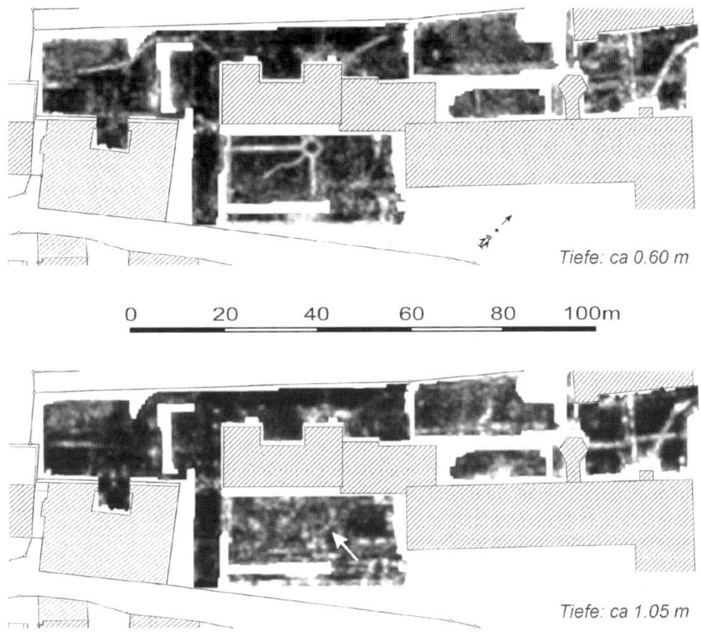

vorhandenen mittelalterlichen Stadtmauer. Die zweite archäologisch relevante Struktur konnte im nördlichen Parkplatzbereich (dieser entspricht der nördlichsten Teilfläche des prospektierten Gebietes) erfasst werden: Neben den sehr stark ausgeprägten Anomalien, die auf ein Kanalsystem zurück geführt werden können, finden sich schwächer ausgeprägte Lineamente, die etwa parallel zur Längsachse des Gebäudes liegen. Hier handelt es sich offenbar um alte Mauerfundamente, die einem Vorgängerbau zuzuordnen sind.

Die zur Tiefe von etwa 0,6 m zugehörige Zeitscheibe weist eine ungewöhnliche Anomalie im Wiesenbereich südöstlich des Hauptgebäudes des Ordinariats auf (Langgebäude in Abb. 169): Diese kreisrunde Struktur mit mindestens drei gleichartig ausgeprägten Anomalien befindet sich im Bereich der abgegangenen Jesuitenkirche. Ihre Bedeutung konnte erst durch einen Grabungsschnitt geklärt werden: Hier handelt es sich um eine einige Zentimeter dicke Kiesaufschüttung, somit um einen alten Weg (siehe den folgenden Beitrag).

Reste der gesuchten Jesuitenkirche finden sich in größerer Tiefe: Bei etwa einem Meter unterhalb des heutigen Gehhorizontes zeichnet sich in der entsprechenden Zeitscheibe (siehe untere Teilabbildung) eine kreisförmige Struktur ab (markiert durch einen weißen Pfeil), und weitere Lineamente, West-Ost bzw. Nord-Süd orientiert, etwa 15 m westlich der in Abb. 169 eingeblendeten Pfeilspitze erkennbar, dürften ebenfalls zu dieser Kirche gehören. Dass es sich hierbei in der Tat um die gesuchte Kirche handelt, konnte ebenfalls im Rahmen der erwähnten Sondagegrabung geklärt werden.

Harald von der Osten-Woldenburg

Sondierungsgrabung im Bereich des ehemaligen Jesuitenkollegs in Rottenburg am Neckar, Kreis Tübingen

Im Anschluss an die im Frühjahr 2000 durchgeführten Geo-Radar-Untersuchungen im Bereich der ehemaligen Jesuitenkirche St. Joseph sollte eine Sondierungsgrabung näheren Aufschluss über die georteten Anomalien geben (siehe den vorhergehenden Beitrag). Ziel der Grabung war es, den Erhaltungszustand der Überreste der Kirche zu ermitteln sowie insbesondere eventuell vorhandene Spuren einer Vorgängerbebauung festzustellen.

Das ehemalige Rottenburger Jesuitenkolleg befand sich in der Nordostecke der mittelalterlichen Stadtanlage und war unmittelbar an die Stadtmauer angebaut. Heute sichtbare Spuren dieser Niederlassung sind zum einen der stadtbildprägende Bau des so genannten „Bischöflichen Palais“ am Eugen-Bolz-Platz, in dem sich das bischöfliche Ordinariat der Diözese Rottenburg-Stuttgart befindet, sowie ein Gebäudeensemble in der Oberen Gasse. Zu dem Gebäudekomplex, der zwischen den Jahren 1651 und 1664 errichtet wurde, gehörte auch eine dem Heiligen Joseph geweihte Kirche, die von 1711 bis 1723 erbaut und bereits 1789 abgebrochen worden ist. Eine vorangegangene Bebauung des Geländes ist durch Schriftquellen belegt. So befand sich an der Stelle des bestehenden Gebäudes der Pfleghof des Klosters Kreuzlingen und das Stadthaus der Freiherren von Hohenberg, der so genannte Bubenhofer Hof.

In der Zeit vom 7. August bis zum 15. September wurde die Sondagegrabung durch das Institut für Ur- und Frühgeschichte und Archäologie des Mittelalters der Universität Tübingen im Auftrag des Landesdenkmalamtes durchgeführt. Aufgrund der Ergebnisse der Geo-Radar-Messungen wurden zwei Grabungsschnitte angelegt. Schnitt 1 lag im Bereich eines Anbaus an das bestehende Gebäude des Bischöfliches Ordinariats und Schnitt 2 wurde im Bereich der ehemaligen Kirche St. Joseph angelegt.

Spuren einer römischen Bebauung wurden nicht angeschnitten. Dies kann zum einen mit der mittelalterlichen bzw. neuzeitlichen Bebauung des Geländes und zum anderen durch die tiefe Lage der römischen Schichten im Stadtgebiet erklärt werden. Im geborgenen Fundgut fand sich eine Vielzahl römischer Keramik, die jedoch ausschließlich aus den Auffüllschichten des 19. und 20. Jahrhunderts stammt und für Rottenburg nichts Ungewöhnliches darstellt.

Direkte Baubefunde einer mittelalterlichen Vorgängerbebauung konnten in diesen beiden Sondage-Schnitten ebenfalls nicht nachgewiesen werden. In Schnitt 2 wurde jedoch eine Brandschutt-Verfüllung angeschnitten, die einen indirekten Nachweis einer Vorgängerbebauung in unmittelbarer Nähe der Sondagen darstellt. Diese Verfüllung zog im nordöstlichen Bereich an das Fundament der Kirche heran und wurde sehr wahrscheinlich von diesem geschnitten. Eine Fortsetzung war jedoch wegen einer modernen Störung nicht mehr feststellbar. Die stark holzkohle- und aschehaltige Schicht war mit verbrannten Ziegelsteinen durchsetzt und sehr fundreich. Neben Überresten des alltäglichen Lebens wie Keramikscherben und Küchenabfällen fanden sich auch einige Metallgegenstände, darunter eine Schere und ein Messer mit Hirschhorngriff sowie ein Medaillon und zwei Münzen mit den Prägedaten 1624 und 1644. Diese Münzdaten sowie eine grobe Datierung der Keramik weisen den Brandhorizont in das 17. Jahrhundert und somit in die Zeit vor der Erbauung der Kirche. Dabei dürfte es sich um ein stummes Zeugnis des Rottenburger Stadtbrandes von 1644 handeln.

Von den abgegangenen Gebäudeteilen des ehemaligen Jesuitenkollegs konnte die Fundamentmauer eines Anbaus an das noch bestehende Gebäude freigelegt werden, obwohl sie im Schnittbereich massiv durch moderne Versorgungsleitungen gestört war. Das Fundament war an einer Stelle von sechs Kunststoffrohren durchstoßen und bis auf die letzte Fundamentlage ausgebrochen. Im Anschlussbereich konnte jedoch noch ein intaktes Stück erfasst werden. Das aus Kalk- und Sandsteinen gesetzte und mit Mörtel verbundene Fundament hatte eine Breite von ca. 1,60 m und war ca. 0,85 bis 1,00 m hoch erhalten. Es war ohne erkennbare Fundamentgrube in den Boden eingetieft. Aufgrund der Versorgungsleitungen war es nicht möglich in diesem Bereich tiefer liegende Schichten zu erreichen.

Im anderen Sondageschnitt waren auf den Geo-Radar-Aufnahmen zwei größere Anomalien erkennbar. Die eine, halbrunde Anomalie erwies sich als das Fundament der östlichen Kirchenwand (Abb. 170). Leider war auch dieses Fundament im Nordost-Bereich durch eine moderne Bauschuttverfüllung in den oberen Teilen stark gestört. Die erhaltenen Fundamentlagen bestanden

Abb. 170 Rottenburg, Obere Gasse 6. Das Fundament der ehemaligen Jesuitenkirche St. Josef aus südöstlicher Blickrichtung.

aus Kalk- und Sandsteinen, die mit Mörtel verbunden waren. Das Fundament war noch ca. 1,17 m hoch erhalten. Seine Breite konnte aufgrund der Schnittgrenze nicht genau ermittelt werden, dürfte jedoch ebenfalls ca. 1,60 m betragen haben.
Im südlichen Schnittbereich wurde eine sehr lockere Bauschutt-Verfüllung angetroffen, die sich aus Steinen, Ziegelbruchstücken und sandigem Material zusammensetzte. Etliche Steine trugen Mörtelspuren. Eine eindeutige Zuordnung zu einem Baubefund war nicht möglich. Die wenigen Keramikscherben sprechen jedoch für eine neuzeitliche Verfüllung.
Die zweite große Anomalie, kreisrund mit zwei im rechten Winkel von ihr ausgehenden Linien, konnte als ein Kiesweg des 19. Jahrhunderts identifiziert werden, der zur Gartenanlage des Bischöflichen Palais gehört hat.
Durch die Ergebnisse der Grabung ist nun eine bessere Grundlage für die weitere Bebauungsplanung sowie für künftige archäologische Untersuchungen geschaffen worden.
Für die umfangreiche Unterstützung in praktischen Dingen sowie für das uns entgegengebrachte Interesse an unserer Arbeit danken wir den Mitarbeitern des Bischöflichen Ordinariats, insbesondere dem Bischöflichen Bauamt, recht herzlich.

Barbara Scholkmann, Steffen Killinger

Literaturhinweis

Das Rottenburger Jesuitenkolleg. In: D. Manz, Rottenburger Miniaturen 2 (Rottenburg 1995) 59–63.

Archäologische Untersuchungen im Maulbronner Pfleghof in Kraichtal-Unteröwisheim, Kreis Karlsruhe

Am östlichen Ortsrand von Unteröwisheim erhebt sich auf einer kleinen Anhöhe über dem Kraichtal die heute noch beeindruckende Anlage des im Volksmund „Schloss" genannten Maulbronner Pfleghofes. An dieser markanten Stelle bestand vermutlich schon im Mittelalter ein Adelshof oder gar eine Burg. Angehörige eines Ortsadelsgeschlechtes – *Gotteboldus filius Gotteboldi militis de Owensheim* – werden für das Jahr 1267 genannt. Eine Quelle von 1324 nennt eine *„via Burgweg in terminis ville Owenshein sita"*. 1347 gelangte der *„Vronen Hof zu Nidern Owensheim"* schließlich an das Zisterzienserkloster Maulbronn, das im Ort schon seit dem 13. Jahrhundert reich begütert war und sich bis zum Jahr 1411 sukzessive in den Besitz des gesamten Dorfes brachte. Hinter dieser planmäßig betriebenen Besitzarrondierung stand wohl die Absicht, einen Etappenort zu schaffen, der je eine Tagesreise entfernt auf halbem Weg zwischen dem Kloster und dessen umfangreichen Gütern in und um Speyer gelegen war. Im Laufe des Bayerischen Erbfolgekrieges (1503–1507) eroberte der württembergische Herzog Maulbronn von der Kurpfalz. In Unteröwisheim übte die Pfalz ihre Schirmherrschaft jedoch weiter aus und erst 1535 mit der Reformation des Klosters gelangte auch der Ort mitsamt dem Pfleghof gänzlich unter württembergische Herrschaft. Letzterer blieb Sitz des nun vom Herzog bestellten Pflegers, bis Unteröwisheim 1806 an Baden fiel. Nach einem Intermezzo als Domänenverwaltung erwarb 1847 die Gemeinde den Pfleghof und nutzte ihn u. a. als Schule.

Im heutigen Zustand stellt sich der Pfleghof als abgerundetes Rechteck dar. Im Aufgehenden ist er im Wesentlichen durch den Wiederaufbau im 18. Jahrhundert nach den Zerstörungen im Verlaufe des Pfälzischen und später des Polnischen Erbfolgekrieges geprägt. Baugeschichtliche Untersuchungen haben jedoch gezeigt, dass die Umbauung des Innenhofes in ihrer Struktur auf das 16. Jahrhundert zurückzuführen ist. Abgesehen von dem erst 1911 an Stelle älterer Bauten errichteten Schulhaus (Abb. 171,3) hat sich in sämtlichen noch bestehenden Gebäuden die renaissancezeitliche Bausubstanz zumindest im Bereich der Keller, teilweise gar noch im Aufgehenden erhalten. Eine Steinmetzinschrift im Keller des Bandhauses (Abb. 171,2) mit der Jahreszahl 1516 verweist diese anscheinend groß angelegten Erweiterungsmaßnahmen in die bewegten Jahrzehnte, als die Pfalz und Württemberg um die Ortsherrschaft rangen. Darüber hinaus hat sich in einzelnen Bauten des Pfleghofes auch mittelalterliches Mauerwerk erhalten, so in der außenseitigen Fassade des Wohngebäudes an der Südwestseite des Hofes (Abb. 171,5) sowie nordwestlich daran anschließend in Form eines später umbauten Turmstumpfes (Abb. 171,6).

Diagonal im Hofbereich stand bis zum Abriss im 19. Jahrhundert die St. Jakobs-Kirche. Sie ist vermutlich identisch mit einer 1249 erwähnten *„capella de Auweszheim“*, deren Patronatsrecht damals vom Speyerer Domkapitel dem Kloster Maulbronn überlassen wurde. Im Jahre 1347/48 wird das mittlerweile zur Pfarrkirche erhobene Gotteshaus dem Kloster inkorporiert. Auf einem Lageplan aus der Zeit um 1750 ist die Kirche als gotischer Bau mit eingezogenem Fünfachtelchor und südlich angebauter Sakristei dargestellt (Abb. 171,7).

Im Bereich des Pfleghofes sind schon seit längerem Umbaumaßnahmen im Gange. Insbesondere sollte durch einen Neubau jene Lücke geschlossen werden, die im Jahre 1911 im Zuge der Errichtung des neuen Schulgebäudes durch Abriss eines Teils der Wirtschaftsgebäude entstanden war. Aus diesem Grund war das Landesdenkmalamt gezwungen, im Frühjahr 2000 das zur Bebauung anstehende Areal zwischen Schule und Bandthaus archäologisch zu untersuchen.

Die Außenmauern der abgerissenen Wirtschaftsgebäude waren damals nur in ihrem oberen Bereich abgetragen worden und dienten weiterhin der Befestigung des Hofareals. In der ausgehobenen Baugrube konnte deren Innenseite ebenso dokumentiert werden wie die hofseitige Kellermauer. Die erschließbaren Grundrisse mit ihrer lich-

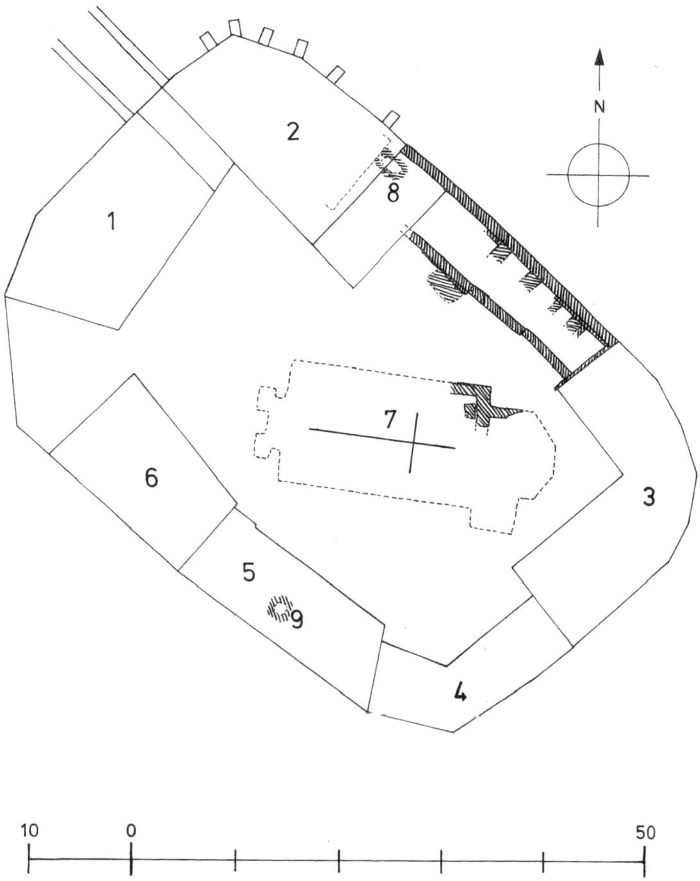

Abb. 171 Kraichtal-Unteröwisheim, ehemaliger Maulbronner Pfleghof. Übersichtsplan. Schraffiert archäologisch untersuchte Mauerbefunde. 1 Ehem. Wohnhaus des Pflegers; 2 Bandhaus; 3 Schulhaus von 1911; 4 ehem. Stall- und Scheunengebäude; 5 Wohngebäude; 6 Remise mit umbautem Turmstumpf; 7 ehem. St. Jakobskapelle; 8 „Kriegsversteck“ im Keller des Bandhauses; 9 „Lärmenloch“.

Abb. 172 *Kraichtal-Unteröwisheim, ehemaliger Maulbronner Pfleghof. Bronzener Dreibeinleuchter aus einer Schuttschicht im Inneren der Jakobskapelle (H. 12,5 cm).*

ten Kellerbreite von 4–5 m lassen sich recht gut mit den auf dem bereits erwähnten Lageplan aus der Mitte des 18. Jahrhunderts verzeichneten Gebäuden zur Deckung bringen. Die hier nur stark vereinfacht darzustellenden Mauerbefunde zeigen, dass es sich hier um einen gewachsenen Bau handelt. Die hofseitige Kellerwand bestand in ihrem unteren Abschnitt aus drei leicht verschwenkten Mauerabschnitten, von denen die beiden nordwestlichen auf den gleichen Fundamenten ruhten. Auch in der Außenmauer zeichnete sich eine Baufuge ab und trennte sie in zwei unterschiedlich lange Abschnitte, entsprechend zum einen dem südöstlichen Mauerzug, zum anderen den beiden auf dem gleichen Fundament ruhenden nordwestlichen Mauerabschnitten der hofseitigen Kellerwand. Analog zu den in anderen Gebäuden des Pfleghofes erhobenen baugeschichtlichen Befunden dürften auch die ergrabenen Kellerräume in ihrer vollständigen Fassung aus dem 16. Jahrhundert stammen. Darin einbezogen fanden sich aber auch Reste älterer Bauphasen. Erwähnt werden sollen dabei zwei rechtwinklig zur Gebäudeachse verlaufende, von der Außenmauer überbaute Fundamentreste von 1,4–1,5 m Breite und gleicher Machart, möglicherweise letzte Spuren eines turmartigen Gebäudes.

An der Hofseite des Kellers fand sich eine Konzentration dicht gelagerter, sortierter Menschenknochen. Offensichtlich handelte es sich um den Inhalt eines Beinhauses, dessen architektonische Überreste nur noch ansatzweise feststellbar waren.

Mit dem Aushub des Neubaus wurde auch die obertägig nicht mehr sichtbare Jakobskapelle erfasst. Aufgedeckt wurde die nordöstliche Langhausecke mit Ansätzen von Chor und Triumphbogen sowie, im ehemaligen Kircheninneren,

Abb. 174 *Kraichtal-Unteröwisheim, ehemaliger Maulbronner Pfleghof. Bronzeleuchter aus einer Schuttschicht im Inneren der Jakobskapelle (H. 10,3 cm).*

das Fundament eines Seitenaltars. Im Schutt zwischen Altar und nördlicher Langhausmauer wurden überrraschenderweise zwei bronzene Kerzenleuchter gefunden. Bei dem in seiner Ausführung sicher nicht erstklassigen, durch seine anthropomorphen Aufsätze jedoch fast originell wirkenden Dreibeinleuchter (Abb. 172, 173) handelt es sich um ein Werkstück des 12. Jahrhunderts. Dies gilt auch für den schlichteren Rundleuchter (Abb. 174), an dessen Unterseite sich Abarbeitungsspuren der drei ehemals vorhandenen Beine fanden. Da derartige Pretiosen kaum längere Zeit unbeachtet auf dem Kirchenboden herumgelegen haben dürften, müssen sie im Zusammenhang mit einem – im weitesten Sinne – größeren Zerstörungsereignis in die Erde gelangt sein. Die in der Schuttschicht enthaltene Keramik datiert dieses Ereignis in die Zeit vom ausgehenden 14. bis zum beginnenden 15. Jahrhundert.

Zum Schluss sei noch ein Befund erwähnt, der sicher auch von volkskundlichem Interesse ist. Während der Grabungsarbeiten wurden die Mitarbeiter des Landesdenkmalamtes auf ein so genanntes, laut Volksüberlieferung im Kraichgau als Versteck in Kriegszeiten angelegtes „Lärmenloch“ im Keller eines der Wirtschaftsgebäude aufmerksam gemacht (Abb. 171,9). Die in den anstehenden Löss eingegrabene, mit einer Steinplatte abdeckbare Grube ähnelt mit ihrem umgekehrt trichterförmigen Querschnitt im Prinzip vorgeschichtlichen Vorratsgruben (Abb. 175). Wenn authentisch, wäre die in die Lösswand der Grube eingeritzte Jahreszahl 1412 ein Hinweis auf die Entstehungszeit des Lärmenlochs. Ein anderes, mit seinem ziegelbedeckten Boden etwas komfortabler ausgestattetes „Kriegsversteck“ wurde schon 1995 unter einer Kellertreppe im Bandhaus entdeckt (Abb. 1, 8).

Folke Damminger

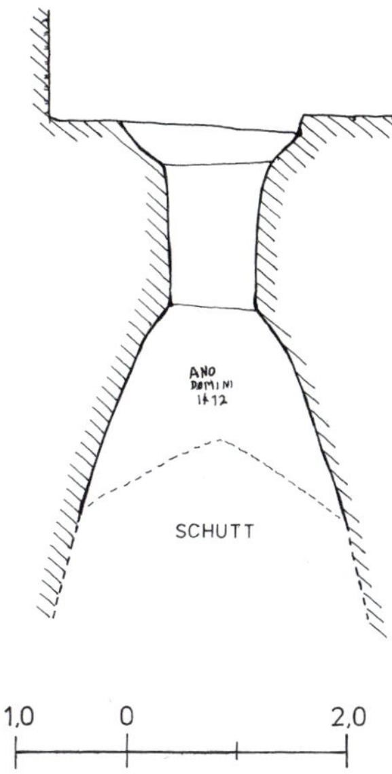

Abb. 175 Kraichtal-Unteröwisheim, ehemaliger Maulbronner Pfleghof. Schnitt durch das Lärmenloch.

Abb. 173 Kraichtal-Unteröwisheim, ehemaliger Maulbronner Pfleghof. Details des Dreibeinleuchters.

Literaturhinweise

L. Vögely, Unteröwisheim im Wandel der Jahrhunderte (Unteröwisheim 1954) 10 ff. 96 ff. 115 ff.; K. Andermann, Zur Besitz- und Wirtschaftsgeschichte des Klosters Maulbronn. In: Maulbronn. Zur 850jährigen Geschichte des Zisterzienserklosters. Forsch. u. Ber. Bau- u. Kunstdenkmalpfl. Baden-Württemberg 7 (Stuttgart 1997) 32 ff.; U. Mende, Die Bronzeleuchter von der Burg Eberbach am Neckar. Eberbacher Geschbl. 99, 2000, 35 ff.; dies., Leuchterfunde von der Burg Eberbach am Neckar. Hammaburg N. F. 12, 1998, 143 ff.

Archäologische Ausgrabungen auf dem Friedensplatz in Kuppenheim, Kreis Rastatt

Der Bau des neuen Rathauses auf dem Friedensplatz in Kuppenheim, auf einem Areal, das innerhalb der Stadtmauer liegt und den nordöstlichen Teil der mittelalterlichen Siedlung bildete, bot die Gelegenheit, die bis dahin kaum archäologisch erforschte Vergangenheit der Stadt zu untersuchen. Die vom Landesdenkmalamt Baden-Württemberg, Referat Archäologie des Mittelalters durchgeführte Ausgrabung erfasste den westlichen Teil des Platzes. Eine Fläche von ca. 330 m² wurde teils stratigrafisch und teils maschinell ergraben. Die Untersuchungen konzentrierten sich auf einen Bereich, der laut Katasterplan von 1867 von einer Parzelle eingenommen wurde, darüber hinaus sollten die benachbarten Parzellen angeschnitten werden, um somit exemplarisch die Entwicklung des Areals nachzuzeichnen.

Die Anfänge der Stadt Kuppenheim liegen im Dunkeln, die erste urkundliche Erwähnung der Ortschaft datiert vom Ende des 11. Jahrhunderts. Als Stadt mit Markt wird die Siedlung erst in einer Urkunde von 1254 genannt. Während des Pfälzischen Erbfolgekrieges, im Jahr 1689, sollen einem Bericht nach alle Häuser bis auf eines zerstört worden sein. Der Stadtteil am heutigen Friedensplatz fiel 1868 einem Brand zum Opfer, seine östliche Hälfte wurde bis in die Siebzigerjahre des 20. Jahrhunderts weiterhin bewohnt, die westliche hingegen blieb beinahe unbebaut.

Die Anfänge und die Art der Nutzung des Areals lassen sich nicht genau bestimmen. Zu der ältesten Phase gehören ein auf einer Länge von 4 m nachgewiesener Kanal von 90 cm Breite und 50 cm Tiefe sowie zwei weitere 50 cm breite Gräben, die während der Baumaßnahmen auf einer Länge von 8 m beobachtet wurden (Abb. 176). Nach einer nicht genau bestimmbaren Zeit ist das Areal überschwemmt worden. Der Kanal verschwand unter einer 40 cm mächtigen Schwemmschicht. Ob die Besiedlung des Areals unmittelbar nach diesem Ereignis oder erst nach einer gewissen Zeit erfolgte, muss offen bleiben. Als sicher gilt jedoch, dass das Gelände im ausgehenden 13. Jahrhundert besiedelt war. An einigen Stellen des Grabungsareals kamen mehrere in einer Reihe gesetzte Steine zum Vorschein, die vermutlich als Unterlage für Schwellbalken gedient haben. Eine ähnliche Funktion, oder aber die einer Drainage, hatte ein 40 cm breiter Graben, der mit angeziegeltem Lehm aufgefüllt war.

Im späten 14. Jahrhundert erfolgte eine grundlegende Umstrukturierung des Areals, das dadurch städtischen Charakter gewann. Nachdem das Gelände bis zu 60 cm aufgeschüttet worden war, parzellierte man das Areal. Die abgesteckten Parzellen hatten keine einheitliche Größe, ihre Maße variierten zwischen 8,5 m und 15 m in der Breite und zwischen 11 m und 15 m in der Länge. Fachwerkhäuser auf steinernen Fundamenten bzw. Sockeln und mit Mönch-und-Nonne-Ziegeln als Abdeckung erstreckten sich über die gesamte Parzelle. Von diesen Gebäuden haben sich die untersten Lagen der Fundamente und teilweise die Fußböden erhalten (Abb. 176).

Die Parzelle Brunnengasse 185 war im Norden durch einen Holzzaun bzw. durch eine Ost-West verlaufende Gasse von den benachbarten Grundstücken getrennt, im Osten wurde sie von einer Nord-Süd verlaufenden Gasse gesäumt. Im Süden grenzte sie an die Brunnengasse 184 und im Westen, im rückwärtigen Teil, zog sie bis zum hinteren Gebäudeteil der Brunnengasse 186. Ein Ost-West ausgerichtetes, mehrteiliges Gebäude nahm die gesamte Parzellen-

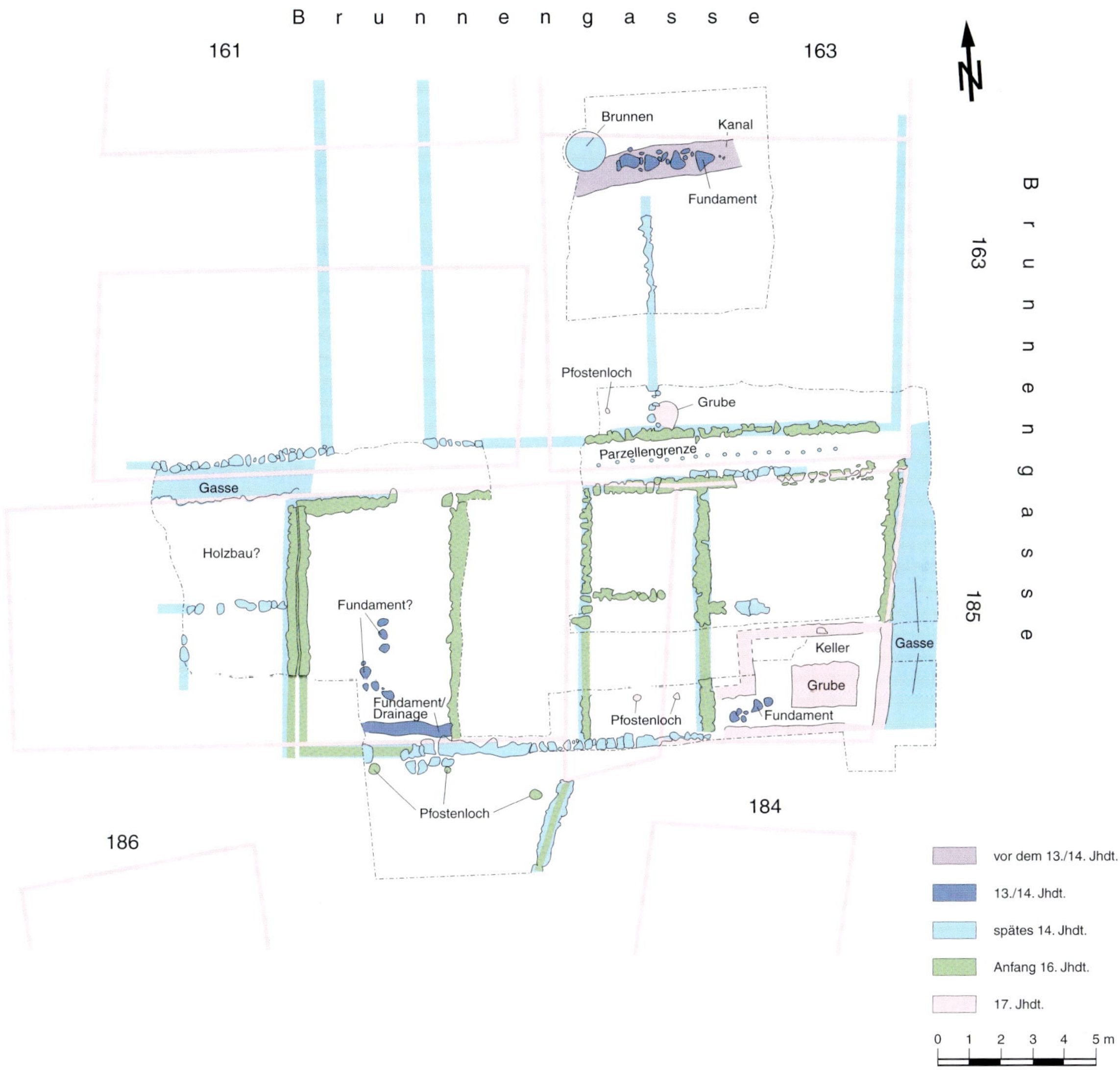

Abb. 176 Kuppenheim, Friedensplatz. Übersichtsplan der Grabungsbefunde.

größe ein. Der Bau kann in einem Zug errichtet worden sein, oder sein westlicher Teil entstand im Laufe des 14. Jahrhunderts. Die unterschiedlich großen Bauteile besaßen Fundamente aus mittelformatigen, annähernd rechteckigen Bruchsteinen, nur ein Teil der Südmauer wies großformatige Bruchsteine auf. Der ca. 39 m² große vordere Ostteil war durch eine Ost-West verlaufende Mauer in zwei nahezu gleich große Räume geteilt, deren Fußböden aus Lehm bestanden. Gegen ihn wurde der etwa 27 m² große mittlere Ostteil gebaut, dessen Nordmauer um eine Mauerdicke zurücksprang. Der Raum wies zwei unterschiedliche Fußböden auf: im Osten einen Lehmboden und im Westen einen Boden aus einem zwei- bis dreilagigen Steinpaket. Die westliche Gebäudehälfte war für diese frühe Zeit nicht mehr deutlich zu ermitteln, es konnten Reste der Süd- und Westfundamentmauer sowie partiell eine pflasterartige Steinschüttung nachgewiesen werden. Die Parzelle Brunnen-

Abb. 177 Kuppenheim, Friedensplatz. Becher aus Elsässer Steinzeug (14./15. Jh.).

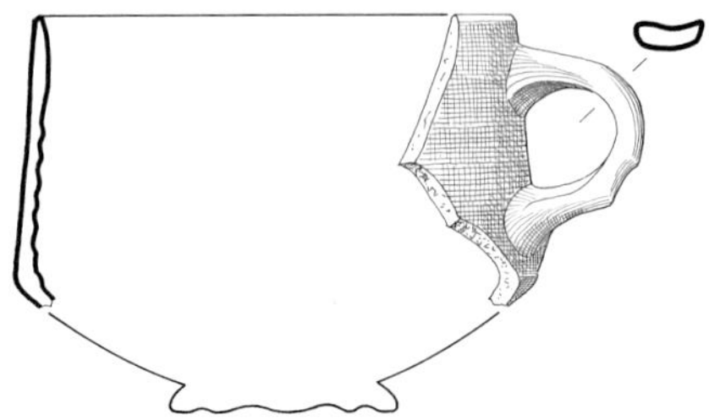

gasse 163 maß 15 m × ca. 16 m, ihre nördliche Grenze lag unter der heutigen Straße. Auch hier scheint das Gebäude die gesamte Parzellengröße eingenommen zu haben, seine Bauweise ähnelte der des südlich benachbarten Hauses. Eine Nord-Süd verlaufende Innenmauer trennte das südliche Erdgeschoss in zwei große Räume. Im Nordwesten des Erdgeschosses war ein steinerner Brunnen von 1 m Durchmesser eingetieft worden, dessen Tiefe nicht erfasst werden konnte. Die Parzellen Brunnengasse 161 und 186 sind im rückwärtigen Teil angeschnitten worden, sie zeigen ähnliche Baustrukturen. Bei der Brunnengasse 186 ist jedoch nicht auszuschließen, dass ein hölzerner Anbau das Grundstück nach Norden hin abschloss. Weitere Mauern, die nicht deutlich zuzuordnen waren, befanden sich südwestlich der Brunnengasse 185. Von besonderem Interesse war der Nachweis der Parzellengrenze in Form eines Flechtzaunes, der die Grundstücke Brunnengasse 185 und 163 voneinander trennte. Von diesem Zaun haben sich 5–7 cm dicke Pfosten erhalten, die in regelmäßigen Abständen von 0,5 m in den Boden eingerammt worden waren. Der Zaun markierte nicht durchgehend den Grenzverlauf der Parzelle, in ihrem rückwärtigen Bereich verlief eine mit Flusssteinen gepflasterte, Ost-West orientierte Gasse. An welcher Stelle die Gasse aufhörte und der Holzzaun einsetzte, konnte nicht mehr überprüft werden.

Im 16. Jahrhundert wurden die Gebäude größtenteils abgebrochen und das gesamte Areal mit einer bis zu 30 cm mächtigen Lehmpackung in den Häusern und einer Schuttschicht im Außenbereich angehoben. Neue Häuser entstanden auf den Fundamentresten der Vorgängerstrukturen, denen sie in Form, Größe und Bauweise entsprachen.

Der Neubau auf der Parzelle Brunnengasse 185 zeigt unter Beibehaltung des alten Grundrisses eine vierteilige Gliederung. Die Erdgeschosse der beiden östlichen Gebäudeteile erhielten jeweils eine Ost-West verlaufende Innenmauer, die sie in zwei Räume teilte. Die Fußböden bestanden vermutlich aus Lehm oder aus Holz. Die westliche Hälfte wurde nicht ausgegraben, die Schichten wurden bis zu der vorausgehenden Phase abgebaggert. Bei den benachbarten Parzellen lässt sich dieselbe Entwicklung beobachten. Unklar ist, ob der hölzerne Parzellenzaun und die in seiner Flucht verlaufende Gasse zwischen der Brunnengasse 163/161 und 185 unter der Schuttmasse der Aufplanierung verschwanden oder ob sie neu hergestellt wurden. Das zerscherbte Fundmaterial aus dieser Zeit enthält neben zahlreichen Keramikgefäßen des alltäglichen Gebrauchs auch einige ausgesuchte Stücke wie Nuppen- und optisch geblasene Gläser, einen Elsässer Steinzeugbecher (Abb. 177) oder ein Bruchstück eines Pilgerhorns (Abb. 178).

Im 17. Jahrhundert erfolgte der Abbruch der mittelalterlichen Häuser, die durch Neubauten ersetzt wurden. Bei der neuerlichen Bebauung ist eine Verschiebung des Parzellenverlaufs zu beobachten, die eine Neuplanung des Areals widerspiegeln könnte. Ob dieses Ereignis mit der von den Schriftquellen

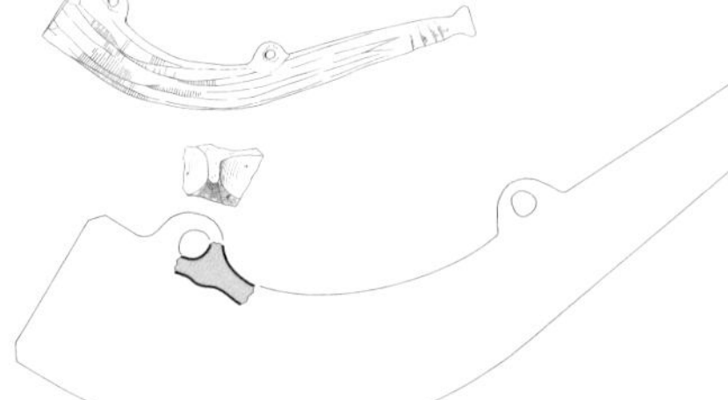

Abb. 178 Kuppenheim, Friedensplatz. Fragment und Rekonstruktionszeichnung eines spätmittelalterlichen Pilgerhornes, möglicherweise aus dem Rheinland stammend.

überlieferten Zerstörung der Stadt im Jahr 1689 in Verbindung steht, muss offen bleiben, da Hinweise auf eine kriegerische Auseinandersetzung fehlen. Die Parzelle Brunnengasse 185 wuchs nach Westen hin und nahm den rückwärtigen Teil der Brunnengasse 186 ein. Das neue Gebäude, das in derselben Bauweise wie die alten errichtet war, bekam einen 4,80/4,0 m × ca. 3,0 m großen Halbkeller im Südosten, in dessen Mitte eine rechteckige 2 m × 1,5 m große Grube unbekannter Funktion eingetieft war. Die Parzelle Brunnengasse 161 wanderte um 5,50 m nach Osten und die Brunnengasse 163 wurde im Westen um 3,50 m verkleinert.

Die Bebauung des 17. Jahrhunderts geriet beim überlieferten Feuerereignis von 1868 in Brand. Im westlichen Teil des Friedensplatzes brach man alle Häuser ab und das Areal blieb bis heute fast unbebaut.

Luisa Galioto

Literaturhinweise

G. F. Linder, Kuppenheim. Chronik einer Stadt (Ubstadt-Weiher 1999); D. Lutz, Arch. Ausgr. Baden-Württemberg 1992, 364 ff.

Ergebnisse der Stadtarchäologie in Kirchheim unter Teck, Kreis Esslingen

Im Jahr 2000 konnten weitere wichtige Erkenntnisse zur vorstädtischen Siedlungsphase in Kirchheim unter Teck beigetragen werden.
Bereits im Frühjahr war der Baubeginn für die Außenanlagen der Sporthalle Stadtmitte. Daher musste auch der an die Sporthalle im Nordosten anschließende Bereich des künftigen Parkplatzes untersucht werden. Hier waren am Baugrubenrand im Jahr zuvor bereits zwölf Pfostenlöcher angeschnitten worden.
Bei den Ausgrabungen wurde ein Teil dieser Pfostenlöcher untersucht sowie weitere 25 und ein einzelnes Ost-West ausgerichtetes Grubenhaus von 3 m Breite und 3,8 m Länge mit je einem Pfosten an jeder Stirnseite aufgedeckt.
Das Grubenhaus enthielt Funde des 11. bis Mitte des 12. Jahrhunderts. Da dieses Grubenhaus 20 m nördlich der im Vorjahr aufgedeckten Grubenhäuser zum Vorschein kam, kann hier ein zweiter Hofbereich angenommen werden. Zu diesem gehören wohl auch die beiden schon 1999 angeschnittenen hochmittelalterlichen Befunde 11 und 12.
Aus dem Bereich der Pfostenlöcher südlich des Grubenhauses stammt eine Scherbe elbgermanischer Form mit Rippen und Strichbündelverzierung aus dem 6. Jahrhundert (Abb. 179). Zwei noch 50–60 cm tiefe Pfostenlöcher mit 55 bzw. 70 cm Durchmesser aus der Ost-West orientierten Pfostenreihe eines Gebäudes in unmittelbarer Nähe enthielten je die Hälfte eines Pferdeschädels und je ein verbranntes Stück Angulatensandstein.

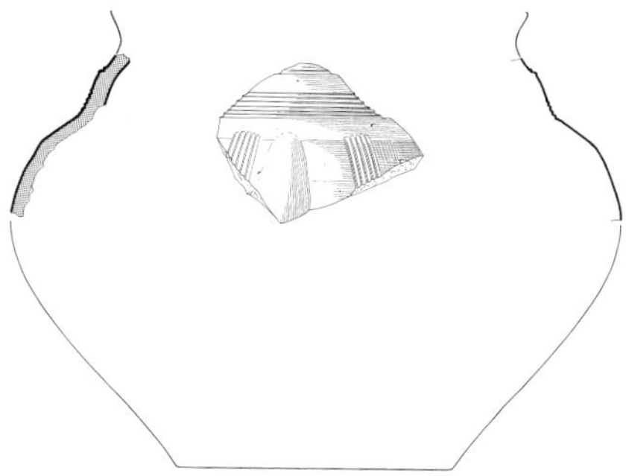

Abb. 179 Kirchheim/Teck. Scherbe eines Gefäßes elbgermanischen Typs.

Im März begannen archäologische Untersuchungen im Bereich Ochsengässle 6/8. Neben einem quadratischen Holzkastenbrunnen (1,2 m × 1,2 m) mit vier Eckpfosten im Osten des Grundstückes, der in der Mitte des 18. Jahrhunderts mit dem keramischen Inventar der Küche des alten „Weißen Ochsen" zugefüllt worden war, traten auch hier Spuren vorstädtischer Besiedlung zutage. Im Bereich der Nordostecke des Grundstückes kamen einzelne Pfostenlöcher und unmittelbar am Baugrubenrand zum Ochsengässle ein Grubenhaus mit hochmittelalterlicher Keramik zum Vorschein. Am Westrand des Grundstückes, unmittelbar vor der großen Scheune des Gasthofes, wurde unter einer frühneuzeitlichen Dunggrube ein spätmittelalterlicher Steinkeller von 5 m Breite entdeckt, in dessen Nordostecke ein kleiner Brunnen von nur 45 cm Durchmesser festgestellt wurde. Seine Sohle lag nur 60 cm unter den Niveau des Kellerbodens, offenbar ein kleiner Hausbrunnen. Nördlich des Kellers wurden spätmittelalterliche Befunde angeschnitten.

Unmittelbar neben dem Steinkeller wurde ein gemauerter Abwasserkanal von 80 cm Breite und 40 cm Höhe mit einem Innenmaß von 30 cm × 30 cm entdeckt, der bereits in einer Urkunde aus dem 15. Jahrhundert zwischen dem Frauenkloster und der Stadt Kirchheim unter Teck als Streitobjekt eine Rolle spielt.

Im Mai wurde auf dem Grundstück Jesinger Straße 6 vor dem Baugrubenaushub der Humus abgeschoben. Hier waren alamannische Funde zu erwarten, da bereits 1926 im Nachbargrundstück bei Kanalisationsarbeiten eine alamannische Mehrfachbestattung aufgedeckt worden war.

Die Überraschung war groß, als stattdessen „nur" hochmittelalterliche Befunde und drei Gräber eines urnenfelderzeitlichen Friedhofes zum Vorschein kamen. Bei einem dieser Gräber (Plan Abb. 180, Befund 5) handelte es sich um ein Frauengrab mit viel Leichenbrand, dabei eine relativ große, gerippte Bronzenadel, ein Bronzemesser und der Griff eines zweiten gleichartigen Messers sowie mehrere Reste von runden und flachen Bronzeringen. Dieses Urnengrab dürfte, wie auch die beiden anderen, der älteren Urnenfelderzeit um 1000 v. Chr. angehören. Da der Abstand der Gräber untereinander immerhin 13 m bzw. 16 m beträgt, kann davon ausgegangen werden, dass die Urnengräber durch Hügel mit einem Durchmesser von ca. 12 m überdeckt waren. Ein 8 m × 6,5 m großer Pfostenbau, der an den Längsseiten je fünf Pfosten aufweist und in dessen Zentrum das Urnengrab (Plan Abb. 180, Befund 1) entdeckt wurde, ist bisher noch undatiert.

Neben vielen Pfostenlöchern, die z. T. Keramik des 11.(?)/12. Jahrhunderts enthielten, wurde auch ein Ost-West gerichteter Keller (Befund 3) von 10,5 m Länge und 6 m Breite, noch 1,6 m tief, entdeckt. Unmittelbar daneben lag eine 3,2 m × 2,7 m große und noch ca. 1,2 m tiefe Grube, eine Kloake (Befund 2). Sie erbrachte außer einem bis auf den oberen Abschluss wieder weitgehend zusammensetzbaren Gefäß zahlreiche Fragmente von Töpfen, begleitet von Bügelkannen, Hohldeckeln und Ofenkeramik.

Eine 5 cm dicke Holzkohleschicht im Bodenbereich des Kellers legt nahe, dass das zugehörige Gebäude wohl einem Schadensfeuer zum Opfer gefallen ist. Im Kellerschutt wurden große Mengen Dachschiefer, einzelne Hohlziegelbruchstücke – wohl vom Dachfirst –, einzelne Bronze- und Eisenteile entdeckt. Von der zahlreich angefallenen Gefäßkeramik seien die z. T. verzierten Deckel, der Rand einer großen Schüssel und der Fuß eines Aquamaniles oder Dreifußtopfes eigens erwähnt. Die hier häufiger als in der Grube vertretene Rotbemalte Feinware schließt u. a. zwei (nahezu) vollständige Scheibendeckel und ein weitgehend erhaltenes Krüglein (Abb. 181) ein. Auf den nicht unbeträchtlichen Wohlstand der Bewohner des im späten 13./frühen 14.

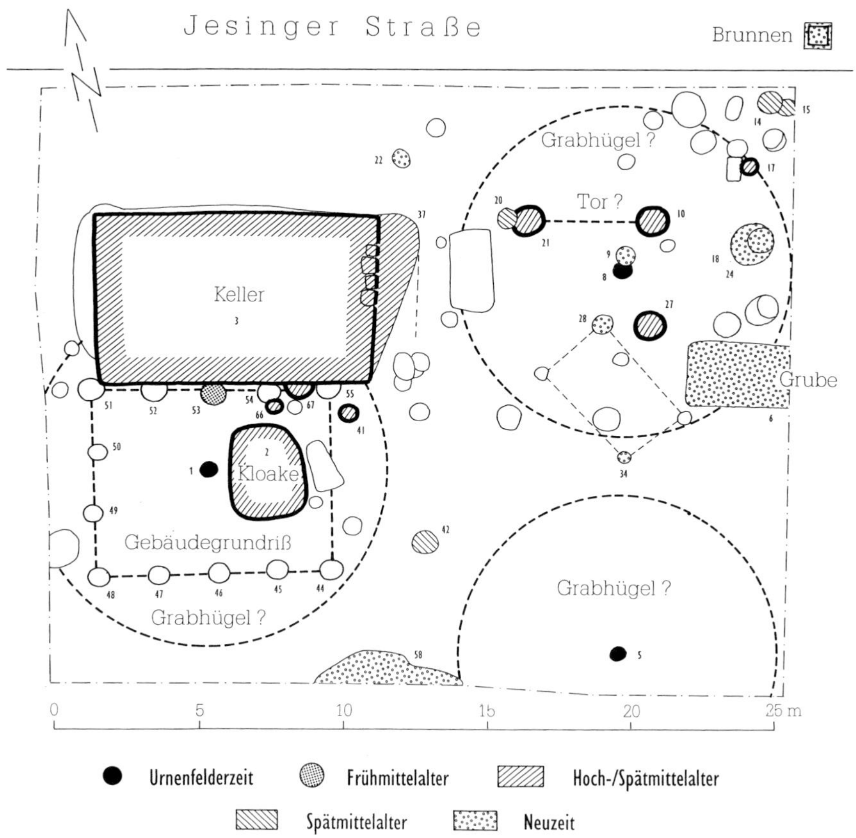

Abb. 180 Kirchheim/Teck. Plan der ergrabenen Befunde südlich der Jesinger Straße.

Jahrhundert aufgelassenen Anwesens könnte neben den Funden von Buocher Feinware vor allem eine gut erhaltene Reliefflíese mit früher, ohne Engobe aufgebrachter Glasur hindeuten (Abb. 181), falls sie nicht von anderer Stelle verschleppt wurde. Eine genaue Entsprechung ist vom Helfenstein bei Geislingen/Steige bekannt.

Die durch die Keramik gewonnene Datierung dieser Hofanlage, und besonders ihr Ende, ist glücklicherweise durch archivalische Quellen zu untermauern. Wie Rolf Götz aus Weilheim durch einen Zufallsfund belegen kann, werden im Esslinger Spitallagerbuch von 1304 drei Häuser (gemeint sind wohl drei Hofanlagen) am „Jesinger Weg“ in Kirchheim unter Teck genannt, deren genaue Lage durch die Ausgrabungen jetzt ermittelt wurde. Zu einem dieser Höfe gehörte auch das 1996 in der Jesingerstraße 12/1 entdeckte Grubenhaus, das ebenfalls im frühen 14. Jahrhundert aufgelassen worden ist. Im Spitallagerbuch von 1356 werden die Namen der Höfe zwar noch genannt, aber veränderte Abgaben deuten darauf hin, dass zu diesem Zeitpunkt die Häuser schon nicht mehr existierten. 1402 und später gibt es keine Angaben mehr.

Im Oktober konnten bei Baumaßnahmen im Bereich der Rampe zur Kirchheimer „Bastion am Kloster“ an der Nordostecke der Stadtbefestigung zwei Grubenhäuser festgestellt werden. Nach Ausweis der Keramik, darunter frühe Buocher Feinware, datieren beide in die Zeit um 1200.

Die Befunde an der Bastion, am Ochsengässle und an der Jesinger Straße machen deutlich, dass das vorstädtische Siedlungsareal auch im Osten von Kirchheim unter Teck erheblich größer

Abb. 181 Kirchheim/Teck. Krüglein und Deckel der Buocher Feinware sowie glasierte Bodenfliese.

ist als bisher angenommen. Nimmt man die 1996 im Bereich der Turmstraße 6 und die 1995 an der Schlierbacher Straße 2 entdeckten Befunde (je ein Grubenhaus) mit dazu, so muss auch der ganze Bereich der Nordostecke der Stadt über den ehemaligen Stadtgraben hinaus ebenfalls zum vorstädtischen Siedlungsareal hinzugerechnet werden. Bereits Anfang Januar kam es zur archäologischen Untersuchung von zwei direkt benachbarten Kellern auf den Grundstücken Widerholtstrasse 7 und 9. Hier wurden viele eingegrabene Töpfe aus dem 17./18. Jahrhundert entdeckt, die bereits im Juli in der Sonderausstellung „Wo weder Sonne noch Mond hinscheint" im Kornhauskeller neben vielen anderen Befunden aus Kirchheim unter Teck präsentiert werden konnten. Beim Ausbaggern des Grundstückes Widerholtstraße 7 wurden zudem Reste von zwei hochmittelalterlichen Grubenhäusern entdeckt, die zweifelsfrei belegen, dass auch der Bereich zwischen Martinskirche und der „Bastion am Kloster" zum vorstädtischen Siedlungsareal gehört.
Viele Fundbergungen und Ausgrabungen sind auch diesmal mit Hilfe der Archäologischen Arbeitsgemeinschaft am Städtischen Museum durchgeführt worden. Allen Helfern sei für ihr ausdauerndes Engagement und ihren unermüdlichen Einsatz wiederum sehr herzlich gedankt.

Rainer Laskowski, Uwe Gross

Literaturhinweise

R. Laskowski/U. Gross, Arch. Ausgr. Baden-Württemberg 1999, 194 ff.; M. Baur, Stadtarchäologie in Kirchheim unter Teck, Schriftenreihe Stadtarchiv Kirchheim unter Teck 26, 2000, 7 ff.

Notbergungen an der mittelalterlichen Stadtmauer von Wiesloch, Rhein-Neckar-Kreis

Die 1999 begonnenen Notbergungen im Bereich der Röhrgasse in Wiesloch mussten auch im Jahr 2000 weitergeführt werden. Der älteste Befund war die schon mehrfach angeschnittene Schlackenhalde einer Bleihütte des 11./12. Jahrhunderts. An deren Basis fanden sich mehrere senkrecht in den Boden eingetriebene Hölzer, die zu einem früheren Zaun gehört haben könnten. Die Schicht war stark mit dem Eisenphosphat Vivianit durchsetzt, was vermutlich auf Fäkalabfälle zurückzuführen ist und eine erste Besiedlung anzeigt.

Eine kleinere, etwas weiter nördlich gelegene Erdbewegung lieferte mittelalterliche Keramik, ganz überwiegend des 11./12. Jahrhunderts, zusammen mit Knochenresten einer Katze. Ältestes Stück unter den vom Grundstücksbesitzer N. Cimander überbrachten Funden war der Rest eines vorgeschichtlichen konischen Webgewichtes. Prähistorische Begleitkeramik fehlte allerdings vollständig. Die ausnahmslos zur Älteren, grautonigen Drehscheibenware zählenden Funde stellen den derzeit größten Komplex hochmittelalterlicher Keramik im Bereich der mittelalterlichen Stadt dar.

Besondere Aufmerksamkeit wurde den Resten der mittelalterlichen Befestigung gewidmet. Die heute noch teilweise erhaltene Mauer der Zeit um 1350/1360 ist 140 cm breit und zweischalig aufgebaut; die äußeren Schalen bestehen aus Muschelkalkquadern; für den Mauerkern dagegen verwendete man plattigen Muschelkalk und einen schlechteren gelben Mörtel. Rechnet man jüngere Aufschüttungen ab, so greift die Mauer feindseitig nur 60 cm in den Boden ein. Der Untergrund besteht dort aus Schlämmen der hochmittelalterlichen Erzaufbereitungen; hinzu kommt, dass man schon im späten Mittelalter stadtseitig mit Anschüttungen begann. Im späten 15. oder 16. Jahrhundert wurde die Mauer dadurch instabil und man musste größere Teile erneuern; für die äußeren Schalen wurden nun Buntsandsteinquader verwendet.

In einer Höhe von 4,50 m befand sich ein Wehrgang. Konsolsteine am „Dörndl" genannten Wehrturm zeigen, dass dieser stadtseitig um den Turm herum führte; zugleich bestand aber auch ein Eingang in den Turm selbst. Dieser wiederum lässt sich durch Schlüsselscharten grob in das 16. Jahrhundert datieren und wird wohl im Zuge der schon genannten Ausbesserungsarbeiten erstellt worden sein.

Sieben Meter innerhalb der noch stehenden Mauer konnte ein weiterer, 90 cm breiter Mauerzug mit etwas abweichender Flucht dokumentiert werden. Er bestand aus größeren, in gelbem Lehmmörtel verlegten Muschelkalkquadern und war direkt auf den anstehenden Muschelkalk gegründet (Abb. 182). Darüber zog ein Brand- und Abrisshorizont hinweg, der Material aus dem 11./12. bis 13./frühen 14. Jahrhundert enthielt. Man wird wohl kaum fehlgehen, in den Mauerresten die lange gesuchte erste Stadtbefestigung zu sehen, die von König Albrecht während der Belagerung 1301 mit Bliden beschossen wurde.

Verfolgt man die Flucht der neu aufgefundenen Mauer weiter nach Westen, so stößt man nach 150 m auf einen schon im Jahr 1985 dokumentierten Befund auf dem Grundstück Hauptstraße 109. Mehrere schwere, bis zu 70 cm starke und 2 m lange Eichenstämme waren senkrecht in den Boden eingegraben worden und dienten als Basis für eine nur noch undeutlich erkennbare horizontal verlaufende Holzkonstruktion. Eine dendrochronologische Datierung lieferte leider kein Ergebnis; jedoch liegt eine ^{14}C-Datierung der Hölzer ins „späte 13. bis 14. Jahrhundert" vor. Es könnte sich bei den Hölzern also um Teile eines Bauwerks der frühesten Stadtmauer handeln. Somit gibt sich das gesamte Gelände südlich der Röhrgasse als eine Stadterweiterung aus der Mitte des 14. Jahrhunderts zu erkennen.

Abb. 182 Wiesloch, Röhrgasse. Älteste Stadtmauer.

Wie schon im letzten Jahr traten in einem schmalen Streifen zwischen der Stadtmauer des 14. Jahrhunderts und einem stadtseitig errichteten Gebäude große Mengen an Funden des 16. bis frühen 19. Jahrhunderts auf; neben dem üblichen Fundinventar sind Seiher, Salbtöpfe, Brillengläser, Fayencen, Kaffee-Koppchen, Flintensteine, Pfeifen und Teile von in die Mitte des 18. Jahrhunderts zu datierenden Spruchtellern bemerkenswert.
In den oberen Schichten der Parzelle vorkommende flächenhafte Brandspuren mit Keramik des 17. Jahrhunderts sind dem Stadtbrand von Ende Januar 1689 zuzuweisen, als französische Truppen Wiesloch zerstörten. Ein Zusammenhang mit dem Dreißigjährigen Krieg dürfte ausscheiden, da nach archivalischen Quellen die damaligen Gebäudeschäden in Wiesloch – im Gegensatz zu den Menschenverlusten – recht gering gewesen sein müssen.
Da 2001 die Baulücke östlich des Dörndl geschlossen werden soll, zeichnen sich bereits weitere Maßnahmen ab. Wegen der hohen Schwermetallbelastung der gesamten Schichten sind dabei besondere Sicherheitsvorkehrungen notwendig.

Ludwig H. Hildebrandt, Uwe Gross

Literaturhinweise

U. Gross/C. Prohaska. Arch. Ausgr. Baden-Württemberg 1985, 268 ff.; L. Hildebrandt/U. Gross, ebd. 1999, 257 ff.; L. Hildebrandt, Die Stadt Wiesloch im Mittelalter. Wiesloch, Beiträge zur Geschichte 1 (2000), 31 ff.

Mittelalterliche und frühneuzeitliche Befunde aus Leimen, Rhein-Neckar-Kreis

Als im Stadtkern von Leimen im Bereich Hohe Gasse, Obere Straße und Klostergasse eine Schulerweiterung und der Neubau einer Halle anstanden, wurde eine baubegleitende archäologische Dokumentation zur Auflage gemacht, da in diesem Areal zwischen 1888 und 1950 mindestens fünf merowingerzeitliche Gräber angeschnitten worden waren.
Trotz intensiver Kontrollen konnten jedoch keinerlei frühmittelalterliche Befunde beobachtet werden. Es steht zu vermuten, dass sich der Reihengräberfriedhof etwas weiter südlich befindet.
Ältester Befund war eine vorgeschichtliche Grube, die wohl in die Latènezeit zu datieren ist.
Zwanzig weitere Befunde stammen aus dem späten Mittelalter und aus der frühen Neuzeit. Mittelalterlich waren neben einem nur angeschnittenen Kellereingang diverse flache Gruben des 13./ 14. Jahrhunderts, die neben etwas Geschirr (Abb. 183,1–5) auffällig viel Ofenkeramik (Abb. 183,6–11) enthielten.
Dank des z. T. großscherbigen Erhaltungszustandes gelang es, mehrere Exemplare einer Kachelform zu identifizieren, die bislang am nördlichen Oberrhein noch völlig unbekannt war. Es handelt sich dabei, in der Aufsicht betrachtet, um hufeisen- oder steigbügelförmige Stücke (Abb. 183,10–11). Vergleichbares kennt man von mehreren Fundstellen im Elsass, in Südbaden von Burg Wieladingen bei Rickenbach sowie in Südhessen aus Töpfereiabfall im Hafnerzentrum Dieburg. Die scheinbare Seltenheit dieser Kachelform könnte sich auch aus den Schwierigkeiten erklären, bei stärkerem Fragmentierungsgrad die Zusammengehörigkeit von Scherben der gekrümmten und der

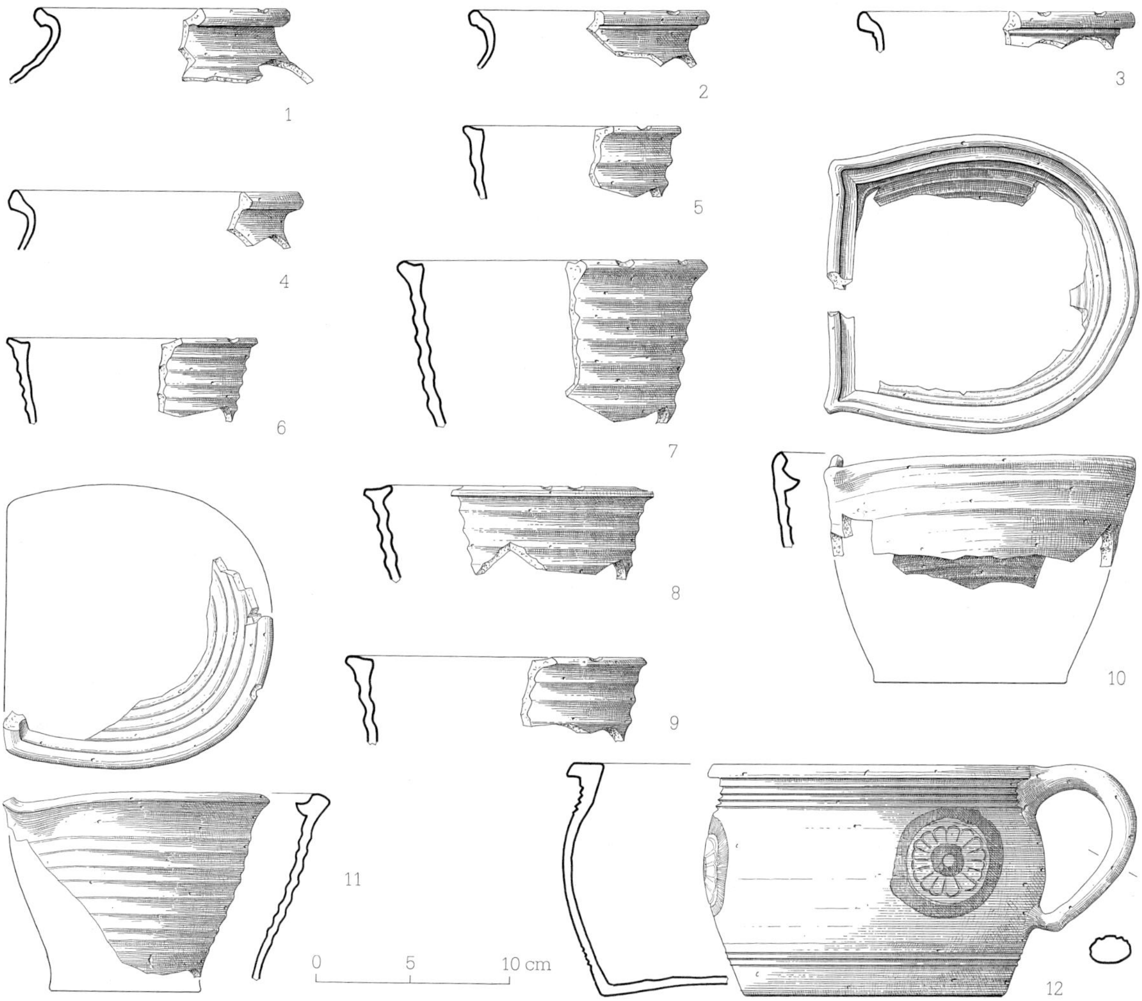

Abb. 183 Leimen, Hohe Gasse. Mittelalterliche (1–11) und neuzeitliche Keramikfunde (12).

geraden Wandungspartien überhaupt zu erkennen. Erstere wird man wahrscheinlich für Teile von Becher- oder Napfkacheln, letztere für solche von Viereck-(„Schüssel"-)Kacheln halten. So bleibt letztlich auch in Leimen die Unsicherheit, ob nicht ein Teil der als Rundkacheln angesprochenen Exemplare (Abb. 183,7–9) zu weiteren Stücken mit einer abgeflachten Seite gehört.

Weiterhin bemerkenswert war der Rest eines ebenerdigen Backofens aus dem 17. Jahrhundert von einem Meter Breite. Die Sohle bestand aus großen, mit Lehm verstrichenen Bachgeröllen; Reste der aus Lehm bestehenden Kuppel waren noch 20 cm hoch erhalten. Allein sieben Gruben von bis zu 2,8 m Länge und 90 cm Tiefe sind in das 17./18. Jahrhundert zu datieren. Es hat den Anschein, dass im späten 17. und frühen 18. Jahrhundert der Brandschutt des Ortsbrandes von 1689 in dem Areal flächenhaft einplaniert und z. T. auch in Materialentnahmegruben geschüttet wurde. Die Funde – Keramik, Ziegel und Brandschutt – machten teilweise einen umgelagerten Eindruck. Das Keramikinventar besteht hauptsächlich aus Töpfen, Topfdeckeln, Krügen und Pfannen; der Anteil von Steinzeug und polychrom glasierter Ware ist recht gering, steigt aber in der obersten Schicht der Gruben immer an. Dieser Befund wird wohl so zu deuten sein, dass die Gruben sukzessive zugeschüttet wurden und der Wiederaufbau in diesem Quartier erst mehrere Jahrzehnte nach der Brandschatzung durch die französischen Truppen abgeschlossen war. Dazu passt sehr gut, dass sich die Erbauung des früher nordwestlich angrenzenden, so genannten „Klosterhofs" dank Fotos der Innenbemalung auf das Jahr 1708 datieren ließ.

Letztendlich konnten über 4 m eines Ehgrabens mit z. T. gut erhaltenen Funden des 18. Jahrhunderts über einen Meter unter der heutigen Flur dokumentiert werden. Typisch für diese Befundart ist der Fund eines fast kompletten Nachttopfs aus grauem „Westerwälder" Steinzeug mit Stempeldekor und blauer Bemalung (Abb. 183,12), bemerkenswert sind viele Reste von kleinen bis sehr großen Glasflaschen im unteren Teil der Verfüllung. Die darüber liegende Schicht ist durch Brunnenstempel auf Steinzeug-Mineralwasserflaschen aus Nieder-Selters und Schwalbach ins letzte Drittel des 18. Jahrhunderts zu datieren.

Freundlicherweise wurden die Aktivitäten von der Stadtverwaltung Leimen in vielfältiger Hinsicht unterstützt; Herr Pfarrer Volker Reinhard, Leimen-St. Ilgen, half ehrenamtlich bei der Fundbergung.

Ludwig H. Hildebrandt, Uwe Gross

Literaturhinweise

L. Hildebrandt/U. Gross, Arch. Ausgr. Baden-Württemberg 1994, 280 ff.; ebd. 1996, 266 ff.; J.-P. Minne, La poterie de poêle en Alsace (Strasbourg 1977) 108 ff.; A. Schwoerbel, Die Burgruine Wieladingen bei Rickenbach im Hotzenwald (Stuttgart 1998) 79 ff.

Zwischen Stadtmauer und Neuer Straße – Archäologie in Schorndorf, Rems-Murr-Kreis

Für das Jahr 2001 steht die Wiederbebauung eines über 1000 m² großen Areals an der nordwestlichen Peripherie des mittelalterlichen Schorndorf an (Abb. 184). Da die meisten der ehemals hier stehenden elf Gebäude nur teilunterkellert waren, konnte mit der Erhaltung mittelalterlicher Strukturen gerechnet werden. Von September 1999 bis Oktober 2000 wurden rund 250 m² planmäßig untersucht. Ziel war es erstmals mit einer wissenschaftlichen Untersuchung Einblicke in das mittelalterliche Schorndorf zu gewinnen.

Das Grabungsareal liegt in der westlichen Hälfte der mittelalterlichen Stadt, am Fuß eines leicht nach Norden exponierten Hanges, unweit der Rems und direkt südlich der im 19. Jahrhundert abgebrochenen Stadtmauer. Dieser Teil der Stadt soll erst in einer Stadterweiterungsphase in der ersten Hälfte des 14. Jahrhunderts mit einer Stadtmauer umgeben worden sein. Da die Stadtkirche in diesem Stadtbereich liegt, soll sich hier jedoch der eigentliche Ursprung der Siedlung befunden haben.

Der Untergrund des Areals ist geprägt durch Schwemmhorizonte der Rems und des Aichenbaches. Durch diese werden alle älteren archäologischen Strukturen überdeckt. Im benachbarten Winterbach konnte bei einer vergleichbaren Geländesituation im Jahre 1994 in über 2 m Tiefe eine größere Menge von Hölzern aus dem 9. Jahrhundert freigelegt werden. Hinweise auf eine Schicht mit organischem Inhalt

liegen auch aus einem Bohrprofil für das Schorndorfer Gelände vor. Hier sollen im Zuge der Ausschachtungsarbeiten Beobachtungen erfolgen.
Der älteste bislang freigelegte Befund ist ein Ost-West verlaufendes, mindestens 16 m langes Gräbchen, das noch 60 cm breit und bis zu 40 cm tief ist (Abb. 185, Periode I). Sein Profil ist muldenförmig und auf der Sohle zeigen sich die Spuren zahlreicher eng stehender, 13–17 cm dicker Pfosten. Die Verfüllung des Gräbchens besteht aus leicht humosem Lehm mit sehr wenigen Holzkohlestückchen. Einziges Fundstück ist eine Wandscherbe der älteren gelbtonigen Drehscheibenware. Da dieses Gräbchen durch eine Schwemmlehmschicht abgedeckt wird, die spätestens ab 1200 agrarisch genutzt wurde, ist von einer früh- oder hochmittelalterlichen Zeitstellung auszugehen. Aufgrund der engen Pfostenstellung handelt es sich wohl nicht um einen Flechtzaun, sondern vielmehr um eine Palisade. Ob diese zu einer Hofbegrenzung oder einer Dorfbefestigung gehörte, ist unklar. Auffallend ist jedoch, dass das Gräbchen fast parallel zur späteren Stadtmauer verläuft.
Nach Abtrag des schon erwähnten Ackerbodens, der eine größere Menge an Keramik des 12.–14. Jahrhunderts enthielt, darunter viel Buocher Feinware, zeigten sich Befunde, die aufgrund ihrer Verfüllung zeitgleich mit der ackerbaulichen Tätigkeit sein müssen (Abb. 185, Periode II). Es handelt sich um mehrere Pfostenlöcher, die sich in kein System ordnen lassen, und um zwei schmale Gräbchen, die ebenso wie mehrere sich zum Teil schneidende Reihen aus dünnen Pfählen wahrscheinlich von Zäunen stammen. Quer durch das Grabungsgelände verlief eine mindestens 14 m lange Wasserleitung, die ein Gefälle nach Norden aufwies (Abb. 186). Sie war komplett aus Hohlziegeln aufgebaut, wobei auf den beiden das eigentliche Rohr bildenden Ziegeln zwei weitere nebeneinander lagen, vermutlich um den Auflastdruck abzufangen.

Abb. 184 Schorndorf, Urkatasterplan von 1832. Das Grabungsgelände ist markiert.

Das wenige Fundmaterial in der Grabenverfüllung datiert ins 14. Jahrhundert. Anfang und Ende der Leitung sind nicht erfasst, zudem ist unklar ob sie für Frischwasser gedacht war oder etwa als Drainage diente.
Den Ackerboden überdeckend fand sich an mehreren Stellen ein Horizont aus Steinabschlag. Das spärliche Fundmaterial datiert ins 14. Jahrhundert. Es könnte sich um den Bauhorizont der Stadtmauer, die im 14. Jahrhundert erbaut worden sein soll, handeln. Eine Sondage im Bereich der Stadtmauer zeigte, dass aufgrund mehrerer Leitungsgräben keinerlei stratigrafische Anschlüsse vorhanden sind. Lediglich von der eigentlichen Mauer wurden zwei Lagen des Fundaments der äußeren Schale eines zweischaligen Mauerwerks angetroffen.
Vermutlich erst nach dem Bau der Stadtmauer setzte eine großflächige Bebauung des Areals ein (Abb. 185, Periode III). Strukturiert wurde das Ge-

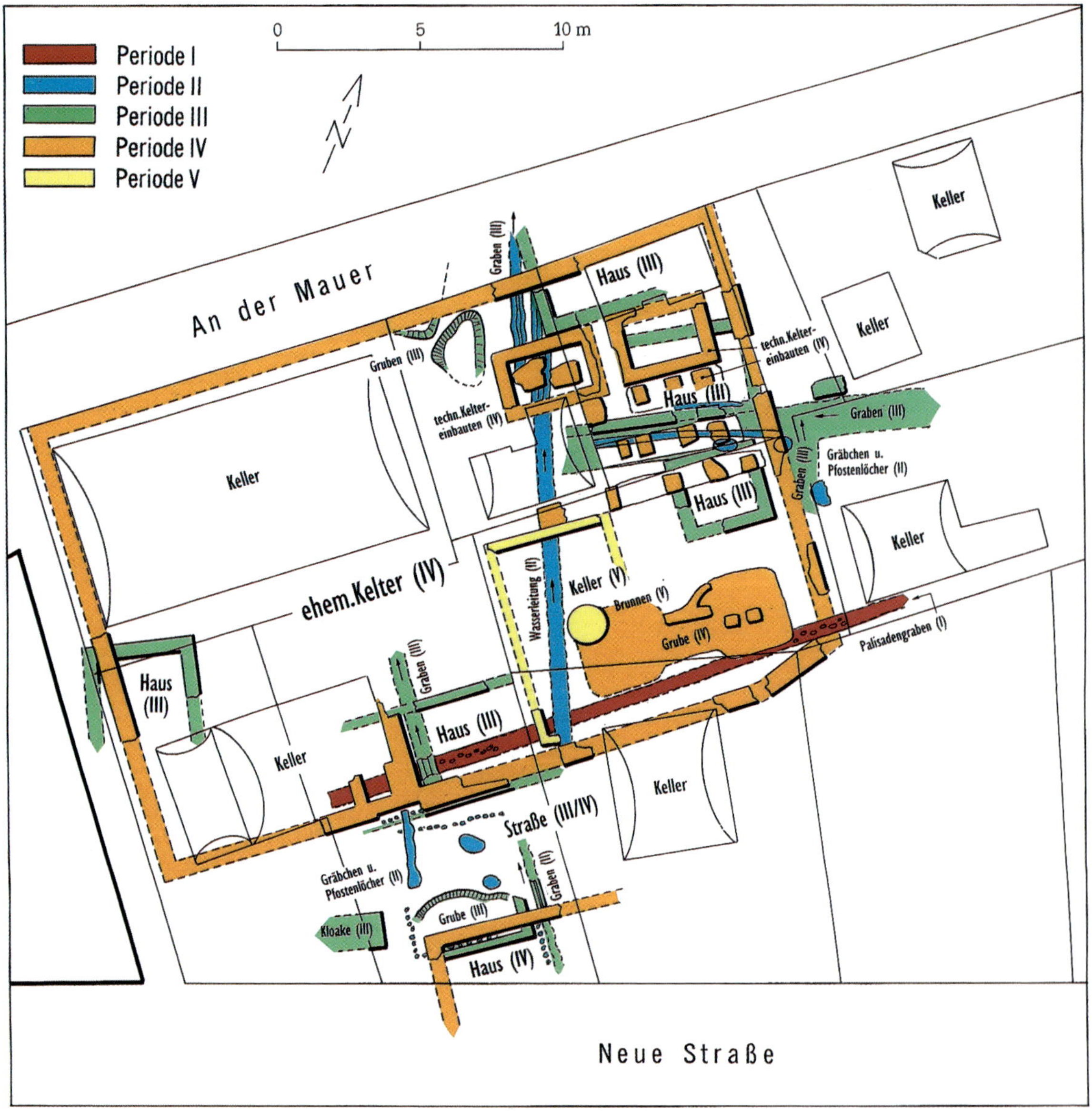

Abb. 185 Schorndorf, „An der Mauer/Neue Straße“. Schematischer Gesamtplan des Grabungsgeländes.

lände durch eine in ihrer ersten Ausbauphase 2 m breite Straße, die im 15. Jahrhundert auf 4 m verbreitert wurde, und mehrere 0,5–1 m breite Gräben. Die Straße besteht aus mehreren übereinander liegenden Kies- und Ziegelbruchschüttungen. Obwohl die letzte Oberfläche des Straßenkörpers aufgrund späterer Abtragungen fehlt, kann als sicher gelten, dass es sich um den unmittelbaren Vorgänger der nach dem Stadtbrand von 1743 angelegten „Neuen Straße“ handelt. Die Gräben verlaufen parallel oder im rechten Winkel zur Straße. Es handelt sich um so genannte Abzugsgräben, die der Ableitung des Traufwassers und häuslichen Abwassers dienten. Möglicherweise lassen sich mit den Gräben Einblicke in die mittelalterliche Parzellierung gewinnen. Zu-

dem fand sich in ihnen umfangreiches keramisches Fundmaterial, das noch bearbeitet werden muss.
Durch zahlreiche moderne Störungen werden die Gebäude dieser Phase massiv beeinträchtigt, so dass sich keine Grundrisse ergänzen lassen. Insgesamt wurden die Reste von mindestens fünf Gebäuden freigelegt. Drei der Häuser besitzen lediglich im Bereich der Ecken und der Türschwellen ein Fundament aus flachen Steinplatten, ansonsten sitzt die 40–50 cm dicke Wand aus Lehm direkt auf der Erde auf. In den Wänden haben sich Spuren von in meist 30 cm Abstand stehenden dünnen Pfosten erhalten. Auf der Innenseite der Wände fand sich zweimal weiß geschlämmter Wandputz. Zwei Gebäude haben ein einlagiges, nicht vermörteltes Steinfundament. Zweimal ließ sich als Fußboden ein Stampflehm feststellen, in einem Fall fand sich eine ca. 4 cm dicke Sandschicht. Das Fundmaterial in den Häusern datiert ins 14./15. Jahrhundert, wobei noch nicht klar ist, ob alle Gebäude gleichzeitig existierten. Zahlreiche Schüsselkacheln, die sich in zwei Häusern fanden, legen eine Wohnnutzung nahe. Die Gebäude wurden überdeckt durch große Mengen von Lehm, der von Wänden und Decken stammen könnte, was auf eine planmäßige Aufgabe schließen lässt. Eine Kloake, die von der verbreiterten Straße überlagert wird, gehört ebenfalls ins 14. Jahrhundert, lässt sich aber keinem Haus zuweisen.
An mehreren Stellen fanden sich, auf dem Abbruchschutt der erwähnten Gebäude, Schichten aus massiv angeziegeltem Lehm und Ofenkacheln, die aus dem frühen 16. Jahrhundert stammen. Sie dienten wahrscheinlich zum Ausgleichen des nach Norden hin fallenden Geländes. Diese Maßnahme dürfte nötig geworden sein für den Bau eines 25 m auf ca. 17 m großen Gebäudes (Abb. 185, Periode IV). Das 60 cm breite Fundament ist zumindest an zwei Stellen für 2,2 m bzw. mindestens 1,8 m unterbrochen, was auf Zufahrtstore hindeutet. Die Südostecke ist abgefast, wohl um auf die oben erwähnte Straße Rücksicht zu nehmen. Zwei in der Südwest- und der Nordwestecke liegende große Gewölbekeller, die sich bis heute erhalten haben, gehören zu diesem Gebäude.

Abb. 186 Schorndorf, „An der Mauer/Neue Straße". Aus Hohlziegeln aufgebaute Wasserleitung.

Abb. 187 Schorndorf, „An der Mauer/Neue Straße". Blick von Norden auf das südlichste Streifenfundament mit drei darauf liegenden Steinblöcken. Östlich daneben ein Stück der Umfassungsmauer.

Abb. 188 Schorndorf, „An der Mauer/Neue Straße". Zwei Pfosten des Kelterbaumfundamentes.

Die Befunde in der östlichen Hälfte des Hauses legen nahe, dass es sich um ein Keltergebäude handelt. Im Norden, ca. 2 m von der Außenwand entfernt, fanden sich zwei 1,5 m × 2,7 m große, noch 1 m tiefe ausgemauerte Gruben. In einer von beiden befanden sich auf der Sohle zwei 0,8 m × 1 m große Steinfundamente. Beide Gruben waren durch einen trocken gemauerten kleinen Kanal miteinander verbunden. Südlich der Gruben folgten in 1 m Abstand voneinander drei 0,9 m breite, Ost-West verlaufende Fundamentstreifen. Der nördlichste Fundamentstreifen wies mittig eine 1 m breite Unterbrechung auf. Auf den Fundamenten lagen noch acht große, exakt zugehauene Steinblöcke in situ (Abb. 187), fünf weitere ließen sich über Abdrücke nachweisen.

Den Abschluss der Konstruktion bildeten, 3,3 m vom südlichsten Fundamentstreifen entfernt, zwei 2,8 m × 2,8 m große, miteinander verbundene Gruben. Die westliche der beiden Gruben war weitgehend durch einen jüngeren Keller zerstört. In der östlichen Grube haben sich, in einer wohl bauzeitlichen Verfüllung, zwei nebeneinander stehende Holzbalken erhalten (Abb. 188). Sie messen 40 cm × 40 cm und sind 73 cm hoch. Am oberen Ende weisen beide ein 1,2 m breites Balkenloch auf. Hier waren sie wohl durch ein Querholz miteinander verbunden.

Es handelt sich vermutlich um den Unterbau zweier Nord-Süd orientierter Kelterbäume. Die beiden Balken dienten als Basis für das an der Spindel hängende Gewicht. Auf den großen Steinen lag das Balkenlager für den Biet mit dem Pressgut auf und in den nördlichen Gruben stand die Hinterdocke.

Diese Anlage ist möglicherweise identisch mit der 1518 errichteten so genannten „Kapellkelter", welche bislang 100 m südlich unseres Grabungsgeländes vermutet wurde. Aufgrund des in die beiden nördlichen Gruben eingefüllten Brandschuttes und der Brandrötung der Steinblöcke kann als sicher gelten, dass das Gebäude 1634 bei der Zerstörung Schorndorfs abbrannte. Im Brandschutt fand sich eine große Menge glasierter Bildkacheln, deren Oberfläche durch Brandeinwirkung blasig aufgeschmolzen ist.

Da jüngere Schichten aufgrund von späteren Planierungen fehlen, gibt es nur wenige Belege für eine Wiederbebauung des Geländes. Hervorzuheben ist hier ein 7,6 m auf mindestens 4,0 m großer Keller (Abb. 185, Periode V). Er ist noch 2 m tief und wurde mit Brandschutt verfüllt. Eine 5 cm dicke Sandschicht bildet den Boden des Kellers. Fast in der Raummitte in den Boden eingetieft ist ein 2,1 m tiefer runder Brunnen mit einem Durchmesser von 1,2 m. Ungewöhnlich ist eine Konstruktion auf der Brunnensohle. Entlang der Brunnenwandung sind mehrere Reihen eng stehender Holzpfähle so in die Brunnensohle eingeschlagen, dass nur noch ein kleiner Bereich in der Mitte offen blieb. Es handelt sich vermutlich um eine Brunnenstube, auf der die eigentliche Wandung aufsaß. Die Außenwände des Kellers sind bis auf geringe Reste ausgebrochen. Aufgrund des Fundmaterials kann auf ein Ende des Gebäudes im Stadtbrand von 1743 geschlossen werden. Zahlreiche Bildkacheln, zumeist aus der ersten Hälfte des 18. Jahrhunderts, konnten

aus der Verfüllung geborgen werden. Es dominieren florale Motive, jedoch sind auch mehrere Wappenkacheln und Löwenfratzen vorhanden.
Besonderer Dank gilt der Unteren Denkmalschutzbehörde der Stadt Schorndorf und dem Bauherren Herrn Horst Haag, der die Grabung unterstützte. Hervorzuheben ist auch der tatkräftige Einsatz von Mitgliedern des Heimatvereins Schorndorf.

Ralf Hartmayer

Das Haus der Willig Armen in Leonberg, Kreis Böblingen

Im November 2000 begannen die Sanierungsarbeiten in dem Gebäude Pfarrstraße 1 in Leonberg. Zukünftig soll hier das Stadtmuseum Leonberg mit dann erweiterten Räumlichkeiten eingerichtet werden. Das bestehende Gebäude war im Vorfeld bauhistorisch untersucht worden. Ältester Bauteil ist im Süden ein 1571 errichteter Fachwerkbau. Die Datierung konnte mit Hilfe der Dendrochronologie ermittelt werden. Interessanterweise ist dieser Bau in der recht guten Quellenlage zu dem Areal bisher nicht eindeutig nachzuweisen. Bekannt ist hingegen, dass hier die Lateinische Schule eingerichtet war. 1778/80 wurde das Gebäude umgebaut und durch einen Anbau beträchtlich nach Norden hin erweitert. Der Baukomplex bot damit Platz für die Lateinische und Deutsche Schule, sowie die Wohnungen des Präceptors und eines Collaborators. Im Zusammenhang mit dem Umbau wird in den Quellen ausdrücklich darauf hingewiesen, dass hierfür ein Haus, in dem früher die Nonnen wohnten, abgebrochen worden war. Es muss sich hier um das Gebäude einer so genannten Beginen-Sammlung handeln, die für Leonberg urkundlich bekannt ist.
Die Beginenbewegung entstand im 13. Jahrhundert im Zusammenhang mit dem von den Bettelorden geforderten Ideal der Besitzlosigkeit. Da der Zugang zu den großen Orden wie etwa Franziskaner oder Dominikaner im 14. Jahrhundert beschränkt war, schlossen sich Frauen auch außerhalb der Orden zu einem klosterähnlichen Leben zusammen, welches sich vor allem sozialen Aufgaben widmete. So auch die Beginen-Sammlung in Leonberg, deren Wirken ab 1350 in den Quellen nachweisbar ist und deren Sitz als Haus der Willig Armen bezeichnet wird. Die Leonberger Beginen schlossen sich erst 1484 dem Franziskanerkloster an, welches im Jahre 1467 in Leonberg eingerichtet worden war. Um 1560 löste sich im Zuge der Reformation auch diese Beginen-Sammlung auf. Die Gebäude wurden zur Schule umgenutzt und 1571 mit dem oben genannten Neubau erweitert.
Bei den jetzigen Fundamentierungsarbeiten für einen kleineren Anbau im Osten wurden nun überraschend verschiedene Mauerwerke aufgedeckt, die auf Veranlassung des Landesdenkmalamtes entsprechend untersucht wurden (Abb. 189). Es handelt sich um Fundamentmauerwerke eines größeren Baukomplexes, der im 15. Jahrhundert errichtet worden ist und damit um die Reste des ehemaligen Beginenhauses in Leonberg (Abb. 190). Nach den bisherigen Erkenntnissen zeichnet sich im Norden ein größerer Baukörper mit Innenteilungen ab, an den sich südlich ein gepflasterter Hofbereich anschließt. Der Bau besaß mehrere Kellerräume, da zumindest Teile der heutigen Kelleranlagen bereits in dieser Zeit entstanden sind. Im nordwestlichen Erdgeschossraum konnte ein qualitätvoller Gussestrich aus Ziegelsplitt festgestellt

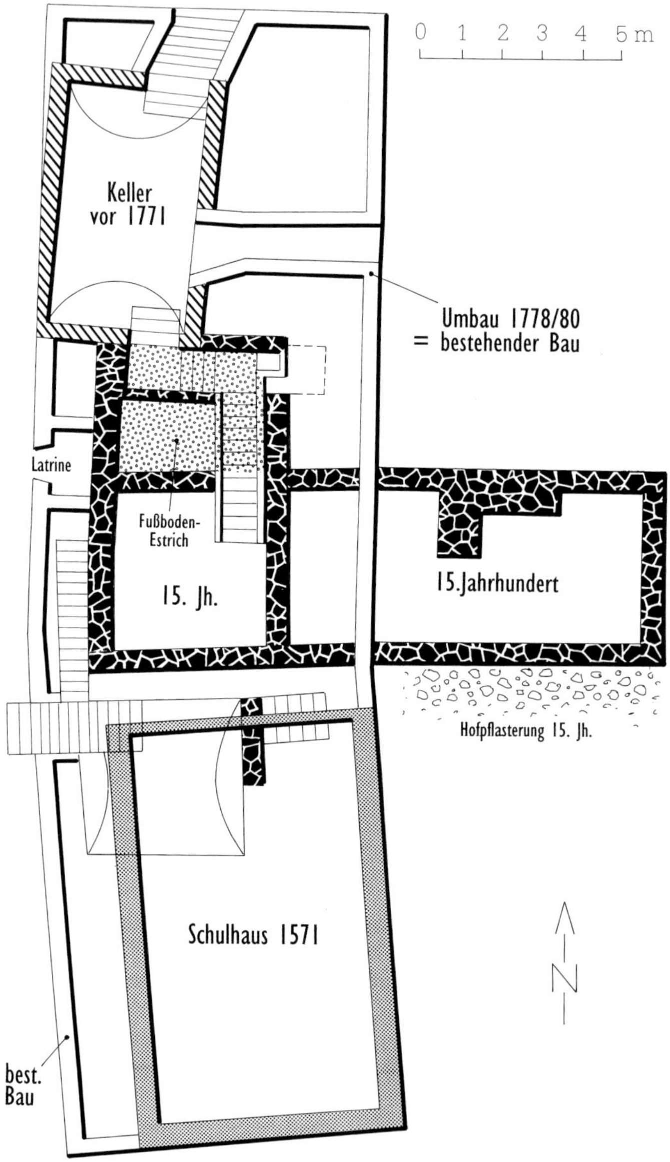

Abb. 189 Leonberg. Gesamtplan der Befunde.

werden. Im Fundmaterial taucht mit Fragmenten von Töpfen und Deckeln lediglich einfache Gebrauchskeramik der reduzierend grau gebrannten Waren auf. Da die jetzigen Umbaumaßnahmen in der Pfarrstraße 1 noch nicht abgeschlossen sind, ist mit weiteren Befunden zu rechnen, die das Bild dieses klosterähnlichen Beginenanwesens noch vervollständigen dürften.

Nach der erwähnten Umnutzung und Erweiterung im 16. Jahrhundert erfolgte der endgültige Abbruch des ehemaligen Beginenhauses für den großen An- und Umbau des Schulgebäudes erst 1778. Lediglich Teile der älteren Kelleranlagen sind hierbei mitverwendet worden. Bemerkenswerterweise fand sich im jüngeren, nachmittelalterlichen Fundmaterial auch ein grün glasiertes Tintenfässchen, welches zu einem so genannten Schreibset gehört und ein-

deutig im Zusammenhang mit dem damaligen Schulbetrieb zu sehen ist.
Ältere Befunde, die über das 15. Jahrhundert hinausgehen, sind bisher nicht erfasst, da das Areal für den damaligen Bau beträchtlich aufplaniert worden war und mit älteren archäologischen Schichten in Tiefen zu rechnen ist, die von der momentanen Baumaßnahme nicht berührt werden. Generell muss aber jetzt davon ausgegangen werden, dass im Umfeld der Pfarrstraße 1 in Leonberg ein Bodendenkmal von besonderer stadtgeschichtlicher Bedeutung vorliegt.

Michael Weihs

Abb. 190 Leonberg. Ansicht der Mauerwerke im Außenbereich.

Von Wohntürmen und Weinkellern – Archäologische Beiträge zur Geschichte der Stadt Pforzheim

Die ehemalige markgräflich-badische Residenz Pforzheim gehört zu den vielen Orten Deutschlands, in denen nach den Zerstörungen des Zweiten Weltkriegs und – mehr noch – der folgenden städtebaulichen Umgestaltung historische Strukturen im Stadtbild kaum noch ablesbar sind. Es ist nicht zuletzt Sache der Archäologie, der Kenntnis der mittelalterlichen und frühneuzeitlichen Stadt durch Untersuchung bislang von der Bautätigkeit der Nachkriegsjahrzehnte unberührter Flächen kleine Mosaiksteinchen hinzuzufügen.
Eine solche Untersuchung wurde im Jahr 2000 durch einen Bibliotheksneubau an der Südseite des Rathauses veranlasst. Hier befand sich einst ein südöstlich an den alten Marktplatz anschließendes, von Deimling-, Reuchlin-, Schul- und Gymnasiumstraße umgrenztes, kleinparzelliertes Quartier. Nach dem Krieg zunächst noch im alten Straßennetz wieder aufgebaut, kam es erst in den Siebzigerjahren mit Rathausneubau und einer neuen, „autogerechten“ Straßenführung zu einer tief greifenden Umgestaltung des Areals. Die Schließung der entstanden Freiflächen blieb als „städtebauliche Reparaturmaßnahme“ lange ein Desiderat und wurde nun mit besagtem Neubau der Stadtbücherei in Angriff genommen.
In östlicher Nachbarschaft dieses Quartiers befand sich ehemals das im 13. Jahrhundert gegründete Dominikanerkloster St. Stephan, in dessen Bereich bereits 1996 im Vorgriff auf die langfristig geplanten städtebaulichen Maßnahmen zwei Teilflächen archäologisch untersucht wurden.
Die Untersuchungsfläche des Jahres 2000 (Abb. 191) lag auf ursprünglich sanft nach Süden zur Nagold hin abfallendem, in jüngster Zeit jedoch stark überformtem Terrain.
Unmittelbar unter den landschaftsgestaltenden Aufschüttungen der Grünanlage fanden sich aber auch noch Reste der im Zweiten Weltkrieg untergegangenen Quartiersbebauung. Neben einigen neuzeitlichen Latrinen handelte es sich im Wesentlichen um Teile eines gepflasterten Stichweges, der das Quar-

tier von der Gymnasiumstraße her erschloss; sowie um die östlich anschließenden Baureste des Anwesens Gymnasiumstr. 7 in Gestalt von Fundamenten, Türschwellen, Hofpflaster, Wasserleitungen, Brunnen etc. (Abb. 192). In einem leicht eingetieften Raum stießen die Ausgräber auf materielle Zeugen der Kriegsereignisse. Haushaltsgegenstände aus Porzellan, Glas und Keramik waren in jenen Tagen zusammengetragen und an diesem vermeintlich sicheren Ort deponiert worden. Auf dem Boden stehend fanden sich hier zahlreiche Flaschen – einst gefüllt mit Sprudel, Bier oder Wein (Abb. 193). Auch an anderen Stellen konnten aus Kriegstrümmern zahlreiche Weinflaschen gesammelt werden. Manche enthielten – der Form nach zu schließen – Rotweine aus Bordeaux, auf anderen war die mitgegossene Aufschrift französischer Winzergenossenschaften erhalten. Dies zeigt nicht nur das Qualitätsspektrum des betreffenden Weinkellers an, sondern wirft auch ein kleines Schlaglicht auf kulturelle Beziehungen, die in friedlicheren Tagen zwischen den späteren Kriegsgegnern – Pforzheim wurde im April 1945 durch französische Truppen eingenommen – bestanden.

Von den neuzeitlichen Befunden seien hier die Einrichtungen zur Wasserver- und -entsorgung hervorgehoben. Im Hinterhof der Gymnasiumstraße 7 konnte ein sorgsam ausgemauerter Brunnen festgestellt werden (Abb. 192). Seine Mündung bezog sich offensichtlich auf das Hofniveau, doch schien er im Zweiten Weltkrieg bereits verfüllt gewesen zu sein. Zumindest theoretisch funktionsfähig war bis zu dieser Zeit dagegen ein in Sandsteinplatten und -quader gefasster Kanal, der mit einer von Westen einmündenden Stichleitung das Abwasser auf diesem Anwesen nach Süden zur Enz hin abführte. Gleicher Bauart war eine westlich unter der oben genannten Stichgasse in etwa parallel verlaufende Leitung. Noch weiter westlich verlief ein weiterer, größer dimensionierter Abwasserkanal von Nord nach Süd durch die Grabungsfläche.

Eine weitere Entsorgungseinrichtung wurde in Gestalt eines durch die Baugrube knapp angeschnittenen gemauer-

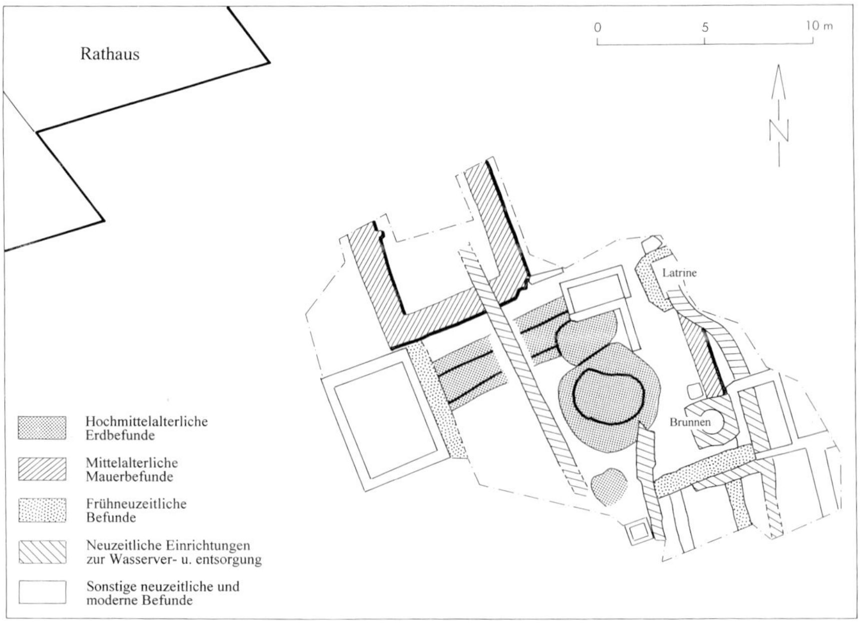

Abb. 191 Pforzheim, Bibliotheksneubau. Plan der ergrabenen Befunde.

Abb. 192 *Pforzheim, Bibliotheksneubau. Übersicht über die Grabungsfläche.*

ten Latrinenschachtes (Abb. 191, 192) angetroffen. Zur immerwährenden Freude der Archäologen dienten Latrinen den Stadtbewohnern nicht nur zur Verrichtung ihrer Notdurft, sondern auch als Endlager für unbrauchbar gewordene Haushaltsgegenstände. Im vorliegenden Fall sind dabei die zahlreichen Glasfunde hervorzuheben (Abb. 194). Neben zerscherbten Hohlgläsern konnten auch Fragmente von Butzenfenstern und Scheibenglas geborgen werden. Das Typenspektrum weist in das erste Drittel des 16. Jahrhunderts (Bestimmung: Ch. Prohaska-Gross). Über den chronologischen Aspekt hinaus belegen diese Funde den materiellen Wohlstand der Bewohner des untersuchten Quartiers und liefern so wertvolles archäologisches Quellenmaterial zur Rekonstruktion der urbanen Sozialtopografie. Im Falle der entdeckten Latrine scheinen sich archäologischer und historischer Befund zu decken, sind in diesem Quartierbereich doch nicht weniger als drei – allesamt schon im 16. Jahrhundert erwähnte – Wohnsitze adeliger Familien zu lokalisieren.

Ältester Befund im Ostteil der Grabungsfläche ist eine 0,9 m breite Schalenmauer (Abb. 191, 192) mit östlich anschließendem Steinpflaster, beides überlagert durch den bereits erwähnten Abwasserkanal. An seinem Südende wird der Mauerzug durch den Brunnenschacht, am Nordende dem Anschein nach von der Latrine geschnitten. Stratigrafie und Machart deuten auf eine mittelalterliche Zeitstellung hin. Das zugehörige Gebäude ließ sich nicht mehr rekonstruieren.

Dies gelang bei einem etwas weiter westlich am nördlichen Grabungsrand aufgedeckten Befund. Das an drei Sei-

Abb. 193 Pforzheim, Bibliotheksneubau. Detailansicht eines im Zweiten Weltkrieg zerstörten Hintergebäudes.

ten erfasste, 7,5 m breite und mindestens ebenso tiefe Geviert aus 1–1,2 m dickem Schalenmauerwerk (Abb. 191, 192) ist mit großer Sicherheit als Überrest eines mittelalterlichen Wohnturms zu deuten. Nur wenig nördlich davon wurden im Jahre 1955 die im Aufgehenden noch beträchtlichen Reste eines Wohnturmes aus spätromanischer Zeit abgetragen. Somit verdichten sich die Hinweise, dass ebenso wie in zahlreichen anderen mittelalterlichen Städten Süddeutschlands auch in Pforzheim die Bebauungsstruktur in den Frühphasen der Stadtentwicklung durch große Grundstücke mit rückwärtig darin errichteten Wohntürmen wohlhabender Familien geprägt war. Der Turm war spätestens im 17./18. Jahrhundert bis auf die Grundmauern abgetragen worden, die Mauerreste wurden als Fundamente jüngerer Bauten genutzt.

In weiten Teilen der Grabungsfläche kam unmittelbar unter den modernen Aufschüttungen eine humose Kulturschicht zutage. Der allergrößte Teil der daraus geborgenen Keramik ist dem 12.–14. Jahrhundert zuzuweisen. Erst nach Abhub dieser Schicht zeichneten sich südlich des Wohnturmes der Abschnitt eines Westsüdwest-Ostnordost verlaufenden, rund 2 m breiten Spitzgrabens und eine ganze Reihe großflächiger Gruben ab. Eine dieser Gruben schnitt den Graben, doch dürfte der zeitliche Abstand zwischen den Befunden nicht allzu groß sein. Sie enthielten allesamt typologisch recht einheitliche Scherben der Älteren grautonigen Drehscheibenware des (11.)/12. Jahrhunderts. Aus einer der Gruben konnten zudem Teile eines „nachgedrehten" Topfes aus dem späten 12. Jahrhundert geborgen werden (Bestimmung der Keramik: U. Gross). Die Gruben sind möglicherweise mit handwerklichen Aktivitäten in Verbindung zu bringen. Für die Identifikation etwa als Gerbergruben fehlen indes charakteristische Funde.

Stratigrafisch ließ sich das zeitliche Verhältnis der genannten Erdbefunde zum Wohnturm nicht klären, doch gibt es Gründe für die Annahme, dass Erd- und Steinbefunde zwei verschiedene Siedlungsphasen repräsentieren. Im mittelalterlichen Stadtbild Pforzheims ist eine Konzentration von Adelssitzen im Umfeld des Dominikanerklosters zu verzeichnen. Sollte die Nähe des Klosters wirklich bestimmender Faktor bei der Ortswahl gewesen sein, so wäre eine Entstehung des Wohnturmes und damit einhergehend ein Nutzungswandel in dem Quartier vor dem fortgeschrittenen 13. Jahrhundert kaum denkbar. Unabhängig von diesen Fragen ist festzustellen, dass der Spitzgraben als ältester aufgedeckter Befund in seiner Orientierung dem mittelalterlichen Straßennetz folgt. Seine Entstehung dürfte daher ebenso im Rahmen einer planmäßigen Stadtanlage zu sehen sein, wie ein Teil der 1996 weiter nordöstlich entdeckten vorklosterzeitlichen Siedlungsbefunde. Dies ist ein weiterer archäologischer Beleg für die auch seitens der Historiker geäußerte Annahme, dass die Neustadt unterhalb der Burg schon urbane Züge aufwies, bevor Pforzheim zwischen 1217/18 und 1227 an die Markgrafen von Baden fiel. Archäologische Hinweise auf eine Besiedlung in den Epochen vor dieser staufischen Gründungsstadt liegen lediglich in Gestalt weniger verlagerter Keramikscherben aus merowingischer bis spätkarolingisch-ottonischer Zeit vor.

Folke Damminger

Abb. 194 Pforzheim, Bibliotheksneubau. Glasfunde des 16. Jhs. aus der Latrine.

Literaturhinweise

D. Lutz, Archäologische Befunde zur Stadtentwicklung von Durlach im Vergleich zu Bruchsal, Ettlingen und Pforzheim. In: Staufische Stadtgründungen am Oberrhein. Oberrheinische Stud. 16 (Sigmaringen 1998) 111 ff., bes. 143 ff.; ders., Arch. Ausgr. Baden-Württemberg 1996, 284 ff.; H.-P. Becht (Hrsg.), Pforzheim im Mittelalter. Studien zur Geschichte einer landesherrlichen Stadt. Pforzheimer Geschbl. 6 (Sigmaringen 1983) 39 ff.; Ch. Timm, Pforzheim um 1500 – Zur Topographie einer verschwundenen Stadt. In: Pforzheim zur Zeit der Pest (Pforzheim 1993) 29 ff., bes. 35 ff.; O. Trost, Die Adelssitze im alten Pforzheim. Pforzheimer Geschbl. 1, 1961, 82 ff., bes. 90 f; 106 f.; S. M. Haag, Archäologischer Stadtkataster Pforzheim (im Druck).

Konstanz, Marktstätte 13 und das *„pontomium constructum“* König Philipps von Schwaben

Der Neubau eines Kaufhauses anstelle eines älteren Gebäudes, von dem nur die klassizistische Fassade zur Marktstätte erhalten blieb, schuf die Notwendigkeit, sich erneut mit dem mittelalterlichen Hafen von Konstanz zu beschäftigen. Die etwa sieben Monate dauernde Untersuchung beschränkte sich auf die Areale, bei denen größere Bodeneingriffe durch die Baumaßnahme zu erwarten waren (Abb. 195). Die übrigen Bereiche wurden nur in der Fläche aufgenommen oder durch Profile dokumentiert. Trotz der im Bereich einer Rolltreppenunterfahrt angetroffenen Hausbefunde mit einer sehr fein differenzierten Stratigrafie, die überraschenderweise unmittelbar unter dem Fußboden des abgebrochenen Gebäudes ansetzte, und den knappen Zeitvorgaben gelang es, die Entwicklungsgeschichte des Geländes in groben Zügen zu klären.

Es zeigte sich, dass die Flachwasserzone des Bodensees hier ursprünglich ein starkes Relief aufwies. Ein Sporn mit einer Oberkante bei 397,00 m über NN fiel nach Süden im Bereich der Schnitte 5–7 auf 395,70 m ab. Auch nach Norden zeigte sich ein Abfall zur heutigen Marktstätte hin. Offenbar war diese Geländeerhebung der Anlass für die Standortwahl des Hafens, der die alten Landeanlagen des 10./11. Jahrhunderts weiter nördlich in Nähe des Münsterhügels und von St. Stephan ersetzen sollte. Mit wenig Aufwand konnte das Gebiet hier trocken gelegt und als Plattform zur Abwicklung der Hafengeschäfte hergerichtet werden. Die Becken im Norden und Süden dienten zum Einlaufen der Schiffe. Im Sü-

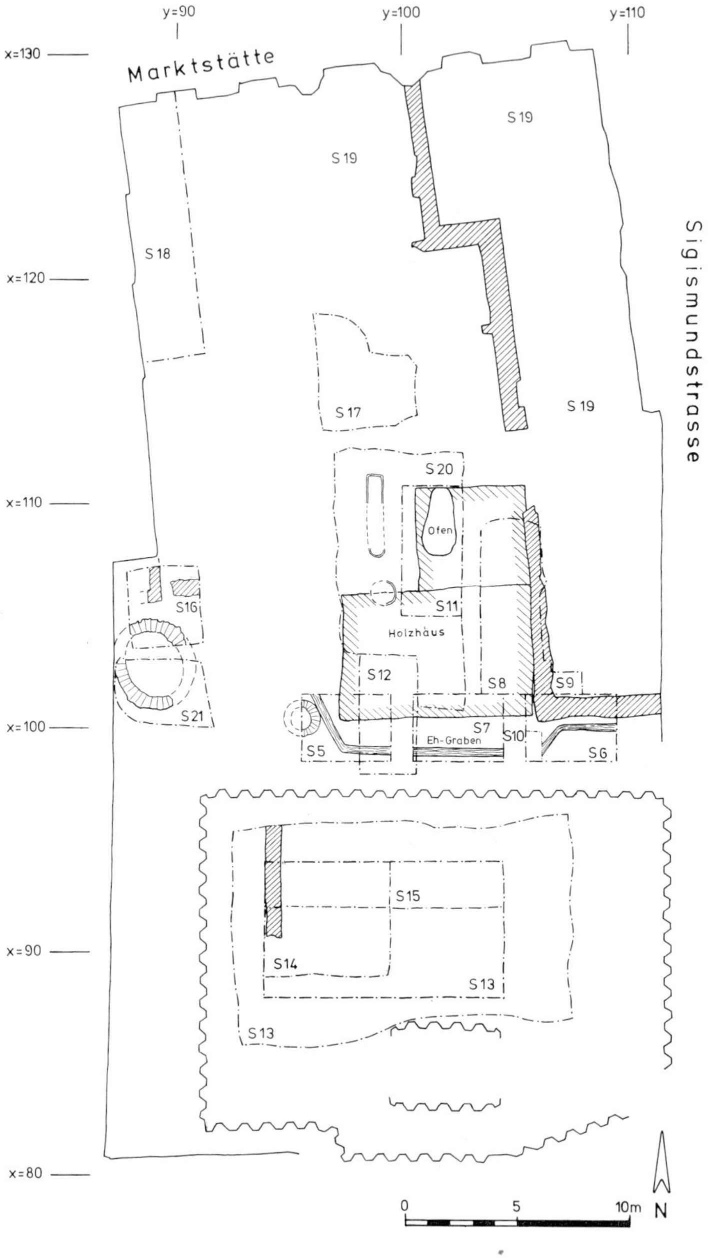

Abb. 195 Konstanz, Markstätte 13. Grabungsplan mit Schnitten, Steinmauern (schraffiert), Holzgebäuden sowie Ver- und Entsorgungseinrichtungen.

den war der Abfall der Plattform zum Becken hin künstlich steiler gemacht worden. Obwohl sich keine Spuren einer hölzernen oder steinernen Hangbefestigung mehr nachweisen ließen, spricht die starke, extrem erosionsgefährdete Neigung des Hangs für das Vorhandensein einer Schutzvorrichtung, die später entfernt worden ist. Nach Westen endete das südliche Hafenbecken an einer Palisade aus senkrecht eingetriebenen Holzbohlen. Diese ließ sich nur in Schnitt 5 nachweisen, so dass ihr Verlauf und ihre Länge ungewiss sind. Wahrscheinlich fassen wir damit eine Einrichtung zum Anlanden der Schiffe. Das Hafenbecken im Süden wurde im Zuge der Erweiterung des Hafendamms Richtung Osten nach und nach mit humosem Erdmaterial aufgefüllt, das viele Tierknochen, aber fast keinen Haushaltsmüll aus Holz oder Keramik enthält.

Auf der Hafenplattform wurde ein Holzhaus angetroffen, das um 1200 erbaut und im späten 13. Jahrhundert aufgegeben wurde. Es wurde an derselben Stelle unter anderem nach einem Brand mehrfach erneuert, in der letzten Phase besaß es vermutlich ein schmales Steinfundament. Aufgrund von Störungen sind die Grenzen des Hauses nur im Süden und im Westen eindeutig festzulegen. Das Gebäude besaß einen winkelförmigen Grundriss. Im südlichen Teil war es auf einem Rost aus Schwellbalken errichtet, der das Fundament für die Außenwände und im Hausinneren den Unterbau für den Fußboden gebildet hat. In dem nach Norden gerichteten Gebäudeteil oder Anbau konnten mit Ausnahme eines Schwellbalkens, der den Westabschluss bildete, keine Hölzer nachgewiesen werden. Hier befand sich ein im Grundriss ovaler Backofen mit nördlich vorgelagerter Arbeitsgrube. Die Kuppel war aus Lehm errichtet, die Backfläche bestand aus verstrichenem Kalk. Der Backofen ist mindestens einmal erneuert worden. Unklar ist, ob das Gebäude nutzungsbedingt in unterschiedlichen Bauformen errichtet wurde oder ob der Bereich mit dem Backofen nur mit einem leichten offenen Anbau beziehungsweise einem Wetterschutz angeschlossen war. Zusammengefasst werden die Teile durch eine Kiespackung, die mit den Balken eingebracht worden ist und flächig nachgewiesen werden konnte.

Abb. 196 Konstanz, Markstätte 13. Blick von Süden auf den ebenerdigen Ausguss in der Südwand des Steinhauses. Er leitete Abwässer unmittelbar in den Ehgraben und damit in den Bodensee.

Unmittelbar nordwestlich des Anbaus in Schnitt 17 lagen drei Feuerstellen in einem Lehmestrich. Dieser war wohl nicht unmittelbar der Witterung ausgesetzt, da er bei Nässe kaum begehbar ist. Zugehörige Hausbefunde ließen sich nicht nachweisen, als Überdachung kommen Zelte oder andere kaum in den Boden eingreifende Leichtbauten wie hölzerne Buden in Frage. Ansonsten waren keine Befunde vorhanden, die zu den Tätigkeiten an dieser exponierten Stelle Aufschluss geben könnten. Mit ziemlicher Wahrscheinlichkeit kann hier also nur von einer lockeren und sehr leichten Bebauung ausgegangen werden.

Im späten 13. Jahrhundert wird das südliche Hafenbecken aufgefüllt, der Hafen offenbar weiter nach Osten vorgeschoben. Im Laufe des 14. Jahrhunderts wird das Gelände dichter bebaut. Die mehrgliedrigen Steingebäude, die nur ansatzweise erfasst werden konnten, sind deutlich anders orientiert. Ihre leicht von der Nord-Süd-Achse abweichende Strukturierung zeigt eine Ausrichtung zur Marktstätte hin, die Sigismundstraße spielte keine Rolle. Wie die Lage vor allem des Hinterhauses zeigt, war diese Nord-Süd-Verbindung damals wohl noch nicht vorhanden, sondern überbaut (Abb. 195).

An Ver- und Entsorgungseinrichtungen ist zunächst ein Ehgraben zu nennen. Dieser kam aus nordwestlicher Richtung und knickt in Schnitt 5 in Richtung Bodensee ab. Ursprünglich bestand er aus einem einfachen Graben, später ist er dann mit einer Holzrinne ausgelegt worden. Der Verlauf des Ehgrabens ist einmal verlegt worden, offenbar um unmittelbar die Abwässer einer Ausgussvorrichtung im Erdgeschoss des südlichsten Steinhauses aufzunehmen (Abb. 196). Ansonsten fanden sich in rückwärtiger Lage ein in letzter Funktion als Latrine genutztes Fass, daneben eine holzausgesteifte Latrine von langrechteckigem Grundriss. Mit einem Steinring versehen war eine Anlage in Schnitt 5, deren Nutzung offen bleiben muss. Ebenfalls in Stein gefasst und in der zweiten Hälfte des 16. Jahrhunderts als Abortgrube genutzt, war ein Schacht in Schnitt 21, der ein reiches Fundensemble aus Glas und Keramik enthielt.

Die Beobachtungen zur frühen Nutzung dieses Quartiers ergänzen ältere Grabungen, die auf der Marktstätte und im Areal Sigismundstraße, Dammgasse und Rauenegggasse durchgeführt wurden. Der entdeckte Sporn in der Flachwasserzone des Bodensees zeigt den Grund für die Auswahl des Hafenstandorts: ein hoch gelegenes Plateau, das mit wenig Aufwand trocken gelegt werden konnte, an beiden Seiten von tiefen Becken begleitet. Er stellt den Vorläufer und gleichzeitig den Ausgangspunkt der unmittelbar westlich künstlich aufgeschütteten und von einer Kaimauer umgebenen Plattform dar, deren Erbauung am Ende des 13. Jahrhunderts durch ein Dendrodatum gesichert ist. Es dürfte sich dabei um das zwischen 1198 und 1206 in einem Privileg von König Philipp von Schwaben für den Bischof von Konstanz genannte *„pontomium constructum"* handeln. Der in der Urkunde gewählte Begriff deutet auf einen künstlich angelegten Hafen und nicht auf eine natürliche Landestelle hin.

Die Ausgrabungen haben gezeigt, dass an Infrastruktur wohl nur mit einer lockeren Bebauung zu rechnen ist. Neben dem hier entdeckten Holzhaus wurde bei Untersuchungen Anfang der Neunzigerjahre auf der Markstätte in etwa 30–40 m Entfernung ein weiteres Holzgebäude freigelegt. Es war im zweiten Viertel des 12. Jahrhunderts entstanden und bei unbekannter Breite 22,5 m lang. Nach einem Brand wurde es um 1200 durch ein leichtes Fachwerkhaus auf Holzschwellen ersetzt. Beide Häuser dürften Vorläufer der in unmittelbarer Nähe errichteten Alten Metzig, einem als Schlachthaus dienenden großen Steingebäude, gewesen sein, das erst im 18. Jahrhundert abgerissen worden ist. Die Schlachtabfälle haben wohl auch die Auffüllschichten des 12. Jahrhunderts im südlichen Hafenbecken mit ihren zahlreichen Tierknochen geprägt. Es dürfte sicher kein Zufall sein, dass der zweite Holzbau durch den Backofen ebenfalls mit der Verarbeitung von Lebensmitteln in Verbindung gebracht werden kann. Hier scheint bereits um 1200 ein Dualismus von Bäckerei und Metzgerei gegeben, den, allerdings mit leicht verlagerter Topografie, die Schriftquellen erst für das Spätmittelalter als typisch für den großen Konstanzer Lebensmittelmarkt an der Marktstätte beschreiben.

Ralph Röber

Literaturhinweise

M. Dumitrache, Der Konstanzer Hafen im 12. bis 14. Jahrhundert im Lichte der archäologischen Ausgrabungen auf der Marktstätte und in der Brotlaube. In: M. Gläser (Hrsg.), Archäologie des Mittelalters und Bauforschung im Hanseraum. Festschrift G. P. Fehring (Rostock 1993) 331–340; H. Maurer, Über Häfen des hohen Mittelalters am Bodensee. In: Arch. Landesmus. Baden-Württemberg (Hrsg.), Einbaum, Lastensegler, Dampfschiff. ALManach 5/6 (Stuttgart 2000) 177–183; R. Röber, Konstanz und seine Häfen. Ebd. 185–213.

Archäologische Untersuchungen in der Charlottenstraße in Ravensburg

Im Rahmen von Sanierungsvorhaben im nordwestlichen Bereich der spätmittelalterlichen Stadterweiterung von Ravensburg waren auch für das Gebäude Charlottenstraße 34 umfangreiche Umbaumaßnahmen vorgesehen. Neben der Instandsetzung und Modernisierung des großen, zweigeschossigen Gebäudekomplexes war auch eine Tiefgarage im rückwärtigen Gartenbereich des Quartiers vorgesehen. Um eine qualifizierte Stellungnahme zum Tiefgaragenprojekt abgeben zu können, wurden 1995 schon im Stadium der Vorplanung Sondagen durchgeführt. Dabei galt das Augenmerk insbesondere der Frage nach einer älteren, möglicherweise auch vorstädtischen Bebauung.

Sehr schnell zeigte sich, dass im Untersuchungsgebiet keine mittelalterlichen Straten angetroffen wurden. Unter einer starken Humusschicht, die eine langfristige Nutzung des Geländes als Garten belegt, deckten Planierschichten von 0,3–0,5 m Mächtigkeit eine ältere, stark humushaltige Oberfläche ab. Hierbei handelte es sich offenbar um die alte landwirtschaftliche Nutzfläche, die erst im Zuge der Stadterweiterung überbaut wurde. Vereinzelte schmale Fundamente, die bei der Sondage angetroffen wurden, waren alle in die oberen Planierschichten eingetieft und gehörten zu neuzeitlichen Schuppen.

Die ursprünglich geplante Koppelung von Umbau des bestehenden Gebäudes und Neubau der Tiefgarage wurde aufgegeben und die Umbauplanung vorgezogen. Die Charlottenstraße 34, die ehemalige Frauenarbeitsschule, präsentiert sich als großes, frei stehendes Gebäude in einem Stadtgebiet, das durch eine geschlossene Bebauung der Straßenzüge gekennzeichnet ist. Die Stadtgeschichtsforschung vermutet, dass es mit dem 1507 genannten neuen Kornhaus der Leprosen zum Heiligen Kreuz identisch ist, wodurch die ungewöhnliche Größe erklärbar wäre. Ein Blick auf den Primärkataster der Stadt Ravensburg aus dem Jahr 1825 lässt erkennen, dass das Gebäude ursprünglich mit einem westlich angrenzenden, schmäleren Gebäude zusammengebaut war und nur im Norden und Osten von einem Hofraum umgeben war. Auch die historischen Stadtansichten zeigen diese bauliche Situation.

Bestandteil der Umbauplanung des Gebäudes Charlottenstraße 34 war ein großer Anbau im Westen. Da dort nach Aussage der historischen Quellen ein spätmittelalterliches Haus stand, wurden zuvor archäologische Untersuchungen durchgeführt, um Aussagen zu Grundriss und Bauzeit des im 19. Jahrhundert abgebrochenen Gebäudes zu erhalten. Nach Abtrag des Oberbodens traten mehrere Mauerzüge zutage, die mit der ursprünglichen Bebauung im Zusammenhang standen (Abb. 197). Es zeigte sich indessen rasch, dass keine Aussagen zur Bauzeit des Hauses möglich waren, da durch die spätere Gartennutzung alle Schichtzusammenhänge zerstört waren.

Die freigelegten Mauerzüge ließen eine Zweiteilung des Hauses erkennen. Von der Giebelwand des bestehenden Gebäudes zog eine schmale, nur etwa 0,45 m breite Mauer nach Westen, sie bildete die Nordwand eines deutlich kleineren Hauses. Von ihr zweigte in einem Abstand von 4 m eine Mauer nach Süden ab, die das ältere Haus unterteilte. Westlich dieser Querwand lag unter dem Oberboden ein mächtiges Bauschuttpaket. Beim Abgraben stellte sich heraus, dass der Westteil des Hauses unterkellert war und dass der Keller

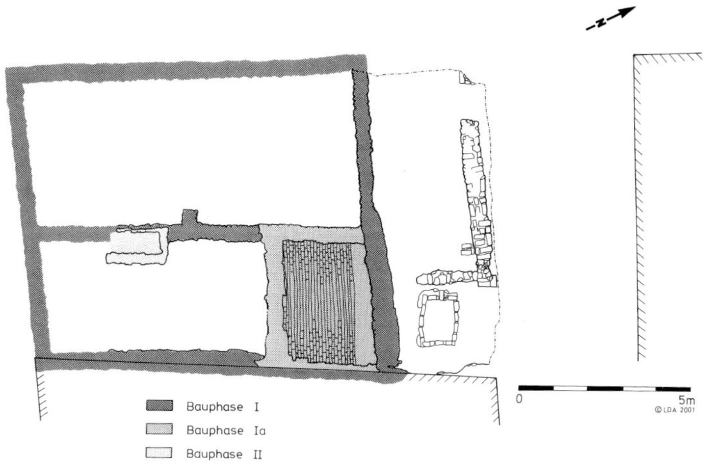

Abb. 197 Ravensburg, Charlottenstraße 34. Gesamtplan der Grabungsbefunde.

beim Gebäudeabbruch mit Bauschutt verfüllt worden war. Aus Sicherheitsgründen konnte der Keller nur etwa zur Hälfte ausgeräumt werden, der westliche und der südliche Teil mussten ausgespart bleiben, da sonst Gefahr für die unmittelbar angrenzenden Straßen bestanden hätte. Die Umfassungswände des Kellers bestanden ausschließlich aus Schottern, nur im Bereich späterer Ausflickungen fanden sich Backsteine und Ziegel. Die Mauern sind frei aufgebaut worden, sie weisen auf der Kellerseite einen geradlinigen Verlauf auf. Der unregelmäßige Verlauf der Rückseiten belegt, dass die Mauern gegen das anstehende Erdreich gebaut wurden. Der Fußboden des Kellers lag etwa im Bereich der Mauerunterkante, das heißt, die Kellerwände besaßen keine zusätzlichen Fundamente.

Etwa 1,9 m über dem Kellerboden weist die Ostwand einen schmalen Absatz auf, auf dem ursprünglich wohl ein Streichbalken lag. In der Ostwand des Kellers war eine rechteckige Nische, wohl eine Lichtnische, eingebaut, die ursprünglich mit Holzbrettern ausgekleidet war (Abb. 198). Der Zugang zum Keller erfolgte zunächst nur über eine Holztreppe. In einer Umbauphase wurde im südlichen Teil der Ostwand ein Ausbruch für eine Backsteintreppe geschaffen, die jedoch nicht bis zum

Abb. 198 Ravensburg, Charlottenstraße 34. Die Ostwand des Kellers mit Lichtnische. Im Hintergrund der überwölbte Verbindungsgang zur ehemaligen Frauenarbeitsschule.

Kellerboden reichte. Die unteren 1,5 m mussten offenbar weiterhin mit einer Holztreppe überwunden werden.

Mit dieser Umbauphase steht möglicherweise eine weitere Baumaßnahme im Zusammenhang. Zwischen dem Keller und dem des anschließenden Gebäudes wurde ein 2,2 m breiter Durchbruch geschaffen und mit einem Backsteingewölbe überspannt. Die Scheitelhöhe des Durchgangs beträgt 2,6 m.

Außerdem wurde nun auch in der Nordwand eine Lichtnische ausgebrochen, die mit Backsteinen ummantelt wurde. Bevor der Keller aufgegeben und das Gebäude abgebrochen wurde, vermauerte man den Gang. Er konnte aber vom Nachbargebäude aus weiterhin als kleiner Keller genutzt werden.

Auch wenn kein aufgehendes Mauerwerk erhalten war, kann doch davon ausgegangen werden, dass die freigelegten Mauerzüge keineswegs zu einem massiven Steinbau gehörten. Es ist vielmehr davon auszugehen, dass die schmalen Umfassungswände einen Fachwerkbau trugen. Diese These wird durch einen Befund gestützt, der am Fundament des Westgiebels der ehemaligen Frauenarbeitsschule abzulesen war. Dort hatte sich das Streifenfundament des abgebrochenen Hauses erhalten. Deutlich waren auf ganzer Länge die Spuren einer Holzschwelle zu erkennen. Am Streifenfundament war auch nachzuweisen, dass das bestehende Gebäude gegen das Fachwerkhaus gebaut worden war. Somit lässt sich die Bauzeit des älteren Hauses eingrenzen. Es wurde eindeutig vor 1506/07 erbaut, denn diesen Zeitansatz haben dendrochronologische Untersuchungen für die Errichtung des bestehenden Gebäudes ergeben. Berücksichtigt man, dass sich in dem Wohnquartier noch eine Anzahl von Fachwerkgebäuden aus dem späten 14. Jahrhundert erhalten haben, darf für das abgebrochene Gebäude in der Charlottenstraße eine vergleichbare Zeitstellung angenommen werden.

Erhard Schmidt

Literaturhinweis

A. Dreher, Geschichte der Reichsstadt Ravensburg (Weißenhorn 1972).

Beobachtungen zur spätmittelalterlichen Bebauung in der Roßbachstraße 9–13 in Ravensburg

Die Roßbachstraße, in der Ravensburger Oberstadt gelegen, wird in der Stadtgeschichtsforschung als Teilbereich eines hochmittelalterlichen Gewerbegebietes angesprochen, in dem sich aufgrund des sie durchfließenden

Flattbachs insbesondere Gerber und Färber angesiedelt hatten, die dann im Zuge der Stadterweiterung in die Unterstadt zogen. Im Bereich der unteren Roßbachstraße soll ein umfangreiches Neubauprojekt realisiert werden. Dazu wurden neben einer schon seit der Nachkriegszeit vorhandenen Baulücke die angrenzenden Gebäude abgebrochen. Während es sich bei dem Gebäude Roßbachstraße 9 um einen neuzeitlichen Bau handelte, ergab eine bauhistorische Kurzuntersuchung der Roßbachstraße 13 eine mittelalterliche Entstehung des schmalen, langgestreckten Gebäudes. Ein massiver, zweigeschossiger Hausteil im Norden und ein südlich anschließender Fachwerkbau waren unter einem einheitlichen Dachstuhl aus dem Jahr 1406 vereint. Es kann nicht ausgeschlossen werden, dass der massive Bauteil einer älteren Bauphase angehört.

Sondagen und baubegleitende Beobachtungen bei Baumaßnahmen der gegenüber liegenden Randbebauung der Roßbachstraße ließen eine ungewöhnlich tief reichende Stratigrafie erkennen. Obwohl Tiefen von über 2,5 m erreicht wurden, konnte in keinem Fall der gewachsene Boden angeschnitten werden. Da die geplante Neubebauung auch eine Tiefgarage erhalten sollte, eröffnete sich die Chance, eine vollständige Stratigrafie zu erfassen. Zudem bot die unmittelbare Nähe des Flattbachs beste Erhaltungsbedingungen für organische Fundmaterialien.

Nachdem der Abbruchschutt abgeräumt und die oberste, vom Abbruch stark beeinträchtigte Schicht abgetragen war, zeigten sich völlig unerwartete stratigrafische Verhältnisse. Entgegen allen Erwartungen stand im größten Teil der Grabungsfläche schon der gewachsene Boden an. In den anstehenden Tuff waren neben verschiedenen Fundamenten Gruben unterschiedlicher Form und Größe eingetieft, die aber wegen der fehlenden Horizontalstratigrafie in keine chronologische Abfolge gebracht werden konnten und in der vorliegenden Betrachtung nicht weiter berücksichtigt werden. Erst nach Abschluss der Grabungen kann der Versuch unternommen werden, diese Befunde zu interpretieren.

Eine eingehendere Untersuchung der im nördlichen Grabungsbereich freigelegten Mauerreste erlaubt indessen eindeutige Aussagen zur mittelalterlichen Bauabfolge auf dem Grundstück. Der älteste erfasste Baukomplex liegt im Nordwesten auf der Parzelle Roßbachstraße 11. Es hatten sich von ihm die Umfassungswände eines langgestreckten Kellers erhalten (Abb. 199). Das in Zweischalentechnik aus größeren Wacken, Tuffsteinen und etwas Hohlziegel- und Backsteinbruch errichtete Fundament war 0,8–0,9 m breit. Es umschloss einen ursprunglich nicht unterteilten Raum von 9,5 m Länge und 5,2 m Breite. Aufgrund der Wandstärke kann davon ausgegangen werden, dass die Kellerwände einen massiven Steinbau trugen. In seinem Verlauf wies das Mauerwerk ein eigenartiges Detail auf: Während die Nordwand mit der Ost- und Westwand einen deutlich ablesbaren Eckverband bildete, fehlte dieser

Abb. 199 Ravensburg, Roßbachstraße 11. Der Keller der ältesten Bauphase in einer Übersichtsaufnahme.

an der Südwestecke. Hier stießen die Mauern stumpf aneinander und wiesen zudem einen merklichen Versatz auf. Es hat den Anschein, als wäre mit dem Bau des Kellers am südlichen Ende der Westmauer begonnen und dann fortlaufend die Nord-, Ost- und Südwand errichtet worden. Trotz der klaren Baufuge zwischen West- und Südwand liegt in diesem Fall jedoch keine Zweiphasigkeit des Bauwerks vor.

Die Umfassungswände des Kellers weisen noch in erheblichem Umfang einen grobkörnigen Wandputz auf, der teilweise bis zum Fußboden hinab erhalten war, der in etwa in Höhe der Mauerunterkanten lag. Am Mauerwerk der Ostwand zeigte sich eine bautechnische Eigenart, die schon bei anderen spätmittelalterlichen Kellerbefunden in Ravensburg beobachtet wurde. Das Fundament wurde nicht bis zu seiner Unterkante in voller Breite gebaut. Als zweischalige Mauer reichte es nur bis in die übliche Fundierungstiefe eines nicht unterkellerten Massivbaus, von da an abwärts bis zur Kellersohle wurde nur noch die Innenschale gebaut.

Die Ostwand des Kellers reichte 1,2 m über die Außenflucht der Südwand hinaus und endete dort stumpf. Ein vergleichbares Mauerstück ragte in einer Distanz von 3 m aus der Südwand, mit der es im Verband gemauert worden war. Die Funktion dieser beiden Maueransätze ist unklar, da der Bereich zwischen ihnen durch eine jüngere Baumaßnahme gründlich überformt worden war. Möglicherweise lag in diesem Bereich der ursprüngliche Kellerzugang.

An diesen Steinbau wurde im Osten ein weiterer Massivbau angebaut, der jedoch nicht unterkellert war. Von ihm haben sich die beiden untersten Steinlagen der Fundamente erhalten. Im ursprünglichen Baukonzept bildete die Ostwand des älteren Gebäudes die gemeinsame Zwischenwand. Da die Nordwand des jüngeren Baus etwas aus der Flucht versprang und nur eine geringe Anbindung an die des älteren Gebäudes aufwies, wurde ein strebepfeilerartiges Bauelement in die Nordwestecke eingestellt. Während das ältere Gebäude einen exakt rechteckigen Grundriss aufwies, ist der des jüngeren äußerst schiefwinklig. Das könnte darauf hinweisen, dass es eine Lücke zwischen zwei bestehenden Gebäuden ausfüllte.

Zu einem nicht näher bestimmbaren Zeitpunkt bildeten beide Häuser möglicherweise eine Besitzeinheit. Gestützt wird diese Vermutung durch einen Befund in der Ostwand des Kellers. Hier wurde eine Tür eingebrochen, die eine Verbindung zwischen beiden Häusern schuf. Erst als das westliche Haus aufgegeben und abgebrochen wurde, war es für die Eigentümer von Roßbachstr. 13 erforderlich, eine eigene Westwand aufzubauen.

Die bei den Untersuchungen in der Roßbachstraße freigelegten Baubefunde lassen eine Tendenz der Siedlungsentwicklung erkennen (Abb. 200). Offensichtlich wurden zunächst die rückwärtigen Bereiche mit massiven Steingebäuden bebaut. Wenn auch aufgrund der fehlenden Stratigrafie keine absolute Datierung dieser Bautätigkeit erfolgen kann, weist doch die Verwendung von Hohlziegeln und Backsteinen im Mauerwerk auf eine Entstehungszeit frühestens im späten 13. oder beginnen-

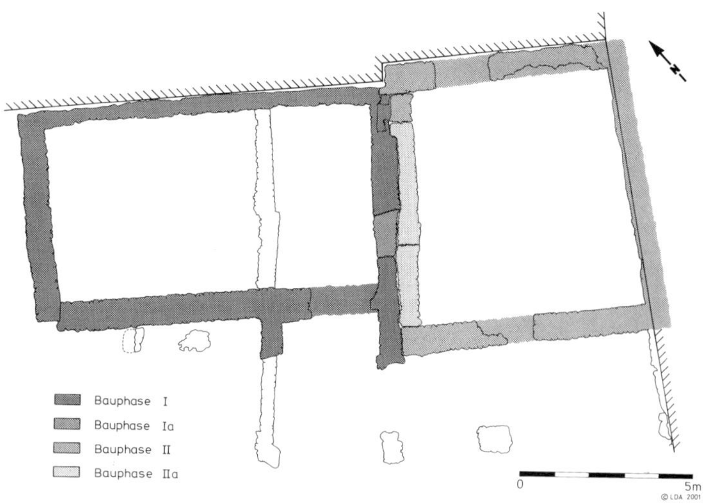

Abb. 200 Ravensburg, Roßbachstraße 9–13. Übersichtsplan der Steinbauabfolgen.

den 14. Jahrhundert. Die Erweiterung der Bebauung nach Süden in Richtung auf den Flattbach scheint erst eine spätere Ausbauphase darzustellen, die dann in Fachwerkbauweise erfolgte. Die Grabungsergebnisse belegen außerdem, dass das ganze Gelände in erheblichem Umfang abplaniert wurde. Diese Veränderung der Topografie erfolgte deutlich nach der Errichtung der Steingebäude, sie steht möglicherweise im Zusammenhang mit der Ausweitung der Bebauung nach Süden in Richtung auf den Bach.

Erhard Schmidt

Erste Ergebnisse der Ausgrabung am historischen Bruderhaus in Ravensburg

Im so genannten Salzstadelquartier, im nordwestlichen Eckbereich innerhalb der im 14. Jahrhundert ummauerten Stadterweiterung, befindet sich das Bruderhaus in Ravensburg. Die Bezeichnung „Bruderhaus“ steht für eine soziale Einrichtung, die ursprünglich im 15. Jahrhundert für zwölf Not leidende Bürger ins Leben gerufen wurde. Im Laufe der Jahrhunderte diente das Haus dieser Stiftung nicht nur verarmten Bürgern als Pfründnerheim, sondern auch als Isolierstation für Menschen mit ansteckenden Krankheiten und zur Unterbringung von Geisteskranken. Durch die ständig zunehmenden Aufgabenbereiche unzulänglich geworden, erwarb der städtische Armenfonds 1820 den benachbarten Bau des ehemaligen Kreiszuchthauses, in das die Institution 1823 umzog. Im gleichen Jahr wurde das alte Bruderhaus abgebrochen und der Name ging auf das neue Gebäude über.

Da der Urkataster der Stadt Ravensburg erst 1825 erstellt wurde, sind keinerlei genaue Informationen über Lage, Größe und räumliche Disposition des historischen Bruderhauses auf uns gekommen. Allein Kupferstichen der ersten Hälfte des 17. Jahrhunderts, z.B. von Mieser und Morell oder Merian, sind ungenaue und voneinander abweichende Angaben zur Lage und Größe zu entnehmen. Der Merian-Stich von 1643 (Abb. 201) zeigt das Bruderhaus (17) zwischen den Gebäuden des Zeughauses (16) und des Rappenstadels (13). Mit dem Projekt, das als Altersheim genutzte neue Bruderhaus zu einem modernen Altenpflegezentrum auszubauen und zu erweitern, bot sich für die Denkmalpflege die Gelegenheit, im Vorfeld der Baumaßnahmen eine archäologische Ausgrabung durchzuführen. Das zu untersuchende Areal erstreckt sich parallel zu den bereits bestehenden Bauten bis in den Bereich des Feuerwehrgeländes und wird nach Osten hin durch die „Untere-Breite-Straße“ begrenzt. Die noch fortlaufenden Ausgrabungsarbeiten sind seit September 2000 im Gange. Bislang konnten ca. 200 m² im westlichen, von der Straße abgewandten Bereich des Areals archäologisch unter-

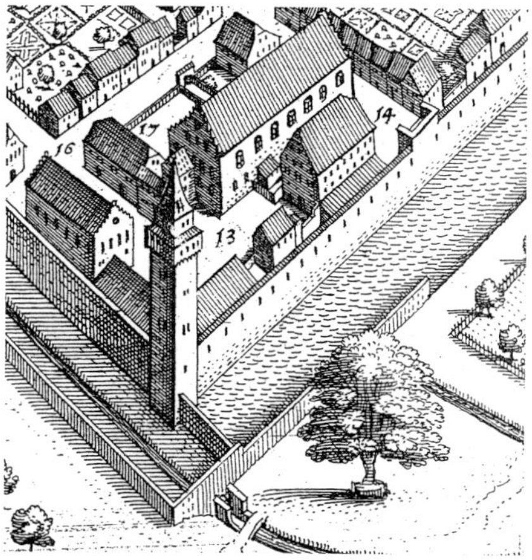

Abb. 201 Ravensburg. Ausschnitt aus dem Merian-Kupferstich von 1643. Das Bruderhaus (17) bestand bis 1823 zwischen den Gebäuden des Zeughauses (16) und des Rappenstadels (13).

sucht werden. Hierbei traten verschiedene Mauerfundamente zutage, die sich mindestens zwei unterschiedlichen Gebäuden zuordnen lassen. Zum einen handelt es sich dabei um einen langgestreckten Ost-West orientierten Bau, von dem die südliche und die östliche Außenmauer angeschnitten wurden. Über die genauen Maße können leider keine Angaben gemacht werden, da das Grabungsgelände im Westen nicht weiter ausgedehnt werden kann und im Norden ein moderner Abwasserkanal die Befundsituation stört.
Auf einem Teilbereich des Fundamentvorsprungs der Ostmauer ist ein weiteres Fundament aufgebaut. Mit diesem steht ein nördlich begrenzendes, Ost-West orientiertes Fundament im Verbund. Parallel dazu verläuft im Süden ein weiteres, das möglicherweise im Zusammenhang mit dem zweiten Gebäude zu sehen ist. In diesem Fall ist hier ein ummauerter Raum zu erkennen, dessen lichte Breite mit ca. 6 m anzugeben ist. Über die Längenausdehnung kann im ergrabenen Ausschnitt noch keine Aussage gemacht werden. Nach einem Protokoll, das im Jahre 1808 angefertigt wurde, könnte es sich bei diesem zweiten angeschnittenen Gebäude um den rückwärtigen Anbau des historischen Bruderhauses handeln. Auf der Grundlage der derzeitigen Erkenntnisse stellt sich folgender Ablauf dar: Zunächst wurde das westliche Gebäude errichtet, dann, daran angelehnt, das Ostfundament mitbenutzend, das zweite Gebäude. Viel früher als dieses wurde der erste Bau wieder niedergelegt. Über einen Teilbereich der Abbruchkrone erstreckt sich das Wackenpflaster einer spätestens im 17. Jahrhundert angelegten Straße (Abb. 202). Sie zieht zwischen dem ehemaligen Zeughaus, das später zum Kreiszuchthaus umgebaut wurde und heute das Altersheim „Bruderhaus“ beherbergt, sowie dem historischen Bruderhaus in Verlängerung der „Grünen-Turm-Straße“ Richtung Stadtmauer hindurch. Im Zusammenhang mit einer größeren Baumaßnahme hat man einen Bereich südlich des Wackenpflasters bis auf die Abbruchkrone des ersten Gebäudes abplaniert. Darauf wurde eine ausgedehnte Arbeitsfläche, die zum Mischen des Mörtels diente, angelegt. Bei dieser größeren Baumaßnahme könnte es sich möglicherweise um den urkundlich für das zweite Viertel des 18. Jahrhunderts belegten Umbau des Zeughauses zum Kreiszuchthaus handeln.
Bald darauf muss die Wackenpflasterstraße aufgegeben worden sein. Aus der allmählich darauf angewachsenen Kulturschicht stammen unter anderem drei kleine Münzen, von denen eine im Jahre 1684 geprägt wurde. Neben zahlreichen Keramikscherben, die das Spektrum der Geschirrkeramik des 17. bis 19. Jahrhunderts abdecken, traten aus dieser Schicht auch Glasfragmente von Warzenbechern zutage. Daneben sind noch zwei Kleingegenstände aus Ton anzuführen, der Kopf eines Püppchens aus hellem, oxidierend gebranntem Ton und ein kleiner reduzierend

Abb. 202 Ravensburg, Bruderhaus. Frühneuzeitliches Wackenpflaster mit angrenzender Backsteinpflasterung.

gebrannter Pferdekopf. Auch aus den Kulturschichten unter dem Wackenpflaster konnten zahlreiche Keramikscherben geborgen werden. Insgesamt ist das Material sehr klein zerscherbt. Auffallend ist hier, dass der Anteil an glasierten Waren gegenüber unglasierten zurücktritt. Nach grober Durchsicht handelt es sich um Töpfe, Henkeltöpfe, Dreibeingefäße, enghalsige Flaschen sowie konische Deckel. Mit zahlreichen Leisten- und Karniesrändern entspricht das Material der ab dem 14. Jahrhundert üblichen Geschirrkeramik. Im bisher ergrabenen Bereich fehlen ältere Funde und Befunde. Diese Tatsache deckt sich mit der Vorstellung, dass die Ravensburger Unterstadt erst mit der Stadterweiterung ab dem 14. Jahrhundert intensiv besiedelt wurde. Neben der Geschirrkeramik sei noch kurz auf die Ofenkeramik verwiesen. Aus einem bisher erst angeschnittenen Abbruchhorizont stammen Renaissancekacheln, die aufgrund ihrer Ausformung verschiedenen Zonen am Ofen, wie Bekrönung, Gesims oder Eckbereich zugeordnet werden können, sowie Blattkacheln, die Ofenflächen füllten.
Dieser kurze Abriss kann lediglich den vorläufigen Erkenntnisstand reflektieren. Viele Fragen müssen zum jetzigen Zeitpunkt noch offen bleiben und können erst mit dem weiteren Fortgang der Ausgrabungs- und Auswertungsarbeiten geklärt werden.

Iris Grunert

Literaturhinweise
B. Falk, Das Bruderhaus – ein Ort mit ungewöhnlicher Geschichte (Ravensburg 2000) 5–6; D. Ade-Rademacher/S. Mück, Mach Krueg, Haeffen, Kachel und Scherben. Arch. Inf. Baden-Württ. 11 (Stuttgart 1989) 24–25; D. Ade-Rademacher/R. Rademacher, Der Veitsberg bei Ravensburg. Forsch. u. Ber. Arch. Mittelalter Baden-Württemberg 16 (Stuttgart 1993) 112–125.

Untersuchungen auf dem Areal Neuer Graben/Deinselsgasse in Ulm

Von Mitte April bis Anfang Juli wurde auf ca. 800 qm an der Ecke Neuer Graben/Deinselsgasse im Vorfeld einer Tiefgaragenplanung das gesamte Gelände archäologisch untersucht (Abb. 203). Der Aufbau des gewachsenen Bodens, der von Herrn Richard Vogt begutachtet wurde, macht den zunächst eher siedlungsfeindlichen Charakter dieser Gegend deutlich. Über dem gelblichen Lösslehm findet sich eine 10 bis 20 cm starke dunkelbraune Anmoorschicht, die wiederum von bis zu 60 cm mächtigen weißlichen Kalktuffsanden bedeckt wird. Der Bereich liegt am Rande des vorgeschichtlichen Flussbetts der Blau. Im nördlich anschließenden Gebiet des so genannten Ulmer „Bodens“ erreichen die Kalktuffsande bis zu drei Meter Mächtigkeit.
Das ursprünglich wohl recht sumpfige Gelände liegt außerhalb der hochmittelalterlichen Kernstadt und ist nur durch einen Straßenzug getrennt von der nach urkundlichen Quellen an den Anfang des 14. Jahrhunderts zu setzenden Stadtmauer-Erweiterung. Als Nachweis einer ersten, vermutlich spätmittelalterlichen Nutzung wurden im Hinterhofbereich zahlreiche Gruben sowie die Negativabdrücke eines Nord-Süd verlaufenden Staketenzauns (Abb. 204) freigelegt. Dieser entspricht in seinem Verlauf fast einer der späteren Parzellengrenzen. Auch die Gruben orientieren sich ganz überwiegend an dieser Grenze.

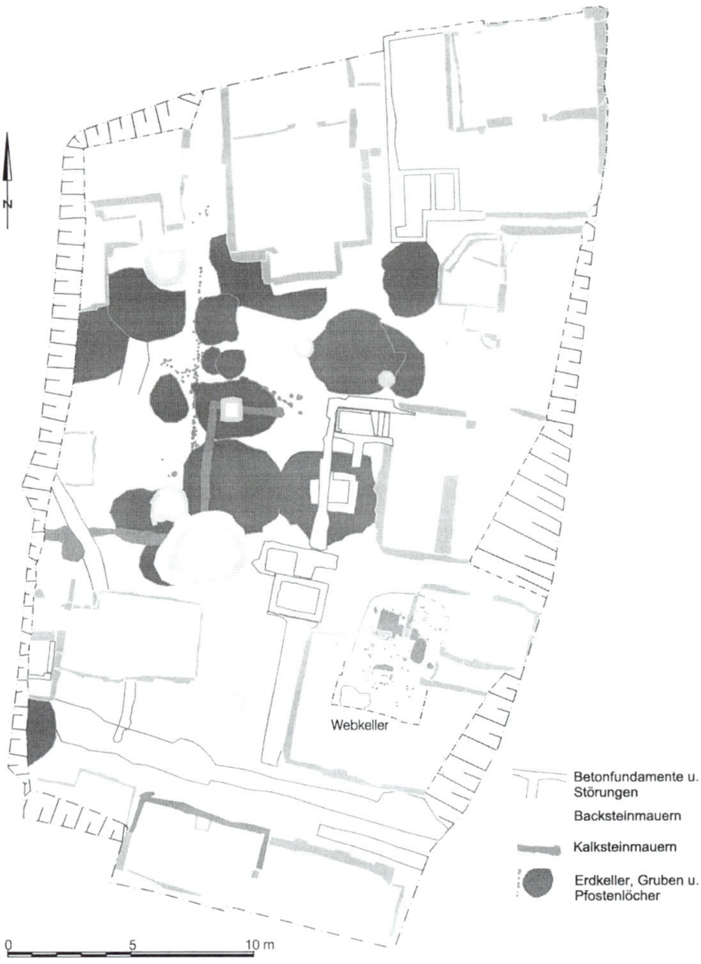

Abb. 203 Ulm, Neuer Graben/Deinselsgasse. Übersichtsplan über die Stein- und Erdbefunde.

Unter dem Keller der späteren Deinselsgasse 11 (Schlumberger Plan von 1808 Nr. 230) fanden sich umfangreiche Reste eines Erdkellers, der wohl zu einem Holzgebäude der ersten spätmittelalterlichen Nutzungsphase gehört hat. Die Wände des Kellers waren – wie ein verkohlter Holzrest zwischen Wand und Füllung der Grube nahe legt – ursprünglich mit Brettern verkleidet. In der Verfüllung wurde neben Keramik des 14. Jahrhunderts auch das Fragment einer so genannten Kruselerfigur gefunden. Am Boden des Kellers zeichneten sich mehrere trapezförmige Gruben und Pfostenlöcher (Abb. 205) ab, die in Analogie zu den von Renata Windler vorgestellten Befunden aus Winterthur als Trittgruben und Eckpfosten von Webstühlen interpretiert werden können. Zunächst scheint sich nur ein Webstuhl im Keller befunden zu haben, während später mindestens drei gleichzeitig bestanden haben könnten. Im Keller eines Hinterhauses (ehemalige Deinselsgasse 9 bzw. Schlumberger Plan von 1808, Nr. 229) lassen sich Strukturen am Boden eines wohl wesentlich jüngeren Backstein-Kellers beobachten, die ebenfalls zu zwei Trittwebstühlen gehört haben könnten. Dem Häuserbuch von Glöcklen aus den Jahren 1796 und 1801 lässt sich entnehmen, dass damals die Hälfte der Grundstücksbesitzer Weber waren. Allerdings ist gerade für das obige Hinterhaus kein Weber als Besitzer angegeben.

Die älteren Befunde, besonders der Erdkeller, haben sich deshalb so gut erhalten, weil im 14. Jahrhundert – nach Aussage der Funde aus der Planierschicht und damit im zeitlichen Zusammenhang mit der Stadterweiterung – das gesamte Gelände um ca. 50 cm aufgehöht wurde. Im Großen und Ganzen stimmen die baulichen Strukturen mit den in den Bauakten des 19. Jahrhunderts überlieferten Kellergeschoss-Grundrissen überein. Auffällig ist die extrem materialsparende Ausführung der erfassten Baureste; vor allem verglichen mit Kellern, wie sie bei der letztjährigen Grabung Vestgasse freigelegt und dokumentiert wurden. Der Laufhorizont zu diesen Gebäuden konnte nicht mehr erfasst werden, wohl aber Sickergruben, Latrinen und Brunnen in den Hinterhof-

Abb. 204 Ulm, Neuer Graben/Deinselsgasse. Blick von Westen auf den Profilschnitt durch den Nord-Süd verlaufenden Staketenzaun. Bereits entfernt ist die mächtige Planierschicht. Die Staketen waren eingebracht in den gewachsenen Boden, dessen weißliche Kalktuffsande über einer dunkelbraunen Anmoor-Schicht liegen.

bereichen, die aus den überlieferten Bauakten nicht hervorgehen. Neben den betonfundamentierten Gebäuden des 19./20. Jahrhunderts lassen sich anhand des Baumaterials ältere aus Kalkstein gemauerte Keller und jüngere aus Backsteinen aufgeführte Untergeschosse der Häuser differenzieren (Abb. 203). Die nach dem Zweiten Weltkrieg teilweise wieder errichtete Bebauung war vor Beginn der Grabung bereits abgerissen worden.

In der Deinselsgasse gelang der erste archäologische Nachweis für Trittwebstühle in Ulm, was eigentlich in einer mittelalterlichen Textilmetropole, wie es die Stadt im späten Mittelalter war, erstaunen mag. Unter anderem könnte das daran liegen, dass bisher weitaus mehr Untersuchungen in den reichen Quartieren der stauferzeitlichen Kernstadt als in den Handwerker- bzw. Armenvierteln der spätmittelalterlichen Stadterweiterungen gemacht wurden.

Gedankt sei dem Arbeitsamt Ulm für die Finanzierung einer Arbeitsbeschaffungsmaßnahme und der Neuthor Baugesellschaft mbH, Ulm, für die gute Zusammenarbeit.

Sophie Stelzle-Hüglin

Abb. 205 Ulm, Neuer Graben/Deinselsgasse. Blick von Süden auf die jüngere Phase der Webstuhltrittgruben im spätmittelalterlichen Erdkeller.

Literaturhinweise

P. Groschopf, Alte Blau-Ablagerungen im Stadtgebiet von Ulm und ihre siedlungsgeschichtliche Bedeutung. Mitt. Ver. Naturwiss. u. Mathematik Ulm 23, 1950, 3–12; A. Rieber, Fragen der Ulmer Siedlungs- und Baugeschichte im Licht geologischer Erkenntnisse. Ebd., 13–20; R. Windler/A. Rast-Eicher, Spätmittelalterliche Weberwerkstätten in der Winterthurer Altstadt. Zeitschr. Arch. Mittelalter 27/28, 1999/2000, 1–82.

Abschluss der Untersuchungen im Bereich des ehemaligen Friedhofs auf dem südlichen Münsterplatz in Ulm

Von Mitte Februar bis Mitte April wurden die verbliebenen Flächen am Westende des südlichen Münsterplatzes archäologisch untersucht (Abb. 206). Dabei konnten im Vorfeld der Neugestaltung des Platzes in den oberen 80 cm zahlreiche Bestattungen freigelegt werden; die Zahl der dokumentierten Gräber auf der Gesamtfläche hat sich damit auf 53 erhöht. In dieser Kampagne kamen an Grabplatten nur noch einige kleinere, meist fragmentierte Stücke zum Vorschein.

Grabplatten

Eine Begutachtung der im letzten Jahr geborgenen Grabplatten durch Prof. Friedrich Karl Azzola und Dr. Anneliese Seeliger-Zeiss ergab, dass die mit Kreuzen, Wappen, Inschriften und Handwerkszeichen versehenen Steine zum größten Teil aus dem 12. bis 13. Jahrhundert stammen und damit deutlich älter sind als der Friedhof am Münster. Eine der Grabplatten mit der Darstellung eines Wappens mit einem

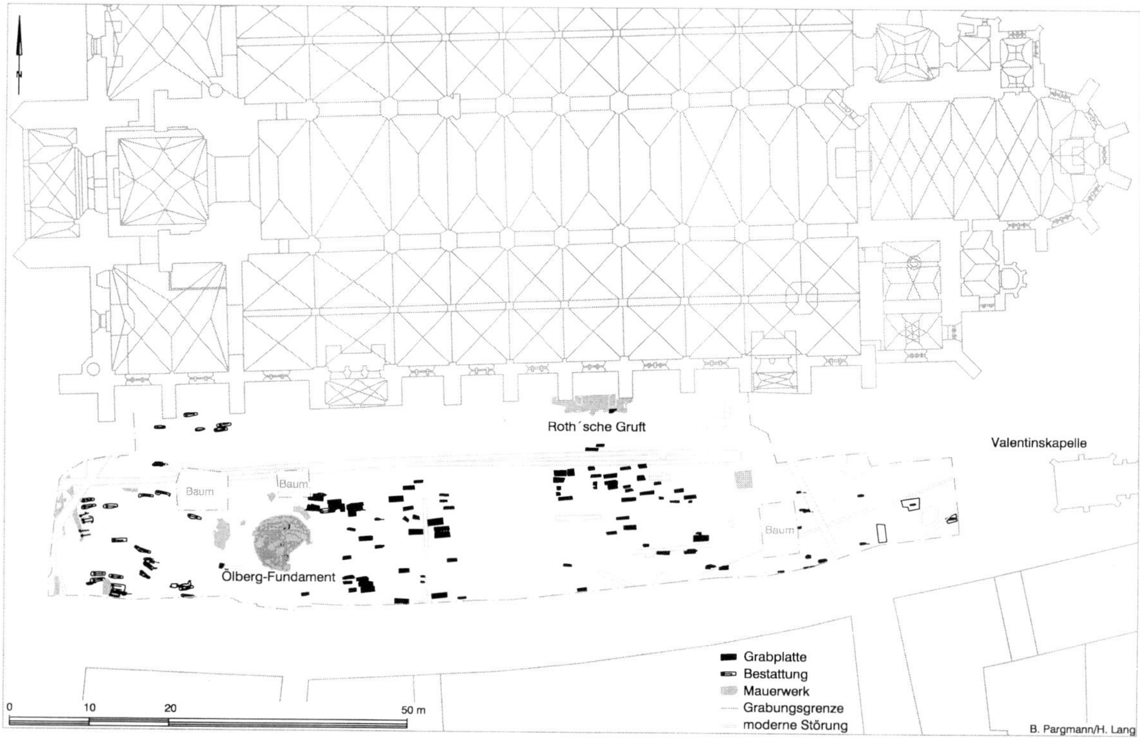

Abb. 206 Ulm, südlicher Münsterplatz. Übersichtsplan. Im Norden das Münster, im Süden die Flucht der modernen Platzrandbebauung und dazwischen der ehemalige Kirchhof. Östlich des Ölbergfundaments wurden über 80 Grabplatten in situ angetroffen; westlich davon bis zur Kirchhofmauer fanden sich Bestattungen dicht unter der Oberfläche.

unterschlächtigen Wasserrad weist eine Inschrift auf. Im Jahr 1300 wurde unter ihr ein „hans wengenmiller" und 1397 „der alt birmeller"(?) bestattet. 1377 wurde der Grundstein zum Bau des Münsters gelegt und 1390 der Chor geweiht. Vermutlich wurden die Grabplatten – und vielleicht auch zugehörige Bestattungen – von der früheren Pfarrkirche „ennet feldes", die außerhalb der Stadtmauern lag, in die Stadt zum neuen Kirchenbau gebracht. Überliefert ist, dass die ältere Pfarrkirche, obwohl erst kurz zuvor renoviert, abgebrochen und ihre Werksteine zum Bau des Münsters verwendet wurden.

Aus dem einmaligen Komplex von über 85 mittelalterlichen Grabplatten wurden die besonders gestalteten Stücke – etwa ein Drittel – ausgewählt. Sie werden zur Zeit restauriert und sollen zukünftig im Keller des ehemaligen Bebenhäuser Pfleghofs unter der Valentinskapelle auf dem südlichen Münsterplatz der Öffentlichkeit präsentiert werden. Knapp 60 Grabplatten wurden gegen Ende der Untersuchung unmittelbar südlich des zweiten und dritten Pfeilers des Münsters wieder vergraben – nicht ohne sie deutlich zu kennzeichnen und genau einzumessen.

Ölbergfundament

Wie erwartet stieß man leicht westlich versetzt vor dem Großen Marienportal auf das Fundament des ehemaligen Ölbergs. Der Entwurf von Matthäus Böblinger aus dem Jahr 1474 wurde wohl gegen 1516 wieder aufgegriffen und ausgeführt. In diesem Jahr wurden in der Werkstatt des Michel Erhart 13 Steinfiguren bestellt. Zahlreiche Bildquellen des 16. bis 18. Jahrhunderts zeigen den Pavillon mit seinem kunstvoll durchbrochenen Turmhelm. 1807 erfolgte der Abriss des wohl bereits um einige Figuren reduzierten Ölbergs. Fünf Prophetenfiguren wurden von einem

Privatmann gerettet und befinden sich heute im Ulmer Museum.
Die archäologische Untersuchung ergab einen massiv aus großformatigen Backsteinen und sekundär verwendeten Werksteinen gemörtelten rundlichen Fundamentsockel und einen als Achteck darum herum gelegten Mauerzug, der nur noch im Nordosten gut erhalten war. Der Durchmesser des Ölbergs mit achteckig angelegter Umzäunung beträgt ca. 10 m. Eine Grube mit ca. 4,5 m Durchmesser stört das Fundament im Südosten. Entgegen Böblingers Entwurf zeigt das angetroffene Fundament keinen Anhaltspunkt für ein etwa als Karner verwendetes Untergeschoss des Ölbergs. Auf dem Riss von 1474 beträgt der Durchmesser des inneren Polygons ca. 6 m, der des ergrabenen Fundamentsockels ca. 7 m. Böblingers Entwurf wurde also – wie es auch die Bildquellen nahe legen – leicht abgewandelt, aber etwa in den vorgesehenen Dimensionen ausgeführt.

Bestattungen, Funde und westliche Kirchhofbegrenzung

Westlich des Ölbergs fanden sich keine Grabplatten, dagegen wurden zahlreiche Bestattungen dicht unter der Oberfläche angetroffen (Abb. 207). Vermutlich war das Geländeniveau zur Zeit des Münsterfriedhofs im Osten tiefer und im Westen höher. Nach der Auflassung 1526 und im Zuge einer früheren Platzgestaltung wurde eine Planie geschaffen. Im Osten wurden die Grabplatten mit Auffüllmaterial überschüttet und sind dadurch an Ort und Stelle erhalten geblieben. Im Westen dagegen wurden die Grabplatten wohl – wie in schriftlichen Quellen erwähnt – entfernt und eventuell noch Erdreich abgetragen.
Bei der Grabung wurden nur die Bestattungen in den oberen 80 cm dokumentiert und geborgen; tiefer liegende Gräber und Befunde blieben unberührt. An den Rändern der Grabgrube konnten häufig Sargbretter indirekt als Verfärbung oder Hohlraum nachgewiesen werden. Immer wieder müssen Tote in der Grube mit ungelöschtem Kalk überschüttet worden sein; es fanden sich bei den Bestattungen wiederholt größere Kalkbrocken, z. T. mit Negativabdrücken des Leichentuchs.
Aus den Verfüllungen von Grabgruben stammen – ohne direkt einer Bestattung zugeordnet werden zu können – eine Münze aus Pisa (14. Jahrhundert), ein Rechenpfennig (15./16. Jahrhundert),

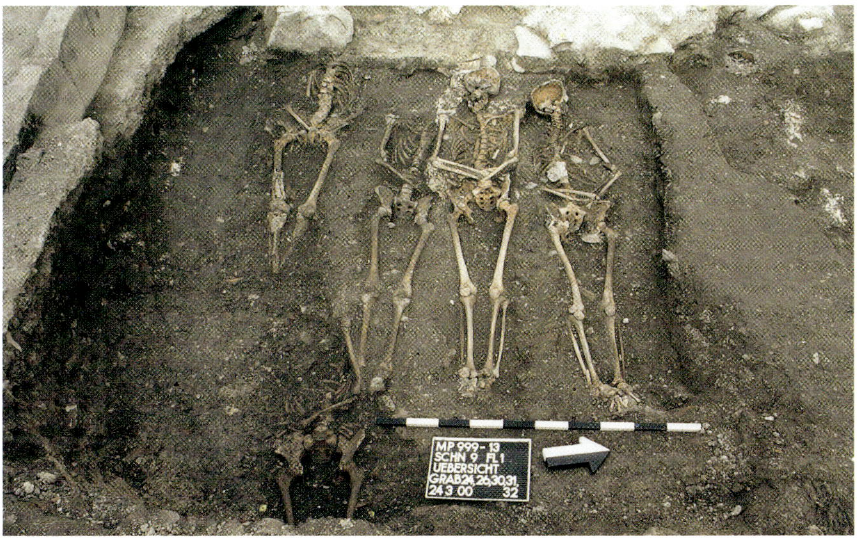

Abb. 207 Ulm, südlicher Münsterplatz. Dicht gepackte, sich z. T. überschneidende Bestattungen am südwestlichen Ende der Grabungsfläche. Eine Bestattung wird von der Nord-Süd verlaufenden Kalksteinmauer geschnitten, während drei andere sich an ihr zu orientieren scheinen. Die eigentliche Kirchhofmauer liegt wenige Meter weiter westlich.

Abb. 208 Ulm, südlicher Münsterplatz. Buntmetall-Plakette, vermutlich Anfang 16. Jh., aus der Verfüllung einer Grabgrube. Halbfiguriger Christus als Schmerzensmann. Dm. 2,8 cm.

eine Buntmetallplakette mit Christus als Schmerzensmann (Abb. 208) und ein Fingerring mit verlorenem Stein (vgl. Beitrag U. Klein, Fundmünzen). Der Verlauf der westlich begrenzenden Kirchhofmauer wird durch zahlreiche Störungen und durch spätere Anbauten verunklart. Keine der Mauern scheint von einem Gebäude zu stammen, das im Vorfeld des Münsterbaus und der Anlage des Friedhofs abgebrochen wurde.

Unterstützt wurde die Ausgrabung durch die Stadt Ulm und durch eine Arbeitsbeschaffungsmaßnahme des Arbeitsamtes Ulm; des Weiteren sei der Sanierungstreuhand Ulm GmbH, der Firma Geiger + Schüle sowie der Münsterbauhütte, vertreten durch Frau Dr. Ingrid Rommel, für die gute Zusammenarbeit gedankt.

Sophie Stelzle-Hüglin

Literaturhinweise

A. Bräuning, Die Ausgrabungen auf dem ehemaligen Münsterfriedhof in Ulm. Arch. Ausgr. Baden-Württemberg 1999, 224–226; H. Koepf, Die gotischen Planrisse der Ulmer Sammlungen (Ulm 1977) 55–59, Kat. Nr. 9.

Ein spätmittelalterlicher Keller im Bereich der alten Burg Walldorf, Rhein-Neckar-Kreis

Die seit 1997 kontinuierlich im alten Ortskern von Walldorf stattfindenden Notbergungen mussten auch im Jahr 2000 fortgesetzt werden. Im Februar wurde eine Baumaßnahme in der Apothekenstraße in Walldorf gemeldet. Die Baustelle liegt am Rand der ehemaligen Burg, die explizit erstmals 1443 als „das Bürgel“ erwähnt wird, aber sicherlich bis mindestens in das 14. Jahrhundert zurückgeht. Da sich der Ortsadel mit Hermann von Walldorf bis 1197 zurückverfolgen lässt, könnte es vielleicht auch eine hochmittelalterliche Anlage des 12. Jahrhunderts sein. Das Gelände befindet sich am südwestlichen Rand des mittelalterlichen Walldorf auf einer verschleiften Sanddüne.

Bei den Aushubarbeiten schnitt man den Rest eines Holzkellers von 4,30 m Breite an, der mit Brandschutt, Hohlziegelresten und Sand verfüllt worden war. Intensive Rötungen der Sohle und z. T. auch der Flanken zeigen an, dass dort ein Brandereignis in situ vorliegt.

Auch von den keramischen Funden zeigen einige Spuren von Feuereinwirkung. Besonders deutlich sind sie bei mehreren Scherben eines großen gerieften Topfes zu erkennen, dessen Färbung ins Rötliche umgeschlagen ist (Abb. 209,7). Ob die für einen reduzierend gebrannten Topf am nördlichen Oberrhein äußerst ungewöhnliche grünolive Glasur (Abb. 209,3) ebenfalls sekundär entstand, ist unsicher. Alle übrigen Fragmente von Geschirrkeramik, weitere Töpfe (Abb. 209,1–2.4–6), ein Deckel (Abb. 209,9) und das Fragment eines fußlosen Bechers vom Typ Bruchsal (Abb. 209,10), zeigen keinerlei Glasurspuren. Die Zuweisung des kurzen, innen leicht gekehlten Randes (Abb. 209,8) zu einer Bügelkanne muss offen bleiben, da kein Henkelansatz sichtbar ist. Die gut vertretene Ofenkeramik setzt sich aus runden Napf- (Abb. 209,11) und viereckigen Schüsselkacheln (Abb. 209,12–14) zusammen. Während erstere ausschließlich reduzierend gebrannt sind, kommen bei den letztgenannten auch oxidierend gefeu-

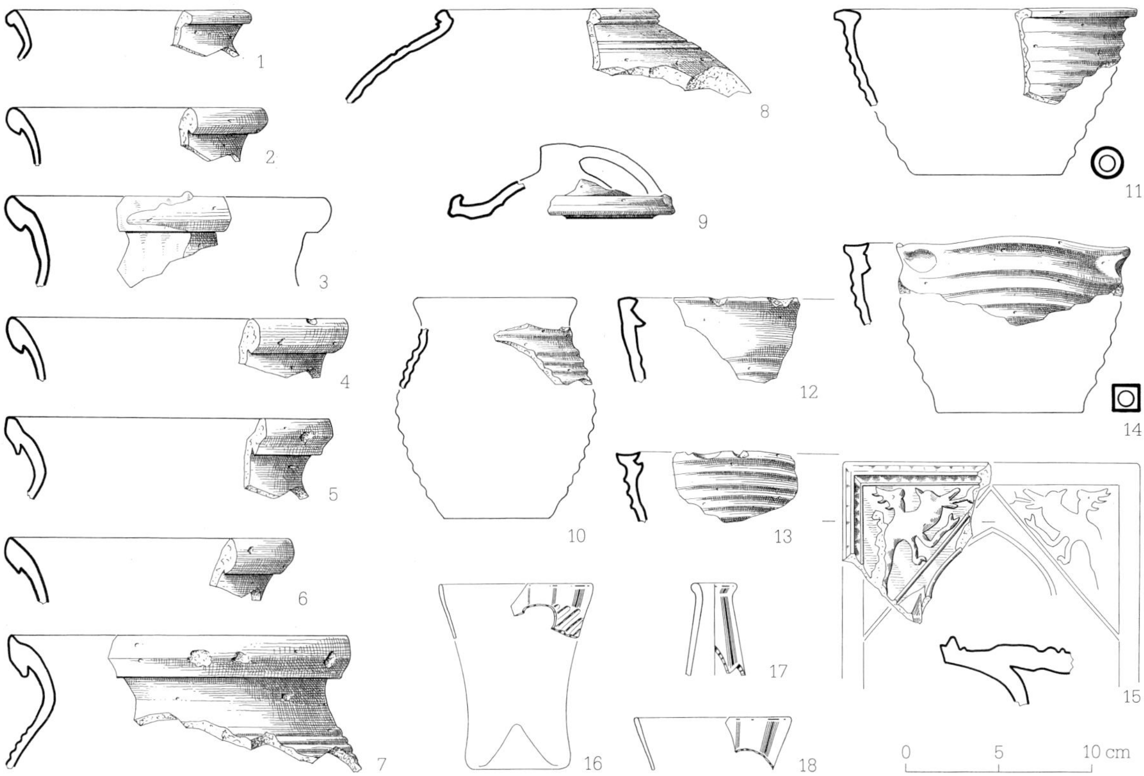

Abb. 209 Walldorf, Apothekenstraße. Keramik- (1–15) und Glasfunde (16–18).

erte Exemplare vor. Mehrere von ihnen weisen jeweils auf dem Rand grüne Glasurflecken auf. Das herausragende Fundstück ist eine grün glasierte Nischenkachel des 14. Jahrhunderts vom so genannten Tannenberg-Typ, die im südhessischen Dieburg hergestellt wurden und in der Nachbarschaft z. B. aus Burg Wersau bekannt sind. Im Zwickel seitlich der noch im Ansatz erkennbaren spitzbogigen Öffnung ist ein Drache mit geöffnetem Maul und abgespreiztem Flügel dargestellt (Abb. 209,15).

Hohl- und Flachgläser liegen in einigen Fragmenten vor. Bei letzteren handelt es sich um Becher (Abb. 209,16.18), teils mit Dekor (Abb. 209,16), und eine doppelkonische Flasche (Abb. 209,17). Sie gehört zur jüngeren Ausprägung ohne Halswulst („Kropf"), die im Laufe des 15. Jahrhunderts im Fundmaterial erscheint. Außer den bereits erwähnten Hohlziegeln ist auch ein aus einem Dachziegelbruchstück ohne große Sorgfalt gefertigtes „Rundel" (Spielstein?) vorhanden. Das homogen wirkende Fundmaterial datiert ins 15. Jahrhundert. Bereits vor mehr als dreißig Jahren wurde auf dem Grundstück Obere Grabenstraße 11 eine Brandschicht entdeckt, die wohl zeitgleich sein dürfte. Ein Zusammenhang beider Komplexe mit der für 1462 überlieferten Katastrophe, als badische und württembergische Truppen im Rahmen der so genannten Mainzer Stiftsfehde Walldorf, Nußloch, Sandhausen und St. Ilgen einäscherten, ist wahrscheinlich.

Im September musste eine zweite Notbergung durchgeführt werden. In der Lammstraße waren an den Wänden einer Baugrube diverse grubenartige Verfärbungen aufgefallen. In 75 cm Tiefe zog durch das gesamte Gelände ein schwacher Brandhorizont mit Keramik des 17. Jahrhunderts, wohl ein Rest des

Ortsbrandes von 1689. Drei Gruben zwischen 55 cm und 2,60 m Breite lagen unterhalb dieses Horizonts; sie enthielten neben wenig Keramik z. T. noch im Verband befindliche Rinderknochen und sind somit als Verlochungen des 17. Jahrhunderts anzusprechen. Vermutlich stehen sie in Zusammenhang mit dem dort lokalisierbaren Gasthaus „Zum Lamm".

Einzig hervorhebenswertes Fundobjekt ist das linke obere Eckstück einer grünglasierten Bildkachel. Vom plastischen Dekor ist nur ein männlicher Kopf samt dem Kapitell einer Säule oder eines Pilasters zu erkennen. Es fällt auf, dass in Walldorf bei fast allen Notbergungen Reste von qualitätvollen Ofenkacheln des späten Mittelalters bzw. der Renaissancezeit geborgen werden konnten. Dies steht in einem eigenartigen Kontrast zu den bisher nur spärlichen Kachelfunden aus dem benachbarten städtischen Fundort Wiesloch, dürfte dort aber nur eine Forschungslücke darstellen, die den Kernstadtbereich betrifft.

Bei beiden diesjährigen Notbergungen ist der Stadtverwaltung Walldorf für die Unterstützung ganz besonders zu danken.

Ludwig H. Hildebrandt, Uwe Gross

Literaturhinweise

Fundber. Baden-Württemberg 2, 1975, 309 Taf. 324 C; L. Hildebrandt/U. Gross, Arch. Ausgr. Baden-Württemberg 1997, 170 ff.; ebd., 1998, 209 ff., ebd., 1999, 206 ff.

Burgen und Bergbau – Fortsetzung der Ausgrabungen an der „Birchiburg" in Bollschweil-St. Ulrich, Kreis Breisgau-Hochschwarzwald

Mit weiterer finanzieller Unterstützung der Deutschen Forschungsgemeinschaft konnten die in den Jahren 1998/99 bereits begonnenen Untersuchungen an und in der „Birchiburg" im Sommer 2000 vom Institut für Ur- und Frühgeschichte und Archäologie des Mittelalters der Universität Freiburg fortgesetzt werden.

Neben Ergänzungen zu Grundriss, Baugestalt und Chronologie der Anlage mitten in einem bedeutenden Erzrevier des Mittelalters galt ein Schwerpunkt der Arbeiten während der zwölf Wochen dauernden Kampagne den direkt an die Burg anschließenden Spuren des Bergbaus. In diesem Zusammenhang wurden die im Gelände offen liegenden, aber vor allem auch die bei den Grabungen des Instituts seit 1987 über- und untertage zugänglich gemachten geologischen Aufschlüsse in einer tektonischen Aufnahme größtenteils erstmals vermessen. Für diese Arbeiten ist Herrn Dipl.-Geol. Dr. W. Werner (Referat Rohstoffgeologische Landesaufnahme am Landesamt für Geologie, Rohstoffe und Bergbau Baden-Württemberg, Freiburg) zu danken.

Zur Ergänzung des Grundrisses der Anlage (Abb. 210), besonders um den Verlauf des äußeren Mauerberings zu verfolgen, wurde im Sommer 2000 eine Fläche im Bereich des Burgplateaus geöffnet. Im Bereich dieser als „D" bezeichneten Fläche wurde in einer Tiefe von 1,00–1,20 m die zum Tal hin gerichtete Ringmauer angetroffen. Mit einer Mauerstärke von 1,25–1,30 m konnte deren weiterer Verlauf um das Burgplateau über eine Strecke von 5 m dokumentiert werden. Aufgrund der Er-

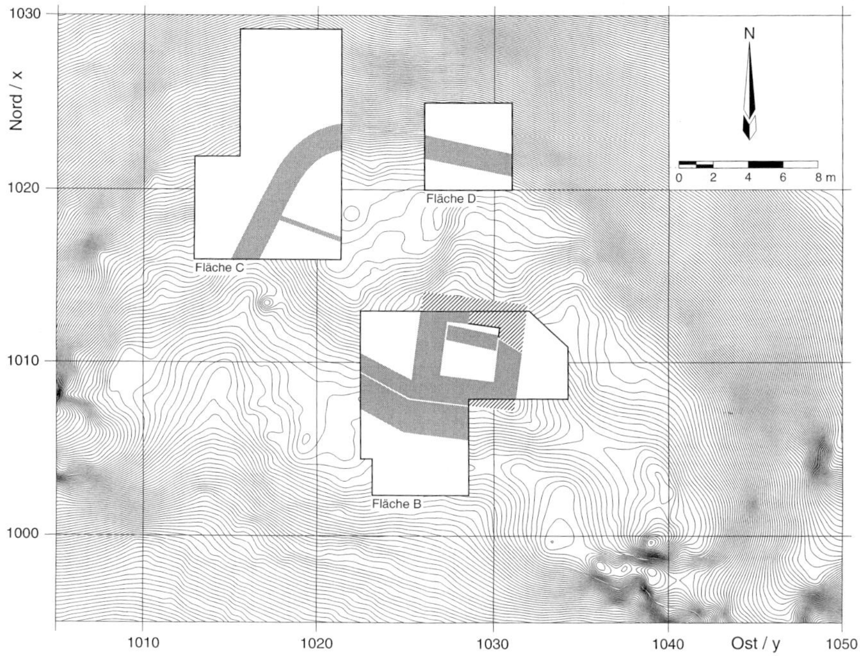

Abb. 210 Bollschweil-St. Ulrich, Birchiburg. Stand der Grabungen im Herbst 2000.

fahrungen aus den vorangegangenen Grabungen reichte es, nur den oberen Schutt abzutragen, um Verlauf, Maße und Bauweise der Mauer zu erschließen. So ergibt sich im Vergleich eine zu schätzende erhaltene Mauerhöhe zwischen 3,5 m und 4 m.

Entsprechend der Zielsetzung des Forschungsvorhabens, den Zusammenhang zwischen Bergbau und Befestigung zu erschließen, wurde vor allem die Arbeit in den bereits begonnenen Flächen B und C fortgesetzt. Durch die Erweiterung der Fläche B nach Süden und Osten konnte das sich bereits in den vergangenen Jahren andeutende, im Zentrum des Plateaus gelegene Bauwerk weiter freigelegt werden. Es handelt sich dabei um einen annähernd quadratischen Turm mit einem Innenmaß von 2,30 m × 2,30 m und einer Mauerstärke von ca. 1,15–1,20 m. Im Innenraum dieses Turmes wurde eine trocken gesetzte Mauer gefunden, die auf locker liegendem Versturzmaterial aufsitzt und sich nur grob an den Mauerzügen des Turmes orientiert, der beim Bau dieser Mauer offensichtlich schon teilweise oder auch bereits ganz zerstört war. Näheres wird sich anhand des Fundmaterials ergeben. Auffällig ist, dass diese Mauerstruktur fast genau parallel zur talseitigen Ringmauer liegt. Ob dies unbeabsichtigt erfolgte, oder ob u. U. ein Gebäude an die Innenseite der noch höher erhaltenen Ringmauer angebaut wurde während der Turm bereits zerstört war, wird noch zu klären sein. Es könnte sich dann bei dem Befund der trocken gesetzten Mauer um das Fundament der südlichen Gebäudewand handeln. Vergleichbare Fundamentstreifen sind im Zusammenhang mit Fachwerkkonstruktionen zu sehen.

Besonders aufschlussreich für die Baugestalt der Gesamtanlage sind die Befunde in der Erweiterung von Fläche B nach Süden hin, zur Bergseite. Auf die verteidigungsungünstige Lage der Burg am Hangfuß des Birkenberges sei erneut hingewiesen. In diesem Jahr konnte nun eine weitgehend verstürzte Mauer mit einer Stärke im östlichen Teil von 2 m und weiter nach Westen von 1,60 m freigelegt werden. Diese Mauer hatte offensichtlich die Funktion einer

Abb. 211 Bollschweil-St. Ulrich, Birchiburg. Hangseitige Schildmauer, errichtet auf dem horizontal abgearbeiteten Felsen. Blick von Süden. Im Hintergrund der quadratische Turm.

Schildmauer, deren Aufgabe es war, die nach Norden hinter ihr liegenden Gebäude im Falle eines Angriffs gegen Geschosse zu decken. Zwar ist die Mauer lediglich noch in einer Höhe von 1,70 bis 2,10 m erhalten, doch ließ sich das zur Bergseite hin verstürzte ehemals aufgehende Mauerwerk eindeutig zuordnen. Hieraus ergibt sich eine Höhe von mindestens 7–8 m, wobei dieses Maß sicherlich noch nach oben hin korrigiert werden muss, da derzeit im Grabungsausschnitt noch nicht das Ende des Mauerversturzes erreicht wurde. In diesem Mauerversturz war sogar noch ein rundes Gerüstloch erhalten, das mit einem Durchmesser von ca. 8–12 cm den bereits im vergangenen Jahr an der Ringmauer freigelegten Rüstlöchern in seinen Abmessungen sehr nahe kommt. Erbaut wurde die Mauer auf dem grob abgearbeiteten Felsen (Abb. 211), der an dieser Stelle in durchschnittlich 3,20 m Tiefe unter der heutigen Oberfläche erstmals erreicht wurde. Als besonders aufschlussreich erwiesen sich die Erkenntnisse zur Bauweise der Mauer, einerseits die Fundamentierung auf dem anstehenden Gneis des Gebirges und andererseits die Zweischaligkeit, wobei aber anstatt einer nördlichen Schalenmauer die bereits bestehenden Außenseiten der Gebäude (Turm und angebauter Raum) benutzt wurden. Nach Süden wurde demnach in einem Abstand von durchschnittlich 1,90 m von den bestehenden Gebäuden in Fläche B eine Mauerschale errichtet und der Zwischenraum mit Füllmauerwerk geschlossen, was eine durchgehende, horizontale Baufuge belegt. Eine weitere vertikale Baufuge zwischen der Südwestecke des Turms und der daran anstoßenden spitzwinkligen Mauer, die bereits 1999 freigelegt und beschrieben wurde, lässt nun Aussagen über die Abfolge der Baumaßnahmen zu.

Zuerst wurde der Turm errichtet, an dessen Südwestecke sich die spitzwinklige Mauer stumpf anfügt. Die Mauerflucht dieser Wand bildet in ihrer Flucht zu der in Fläche C freigelegten Ringmauer einen annähernd rechten Winkel. Nach Bau des Turmes und der Ringmauer, wobei dies gleichzeitig oder auch nacheinander erfolgt sein kann, wird der Raum zwischen Turm und Mauer mit Gebäuden gefüllt. Hierbei orientiert sich die Mauerflucht nach der Ringmauer. Dieser nun entstandene Abschluss der Anlage nach Süden hin wird mit der aufgedoppelten Schildmauer zusätzlich verstärkt.

Im nordwestlichen Bereich von Fläche B – im Raum, der an den Turm angefügt wurde – konnten bisher übereinander drei unterschiedliche Fußbodenniveaus nachgewiesen werden, die belegen, dass während einer längeren Nutzungsdauer immer wieder Ausbesserungen notwendig wurden. Das archäologische Fundgut aus diesen Schichten bedarf noch einer genauen Begutachtung, doch lässt sich bereits heute sagen, dass die Keramik zeitlich um die Mitte des 14. Jahrhunderts einzuordnen ist.

Neben weiteren Fragmenten der verzierten Medaillonkacheln, die im Bericht

1999 gewürdigt wurden, und Bruchstücken von Nischenkacheln – hier ist vor allem der fein modellierte Kopf eines Bischofs mit Mitra auf einer Kranzkachel zu nennen (Abb. 212) – wurden erstmals einige Bodenscherben von rheinischem Steinzeug gefunden. Mit der typischen Form des Wellrandfußes bestätigen diese Funde den zeitlichen Ansatz der Burg. Derartige Gefäße, die über den Fernhandel auf die Burg gelangt sein müssen, belegen zudem auch die höhere gesellschaftliche Stellung der Burgbewohner, da sie Zugang zu den in dieser Zeit am Oberrhein noch selten anzutreffenden Waren der Töpfereien des Rheinlandes hatten.

Bei der Fortführung der Arbeiten in Fläche C wurde im Innenbereich der Burg ein vollständig erhaltener Fußboden aus Ziegelsteinen freigelegt, begrenzt nach Norden durch eine Wand. Neben einem Balkenwiderlager für den Schwellbalken und dem Abdruck eines stehenden Balkens im Wandverputz an der Innenseite der Ringmauer bildet der Negativabdruck des fast vollständig vergangenen Schwellbalkens dieser ehemaligen Zwischenwand die scharfe Abgrenzung des Ziegelsteinbodens nach Norden. Die Ziegel mit dem bereits mehrfach bei den Grabungen belegten Maßen 25 cm × 13 cm × 3,5 cm sind so verlegt, dass die Fugen der daneben liegenden Reihe stets mittig zum Nachbarziegel liegen. In einem akkurat eingehaltenen Winkel von ca. 45° zu der ehemaligen Trennwand wurde so mit einfachen Mitteln ein sehr ansprechender Fußboden geschaffen. Auf dem Ziegelbelag aufliegend konnten teilweise noch im Verband stehende Teile der Holzdecke dokumentiert werden, auf denen wiederum Reste eines vergleichbaren Ziegelbodens aus dem ehemaligen Obergeschoss dieses Gebäudes nachgewiesen wurden. Gebettet waren die Ziegel sowohl im Erd- als auch im Obergeschoss in einen ca. 1 cm starken Kalkestrich.

Im anschließenden Raum wurde ein Nord-Süd verlaufender Schnitt angelegt. Hierbei zeigte sich, dass der Bereich hinter der Ringmauer in einem Zug aufgefüllt wurde, was sich stratigrafisch wie folgt beschreiben lässt: Unter einer Fußbodenplanierung aus rot oxidiertem Material (vermutlich Pochsand aus der Erzaufbereitung) mit einer Stärke von 4–12 cm zeigen sich Schüttungen unterschiedlichen Materials, die von der Bergseite steil hinter die Ringmauer eingefüllt worden sind.

Das Material dieser Hinterfüllung ist reich an keramischen Funden und Tierknochen, d. h. es stammt wohl aus der bereits seit längerem bestehenden Burg oder einem anderen Siedlungsbereich in unmittelbarer Nachbarschaft am Birkenberg, denn derartiges Material wird man kaum über längere Strecken transportiert haben. Die Hinterfüllung konnte vorerst nur bis in eine Tiefe von 1,40 m unter dem ehemaligen Laufniveau verfolgt werden. Die Abtiefung des Schnittes bis auf den gewachsenen Felsen wäre sicherlich aufschlussreich.

Die Grabungen im Jahr 2000 haben die Kernanlage der kleinen, aber stark befestigten Burg am Birkenberg mit Ausmaßen von 20 m auf 16 m erschlossen. Auch die Beziehung zwischen Burg und Bergbau ist deutlicher geworden und lässt sich mit folgenden Beobachtungen beschreiben: (1) Erzmahlstein-Fragmente wurden in den Mauern verbaut und in den Füllschichten gefunden; (2) Pochsande wurden zur Fußbodenauffüllung verwendet; (3) Gangmaterial, Schlacken und Holzkohle wurden im Mörtel der Außenmauer der Burg als Magerungsmaterial verwendet; (4) Schlacken sowie Gezähe/Bergeisen sind unter dem Fundstoff; (5) die Verwendung von Verhauen (Tagebaue) als Teilstrecken der Burggräben ist nachgewiesen, d. h. der Bergbau scheint früher eingesetzt zu haben, als der Bau der Burg erfolgte; (6) Prospektionsstollen im Bereich der südlichen, hangaufwärts gelegenen Burggräben sind durch Ausgrabungen im Jahr 2000 nachgewiesen, d. h. die doppelte Nutzung als Stollen und Befestigungsgraben wird auf beiden Seiten, im

Abb. 212 Bollschweil-St. Ulrich, Birchiburg. Fragment einer Kranzkachel. Kopf eines Bischofs.

Abb. 213 Bollschweil-St. Ulrich, Birchiburg. Prospektionsschacht.

Westen und Osten (Abb. 213) bestätigt; (7) die Anlage der Burg erfolgte im einzigen größeren Flächenareal ohne Erzgänge; (8) Schriftquellen nennen Burg und Bergbau gleichzeitig sowie die Familie Schnewlin als Burgherren.

Im 13./14. Jahrhundert war die Burg in voller Funktion, besetzt von einer Adelsfamilie, und zugleich wurde im unmittelbaren Umfeld nicht nur Erz gewonnen, sondern die Bergleute arbeiteten und wohnten auch dort.

Matthias Fröhlich, Heiko Steuer

Literaturhinweise

M. Fröhlich/H. Steuer, Arch. Ausgr. Baden-Württemberg 1999, 233–237; G. Goldenberg, Mittelalterlicher Silberbergbau am Birkenberg bei St. Ulrich. In: Früher Bergbau im südlichen Schwarzwald. Arch. Inf. Baden-Württemberg 41 (Stuttgart 1999) 73–81; H. Steuer, Literatur zum alten Bergbau im Südschwarzwald. In: Alter Bergbau im Sulzbachtal, Südschwarzwald. Arch. Nachr. Baden 61/62, 1999, 139–144; W. Werner, Die Erz- und Mineralgänge am Birkenberg bei St. Ulrich – Entstehung, Art und Struktur der Vererzung. Schlussfolgerungen zur bergmännischen Gewinnung und Anlage der Birchiburg. Ungedr. Manuskr. Freiburg 2000.

Das „Untere Schloss“ in Jestetten, Kreis Waldshut

Im März 2000 wurde aufgrund einer Bauplanung eine Untersuchung auf dem Grundstück Birretstraße 7 in Jestetten notwendig. Hinweise in der Ortsliteratur, Überlieferungen und ein 1997 von K.-H. Jahnke und E. Danner im Generallandesarchiv Karlsruhe aufgefundener Plan von 1774 ließen hier den Standort des so genannten „Unteren Schlosses“ annehmen (Abb. 214).

Das Areal liegt am ehemaligen südwestlichen Ortsrand auf einer leichten Anhöhe über dem nördlich und östlich vorbei fließenden Volkenbach. Unterhalb des ehemaligen Schlosses liegt in östlicher Richtung die in ihren Ursprüngen mindestens in das frühe 17. Jahrhundert zurückreichende Obermühle. Am Nordwestrand des Ortes steht ca. 400 m vom „Unteren Schloss“ entfernt das „Obere Schloss“, und auf der Gemarkung sind noch mindestens zwei weitere Burgstellen vorhanden.

Ab 1135 sind Herren von Jestetten erwähnt, denen man wohl die Erbauung der hier vorgestellten Anlage zuschreiben kann; sie wird mehrfach als „Turm“, „Burg“ oder „Heidenturm“, später als „Unteres Schloss“ und „Schlösschen Greuth“ erwähnt. Durch Heirat kam die Burg an die Familie Jünteler aus dem benachbarten Schaffhausen, dann an die Familie Oeningen. Über weitere Besitzerwechsel im 16. Jahrhundert kam das Schloss 1586 schließlich an die Familie von Greuth. Ab 1706 im Besitz der Schwarzenberger, sank das Schloss in Bauzustand und Nutzung ab; es wurden Rebleutewohnungen und später eine Wirtschaft eingerichtet, das Schloss wurde immer unbewohnbarer und zerfiel. Um 1820 erfolgte der weitgehende Abbruch.

Unter Verwendung eines Teils des aufgehenden Mauerwerks von Nord- und Ostwand wurde zunächst ein Wohnhaus errichtet, das später durch einen Ökonomieteil zu einem Bauernhaus ergänzt und mehrfach erweitert worden ist. Die unter großem Zeitdruck stattfindende Untersuchung sowie die Beobachtung der Baggerarbeiten im Juni 2000 konnten einen Teil der Fragen zur Baugestalt und Datierung beantworten.

Der recht genau gezeichnete Plan von 1774 ließ sich mit dem erhaltenen Baubestand in Deckung bringen und konnte somit als Vorgabe für eine gezielte Untersuchung dienen. Trotz zahlreicher Störungen konnten noch viele Elemente aus der Grundrisszeichnung nachgewiesen und differenzierter dokumentiert werden. In den aufgehenden Teilen des Mauerwerks ließen sich zahlreiche zusätzliche Baudetails erfassen. Außer den im Plan von 1774 dargestellten Bauten waren keine weiteren Baureste im Boden vorhanden oder erhalten geblieben.

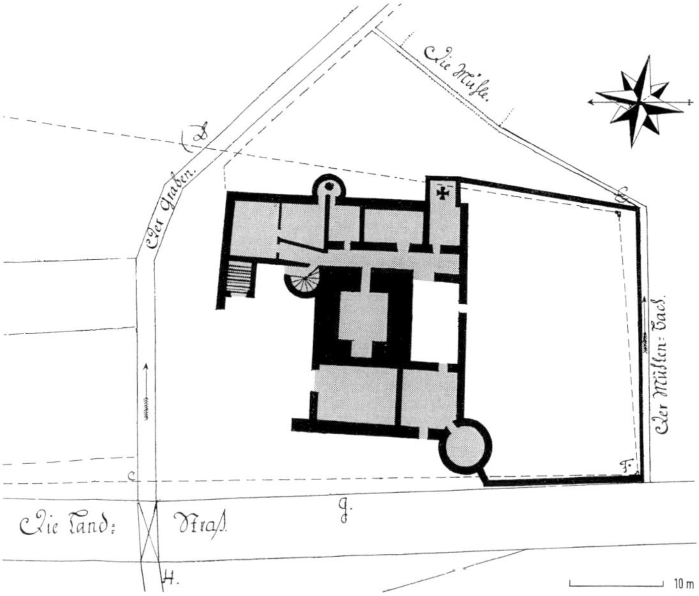

Abb. 214 Jestetten. „Grund Riß über Das Herrschafttlich Greütische Schlößle …“ aus dem Jahr 1774.

Im Folgenden soll versucht werden, die Entwicklungsphasen der Anlage in groben Zügen zu erfassen (Abb. 215). Einige Bauteile, die auf dem Plan von 1774 verzeichnet sind, konnten wegen größerer Störungen nicht mehr nachgewiesen werden. Dazu gehören zwei Mauerzüge um die Südwestecke, einige Zwischenwände im Ostteil, eine Wendeltreppe, wovon sich nur noch einzelne Bruchstücke fanden, und der östlich angebaute Rundturm, den der Plan vermutlich als Abort ausweist und der bis zuletzt im Katasterplan noch verzeichnet war. Der Rundturm an der Südwestecke war nur noch im Ansatz erhalten.

Die Entwicklung des Gebäudes begann wohl im 12. Jahrhundert oder um 1200 mit einem quadratischen (Wohn-?)Turm von knapp 10 m Seitenlänge. Er steht auf anstehendem Kalkstein; der kleine Hügel fiel besonders nach Norden und Osten ab. Vermutlich wurde nach Westen und Süden künstlich mit einem Gra-

Abb. 215 Jestetten, „Unteres Schloss". Die Ergebnisse der Grabung mit Darstellung einzelner Bauphasen.

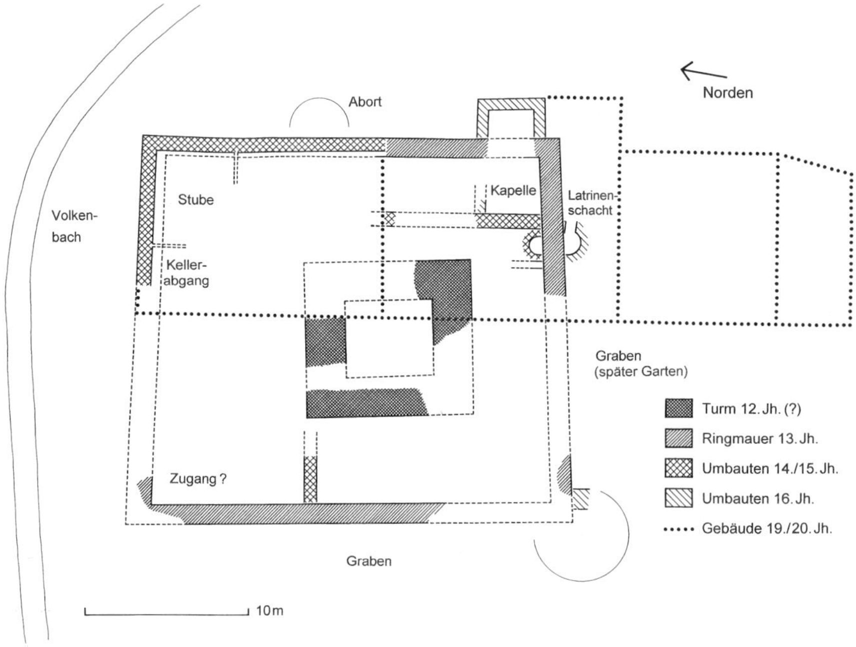

ben nachgeholfen. Westlich des Turmes erstreckte sich ein flaches Kalksteinplateau, über dessen Nutzung, etwa als Burghof mit Umfassung oder durch leichtere Bauten, keine Aussagen möglich sind. Der Standort des Turmes auf einer natürlichen Anhöhe erinnert an eine Höhenburg.

Später wurde mit einem Abstand von jeweils 4,5–9 m nahezu quadratisch eine Ringmauer um den Turm gezogen. Für ein ebenes Niveau waren teilweise mächtige Auffüllungen im Inneren nötig. Mit diesen Maßnahmen wurde das vorhandene Gelände an das Bauschema einer in regelmäßigen Formen geplanten Niederungsburg angepasst. Im Westen wurde dabei offenbar der Fels abgearbeitet, im Süden ein breiter Graben angelegt, wobei der Fels vermutlich erst im unteren Teil des Grabens oder auf der Grabensohle erreicht worden ist. Zur Innenbebauung sind kaum Aussagen möglich. Zahlreiche Funde von Hüttenlehm lassen eine Bebauung mit Fachwerkgebäuden mindestens im Südostteil annehmen. Dazu gehörte der Rest einer flachen, mit Wacken ausgekleideten Grube. Die Funde gehören vermutlich in die 1. Hälfte oder Mitte des 13. Jahrhunderts.

Probleme bereitet die Interpretation der größeren Dicke der Nordwand der Burg (auf Kellerniveau 1,70 m), die von der Mauerstärke auf den übrigen Seiten der Burg (1,20–1,30 m) abweicht. Die nordöstliche Ecke der Burg weist im Gegensatz zur Südostecke im unteren Teil Buckelquader aus Kalkstein auf, was möglicherweise auf einen Austausch infolge einer Baumaßnahme zurückgeht.

Falls die Nordwand der Burg aufgrund ihrer größeren Mächtigkeit als eine Art Schildmauer interpretiert werden kann, wäre außen an der Nordwestecke eine weitere Buckelquaderecke zu suchen. Da dieser Bereich stark zerstört war und zudem außerhalb der Baugrube lag, war dies nicht zu überprüfen.

Der Zugang zur Burg scheint aufgrund der Lage von Kellerabgang und Wendeltreppe im Bereich der Nordwestecke am wahrscheinlichsten. Er hätte von Norden über den Volkenbach oder durch den nördlichen Abschnitt der Westmauer geführt, deren ergrabene Mauerkrone hier sehr tief lag. Der Zu-

gang könnte auch – weniger wahrscheinlich – über den Graben an der Südseite geführt haben.
Die aufgehenden Teile des Mauerwerks auf der Nord- und Ostseite boten eine Fülle bauhistorischer Befunde; sie ließen sich jedoch sowohl untereinander als auch chronologisch nicht alle in einen eindeutigen Zusammenhang bringen. Das Mauerstück südlich des Wohnhauses lag weitgehend frei und reichte mit seiner Oberkante bis knapp unter die Brüstungshöhe des einstigen zweiten Obergeschosses. Einzelne Räumlichkeiten zeichneten sich durch unterschiedliche Wandoberflächen ab. Mehrere Fensteröffnungen wiesen unterschiedliche Größen und Ausformungen von Gewände bzw. Nische auf und wurden – soweit erkennbar – nachträglich angelegt. Anlass dafür scheint ein Feuer gewesen zu sein, denn die Mauersteine der Innenfläche wiesen Spuren starker Hitzeeinwirkung auf, die sich an den Fensternischen nicht fanden.
In diesem Brand könnte auch der Grund für einen weitgehenden Neubau des Bereichs um die Nordostecke gesucht werden, der sich sowohl in der relativ schwachen Mauerstärke des einstigen Erdgeschosses von nur knapp 90 cm äußert, wie in den glatten Eckquadern über den großformatigen Buckelquadern. Im näheren Bereich um die Nordostecke sprang das einstige 1. Obergeschoss nochmals um etwa 20 cm zurück; die Eckquader wechselten im Material von rotem Sandstein zu Muschelkalk. Beides lässt einen weiteren Umbau vermuten. Beide Umbauten könnten auch auf den Ersatz eines Fachwerkgerüstes durch massive Außenwände zurückgehen.
In der Nordostecke waren offenbar die Hauptwohnräume untergebracht. An der Ecke des Erdgeschosses fanden sich eingemauerte Holzklötze, die der Befestigung eines Wandtäfers dienten und damit den Eckraum als beheizbare Stube kennzeichnen. Bei einem späteren Umbau dieses Raums wurde die Decke höher gesetzt; eines der Unterlagshölzer wurde dendrochronologisch in das Jahr 1564 datiert. Das Täfer wurde entfernt, die Wand flächig verputzt und neue gewölbte Fensternischen mit Gewänden aus Muschelkalk für rechteckige Doppelfenster angelegt. Auch das Obergeschoss erhielt dieselben Fensternischen und -gewände und einen neuen Putz.
Abdrücke im Putz belegten die Lage der Innenwände für den erdgeschossigen Eckraum zumindest für die Zeit nach dem Umbau. Sie entsprechen den Wänden auf dem Plan von 1774. Der südlich anschließende Raum besaß einen sehr hellen, nicht verrußten Putz, woraus sich die Frage nach der Beheizung des zu vermutenden Kachelofens im Eckraum ergibt, die von einem benachbarten Raum mit Kaminanlage erfolgt sein muss.
Der auf dem Plan von 1774 wiedergegebene Kellerabgang konnte als überwölbter Kellerhals nachgewiesen werden. Auch an anderen Stellen sind im Spätmittelalter Mauern an die Innenseite der Ringmauer angesetzt worden, die nur noch archäologisch fassbar sind. Über die Nutzung der Räumlichkeiten ließen sich keine Aussagen treffen. Eine mit Wacken ausgekleidete (Sicker-?)Grube auf der Innenseite der Südmauer gehört dieser Zeit an.
An der Südostecke wurde ein rechteckiger Anbau nach Osten hin vorgenommen, der sich aus den Sturzhölzern einer schmalen Fensternische dendrochronologisch ins frühe 16. Jahrhundert datieren ließ. Dafür wurde ein Teil der Ringmauer ausgebrochen. Hier war dem Plan von 1774 gemäß der Chor einer – auch urkundlich belegten – Kapelle untergebracht, deren Boden mit Ziegelplatten belegt war.
Vermutlich gehört auch die Wendeltreppe, von der sich Bruchstücke der Stufen aus Sandstein fanden, in diese Zeit. Ebenfalls für das 16. Jahrhundert ist die Errichtung eines Rundturms anzusetzen, der außen an die Südwestecke der Anlage angefügt wurde.
Im Süden löste ein Latrinenschacht, au-

ßen an der Ringmauer, offenbar die ältere Sickergrube ab. Ob auch bereits die auf dem Plan von 1774 im Osten eingetragene Abortanlage bestand, ist unbekannt.
Im späteren 17. und 18. Jahrhundert erfolgten mehrere Veränderungen, die sich zeitlich nicht genauer differenzieren lassen. Der Latrinenschacht im Süden wurde abgerissen und verfüllt; der Abort im Osten wurde entweder neu gebaut oder weiterbenutzt.
Der Graben im Süden war inzwischen zusedimentiert, wurde vermutlich noch etwas verfüllt und als Garten genutzt, der durch einen (nur auf dem Plan von 1774 nachgewiesenen) Durchgang in der südlichen Ringmauer erschlossen und mit einer Mauer umgeben wurde.
Die Straße im Westen wurde 1770 erst geschaffen oder zumindest neu angelegt. Die Zugangssituation wurde verändert, indem die Ringmauer um die Nordwestecke, die vermutlich einen offenen Hof einfasste, abgetragen wurde.
In den Jahren um 1820 wurde das Schloss versteigert. Der Turm und der größere Teil des aufgehenden Mauerwerks wurden daraufhin abgebrochen, mit Ausnahme der Ostwand und des östlichen Teils der Nordwand. In die Nordostecke wurde zunächst ein Wohnhaus gesetzt, dem sich nach Süden entlang der Ostwand vermutlich ein schmales Nebengebäude anschloss. Der ältere Keller wurde mit einem Tonnengewölbe versehen und dabei möglicherweise nach Süden verlängert. Daneben wurde ein weiterer, schmaler, gewölbter Kellerraum angelegt, über den der Zugang von Süden erfolgte und dem die Nordostecke des Turms zum Opfer fiel. Der Kellerabgang im Nordwesten wurde aufgegeben. Das Vorgelände wurde etwas aufgefüllt und das Erdgeschoss des Hauses war über einige Treppenstufen zugänglich, wodurch die Bodenniveaus innerhalb des Gebäudes etwa ein halbes Geschoss höher zu liegen kamen als vorher.
Interessant ist in diesem Zusammenhang die Nutzungskontinuität: Das Wohnhaus wurde dort errichtet, wo vorher schon die Hauptwohnräume der Burganlage gelegen hatten. Selbst der Abortturm wurde offenbar als solcher zunächst weiterverwendet, später durch eine vorgehängte Holzkonstruktion und schließlich durch einen innen liegenden Abort ersetzt. Auch die ursprüngliche Zugangssituation könnte sich in der zuletzt bestehenden spiegeln.
Im Laufe des 19. Jahrhunderts wurde dem Wohnhaus nach Süden ein umfangreicher Ökonomieteil mit mehreren Güllegruben angefügt und mehrfach erweitert.
Die Untersuchung gewinnt ihre Bedeutung auch dadurch, dass sie einen ersten Einblick in den weiten Raum zwischen Säckingen und Konstanz ermöglicht, der bisher mittelalterarchäologisch fast nur auf der Schweizer Seite des Hochrheins und im Kanton Schaffhausen untersucht ist. Das Jestetter „Untere Schloss" zeigt mit seinem zentralen hohen Turm und der Ringmauer Parallelen zu anderen Burgen dieser Region, z. B. Oberstaad, Schloss Hegi bei Winterthur und Hagenwil, Kanton Thurgau.
Für Information und Unterstützung danken wir Regine Dendler, Jürgen Trumm, Karl-Hellmuth Jahnke, Erich Danner, Arnold Kaier, Gerhard Dannegger und der Gemeinde Jestetten. Ein besonderer Dank geht an Hans-Jürgen Bleyer (Metzingen) für die dendrochronologische Auswertung der geborgenen Hölzer.

Heiko Wagner, Stefan King

Literaturhinweise

E. Danner, Das ehemalige Untere Schloß in Jestetten. Jestetter Dorfchronik 117, 1997, 46–50; H. Wagner, Die archäologische Ausgrabung des „Unteren Schlosses" in Jestetten. Ebd. 120, 2000, 93 f.; D. Reicke, „von starken und grossen flüejen". Schweizer Beitr. Kulturgesch. u. Arch. Mittelalter 22 (Basel 1995) 95 f. 121 f. (Hagenwil, Hegi); H. Wagner/S. King, in: Dorfbuch Jestetten (in Vorb.).

Das Wasserschloss in Dürnau, Kreis Göppingen – Fortführung und Abschluss der baubegleitenden Untersuchungen

Die Baubegleitung im Bereich des ehemaligen Wasserschlosses in Dürnau wurde Ende Februar 2000 wieder aufgenommen und dauerte mit Unterbrechungen bis Anfang Januar 2001.
Bei Arbeiten zwischen Haus 2 und 3 kam das Nordende des 1999 in der Baugrube von Haus 3 erfassten verfüllten Kellers zutage (Abb. 216). Es bestand ursprünglich aus der Fortsetzung der massiven Nordmauer des bestehenden Gewölbekellers E nach Westen. Zu ihr gehörte, wie schon in Baugrube 3, der später abgebrochene und überputzte Gewölbeansatz an der Westseite des Kellers E. Die Nordwand war ausgebrochen und an ihrer Stelle eine deutlich weniger solide, mit der Nordseite gegen Erde gesetzte Mauer gebaut worden, wohl als Pendant zu dem gleichartigen, vor die südliche Kellermauer gesetzten Mäuerchen. Die Errichtung der beiden Mauern steht in Zusammenhang mit der Nutzung als Backraum im 17. Jahrhundert, nachdem der Keller in der zweiten Hälfte des 16. Jahrhunderts aufgegeben worden war. Ein von der Nordwand nordwärts weisender Mauerstumpf könnte mit der 1999 am Südrand der Baugrube 2 angetroffenen Befundgrenze zusammenhängen und zum einstigen Kellereingang gehören.
An der Nordseite des Gewölbekellers E fand sich ein weiteres massives Mauerstück unbekannter Funktion, überlagert von einer Hofpflasterung aus groben Kieseln, die sich im Ostprofil der Baugrube 2 noch mehrere Meter weit nach Norden verfolgen ließ. Leider war der Anschluss an die alte Bausubstanz des Gewölbekellers E durch Maßnahmen zu dessen Sicherung gestört.
Die Häuser 4–6 durften wie die Häuser 1–3 der Westhälfte nicht unterkellert werden, zudem wurden ihre Bodenplatten zum Schutz der Befunde höher gelegt. Dennoch verursachten die zur frostfreien Gründung mindestens 0,8 m tiefen Fundamentgräben schwere Eingriffe in die Befunde, ließen jedoch ob ihrer Verteilung und geringen Breite von meist 0,4 m nur Einblicke zu, die eher den Charakter von Sondagen trugen.
Das Fundament des nördlichen Turmes F war durchgehend massiv und tiefer gegründet als der ihn schneidende 1,4 m tiefe Fundamentgraben der modernen Stützmauer. Dessen weiterer Verlauf erfasste zwei nicht ganz verfüllte Schächte, wohl Brunnen, im anstehenden Lehm ohne Spuren einer Verschalung. Brunnen c, von etwa eiförmigem Querschnitt mit zwei abgerundeten Ecken und max. 0,8 m Durchmesser, war oberflächlich mit losem Sediment, vermodertem, teils angekohltem Holz und Ziegeltrümmern verfüllt. Brunnen d, von rundlicher Form und gleichem Durchmesser, war mit mehreren Lagen ortsüblicher Sandsteinplatten verschlossen und mit dem Fundament einer ca. 1,4 m breiten, Ost-West orientierten Mauer überbaut worden. Diese liegt nach dem Katasterplan von 1828 in der Hofeinfahrt und passt so weder zum „Alten" noch zum „Neuen Bau". Sie könnte zur Nordostecke des „Alten Baues" gehört haben, bevor diese für die neue Hofeinfahrt bei Errichtung des „Neuen Baues" im 16. Jahrhundert abgeschrägt wurde.
Der Kanalgraben für Haus 4–6 durchschlug den Grundriss des „Neuen Baues" in voller Länge rund 1,0 m breit und bis 1,5 m tief von Nord nach Süd. Neben den zu erwartenden Mauern kam darin eine Nord-Süd orientierte Längsmauer zwischen den beiden südlichen Quermauern i und k zum Vorschein. Eine weitere reichte von Quermauer f im Norden bis h nach Süden. In diesem

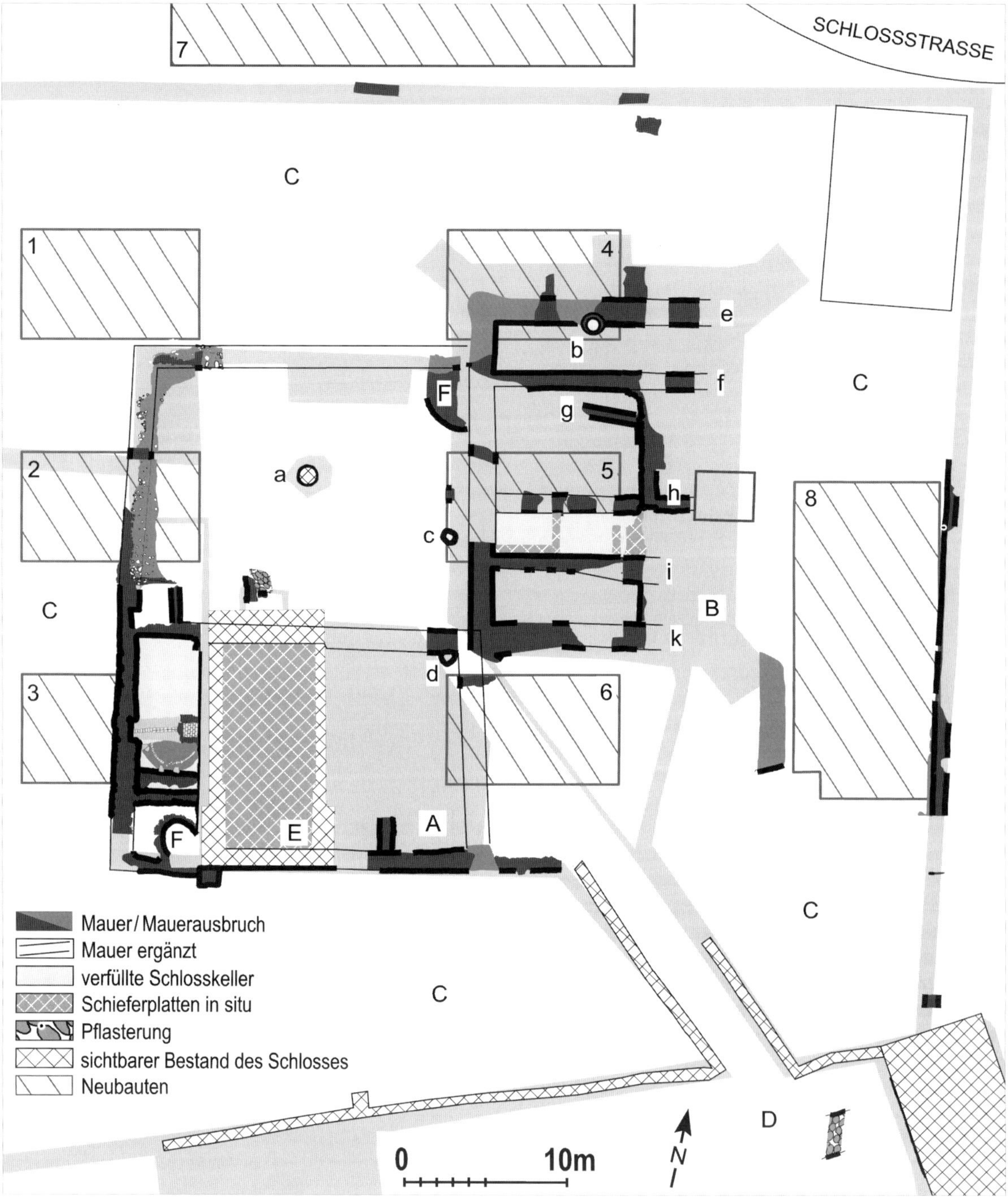

Abb. 216 Dürnau, Wasserschloss. Übersichtsplan der archäologischen Befunde. Grau hinterlegt das auf dem Katasterplan von 1828 eingezeichnete Schloss mit Umfassungsmauer, Graben und Gebäuden. A „Altes Schloss"; B „Neues Schloss" (mit Quermauern e–k); C ehemaliger Schlossgraben; D ehemaliger Wirtschaftshof des 18. Jhs.; E Gewölbekeller; F Türme. 1–7 neu errichtete Wohnhäuser; 8 Kreissparkasse (im Bau); a–d Brunnen.

Bereich zwischen Haus 5 und der Trafostation überraschte ein aus Ziegeln gewölbter, aber untermauerter Bogen, der beim Ansatz der letzteren Längsmauer den Verlauf der Quermauer h unterbricht. Leider konnten die Zusammenhänge nicht näher untersucht werden.
Der Raum zwischen den Quermauern h und i unter und östlich Haus 5 erwies sich als verfüllter Keller, der wie der Gewölbekeller E mit Schieferplatten ausgelegt war.
Parallel erfolgte die Umgestaltung des ehemaligen Wirtschaftshofs und des südlichen Schlossgrabens. In der Sohle eines Rohrgrabens im Wirtschaftshof erschien eine ca. 2,2 m breite Wegpflasterung aus grobem Kalkschotter, die von Westen her auf den Ostflügel zulief. Südlich anschließend, jedoch ca. 0,2 m höher, war im östlichen Grabenprofil ein weiteres, aber schmaleres Pflaster zu erkennen. Südlich davon wechselte das Sediment von braunem Lehm zu einem undurchlässigen, schwarzgrauen Ton.
Für die Neuerrichtung der zugeschütteten, vermeintlich zerstörten Brücke zwischen Wirtschaftshof und Schlosshof lagen bereits Pläne vor. Jedoch zeigte sich beim dennoch veranlassten Ausbaggern des Grabens, dass von den vier Brückenbögen nur einer ganz, ein weiterer halb eingebrochen und auch die südliche Grabenmauer noch in gutem Zustand war. Die Gemeinde Dürnau beschloss daraufhin, Brücke und Grabenmauer wenigstens teilweise freilegen und restaurieren zu lassen (Abb. 217).
Die Fortsetzung des Aushubs der Baugrube für das neue Kreissparkassengebäude 8 erbrachte auch die erwartete Fortsetzung der schon bekannten östlichen Grabenaußenmauer über weitere ca. 20 m nach Norden. Neu waren hierbei die Feststellung ihrer Sohltiefe und die Reste einer offenbar etwas weiter nach Ost orientierten, älteren Mauer unmittelbar darunter. Die gesuchte Ostfassade des „Neuen Baues“ B konnte nicht eindeutig festgestellt werden.
Bei Arbeiten am heutigen Zugang zum Gewölbekeller E zeigte sich, dass seine Südwand zugleich einen Teil der südlichen Hofmauer bildet. Sie konnte in gerader Verlängerung nach Osten bis fast zum Ansatz der Brücke dokumentiert werden. Da der Keller zum „Alten Bau“ des Schlosses gehörte, wurde damit auch dessen Südfassade erfasst. Dazu passt eine nach Norden weisende Ausbruchsgrube, die den Ansatz der ehemaligen Ostfassade anzeigt. Westlich des Kellerzugangs sitzt ein von der Grabenseite angesetzter Stützpfeiler dort, wo die Westwand des Kellers ansetzt. Zugleich mündet hier die nun ebenfalls erfasste Südhälfte des Türmchens F von Nordwesten her in die Südmauer. Gut 2 m weiter westlich trifft die südliche Hofmauer schließlich auf ihr westliches Pendant. Leider mussten in diesem sehr interessanten Bereich wesentliche Fragen zur Abfolge der einzelnen Gebäudeteile ungeklärt bleiben.
Das Fundmaterial enthält nur wenige Stücke hoch- und spätmittelalterlicher Keramik. Älter könnte eine Bodenscherbe der älteren gelbtonigen Drehscheibenware sein. Wohl merowingerzeitlich ist eine sehr qualitätvolle Bron-

Abb. 217 Dürnau, Wasserschloss. Ansicht der wieder hergestellten Brücke und südlichen Grabenmauer von Westen. Rechts im Hintergrund die noch bestehenden Gebäude des Wirtschaftshofs.

Abb. 218 Dürnau, Wasserschloss. Bronzepinzette, merowingerzeitlich (M. ca. 1 : 1).

Abb. 219 Dürnau, Wasserschloss. Tonfliesen, 2. Hälfte 15./Anfang 16. Jh.

zepinzette, die aus dem Burggraben stammt (Abb. 218). Die Masse der Funde datiert jedoch ins 17.–19. Jahrhundert. Als Lesefunde wurden zwei Tonfliesen aus dem späten 15./frühen 16. Jahrhundert geborgen, die offenbar zur Innenausstattung des spätmittelalterlichen Schlosses gehörten (Abb. 219). Der Typ mit Lilienstab, Eichenblatt und Fischblase ist aus mehreren Kirchen und von der Burg Helfenstein im Kreis Göppingen bekannt. Das andere Exemplar ist bislang auf die Fundorte Gruibingen, Gammelshausen und Dürnau beschränkt. Schließlich sind noch mehrere verzierte Werksteine aus dem Bereich der Brücke zu erwähnen.

Die Kosten der baubegleitenden Maßnahmen und der Dokumentation wurden von der Kreisbaugesellschaft Filstal, der Gemeinde Dürnau und der Kreissparkasse Göppingen getragen.
Für den relativ reibungslosen Ablauf der Untersuchung danken wir insbesondere Bürgermeister Buchmaier, den Architekturbüros Dauner und Gienger und den Mitarbeitern der Firmen Appenzeller und Fahrion.

Dorothee Ade-Rademacher,
Andreas Willmy

Literaturhinweise

D. Ade-Rademacher/S. Arnold/A. Willmy, Arch. Ausgr. Baden-Württemberg 1999, 247 ff., U. Klein, ebd. 266 f.; E. Landgraf, Ornamentierte Bodenfliesen des Mittelalters in Süd- und Westdeutschland 1150–1550. Forsch. u. Ber. Arch. Mittelalter Baden-Württemberg 14 (Stuttgart 1993) 334 J15; 513 f. P24.

Fundmünzen aus Württemberg

Obwohl auch im Jahr 2000 die Zahl der Fundmünzen wie gewohnt recht niedrig blieb, war dieses Mal doch wieder ein regelrechter, nicht alltäglicher Schatzfund von elf Goldstücken aus der zweiten Hälfte des 17. Jahrhunderts zu registrieren. Insgesamt wurden etwa 80 Münzen erfasst, von denen knapp zwei Drittel aus römischer Zeit stammen. Diese antiken Prägungen kamen größtenteils aus Grabungen des Landesdenkmalamts. Die umfangreichste Gruppe bildeten 23 Münzen aus Mengen-Ennetach (Kreis Sigmaringen). Davon gehörten 19 noch zur Grabung von 1999 im Bereich des Kastells auf dem Ennetacher Berg. Trotz ihrer mäßigen Erhaltung konnten immerhin elf Stücke wenigstens nach ihren Typen bestimmt werden. Sie setzen sich aus vier Prägungen des Tiberius für den vergöttlichten Augustus, fünf Ausgaben des Nero und zwei flavischen Münzen ganz vom Anfang der Siebzigerjahre des 1. Jahrhunderts n. Chr. zusammen. Damit wurde der zeitliche Rahmen, den die im letzten Bericht vorgestellten sieben Gepräge aus der Grabung von 1998 umfassten, noch etwas nach vorne verschoben. Deutlich später sind dagegen zwei der vier Fundmünzen aus der Grabung des Jahres 2000 im römischen *vi-*

cus auf dem „Adlerhof“, bei denen es sich jeweils um Einzeltypen handelt. Die eine ist ein As des Hadrian von 134–138 n. Chr. mit der stehenden Nemesis und die andere eine postume Prägung für die 141 n. Chr. verstorbene Faustina I. mit einem Altar.
Die Grabung auf dem Gelände des Kastells in Heidenheim erbrachte zehn Münzen, die sehr gut zu den Funden aus der letzten Heidenheimer Kastellgrabung von vor 35 Jahren passen. Aus der Zeit der aktiven Nutzung des Kastells stammen mindestens sechs Prägungen von Vespasian bis Hadrian und vermutlich auch zwei weitere Stücke, die noch unbestimmt sind. Von der Besiedlung wenigstens eines Teils des Kastellgeländes im 4. Jahrhundert n. Chr. künden zwei so genannte barbarisierte Minimi, die auf konstantinische Vorbilder aus der Zeit um 330/335 n. Chr. zurückgehen. 1965 war in Heidenheim ein verstreuter Schatz von 69 dieser bis dahin in Württemberg noch kaum vorgekommenen „Notmünzen“ entdeckt worden. Die beiden jetzt gefundenen Stücke sind Kombinationen des „Urbs Roma“ – und „Constantinopolis“-Typs mit einem behelmten Kopf und der auf einem Schiffsvorderteil stehenden Victoria (Abb. 220 n) sowie des „Constantinopolis“- und „Gloria Exercitus“-Typs ebenfalls mit einem behelmten Kopf und zwei neben zwei Feldzeichen stehenden Soldaten (Abb. 220 o). Trotz der geringen Dimensionen und trotz des verwilderten Stils sind die Darstellungen auf beiden Stücken recht gut zu erkennen. Von den Heidenheimer Fundmünzen des 1./2. Jahrhunderts können vier besser erhaltene Stücke im Bild vorgestellt werden: je ein Denar des Vespasian aus den Jahren 69–71 (Abb. 220 a), des Trajan von 101/102 (Abb. 220 b) und des Hadrian (Abb. 220 c) sowie ein As desselben Kaisers aus der Zeit nach 125 n. Chr. (Abb. 220 g). Beim Denar des Hadrian handelt es sich um ein subärates und hybrides Stück, also eine vermutlich lokale Fälschung aus einem mit Silber plattierten Kupferkern. Sie unterscheidet sich in ihrem Stil deutlich von den offiziellen Ausgaben und verbindet eine Vorderseite, die in die Zeit von 134–138 gehört, mit einer Rückseite, die schon im Jahre 118 verwendet wurde.
Aus einer kleineren Gruppe von Fundmünzen, die bei der Lehrgrabung in der römischen Siedlung bei Güglingen (Kreis Heilbronn) zum Vorschein kamen, konnten bisher drei Stücke bestimmt werden. Sie weisen erfreulicherweise alle eine lesbare Datierung auf und reichen von einem Sesterz des Domitian aus den Jahren 92–94 n. Chr. über einen As des Nerva aus dem Jahre 97 (Abb. 220 d) bis zu einem Sesterz des Commodus, der 183/184 geprägt wurde (Abb. 220 k). Vom gleichen Platz stammen als Einzelfunde, die von privater Seite gemeldet wurden, ein Dupondius des Antoninus Pius von 156/157 (Abb. 220 h) sowie ein „Hochzeits“-Denar der Orbiana, der Frau des Kaisers Severus Alexander, aus dem Jahre 225 (Abb. 220 m). Severus Alexander selbst ist mit einem drei Jahre später entstandenen Denar aus Vaihingen/Enz-Kleinglattbach (Kreis Ludwigsburg) vertreten (Abb. 220 l). Weitere Einzelfunde waren ein As des Trajan aus Munderkingen, Alb-Donau Kreis (Abb. 220 e), zwei an den Rückseiten zusammenkorrodierte Prägungen ebenfalls des Trajan vom Gelände des Kastells Unterkirchberg, Gde. Illerkirchberg, Alb-Donau-Kreis (Abb. 220 f) und ein As der Lucilla, der Frau des Kaisers Lucius Verus, vom römischen Gutshof in Hechingen-Stein, Zollernalbkreis (Abb. 220 i). Die nicht mehr näher bestimmbare Münze aus Munderkingen wurde dort schon 1994 bei einer Untersuchung im alamannischen Gräberfeld gefunden. Ihre Zweitverwendung im 7. Jahrhundert geht auch daraus hervor, dass sie hinter dem Kopf gelocht und mit einem (teilweise noch vorhandenen) Eisenstift vermutlich an einem Gürtel oder einem anderen Kleidungsbestandteil befestigt worden war. Dies passt gut zum Grabungsbefund, dem gemäß sie im Oberschenkelbereich der Bestatteten angetroffen

a

b

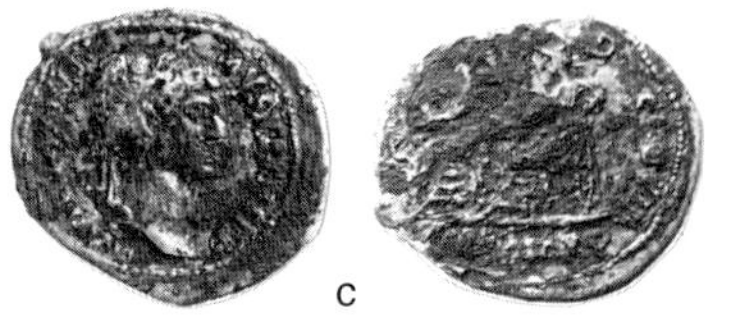
c

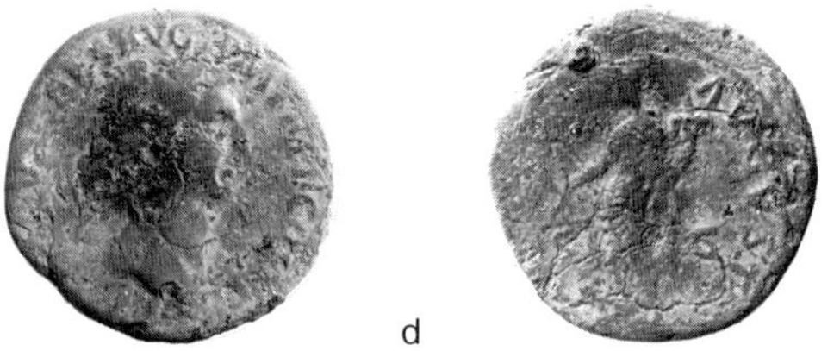
d

e

f

g

h

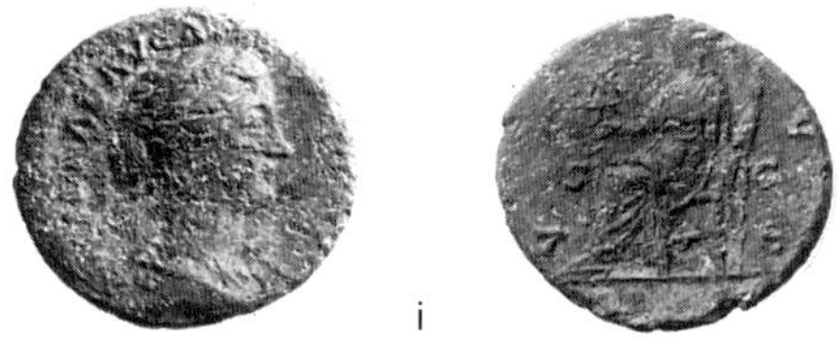
i

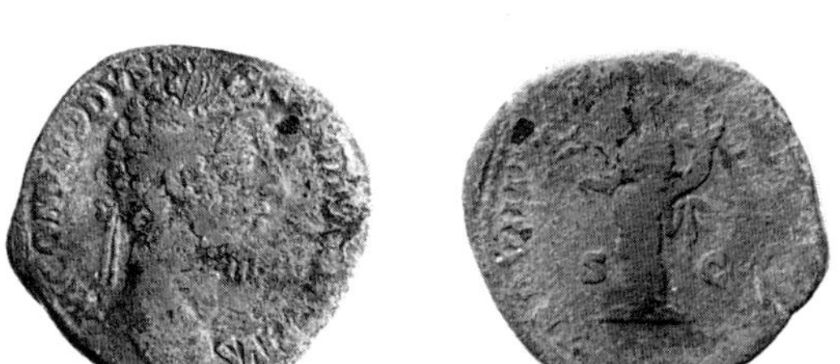
k

l

m

n

(2 : 1) (2 : 1)

o

(2 : 1) (2 : 1)

wurde und von stark vergangenem organischem Material umgeben war. Die beiden Trajans-Prägungen des „Doppelstücks“ aus Unterkirchberg sind ihren Vorderseiten nach ein As der Jahre 98–102 und ein Dupondius, der zwischen 112 und 114 geprägt wurde.
Bei der Grabung im Bereich des ehemaligen Münsterfriedhofs auf dem Ulmer Münsterplatz kamen in diesem Jahr drei ganz verschiedenartige Stücke zu Tage. Noch ins 14. Jahrhundert gehört ein Grosso aus Pisa mit Adler und FEDERICVS-Umschrift sowie der thronenden Muttergottes mit dem Kind (Abb. 221 a). Da das stark abgenützte Stück viermal gelocht ist, war es zuletzt vermutlich als Schmuck oder Amulett auf ein Gewand aufgenäht. Die Mariendarstellung der Münze bot sich ja für eine derartige Verwendung an. Der zweite Fund war ein kupferner Rechenpfennig französischen „Stils“ mit Schiff und Lilienschild, bei dem es sich aber vermutlich um ein Nürnberger Fabrikat aus dem 15./16. Jahrhundert handelt (Abb. 221 c). Als eine Art religiöse Plakette ist eine hohl geprägte Kupferscheibe mit einer Darstellung Christi als Schmerzensmann anzusprechen. Sie zeigt eine von vorne gesehene, sich aus dem Sarkophag erhebende Halbfigur, die mit erhobenen Händen die Handwunden vorweist (Abb. 221 b). Das Motiv des Schmerzensmanns, das im Mittelalter das Opfer Christi schlechthin symbolisierte, war bis gegen die Mitte des 16. Jahrhunderts in allen Bereichen der Kunst weit verbreitet. Dann wurde es unter dem Einfluss der Reformation seltener. Hieraus ergibt sich für das vorliegende Stück eine Datierung mindestens in die erste Hälfte des 16. Jahrhunderts. Da das dünne und zum Teil gerissene Blech – die Scheibe wiegt bei einem Durchmesser von 28 mm nur 1,21 g – im Zuge der Restaurierung auf der Rückseite hinterklebt werden musste, kann man nicht mehr feststellen, ob das Stück mit einer Befestigungs- oder Tragevorrichtung versehen war.
Der kleine Goldschatz aus der zweiten Hälfte des 17. Jahrhunderts wurde bei der Renovierung eines Hauses in Welzheim (Rems-Murr-Kreis) entdeckt und vom Finder, der mit dem Eigentümer identisch ist, direkt im Münzkabinett des Württembergischen Landesmuseums vorgelegt (Abb. 222; 223). Die elf Münzen waren in einem Astloch eines Ständers des Fachwerks versteckt und durch eine braune gummiartige, aber wasserlösliche Masse miteinander verklebt und verbunden. Dies weist darauf hin, dass sie mit Sorgfalt und Bedacht verborgen wurden, denn sie stellten ja auch die konzentrierteste und wertbeständigste Form des Geldes dar, die es damals gab. Den Nominalen nach handelt es sich um zwei doppelte sowie acht einfache Dukaten und einen Louisdor. Bis auf ein Stück sind alle Münzen datiert. Die älteste Prägung, die eine Jahreszahl trägt, ist ein Salzburger Doppeldukaten von 1587 mit dem Wappen vor dem heiligen Rupertus und einem gekrönten Doppeladler (Abb. 222 b). Das zweite Doppelstück, das undatiert ist, dürfte zeitlich ähnlich anzusetzen sein. Es ist eine Ausgabe nach dem Typ der seit 1497 hergestellten doppelten Excelente der spanischen Könige Ferdinand von Aragon und Isabella von Kastilien (Abb. 222 a). Diese Prägungen, die die einander zugewandten Brustbilder des Herrscherpaars und den gekrönten vielfeldigen Wappenschild vor einem Adler zeigen, wurden vor allem in den Niederlanden auch

Abb. 220 Römische Fundmünzen von verschiedenen Orten. Denare des Vespasian (a), Trajan (b) und Hadrian (c), As des Hadrian (g) sowie Minimi des 4. Jhs. (n und o) aus Heidenheim, As des Nerva (d), Dupondius des Antoninus Pius (h), Sesterz des Commodus (k) und Denar der Orbiana (m) aus Güglingen, As des Trajan aus Munderkingen (e), zusammenkorrodierter As und Dupondius des Trajan aus Unterkirchberg (f), As der Lucilla aus Hechingen-Stein (i) und Denar des Severus Alexander aus Kleinglattbach (l). M. 1 : 1 (bei n und o auch 2 : 1).

Abb. 221 Ulm. Münsterplatz. Groschen aus Pisa (a), Scheibe mit einer Darstellung Christi als Schmerzensmann (b) und Rechenpfennig (c). M. 1 : 1.

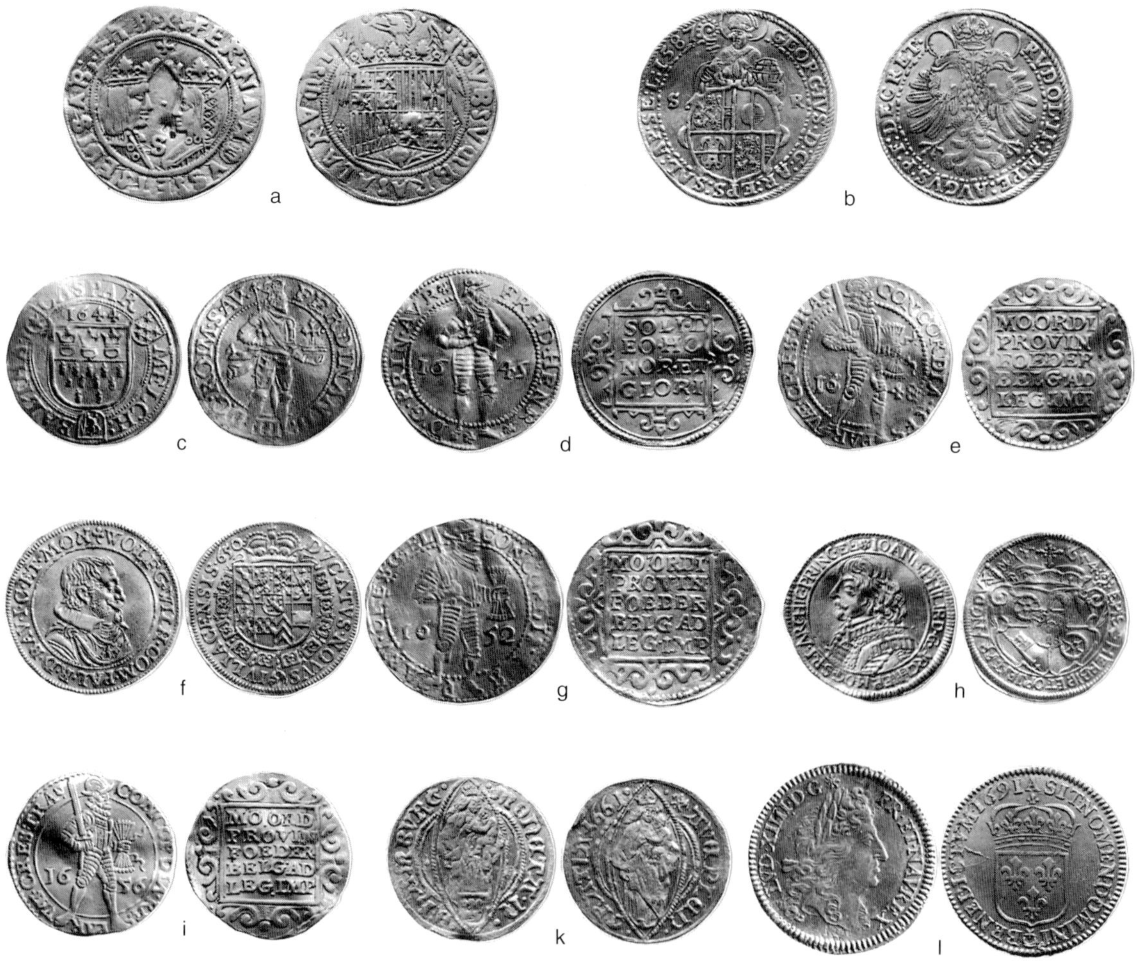

Abb. 222 Welzheim. Münzschatz aus der zweiten Hälfte des 17. Jhs. Doppeldukaten nach spanischem Typ vermutlich aus den Niederlanden, ohne Jahr (a), und aus Salzburg, 1587 (b), Dukaten der Stadt Köln, 1644 (c), des Fürstentums Orange, 1645 (d), der Vereinigten Niederlande, Münzstätte Utrecht 1648 und 1656 (e und i) sowie Münzstätte Harderwijk (für Geldern) 1652 (g), des Herzogtums Jülich-Berg, 1650 (f), des Erzbistums Mainz, 1654 (h), und der Stadt Hamburg, 1661 (k), französischer Louisdor, 1691 (l). M. 1 : 1.

nach dem Tod des Königspaars bis ins frühe 17. Jahrhundert mit gleich bleibenden Bildern weiterhin aufgelegt. Dass es sich hier um eine derartige Ausgabe handelt, geht es aus der gegenüber dem Original verkürzten Form der Umschriften und der Verwendung von S-förmigen Zeichen als Worttrennern hervor. Den Kernbestand des Schatzes bilden nach diesem Auftakt acht Dukaten aus den Jahren 1644 bis 1661. Im einzelnen sind es Stücke aus Köln (Abb. 222 c), dem Fürstentum Orange (Abb. 222 d), den Vereinigten Niederlanden (Abb. 222 e, g und i), dem Herzogtum Jülich-Berg (Abb. 222 f), dem Erzbistum Mainz (Abb. 222 h) und Hamburg (Abb. 222 k). Mit einem Abstand von 30 Jahren zur letztgenannten Prägung folgt als Schlussmünze noch ein Louisdor Ludwigs XIV. von Frankreich aus dem Jahr 1691 (Abb. 222 l). Dieser zeitliche Rahmen zeigt, dass die Münzen in der zweiten Hälfte des 17. Jahrhunderts angesammelt und vielleicht – wofür das späte Schlussstück sprechen könnte – nicht alle auf einmal in das Versteck eingelegt wurden. Dies stimmt mit dem Baubefund des Hauses überein, das nach dem Dreißigjährigen Krieg unter Verwendung auch älterer Materialien errichtet wurde, die aus leer stehenden oder kriegszerstörten Gebäuden stammten. Die Zusammensetzung des Schatzes veranschaulicht, dass damals – nicht zuletzt als Folge der totalen Verarmung durch den Krieg – das hierzulande gebräuchliche Großgeld aus der Ferne kam. Dabei spielten gerade die niederländischen Stücke eine wichtige Rolle. Das Prägejahr der Schlussmünze fällt in die Zeit der wiederholten Brandschatzung Württembergs durch französische Truppen im Gefolge des Pfälzischen Kriegs. Die Frage, ob die Verbergung des Schatzes damit in Verbindung steht, muss freilich offen bleiben. Wie angedeutet, könnte es sich auch um ein über längere Dauer hin angesammeltes Depot handeln. Im damals üblichen Rechnungssystem verkörperten die elf Mün-

Abb. 223 Welzheim. Der Münzschatz in erst teilweise gereinigtem Zustand.

Abb. 224 Mittelalterliche und neuzeitliche Fundmünzen. Sächsischer Dreier aus Enzweihingen (a), Basler Stebler (b) und Rappen (c) aus Rötteln. M. 1 : 1.

zen einen Wert von etwa 55 Gulden, wenn man für den Dukaten einen Kurs von vier und für den Louisdor von sieben Gulden ansetzt. Zum Vergleich kann angeführt werden, dass sich das jährliche Gehalt des Pfarrers von Merklingen an der Würm in der Zeit um 1680 auf 64 Gulden belief. Dabei ist allerdings zu berücksichtigen, dass der Geldbetrag nur einen Teil der festen Besoldung ausmachte, die auch beachtliche Kontingente an Getreide, Körnerfrüchten und Wein umfasste und zu der noch in ihrer Höhe wechselnde weitere Einkünfte hinzukamen.

Die anderen neuzeitlichen Fundmünzen bestanden daneben nur aus Kleingeld, durchweg in Form von Einzelstücken. Nicht zum gewohnten süddeutschen Spektrum gehörte darunter lediglich ein mäßig erhaltener sächsischer Dreier des Jahres 1536 aus der Münzstätte Annaberg, der auf einem Acker bei Vaihingen/Enz-Enzweihingen (Kreis Ludwigsburg) aufgelesen wurde (Abb. 224 a). Eine Serie von Streufunden aus der 1999 und 2000 durchgeführten Grabung „An der Mauer/Neue Straße" in Schorndorf (Rems-Murr-Kreis) enthielt unter anderem zwei Fragmente von vermutlich württembergischen Kleinmünzen des 15./16. Jahrhunderts und, abgesehen von drei Prägungen des Deutschen Kaiserreichs, einen 1710 in Namur geprägten Liard der Spanischen Niederlande.

Abschließend sind anhangsweise als außerwürttembergischer Fund zwei Basler Kleinmünzen anzuführen, die bei einer Untersuchung in der evangelischen Pfarrkirche in Lörrach-Rötteln (Kreis Lörrach) zum Vorschein kamen. Sie wurden von der aus der Schweiz stammenden Ausgräberin der beim Archäologischen Dienst des Kantons Bern tätigen Fundmünzen-Bearbeiterin vorgelegt und – bevor sie vollends zerbröselten – von dieser freundlicherweise sozusagen in Amtshilfe präpariert und dokumentiert. Sie bestehen aus einem Stebler (Halbstück des Rappens) vom Ende des 14./Anfang des 15. Jahrhunderts (Abb. 224 b) und einem Rappen, der von 1621/1622 an geprägt wurde (Abb. 224 c). Beide Stücke, die das Basler Wappen tragen, belegen, dass das Kleingeld dieser Stadt bis in die frühe Neuzeit auch nördlich des Rheins verwendet wurde.

Ulrich Klein

Ortsregister

Gültig für alle bisher erschienenen Jahrbücher.
Die Seitenzahlen der Beiträge des Jahrbuches 1999 sind hervorgehoben.

Bildnachweis

O. Braasch: 67
Ch. Bücker: 116
Fachochschule Aalen, Arbeitsgemeinschaft Metallguss: 61
Generallandesarchiv Karlsruhe/ St. King: 214
L. Hildebrandt: 182
M. Hoeper: 32, 115
H. Jensen: 5–7
W. Joachim: 18
J. Kaiser: 1
St. Killinger: 170
St. King/H. Wagner: 215
U. Klein: 220–224
J. Köninger: 40
Landesbildstelle: 146, 152
Landesdenkmalamt/F. Löbbecke/ U. Porsche: 160, 161
N. Marek: 10
U. Porsche: 176
S. Rathje: 3, 4
Reiss-Museum Mannheim: 131, 132
U. Riedel: 117
R. Riens: 157
H. Schreiber: 111, 112
M. Seitz, Archäo-Service Tübingen: 218, 219
D. Tonn: 91
Universität Freiburg, Abt. Provinzialrömische Archäologie, G. Seitz: 109, 110
Universität Freiburg, Institut für Ur- und Frühgeschichte und Archäologie des Mittelalters: 211–213
Universität Freiburg, Institut für Ur- und Frühgeschichte und Archäologie des Mittelalters, R. Plonner: 210
Universität Tübingen, Institut für Ur- und Frühgeschichte und Archäologie des Mittelalters: 54, 143–145
H. P. Vieser: 2
A. Willmy: 216
B. Würger: 119, 121

Alle anderen Abbildungen: Landesdenkmalamt Baden-Württemberg, Abt. Archäologische Denkmalpflege

Grabungstechnik, Grafik, Zeichnungen, Fotografie

D. Bibby, R. Boes, A. Domaradzki, H. Eberspächer, W. Frey, O. Gremer, A. Harwath, B. Hausner, K. Hietkamp, M. Horn, A. Kalkowski, J. Kramer, H. Lang, H. Masula, Y. Mühleis, St. Papadopoulos, H. Pargmann, H. Peters, K. H. Ponradl, S. Reißing, H. Rudolph, E. Rümmele, Th. Schlipf, Th. Schwarz, E. Stauß, A. Striffler, M. Szebedits, H.-J. Teufel, C. Urbans, B. Volkmer, W. Zwernemann.

Der Förderkreis Archäologie in Baden und die Gesellschaft für Vor- und Frühgeschichte in Württemberg und Hohenzollern wollen die interessierte Öffentlichkeit mit den großen Denkmälern unserer südwestdeutschen Vorzeit vertraut machen. Sie versuchen dies durch Veröffentlichungen, durch Lichtbildervorträge im Land, durch Exkursionen im In- und Ausland und durch jährliche Zusammenkünfte zu erreichen. Die beiden Vereinigungen arbeiten eng mit der Archäologischen Denkmalpflege zusammen. Sie sind gemeinnützige Vereine, die ein Maximum an Information bei einem Minimum an Kosten vermitteln wollen. Helfen auch Sie durch Ihren Beitritt mit, das Wissen um das große historische Erbe unseres Landes zu fördern und dem drohenden Verfall bedeutender Kulturdenkmäler entgegenzuwirken!

Auskünfte und Rat erteilen:

Gesellschaft für Vor- und Frühgeschichte in Württemberg und Hohenzollern, Silberburgstraße 193, 70178 Stuttgart, Fernruf (0711) 1694-746, e-mail: mail@gesellschaft-vfg.de;
Förderkreis Archäologie in Baden, Amalienstraße 36, 76133 Karlsruhe, Fernruf (0721) 9185-400, e-mail: info@foerderkreis-archaeologie.de;
Landesdenkmalamt Baden-Württemberg, Silberburgstraße 193, 70178 Stuttgart, Fernruf (0711) 1694-700, mit den Außenstellen Karlsruhe, Amalienstraße 36, 76133 Karlsruhe, Fernruf (0721) 9185-400; Freiburg, Marienstraße 10a, 79089 Freiburg, Fernruf (0761) 207120; und Tübingen, Alexanderstraße 48, 72074 Tübingen, Fernruf (07071) 913-200.

Archäologische Denkmalpflege des Landesdenkmalamts Baden-Württemberg, Organisation:

Referat 21	Vor- und Frühgeschichte	Regierungsbezirk Stuttgart
Referat 22	Vor- und Frühgeschichte	Regierungsbezirk Karlsruhe
Referat 23	Vor- und Frühgeschichte	Regierungsbezirk Freiburg
Referat 24	Vor- und Frühgeschichte	Regierungsbezirk Tübingen
Referat 25	Großgrabungen im Bereich Vor- und Frühgeschichte sowie Mittelalter, Zentraler Bereich, Sonderprojekte Baden-Württemberg	
Referat 26	Mittelalter, Bauforschung Baden-Württemberg	
Referat 27	Unterwasserarchäologie/Pfahlbauarchäologie	